Fürst Hermann von Pückler-Muskau

Briefwechsel und Tagebücher

Band 7

www.elv-verlag.de

Pückler-Muskau, Fürst Hermann von; Assing-Grimelli, Ludmilla (Hg.)

Briefwechsel und Tagebücher
Band 7

ISBN: 978-3-86267-267-7

Auflage: 1
Erscheinungsjahr: 2011
Erscheinungsort: Bremen, Deutschland

Europäischer Literaturverlag GmbH, Fahrenheitstr. 1, 28359 Bremen (www.elv-verlag.de).

Bei diesem Titel handelt es sich um den Nachdruck eines historischen, lange vergriffenen Buches aus dem Verlag Wedekind & Schwieger, Berlin (1875). Da elektronische Druckvorlagen für diesen Titel nicht existieren, musste auf alte Vorlagen zurückgegriffen werden. Hieraus zwangsläufig resultierende Qualitätsverluste bit-ten wir zu entschuldigen.

Cover: Foto © Andrea Damm/Pixelio

Inhalt.

Machbuba.

Pückler's Heirathsangelegenheiten in England.

Briefe Pückler's, des Staatskanzlers Fürsten von Hardenberg, von dessen Gattin Charlotte, geb. Langenthal, Koreff, Friederike von Kimsky, geb. Hähnel, und Eugenie von Krafft.

Briefe Pückler's an Mehemed Ali.

Briefe Pückler's an Lucie. 1830 — 1832.

Vermischter Briefwechsel. 1828 — 1832.

Machbuba.

1.
Pückler an Machbuba.

Alla Signora Machbuba,
  nella casa del Principe Presburg, 7. Febbraio 1840.
Pückler-Muskau a Vienna.

Cara mia Machbuba,

Sono ieri arrivato qui, ed in due giorni da qui andrò a Vienna, dove spero avere il piacere di trovarvi. Saremo nella locanda la città di Frankfurt; avete la bontà di serivermi dove potrò trovarvi. Dacchè io vi ho lasciato, sono sempre stato bene; spero che voi anche siete sempre stato così. Addio.

Il caro vostro Faraghk*).

---

*) Meine liebe Machbuba,

Ich bin gestern hier angelangt und in zwei Tagen werde ich nach Wien gehen, wo ich auf das Vergnügen hoffe, Dich zu sehen. Wir werden in dem Hotel die Stadt Frankfurt sein; habe die Güte, mir zu schreiben, wo ich Dich finden kann. Seit ich Dich verlassen, habe, ging es mir immer gut; ich hoffe dasselbe von Dir. Abieu.

Dein lieber Faraghk.

2.

Pückler an Machbuba.

Alla Signora
Machbuba.

Jo spero che tu ti senti un poco meglio di salute, e un poco più contenta di cuore. Jo ti amo molto, come tu sai bene, e bramo che il tempo ti passi d'una maniera piacevole, che tu ti diverti, e che tu impari anche qualche cosa.

Vedrò se tu potrai ben tosto rispondere a questa lettera; ma bisogna che tu la scrivi tu stessa. Dettata a un altro non la gradirò tanto. Addio, e che Dio ti conservi, mia piccola bruna.

Il tuo buono Sidi,
il Pascia di Muskau*).

---

*) Ich hoffe, daß Du Dich in etwas besserer Gesundheit fühlst, und auch im Herzen ein wenig zufriedener. Ich liebe Dich sehr, wie Du wohl weißt, und ich wünsche, daß Dir die Zeit auf eine angenehme Art vergehe, daß Du Dich unterhältst und daß Du auch etwas lernst.

Ich werde sehen, ob Du bald auf diesen Brief antworten kannst, aber Du mußt selbst schreiben. Von einem Anderen diktirt, ist es mir weniger angenehm. Adieu, und daß Gott Dich erhalte, meine kleine Braune.

Dein guter Sidi
der Pascha von Muskau."

3.
Pückler an Machbuba.

Signora Machbuba.

Buon giorno, mia cara Machbuba. Spero che siete buona oggi? Domani vi manderò una carozza a mezzogiorno. Vestite di rosso.

Il tuo fedele Abu*).

4.
Machbuba an Pückler.

Mio caro Sidi,

Jo penso sempre a te, giorno e notte; spero di rivederti ben tosto, e che la tua salute sarà meglio. Ti fo mille ringraziamenti del biglietto che mi hai mandato. Ogni momento rimiro il tuo ritratto; nel mentre una sera era presso a guardarlo, ho ricevuto questo tuo biglietto. Ti assicuro che era tanto il piacere che non ho potuto dormire. Tu sai che non so scrivere. Addio, mio caro, io sono sempre l'istessa.

Machbuba**).

---

*) Guten Tag, meine liebe Machbuba. Ich hoffe, daß Du heute gut bist? Morgen schicke ich Dir einen Wagen um 12 Uhr. Zieh Dich roth an.

Dein treuer Abu.

**) Mein theurer Sidi,

Ich habe immer an Dich gedacht, Tag und Nacht; ich hoffe Dich bald wiederzusehen, und daß Deine Gesundheit besser ist. Ich danke Dir tausendmal für das Billet, das Du mir geschickt hast. Jeden Augenblick betrachte ich Dein Bild; während ich es eines Abends ansah, erhielt ich Dein Billet. Ich versichere Dich, daß meine Freude darüber so groß war, daß ich nicht schlafen konnte. Du weißt, daß ich nicht schreiben kann. Adieu, mein Lieber, ich bin immer dieselbe.

Machbuba.

5.

Pückler an Machbuba.

Cara Machbuba*),

Buona sera, mia cara. Ho dimenticato di dirti che tu devi mettere domani la giachetta rossa ed i pantaloni neri. Se vuoi venire a farmi una piccola visita dopo il tuo ballo, io ti dirò io stesso tutto. Sono sempre malato.

6.

Pückler an Machbuba.

Carissima Machbuba**),

Mille grazie del tuo biglietto, che mi ha fatto molto piacere. Ho parlato al dottore, e ti aspetterò qui a mezzogiorno vestito di Mamelucko in blue.
Addio.

      Il tuo sempre buono
        Abu.

---

*) Liebe Machbuba,

Guten Abend, meine Liebe. Ich habe vergessen Dir zu sagen, daß Du morgen die rothe Jacke und die schwarzen Pantalons anziehst. Wenn Du nach Deinem Ball kommen willst und mir einen kleinen Besuch machen, so werde ich Dir selbst alles sagen. Ich bin immer noch krank.

**) Liebste Machbuba,

Tausend Dank für Dein Billet, das mir viele Freude gemacht hat. Ich habe mit dem Doktor gesprochen, und erwarte Dich hier um 12 Uhr als Mameluck blau angezogen.
Adieu.

      Dein immer guter
        Abu.

7.

Pückler an Machbuba.

Alla Signorina
Machbuba.
Vienna. (Wien.)

Carissima Machbuba,

Tu hai fatto aspettare ieri la carozza una mezz'ora, e son arrivato ad un gran pranzo quando tutto il mondo era seduto, una cosa molto dispiacevole, ed un affronto per il Padrone di casa, il Ministro di Prussia.

Jo non voglio far baruffa, ma spero che tu non mi metterai una seconda volta in un simile imbroglio.

Per oggi non posso venire prenderti con me, perchè la Contessa, alla quale io ti voleva presentare é malata, ed io obbligato di pranzare nella casa del Barone Pereira. Dunque sarà ad un altro giorno.

Mille complimenti, e prego che Dio ti dia buona salute.

Il tuo Abu fedele.

H. P. M.

Se volete farmi una piccola visita, e mangiare qui, venite subito.

Jo ti accompagnerò alle cinque à casa. Addio *).

---

*) Liebste Machbuba,

Du hast gestern den Wagen eine halbe Stunde warten lassen, und ich bin zu einem großen Diner angelangt, als alles schon bei Tische saß, was sehr verdrießlich war, und eine Beleidigung für den Hausherrn, den preußischen Gesandten.

Ich will nicht zanken, aber ich hoffe, daß Du mich nicht zum zweitenmale in eine solche Verlegenheit setzest.

Heute kann ich nicht kommen und Dich mitnehmen, weil die Gräfin, der ich Dich vorstellen wollte, krank ist, und ich im Hause des Barons Pereira zu Mittag essen soll. Also auf ein andermal.

8.

Pückler an Machbuba.

Mia carissima Machbuba,

La tua piccola lettera mi ha fatto tanto piacere, ch'io ho pianto propriamente di tenerezza per te. Addesso io ti mando tutte le cose che tu hai domandato, e della buona cioccolata, e io sarei venuto io stesso, se la Principessa non fosse caduta malata d'una febbre, che la tiene al letto.

Mi rincresce molto che anche la tua salute non va molto meglio ancora, ma bisogna aver coraggio, mia poverina! Che possiamo fare contro la volontà di Dio! Ognuno deve sottomettersi, e tu hai veduto come io ero vicino della morte due volte, e sempre Dio m'ha salvato. Dunque a te anche può render la salute quando vorrà, ed io lo prego di tutto il mio cuore, che volesse farlo ben tosto. Quando io sento che tu soffri, mi fa più male che di soffrir io stesso, perchè tu sai come io ti amo veramente, e che sono e sarò sempre lo stesso per la mia molto amata amica.

La mia nipote mi ha detto che ti ha parlato nelle mie stanze, vicino ad un grandissimo fuoco. Questo mi ha fatto molto piacere, e solamente mi lamento che non sono là vicino a te.

Addio, mia piccolina bruna, io ti bacio come padre,

Viele Grüße, und ich bitte Gott, daß er Dir eine gute Gesundheit gebe.

Dein treuer Abu

H. P. M.

Wenn Du mir einen kleinen Besuch machen, und hier zu Mittag essen willst, so komm sogleich. Ich begleite Dich dann um 5 Uhr nach Hause. Abieu.

madre, fratello e sorella, e che il buon Dio ti conservi per tuo buono
Abu.

In otto giorni io spero di essere in Muskau, e dar un bacio a Machbuba*).

---

*) Meine liebste Machbuba,

Dein Briefchen hat mir so viel Freude gemacht, daß ich aus Zärtlichkeit für Dich weinte. Hier schicke ich Dir alle die Dinge, die Du verlangt hast und gute Chokolade; ich würde selbst gekommen sein, wenn die Fürstin nicht an einem Fieber erkrankt wäre, das sie zu Bette hält.

Es thut mir sehr leid, daß auch Deine Gesundheit noch nicht viel besser ist, aber Du mußt Geduld haben, Du Arme. Was können wir machen gegen den Willen Gottes! Ein jeder muß sich unterwerfen, und Du hast gesehen, wie ich zweimal dem Tode nahe war, und immer hat mich Gott gerettet. Also kann er auch Dir die Gesundheit wiedergeben, wenn er will, und ich bitte ihn von ganzem Herzen, daß er es bald thue. Wenn ich höre, daß Du leidest, thut es mir mehr wehe, als wenn ich selbst litte, denn Du weißt, daß ich Dich wahrhaft liebe, und daß ich immer derselbe sein werde für meine sehr geliebte Freundin.

Meine Nichte hat mir gesagt, daß sie Dich in meinen Zimmern an einem großen Feuer gesprochen hat. Das hat mir viel Vergnügen gemacht und ich beklage nur, daß ich nicht dort bei Dir bin.

Adieu, meine kleine Gute, ich küsse Dich wie ein Vater, eine Mutter, ein Bruder und eine Schwester, und möge der liebe Gott Dich erhalten für Deinen guten
Abu.

In acht Tagen hoffe ich in Muskau zu sein, und Machbuba einen Kuß zu geben.

9.

Machbuba an Pückler.

Mio caro Abu,

Desidero che ti porti bene. Ti ringrazio molto di tutto quello che mi hai mandato *).

10.

Pückler an Machbuba.

Mio caro angelo,

Ecco la piccolo cosa di argento che tu mi hai dato per farla raccomodare con tuo nome sopra. Jo sono lungo tempo senza nuove di te e di Muskau, e spero che tu vai un poco meglio. Qui la Principessa è divenuta molto ammalata, e di otto giorni non ha nè mangiato nè dormito, nè si è alzato dal letto. Per questa malattia molto seria, non posso partire tanto presto che lo bramo, ed anche affari noiosi e importanti mi ritengono qui. Il momento che sarò liberato io entro in carozza per rivedere la mia piccola bruna, colla quale i miei pensieri sono sempre a Muskau. Jo ti bacio teneramente di tutto il mio cuore, e resto sempre il uo fedele Abu **).

Spätere Anmerkung von Pückler. Mein letzter Brief an Machbuba, den sie nicht mehr erhielt, weil er nur wenige Stunden nach ihrem Tode in Muskau anlangte.

*) Mein lieber Abu,

Ich wünsche, daß es Dir gut geht. Ich danke Dir sehr für alles was Du mir geschickt hast.

**) Mein lieber Engel,

Hier ist das kleine silberne Ding, das Du mir gegeben hast, um es mit Deinem Namen darauf zurechtmachen zu lassen. Ich bin seit lange ohne Nachrichten von Dir und von Muskau, und ich hoffe, daß es Dir etwas besser geht. Hier ist die Fürstin sehr krank geworden, und hat seit acht Tagen weder gegessen, noch geschlafen, noch ist sie

11.
Doktor Freund an Pückler.
Muskau, den 9. Oktober 1840.

Euer Durchlaucht,

Das Befinden der armen Kranken ist noch immer dasselbe, und wir bemerken keine Veränderung von Bedeutung an ihr, wenn man nicht etwa den zeitweilig heftigen Husten des Nachts, so wie das Anlaufen der Füße, das jedoch schon öfters dagewesen und wieder geht und kömmt, hieher zählen wollte. Sie ist munter oder wenigstens nicht trauriger als sonst; nur denkt sie oft ihres einzigen und väterlichen Wohlthäters, und diese Erinnerung, merke ich, thut ihrem betrübten Herzen jedesmal wohl; ich suche diese daher immer so lange als möglich zu unterhalten. Die beiden Portraits Euer Durchlaucht haben ihr sehr viel Freude gemacht, und sie hat jedem derselben einen guten Platz angewiesen. Als ich ihr gestern den Brief vorlas, wußte die Arme vor Freude gar nicht, was zuerst zu thun, so sehr war sie davon überrascht worden; denn hoffte sie auch mit vieler Sehnsucht darauf, so erwartete sie doch noch keinen Brief, weil sie Euer Durchlaucht zu beschäftigt und zu sehr in Anspruch genommen glaubte, als daß ihrer gedacht werden könnte; wenn ich nicht irre, machte sie sich sogleich an's Werk eine Antwort zu versuchen.

Der Appetit verläßt sie nicht, was immer sehr tröstlich bleibt, und bisweilen ißt sie ziemlich viel ohne darauf folgende Beschwerden; Gott gebe nur, daß die rauhere Jahreszeit des Winters ihr nicht grell in den Weg trete, der Frühling könnte vielleicht noch Wunder wirken.

---

aus dem Bette aufgestanden. Um dieser sehr ernsten Krankheit willen kann ich nicht so schnell abreisen als ich wünsche, und auch langweilige und wichtige Geschäfte halten mich hier zurück. Im Augenblick wo ich frei bin, steige ich in den Wagen, um meine kleine Braune wiederzusehen, bei der meine Gedanken immer in Muskau sind. Ich küsse Dich zärtlich von ganzem Herzen, und bleibe immer
Dein treuer   Abu.

Ihre Unterhaltungen beschränken sich noch auf den Umgang der bekannten Personen ihrer Umgebung, und ich versäume es gewiß am allerwenigsten, ihr so manche Stunde durch Lectüre, Erzählungen, Alltagsgeschichten und Spiel (besonders das neue Kegelspiel gefällt ihr sehr gut) schneller verfließen zu machen. Bei günstiger Witterung fährt sie in der Mittagsstunde aus, wobei ich sie oft begleite.

Hätte sie nur mehr Lust zur deutschen Sprache (wohl jetzt die erste Nothwendigkeit hier in Muskau), so würde sich der Kreis ihrer Gesellschaften schnell erweitern, und gewiß nur zu ihrem Vortheil, zu ihrer Zerstreuung; ich habe daher mit ihrer Einwilligung das Abkommen getroffen, unsere Umgangssprache — so weit es die Mannigfaltigkeit erlaubt — täglich zu wechseln, damit nebst der italienischen und französischen Sprache auch die deutsche wöchentlich zwei bis dreimal an die Reihe komme. Uebrigens beschäftigt sie sich doch täglich eine und die andere Stunde mit dem Versuche zu lesen und zu schreiben.

Heute nimmt sie das vierte Malzbad, und nach ihrer Aussage befindet sie sich jedesmal sehr behaglich in demselben, und verweilt daher eine ganze Stunde darin. Ich habe sie überredet, die Bäder gleich des Morgens nach dem Erwachen zu nehmen, weil sie so das öftere und ihr zugleich lästige Aus- und Ankleiden erspart, und leichter Zeit zum Ausfahren und Ausgehen gewinnen wird.

Vorgestern wurden wir bei Tisch von der Frau Gräfin Seydewitz und Fräulein Tochter sehr angenehm überrascht, und Fräulein Machbuba freute sich mit ihnen um so mehr, als die gute Gräfin sich äußerst liebenswürdig und lustig gegen sie benahm, was sie sehr aufheiterte. Sie unterhielt uns mit der Schilderung aller Hochzeitsfestlichkeiten in C., deren ersten Theil ich dem Fräulein Machbuba zu ihrer Freude übersetzte, während die andere Hälfte alle meine Gefühle bis zu Eis erstarren machte.

Die guten Leutchen blieben, obwohl auf ihrer Durchreise bloß begriffen, und für diesen Tag einen noch weiten Marsch vor sich habend, mehrere Stunden da, und wir hatten das Vergnügen, sie beide bei trefflichem Appetit zu sehen, was besonders dem Fräulein Machbuba sehr viel Spaß machte. Gegen 5½ Uhr Nachmittags verließen sie uns, nachdem uns die liebenswürdige Frau Gräfin noch viele Empfehlungen an Euer Durchlaucht zu bestellen aufgetragen, mit der aufrichtigen Versicherung, daß sie sehr gern einen bis zwei Tage bei dem Fräulein dageblieben wäre, wenn sie nicht ihres Sohnes halber eiligst zurückkehren müßte, dessen Krankheit keine längere Abwesenheit vom Hause gestattet.

Erlauben Euer Durchlaucht, daß ich die Gelegenheit benutze, meinen aufrichtigsten und sehnlichen Wunsch für Dero stetes Wohlsein auszudrücken, und mich in tiefster Verehrung und unbegränzter Hochachtung zu nennen wage

Euer Durchlaucht ergebensten Diener
Dr. Freund.

12.
Doktor Freund an Pückler.

Muskau, den 13. Oktober 1840.

Euer Durchlaucht

wollen erlauben, daß meinem ersten Berichte bald ein zweiter nachfolgt. Seit drei Tagen hat sich leider der Krankheitszustand des armen Fräuleins sehr verschlimmert; die Nächte sind ganz schlaflos, und ein anhaltender Husten, sowie fleißig wiederkehrende Schmerzen im Unterleibe gaben dazu die nächste Veranlassung; auch sind seit zwei bis drei Tagen die unteren Extremitäten mehr ödematös angelaufen und zwar bleibend, was die arme Kranke nun auch im Gehen gewaltig hindert, so zwar, daß sie das Zimmer völlig hüten muß, und auch da noch nur mühsam sich herumzubewegen im Stande ist! Sie leidet außerordentlich, nicht minder die Um=

gebung, die ihr so gern helfen wollte, und Euer Durchlaucht können die festeste Ueberzeugung haben, daß wir Alle mit innigster Theilnahme sie behandeln, und daß nichts versäumt wird, was nur irgend möglicherweise ihren traurigen Zustand zu erleichtern vermag. Gestern war Herr Dr. Schnieber wieder hier; er fand uns gerade noch bei Tische, und Anfangs hielt er den Zustand der Kranken nicht zu ihrem Nachtheil verändert, obwohl schon vierzehn Tage seit seinem ersten Besuche verflossen; allein eine nähere Untersuchung derselben und meine Mittheilung brachten ihn bald von seiner Täuschung zurück, der man sich so gern hingiebt, weil man immer das hofft, was man sehnlichst wünscht. Sie nimmt von heute an Pillen, deren Wirkung zunächst gegen den quälenden Husten, und die immer mehr überhand nehmende hydropische Anschwellung gerichtet ist. Auch wagten wir es schon seit vier Tagen nicht mehr, das Fräulein baden zu lassen, eben dieser Anschwellung wegen. In der Diät ist keine wesentliche Veränderung angerathen worden; nur möchte ich Euer Durchlaucht mit der Bitte angehen, nicht die Osmazom-Chocolade zu vergessen, die unserer Kranken gewiß in jeder Beziehung sehr zusagen würde, und die ich je eher desto lieber für sie haben wollte.

Die leidende Machbuba denkt unaufhörlich an die Güte Euer Durchlaucht, und ließ sich vielleicht zwanzigmal die ihr zugekommenen Zeilen unter stets erneuter Freude vorlesen; sie scheint aber eben so oft an ihren traurigen Zustand zu denken, den sie selbst nur zu gut kennt, wenn sie gleich so wenig als möglich darüber laut wird; auch vermag kein tröstendes Wort sie zu beruhigen. Es ist ein wahrer Schmerz, die arme Kranke so leiden zu sehen, und ich mache wieder einmal die traurige Erfahrung, daß es keine leichte Aufgabe ist, **theilnehmender Arzt** da zu sein, wo der Fall so verzweifelt und hoffnungslos ist; ja, ich gestehe, daß ich vielleicht noch mit keinem theuren Mitgliede meiner eigenen Familie so innig gefühlt habe, als mit dieser so leidenden Kranken. Ihr Zustand, so sehr ich auch seit längerer Zeit schon damit vertraut bin, beunruhigt mich dennoch täglich auf's neue, meine innigste Theilnahme erregend; und diese Unruhe ist es, die mich an Euer Durchlaucht die Bitte wagen läßt, jetzt fleißigere Berichte von der armen Kranken erstatten zu dürfen.

In einem Briefe aus Wien erfahre ich, daß Herr Dumreicher schon seit mehreren Wochen nach Alexandrien zurückgekehrt ist; auch lese ich darin zu meinem Erstaunen, daß Wiener Zeitungen noch jetzt von einer schweren Krankheit sprechen, an der Euer Durchlaucht daniederliegen sollen. Der Himmel sei gedankt, daß das Wohlbefinden Euer Durchlaucht diese Nachrichten laut Lügen straft; möge es ihm nur auch gefallen, dasselbe durch nichts mehr zu trüben.

Euer Durchlaucht

ganz ergebenster Diener
Dr. Freund.

Soeben ersuchte mich das Fräulein, alles Schöne von ihr Euer Durchlaucht zu sagen.

13.
Doktor Freund an Pückler.

Muskau, den 19. Oktober 1840.

Durchlauchtigster Fürst,

Der Zustand des Fräuleins ist noch immer derselbe traurige, wenn auch bisweilen stundenlange Linderung eintritt, und ich glaube daher mich in der in meinem letzten Briefe ausgesprochenen Prognose nicht übereilt zu haben; nur läßt sich allerdings die Sache nicht auf Stunden und Tage bestimmen. Herr Dr. Fettke sagte mir, er habe zwei Briefe nach Berlin geschrieben, und so hielt ich mit meinen Mittheilungen ein, da ich gewiß die seinigen nur hätte wiederholen müssen.

Die schlaflosen Nächte von quälendem Husten begleitet, dauern noch immer fort, auch fehlen die Schmerzen im Unterleibe selten; leider nehmen die gewohnten Schweiße zu, und tragen zur Schwächung der ohnedies sehr gesunkenen Kräfte nicht wenig bei. Immer mehr begründet sich der Verdacht, daß der Husten kein bloß zufälliger, durch Verkältung oder irgend andere äußere Ursachen herbeigeführt sei, sondern daß er wahrscheinlicher in einer mit dem Unterleibsleiden analogen Lungenkrankheit seinen Grund habe.

Aus dem ganzen Krankheitsbilde, wie es sich seit mehreren Tagen bis auf heute darstellt, geht hervor, daß die Gefahr sich seit meinem letzten Berichte zwar nicht vergrößert hat, aber gewiß auch ebensowenig nur um ein Haar gewichen ist. Bei diesem so prekiaren Zustande muß man überdies noch bedauern, daß das ärztliche Verfahren ein rein symptomatisches nur sein kann, das sich die möglichste Unterstützung der Kräfte, die Linderung der Schmerzen und des Hustens zur Hauptaufgabe machen muß.

Sehr traurig ist das Fräulein auch noch über den Mangel an Nachrichten von Seite Euer Durchlaucht, und jeden Morgen und jeden Abend frägt sie begierig se non è ancora arrivata una lettera da Berlino; und wenn ich auch eine vielfache Beschäftigung, die gewiß nur Wahrheit ist, ihr als Entschuldigungsgrund anzugeben mich bemühe, und sie zu überzeugen suche, wie unzählige Beweise sie schon von der Güte und dem Wohlwollen Euer Durchlaucht habe, so erreiche ich doch meinen Zweck nur schlecht.

Hochdieselben wissen nur zu gut, wie wenig man in ähnlichen Fällen selbst mit den überzeugendsten Worten bei dem Fräulein zu erreichen vermag; und so zeigt mir auch da ihr plötzliches Stillschweigen, das stets so charakteristisch ihre Stimmung verräth, zu deutlich an, welche freudige Beruhigung, welch lindernden Trost auch nur wenige Zeilen von der Hand Euer Durchlaucht ihr bringen würden.

Das Wetter ist ungemein schlecht, kein Tag ohne anhaltenden Regen; das Fräulein kann daher ihr Zimmer durchaus nicht verlassen, denn wollte ich sie auch, da sie nicht gehen kann, bis an den Wagen tragen lassen, so erlaubt ihr Husten wieder nicht, sie diesem Witterungswechsel auszusetzen; auch glaube ich, daß eben dieses schlechte Wetter sehr nachtheilig auf sie influirt hat, und ihm ein großer Theil des verschlimmerten Zustandes zuzuschreiben sei.

Ich weiß nicht, ob die beiden Frau Gräfinnen, die uns auf ihrer Durchreise mit ihrem Besuche beehrten, sich meiner Bitte zu erinnern so gütig waren, mit der ich mir die Freiheit nahm, Euer Durchlaucht höflichst zu ersuchen, das Fräulein mit dem Geschenke eines „Orbis pictus" erfreuen zu wollen; es ist dies ein ebenso lehrreiches als unterhaltendes Buch, dessen ich mich in Wien als Erzieher sehr oft mit dem besten Erfolge bediente. Es giebt mehrere dieser Art, das meinige war sehr voluminös mit unzähligen sehr netten Holzschnitten, und mit einem Text in fünf Sprachen versehen, ohne jedoch mehr als 5 Fl. CM. zu kosten. Bei dem gänzlichen Mangel an irgend einem anderen unterhaltenden Buche wäre der Orbis pictus uns um so willkommener, als wir durch die schlechte Witterung die ganze Zeit auf das Zimmer beschränkt bleiben.

Euer Durchlaucht
in unbegränzter Verehrung und tiefster Hochachtung
ganz ergebenster Diener
Dr. Freund.

14.
Doktor Freund an Pückler.
Den 20. Oktober 1840.

Durchlauchtigster Fürst,

Viele unendliche Freude hatte das Fräulein mit dem ihr zugekommenen Briefe. Als ich in ihr Zimmer trat, und in die Tasche griff, um ihr denselben zu überreichen, verklärte sich ihr Gesicht; sie vergoß Thränen der Freude, als ich sie mit dessen Inhalt bekannt machte, was ich zweimal wiederholen mußte.

Da war nun wieder ein Tag verflossen, ohne daß eine Klage über ihre Lippen ging, und das arme Fräulein erholte sich in dieser Stimmung in etwas, und gab nun neuer Hoffnung Raum, die sie seit einigen Tagen gänzlich verloren zu haben schien. Ich freute mich innig über die wohlthätige Wirkung, die, wie ich es voraus wußte, ein paar Zeilen von Euer Durchlaucht herbeiführten. Sie packte nun endlich unter Thränen die ihr gesendeten Sachen aus, und nährte sich auf's neue von der Freude, die diese ihr verursachten; dennoch sahen die nassen Augen recht bald, daß ein paar seidene Strümpfe abgingen, die das Fräulein noch von der Güte Euer Durchlaucht erwartet hatte.

Den 24. Oktober.

Wir hatten wieder einige recht schlimme und traurige Tage mit dem Fräulein. Zu dem schon bekannten vielfachen Leiden gesellte sich noch ein sehr übler Zustand, nämlich sehr schmerzhafte Schwämmchen auf der Zunge und im ganzen Munde, die sich höchstwahrscheinlich noch über einen großen Theil des Darmkanals erstreckten. Wir mußten nun von aller anderen Medizin abstehen, und diesem neuen Uebel alle unsere Aufmerksamkeit schenken.

Heute, Dank dem Himmel, geht es schon besser, und sie kann wieder anfangen etwas zu essen, was sie die ganze Zeit entbehren mußte, da sie viel Beschwerden im Schlingen fühlte, und daher selbst Flüssigkeiten nur äußerst mühsam zu genießen im Stande war.

Sie fordert mich auf, Euer Durchlaucht vielen, vielen Dank in ihrem Namen zu sagen, sowohl für den tröstlichen, erheiternden Brief, als auch für die schönen Sachen, mit denen sie sich jetzt noch kindisch freut. Zugleich ersuchte sie mich, ihren unterthänigsten Handkuß an Ihre Durchlaucht die Frau Fürstin folgen zu lassen, ihr eine baldige gute Besserung wünschend. Gern hätte sie selbst geschrieben, allein die außerordentliche Schwäche, die sie jetzt stets an das Bett fesselt, erlaubt ihr auch dieses Vergnügen nicht.

Euer Durchlaucht
in tiefster Verehrung
ergebenster Diener
Dr. Freund.

15.
Gräfin Peppy von Seydewitz an Machbuba.
Pülswerda, den 23. Oktober 1840.
Meine sehr liebe Machbuba,

Wenn Gedanken Briefe wären, so hätten Sie schon unzählige empfangen, denn täglich gedenke ich Ihrer mit theilnehmender Liebe; wie so gern möchte ich wissen, wie es Ihnen bis jetzt gegangen, ob die bösen Schmerzen gewichen, und ob sie sich besserer Ruhe des Nachts zu erfreuen haben. Die bereits eingetretene Kälte wird Sie gewiß ganz an die Stube fesseln, und herzlich wünsche ich, daß die baldige Rückkehr meines Schwagers Sie da wohlthätig zerstreuen möge; mein Mann ist auch noch immer in Berlin, ich erwarte ihn jedoch in diesen Tagen zurück, nebst dem Bräutigam, der hier mit sehnsüchtiger Liebe und Ungeduld von Klementine erwartet wird. Gleich nach meiner Ankunft besuchte mich mein einziger Bruder nebst seiner Frau, welche noch hier ist. Er ist aber dann auch gleich nach Berlin geeilt, wo sich so viele Neugierige versammelt haben. Sie wohnte in Wien mit Ihnen zugleich in demselben Gasthofe, und mein Bruder besuchte den Fürsten. — Meine Kinder fand ich sehr gewachsen und recht wohl; ich mußte denselben viel von Ihnen und den schönen

Kostüms erzählen; sie hoffen alle, Sie im Sommer hier zu sehen. Meine kleine Josephine gedeiht, dem Himmel sei Dank, vortrefflich, und entwickelt sich ihr Geist und liebendes, heiteres Gemüth gleichzeitig schnell mit ihren Körperkräften.

Ich wünsche sehr, daß Sie, liebe Machbuba, diesen Winter rechte Fortschritte im Deutschen oder wenigstens Französischen machen, damit wir uns dann recht gut verständigen können, und Sie begreifen lernen, wie sehr gut ich Ihnen bin, was ein Dritter doch nie so gut ausdrücken kann. Mein armer Sohn ist seit dem 12. wieder bei mir hier, da er noch immer recht leidend ist, und ich ihn am liebsten selbst pflege. Dazu kommt noch, daß sein gewöhnlicher Arzt abwesend ist, ich also deshalb noch mehr in Sorgen bin; bei dessen Rückkehr sieht der gute Junge einer abermaligen Operation entgegen, wovor mein Herz jetzt schon zittert. Er hat aber, wie gewöhnlich, guten Muth, kennt keine Angst, die ihm die Laune verderben könnte. Von Carolath habe ich Gottlob bessere Nachrichten, der Himmel hat aller dort Anwesenden beste Wünsche erhört. Ich bitte hiermit Herrn Doktor Freund, welchem ich mich angelegentlichst empfehle, Ihnen meine herzlichsten Wünsche für Ihre Genesung, meine treuesten Grüße zu entrichten, und hoffe von seiner Güte bald einmal etwas von Ihnen und Ihrem Thun und Treiben zu hören. Mein Schwager wird gewiß nach diesem genannten trouble die Einsamkeit von Muskau wieder doppelt lieb gewinnen; wenn ich nur auch täglich ein Stündchen mitplaudern könnte bei dem traulichen Kamin.

Leben Sie wohl und glücklich, und vergessen Sie nicht ganz dabei

Ihre

Ihnen herzlich ergebene
G. v. Seydewitz.

Clementine vous embrasse tendrement.

16.
Doktor Freund an Pückler.

Durchlauchtigster Fürst,

Erschrecken Euer Durchlaucht nicht über meine Anmerkung nächst der Adresse, denn noch ist, was wir fürchten, nicht geschehen. Allein als ich heute Morgens gegen 5 Uhr die Kranke besuchte, fand ich sie so schlecht, daß ich selbst schon glaubte, es werde augenblicklich das Schlimmste eintreten. Jetzt, wo ich eben auf ihre Aufforderung dies in ihrem Zimmer schreibe, ist sie wieder etwas besser.

Wie gerne möchte ich den Inhalt meiner Briefe etwas erfreulicher einkleiden, wenn nur die geringste Hoffnung der Sache selbst mir Veranlassung dazu gäbe; auch weiß ich selbst nicht, ob ich die sonst beglückende Gegenwart Euer Durchlaucht jetzt wünschen soll, da ich fürchten muß, daß der Eindruck des bedauernswerthesten Bildes nur ein schrecklicher sein könne; ich habe es ja stündlich vor Augen, und dennoch ist es mir stets neu und die innigste Theilnahme erregend; es wird diese auch von der ganzen Umgebung der armen Kranken im vollsten Maße und mit der schonendsten Sorgfalt bewiesen, und Euer Durchlaucht können daher in dieser Beziehung sich beruhigen. Es geschieht alles genau nach Dero hohem und bestem Wunsche, und was nur irgend möglich zur Erleichterung und Zerstreuung der Leidenden geschehen kann.

Ich bitte nur, Euer Durchlaucht wollen die Gnade haben, mir für den traurigen Fall, auf den wir jeden Tag und jede Stunde vorbereitet sein müssen, spezielle Befehle zu ertheilen, damit ich alle Auforderungen Dero hohem Wunsche gemäß zu treffen nicht versäumen möge.

Da sich das Fräulein jetzt eben wieder in etwas erholt, und mich schreiben sieht, so sagte sie mir, daß sie selbst schon einen Brief an Euer Durchlaucht angefangen habe, den zu endigen ich ihrer Schwäche wegen nicht gut gestatten kann. Nur einige Worte wird sie vielleicht meinem Briefe beifügen, worauf sie um so mehr besteht, da ich ihr mittheilte, daß Freitag der erfreuliche Geburtstag Euer Durchlaucht wiederkehrt, zu dem sie einen „buon, buon giorno" (mit eigener Hand) wünschen will.

Wollen Euer Durchlaucht erlauben, daß auch ich, diese Gelegenheit benutzend, zu dem herannahenden Geburtstage meine innigste Verehrung und die sehnlichsten Wünsche für ein stets ungetrübtes Wohlsein auszusprechen mir die Freiheit nehme, und möge es dem gütigen Himmel gefallen, nicht bloß diesen Tag, sondern jeden wiederkehrenden Morgen zu einem beglückenden für Dero erlauchte Person zu machen.

Von der Frau Gräfin Seydewitz (Pülswerda) erhielt Fräulein Machbuba ein eigenes an dasselbe gerichtetes und sehr liebenswürdiges Schreiben, welches die arme Kranke um so mehr freute, da die gute Gräfin so viele Theilnahme und liebevollen Trost für dieselbe darin ausgesprochen hat, nebst einer Einladung auf's Frühjahr nach Pülswerda; letzteres erheiterte das Fräulein besonders sehr.

Da das Fräulein in diesem Augenblicke, wo die Post schon eilt, ein wenig schlummert, und ich dasselbe nicht zu stören wage, so muß ihr Wunsch für diesmal unterbleiben.

Euer Durchlaucht
in tiefster Verehrung und unbegränzter Verehrung
ergebenster Diener

Dr. Freund.

17.

Doktor Freund an Pückler.

Muskau, den 27. Oktober 1840.

Euer Durchlaucht,

Kaum war mein heutiger Brief abgeschickt, so erwachte die arme Machbuba noch einmal, aber leider war es das letzte Aufglimmen eines verlöschenden Lichtes!

Meine Angst während dieser vierzehn Tage war leider nicht ungegründet, und als ich sie heute Morgens, wie schon erwähnt, besuchte, eilte ich mit meinem Schreiben, das Euer Durchlaucht wahrscheinlich schon in Händen haben, und in welchem ich meine Ahnung für das Schlimmste — auszusprechen mich genöthigt fand.

Gestern noch versuchte sie an Euer Durchlaucht zu schreiben, und als die Schwäche sie an der Fortsetzung hinderte, sagte sie: „Scrivete un buon, buon addio al mio caro Principe".

Heute Morgens, nachdem sie sich nochmals erholt hatte, scherzte sie noch mit den beiden Mädchen, und nahm dann Abschied von ihnen, indem sie ihnen herzlich für ihre treuen Dienste dankte. Als diese sie zu trösten versuchten, sprach sie es mit Gewißheit aus, daß heute sie sterben müsse. Später besuchten sie die beiden Offizianten vom Hause, die sie sehr lieb hatte, und als ich sie auf diesen Besuch aufmerksam machte, sagte sie: „Aprite la finestra, io non posso vederli" — denn ihr Auge sah nicht mehr. Es dauerte noch eine Stunde, während welcher sie ruhig aber bewußtlos im Bette lag, und um $12^{3}/_{4}$ Uhr Mittags hörte sie auf zu leben. Sie starb ruhig, oder ist vielmehr in ruhigen Athemzügen eingeschlafen. Gott lasse sie sanft ruhen!

Gestern noch freute sie sich, als ich ihr sagte, ich wolle ihr selbst eine recht gute Milch aus dem nächsten Dorfe verschaffen, und sie sagte mir: „Bene, io aspetterò col mio mangiare fino che ritornerete". Bei meiner Rückkehr gegen 2 Uhr verdolmetschte ich ihr nochmals den Brief von der Gräfin Seydewitz, der ihr sehr viel Freude machte. „Bisogna ringraziare" sagte sie, „molto, molto alla buona contessa, io l'amo sinceramente." Auch einen anderen Brief, nämlich von der Gräfin Reway, las ich ihr vor, wobei sie noch sehr aufmerksam war, und überhaupt befand sie sich gestern am allerleiblichsten seit vierzehn Tagen.

Sogleich nach dem traurigen Ereignisse schickte ich zu dem Herrn Generaldirektor, und ließ im Beisein der Hausoffizianten alle Sachen und Kostbarkeiten bis auf wenige Kleidungsstücke in ein Kabinet im zweiten Stock bringen, und übergab hierauf den Schlüssel davon dem Herrn Direktor Bethe.

Wollen Euer Durchlaucht mir heute meine nachlässige Schrift gnädigst verzeihen, da ich zu sehr alterirt bin.

Euer Durchlaucht

ergebenster Diener
Dr. Freund.

18.
Doktor Freund an Pückler.

Muskau, den 29. Oktober 1840.

Durchlauchtigster Fürst,

Gestern Vormittag langten die dem Fräulein zugedachten Sachen, die deren nicht mehr bedarf, sammt dem Schreiben an dasselbe hier an; ich habe wie ein Kind dabei geweint, und schäme mich auch der Thränen nicht, denn ihr vortreffliches Gemüth, aus dem ihre geistige Seite ganz zu bestehen schien, und das so gewaltig noch in die körperliche hinübergriff zum Nachtheile ihrer Gesundheit, verdient so aufrichtige Beweise des Bedauerns. Doch warum bedauern? Sie, die Glückliche jetzt, hat ausgerungen, nachdem sie noch in den letzten Stunden ihres Lebens in dankbarer Erinnerung an ihren höchsten irdischen Wohlthäter und treuesten Freund gelebt hatte. Dieses letztere, das nicht in dem Fürsten, wohl aber in dem großmüthigen und edlen Herzen desselben seine Quelle hat, muß auch in Euer Durchlaucht das schöne Bewußtsein daraus hervorfließen machen, alles für die arme Hingeschiedene gethan, und kein noch so großes Opfer gescheut zu haben, und dieses beruhigende Bewußtsein ist das schönste Andenken, das die Selige Euer Durchlaucht zurücklassen konnte, weil es zugleich das unverwüstlichste und wohlthuendste ist. Möchte dasselbe doch gleich den Anfang damit machen, den gerechten Schmerz Euer Durchlaucht über den Verlust dieses Naturkindes in etwas zu verringern, und möge die allgemeine Theilnahme, die man dem Andenken der armen Machbuba so ungeheuchelt schenkt, auch den Schmerz Euer Durchlaucht wahrhaft theilen und lindern!

Eine Staffette zu schicken, habe ich aus mehreren Gründen nicht gewagt; denn vor allem war gerade der verflossene Montag, also der Tag vor ihrem Dahinscheiden, ihr heiterster Tag, den sie schon seit Wochen nicht gehabt. Ich las ihr die schon erwähnten Briefe vor, erzählte ihr von den vielen Festlichkeiten, die man hier für den herannahenden Geburtstag Euer Durchlaucht veranstalten wird, wozu sie selbst zu gratuliren versprochen; wir spielten sogar zusammen das neue Spiel, das ich ihr machen ließ, und sie freute sich nicht nur sehr über ihren häufigen Gewinn, sondern war auch so ihrer gegenwärtig, daß sie zu spielen aufhörte, als sie merkte, daß ich aus Mangel meiner bereits verlorenen Marken Gewinn und Verlust mit Bleistift zu notiren anfangen wollte, und sie sagte: „No, no, bisogna pagare".

Als sie später über gänzlichen Mangel an Appetit zu klagen anfing, und darüber sehr besorgt schien, so tröstete ich sie und versprach ihr Milch zu bringen; sie freute sich damit, und ganz ihre Sorge vergessend, sagte sie: „Se il principe arriverà, partiremo per l'Italia o nel mio paese". —

Den Morgen an ihrem Sterbetage, wo der Tod sie schon zeitlich früh zu mahnen schien, scherzte sie bald nachher mit Karoline und Elise, die sie mit ihrer auf dem Bette liegenden Reitgerte zu prügeln drohte, was sie selbst zum Lachen brachte. Und gleich nachher nahm sie wieder Abschied von ihnen, sprach von ihrem heute gewiß eintretenden Tode, bemerkte aber doch dabei: „Molta grazia, molta grazia; se voi sarete ammalate, vi servirò io".

Ich erwähne dieses alles, weil ich weiß, wie wohlthuend solche Erinnerungen der uns theuren Wesen sind, und weil Euer Durchlaucht ersehen werden, daß wir der Armen bis auf den letzten Augenblick noch alle Hoffnungen machten, gesund zu werden — und sie ist es wahrlich geworden; denn unmöglich ist es mir zu denken, daß es nicht auch für den Geist eine himmlische Wollust sein müsse, sich außerhalb der hinfälligen Hülle zu befinden, die so häßlich erkranken könne, sei diese auch die schönste und kräftigste gewesen.

Eine zweite Ursache der verabsäumten Staffette war eine noch erheblichere und wichtigere. — Die noch so schwache Gesundheit Eurer Durchlaucht selbst vor Augen habend, mußte ich mir nur die gerechtesten Vorwürfe haben machen wollen, um sie ohne allen Vortheil für die Kranke dem so betrübenden Anblicke des traurigsten Bildes ausgesetzt zu haben.

Ich sage ohne allen Vortheil; denn wenn auch die beglückende Gegenwart Eurer Durchlaucht die arme Leidende auf das innigste erfreut hätte, so wäre selbst die Freude für ihr zartfühlendes Gemüth und bei der enormen Schwäche ihres Körpers, keine Wohlthat gewesen, ja, ich bin fest überzeugt, daß, hätte Machbuba Euer Durchlaucht, an deren Person sie mit Leib und ganzer Seele hing, in der letzten Stunde wirklich erkannt, diese Scheidestunde allein, die wohl den Schmerz, doch nicht das Leben verlängern konnte, — alle ihre Leiden zusammengenommen weit übertroffen hätte, während sie so, ohne das schmerzlichste Gefühl der Welt zu erfahren, ein liebendes und geliebtes Wesen für immer zu verlassen — ruhig und sanft in eine viel bessere Welt hinübergegangen sein muß. Mir bleibt die Beruhigung, zwei gleich betrübten Wesen dieses schmerzliche Gefühl erspart zu haben, und meine scheinbare Härte war in solch einer Lebensfrage die innigste Theilnahme.

Gott verleihe allen Trauernden seinen mächtigen Trost, seine aufrichtende Kraft.

Euer Durchlaucht
in größter Ehrfurcht
ergebenster Diener
Dr. Freund.

19.
Generaldirektor Bethe an Pückler.
Muskau, den 30. Oktober 1840.

Durchlauchtigster Fürst und Herr,

Nachdem der erste Schmerz über die Dahingeschiedene überstanden, wird es auch für Sie, theuerster Fürst, zwar noch ein sehr wehmüthiges Gefühl, aber doch auch eine große Beruhigung sein, etwas Näheres über den Krankheitszustand, dann aber auch über die Bestattung zur Ruhe und die sich dabei kundgegebene Theilnahme von Muskau's Bewohnern an der armen Machbuba zu erfahren, und ich erfülle daher hiemit diese traurige Pflicht. —

Die Sektion ist von Dr. Freund und Fettke, im Beisein von Dr. Schnieber ausgeführt, nachdem ersterer noch durch den Maler aus Sorau sie hat abzeichnen, und von Kopf, Hand und Fuß einen Gypsabdruck hat nehmen lassen. Jene hat aber ergeben, daß sie an völliger Auflösung des Unterleibes durch Drüsengeschwüre, die sich dann auch dem einen

Lungenflügel in hohem Grade mitgetheilt gehabt, und wahrscheinlich durch das Aufgehen eines großen Geschwürs ein Lungenschlag herbeigeführt worden, gestorben ist. Von einem organischen Fehler war durchaus keine Spur vorhanden, und eben so wenig von einem durch Sturz entstandenen Schaden. Dr. Fettke hält dafür, daß die Disposition zu Drüsenkrankheit schon lange in ihrem Körper gelegen, und diese durch das Quarantainefieber aufgeregt, und dann durch hektische Fieber die Auflösung beschleunigt ist. Daß Bandwurm bei dem kranken Zustand eine Hauptrolle gespielt, bestreitet derselbe ganz; doch hat sich allerdings auch davon etwas, aber nicht mehr vorgefunden, als dies gewöhnlich bei dergleichen Kranken der Fall sein soll.

Nach vollendeter Sektion ist sie von ihren Jungfern orientalisch gekleidet, und in den anständigen, mit Kranz und Blumen geschmückten Sarg gelegt, und um 6 Uhr — wie schon früher angezeigt — ist sie mit Fackeln und Bergwerkslampen durch die Alaunbergwerks-Knappschaft, angeführt durch den Direktor und die Steiger, zur Ruhestätte getragen worden. Der Sarg war mit dem Christusbilde versehen, und der Superintendent und Pranuch im Talar begleiteten denselben. Zunächst dem Sarge gingen die beiden Jungfern, der kleine Mohr und die Aerzte, und diesen schloß ich mich mit den Beamten an, wozu sich auch die meisten Honorationen der Stadt gesellten, sowie auch mehrere Hunderte von Muskau's Bewohnern und der Umgegend. Der Zug hatte so viel Feierliches, und ging durch die Stadt zum Friedhofe. Auf dem Wege dahin ward das Lied „Jesus, meine Zuversicht" geblasen, und die Pausen durch Trauertrommel ausgefüllt. Am Grabe sang die Begleitung und der Schülerchor das Lied: „Wie sie so sanft ruhen, alle die Seligen", und ein stilles Gebet beschloß die Feier. Geläutet ward Abends nicht, da dies schon Mittags eine Stunde lang geschehen war. Rührend aber war die allgemeine Theilnahme.

— Es ist so aber auch dem Schmerz sein Recht geschehen, und der Himmel wird nun das Weitere gewiß zur Beruhigung Euer Durchlaucht thun, wozu jedenfalls auch schon viel durch die Gewißheit des Krankheitszustandes geschehen wird. Wenn nun aber auch bei mir und mehreren Anderen eine wehmüthige Rückerinnerung an die Verklärte bleiben wird, so muß es doch ein großer Trost für Euer Durchlaucht sein, daß dieselbe jetzt von ihren gewiß sehr großen Schmerzen nun endlich befreit ist! Mehrere rührende Szenen von derselben, auch in Bezug auf Höchst-Sie, wird Dr. Freund und später auch die Karoline mittheilen.

Und nun vom Schmerz zur Freude darüber, daß wir Euer Durchlaucht nach langer Trennung und überstandenen großen Gefahren an dem heutigen für mich und Muskau's Bewohner so frohen Tage gesund in der Heimath wissen. Ist diese herzinnige Freude auch durch den vorgedachten Trauerfall in etwas getrübt, auch dadurch zum Theil unvollkommen, daß Höchst-Sie gerade nicht hier in Muskau gegenwärtig sein konnten, so kann ich es mir doch nicht versagen, meinen und der Meinigen aufrichtigsten Glückwunsch hier auszusprechen, und Höchst Ihnen ein freudiges Lebehoch zuzurufen*). Eben so wenig kann und mag ich es verhindern, daß dasselbe bei der schon vor jenem Trauerfall veranstalteten Festlichkeit zum heutigen Tage geschehe, da dadurch der Theilnahme an jenem kein Eintrag widerfahren wird. — Unsere bekannten Geschütze haben den Beginn dieses Festtages eben verkündet, und Abends soll bei einer dazu arrangirten Vorstellung im Theater, der ein Prolog von Schefer, gesprochen von Madame Uhden, vorangehen wird, und demnächst bei einer weiteren gesellschaftlichen Versammlung in der Stadt jenes Lebehoch erneuert werden. Aber eben

---

*) Randbemerkung von Pückler. Ach, welch eine Geburtstagsfeier!

so wenig wie ich mich von der Theilnahme an dieser Festlichkeit ausschließen mag, da sie ja nur, zwar durch Euer Durchlaucht eben erlittenen Verlust etwas gestört, die freudigen Gefühle zu dem heutigen sonst so frohen Tage und den aufrichtigen Wunsch ihn Höchst=Sie und ungetrübt noch lange in Kraft und Gesundheit erleben zu lassen, bethätigen soll, eben so wenig werden auch Höchstdieselben darin etwas Anstößiges finden. Von selbst versteht sich aber, daß im Theater die herrschaftliche Loge finster und verschlossen bleibt.

Und indem ich nur nochmals mein Gebet und Trost für Höchst=Sie vom Himmel erneuere, empfehle ich mich und die Meinigen mit innigster Verehrung

Euer Durchlaucht
fernerem gnädigen Wohlwollen
ganz gehorsamst
Bethe.

20.
Doktor Freund an Pückler.

Muskau, den 2. November 1840.

Durchlauchtigster Fürst,

Im Anschlusse erhalten Hochdieselben den Sektionsbericht.

Nach dieser traurigen, aber höchst getreuen Darstellung alles Vorgefundenen kann man sich nicht über den Tod des Fräuleins wundern, wohl aber sich der Frage kaum erwehren, wie das Leben bei solchen organischen Zerstörungen noch möglich war. Und es ist aller Grund vorhanden, die Dahingeschiedene sehr glücklich zu preisen, daß sie eben jetzt gerade und nicht später ihr Lebensende erreichte. Denn man denke sich die ohnedies von vielfachen Leiden schon so lange Zeit geplagte Kranke noch von einem Husten gequält, wie ihn

Phthysiker nach langsam eingetretener Verflüssigung der Lungentuberkel haben, dabei ihre ungemein große Schwäche — und man muß die jetzt Selige doppelt glücklich schätzen durch den Tod von einem solchen Leben, das nur ein stetes Sterben gewesen wäre, plötzlich befreit worden zu sein.

Ich bin allerdings etwas genau in diese Schilderung eingegangen, allein ich glaube, daß die erwähnten Umstände bei allem Schmerz, mit dem das Schicksal diesmal Euer Durchlaucht heimgesucht hat, die größte Beruhigung und den besten Trost zu geben vermögen.

Nach gemachter Sektion kränkte es mich, die Idee, die ich von des Fräuleins Zustande lange schon gehabt, nie ausgesprochen zu haben. Ich blätterte in den Kopieen, die ich von den nach Berlin geschriebenen Briefen mir zurückgehalten, und fand in einer derselben zu meiner freudigen Genugthuung folgende Stelle: Immer mehr begründet sich der Verdacht, daß der Husten kein bloß zufälliger, durch irgend eine Verkältung herbeigeführter sei, sondern daß er wahrscheinlicher auch in einer mit dem Unterleibsleiden analogen Lungenkrankheit seinen Grund habe.

Wären damals, als ich diese meine Meinung Euer Durchlaucht mitzutheilen wagte, die kranken Organe meinen Augen offen dargelegen, um sie mit allen Sinnen zu untersuchen, ich hätte kein besseres Bild von der Diagnose und dem pathologischen Zustande weder haben noch geben können. Obige Zeilen sind für mich, als einen noch jungen Arzt, Goldes werth, und sie sollen in Zukunft mein wichtigster Sporn werden, mein so geringes ärztliches Wissen durch Fleiß und genaue Beobachtungen möglichst zu erweitern. Sie sprechen mit wenigen Worten das ganze Wesen der Krankheit aus, da die Gekrösdrüsen und die rechte Lunge nur eine tuberkulöse Masse darboten.

Ich schließe diese traurige Szene mit der Bemerkung, daß das Leichenbegängniß des Fräuleins ein zwar prunk= loses, aber höchst würdiges und anständiges gewesen ist, bei welchem es an reger Theilnahme und aufrichtigen Thränen nicht gefehlt hat. So sehr mich die Zeit an diesem Tage schon drängte (es war bereits 6 Uhr Abends, als wir mit allen Vorbereitungen erst zu Ende kamen) so sorgte ich doch dafür, daß die Dahingeschiedene, die selbst im Tode noch viele ihrer lieben Züge behalten hatte, sehr anständig ge= kleidet im offenen Sarge, von Blumen, die sie im Leben liebte, umgeben, einige Zeit noch für alle Gäste zu sehen war, die aus aufrichtiger Theilnahme gekommen waren, der Verstorbenen die letzte Ehre zu erweisen. Die näheren De= tails des Begräbnisses hat Herr Generaldirektor Bethe, wie er mir sagte, bereits Eurer Durchlaucht zu schreiben die Ehre gehabt, zu denen ich mir nur hinzuzufügen erlaube, daß der stille Zug in dunkler Nacht, der vom Schloßhofe über die Brücke beim Amthause vorüber durch die Stadt ging, einen mächtigen und rührenden Eindruck auf alle An= wesenden hervorgebracht hat.

Die Fackeln der Bergknappen leuchteten der irdischen Hülle bis zu ihrer Ruhestätte hin, während Millionen fun= kelnder Sterne am Himmel die Seele ihren Weg selbst finden ließen!!

Nun zu etwas Erfreulicherem! Ich war lange genug der Hiobsbote, und es thut mir in der Seele wohl, mich auch einmal in freudigeren Gedanken zu bewegen. Es ist dies das erstemal in meinem Leben, daß ich einen Brief schreibe, der Schmerz und Freude, beide gleich groß und aufrichtig, so nahe zusammenstellte; allein das ganze Leben ist ja nur der stete Wechsel beider, der nur diesmal auf das grellste aneinander gränzt.

Nach diesem traurigen Ereignisse am Donnerstag Abends riefen am frühen Morgen des anderen Tages Freudenschüsse die hiesigen Bürger zu einem fröhlichen Erwachen, zu einem Tag, der zwar von seiner Heiterkeit viel verloren, doch noch immer höchst feierlich blieb. Man konnte sie als die lauten Trost= worte einer höheren Macht ansehen, die den Bewohnern der Stadt und Umgegend zuzurufen schienen, daß es einen fröh= lichen Tag gelte, und daß der Schmerz gegen diesen verstum= men müsse. Und wirklich mußte die traurige Stimmung von gestern der Freude ihre Rechte einräumen, die sich unserer kleinen Stadt allenthalben bemächtigte, und sich in jedem Ge= sichte auf das Theilnehmendste aussprach. Dazu war der Morgen prächtig, der Himmel schön und heiter, wie ich ihn in Muskau kaum noch gesehen; und ohne Dichter zu sein, ließ ich mich doch gern von der freundlichen Herbstsonne, die nicht mehr brennt, aber wohlthätig erwärmt, überreden, daß auch sie gekommen sei, um dem Tage ihren Glanz zu ver= leihen, der besonders durch die bunten und tausendfarbigen Baumgruppen des Parkes wunderschön durchschimmerte. Ich weidete mich an dieser entzückenden Schöpfung Euer Durch= laucht, die heute, wie zu neuem Leben erwacht, in ihrer vollen Pracht sich dem Auge darstellte. Möchte sie doch, dachte ich in meinem Herzen, das Bild, das zukünftige, aus dem Leben ihres großen Gärtners sein.

Abends war Theatervorstellung (das Vogelschießen von Clauren), die nach langen Reflexionen über Sein oder Nicht= sein endlich zu Stande gekommen war. Der Herr General= direktor Bethe hatte jedoch die mir sehr zart vorgekommene Aufmerksamkeit, die fürstliche Loge zu schließen, und selbe un= beleuchtet zu lassen, was einen rührenden Eindruck inmitten der Freude hervorbrachte. Mir schien es, als wollte die Freude sich den Spaß machen, ihrer neidischen Schwester, der Trauer, kühn in's Gesicht zu blicken, und sich selbst ihres Triumphes zu erfreuen, den sie davontrug.

Ein Prolog von Schefer, auf das Freudenfest bezüglich, und gesprochen von Frau Amtsräthin Uhden, war einfach, aber sehr herzlich. Das Stück selbst wurde zu meinem Erstaunen im Ganzen vortrefflich gespielt, und Eines griff recht gut in's Andere, was von fleißigen Bemühungen des Oberamtmanns Fritz zeugte, der die Sache sehr zweckmäßig einzurichten und zu leiten verstehen muß. In dem Apotheker, der die Rolle des Fränzel spielte, hat Muskau den Wiedner Scholz, den Herr Erdenthum noch dadurch übertrifft, daß er nie gemein wird bei allen seinen drolligen Späßen, von denen er oft viele sogar extemporirte. Nach dem Theater war großer Ball, und ich gestehe, ich ward überrascht durch die sinnige Ausschmückung des Tanzsalons, in welchem das Portrait Euer Durchlaucht, umkränzt von Blumen und Cypressen — wieder eine mir nicht entgangene Zartheit von Seite des Herrn Garteninspektors — im vollen Strahle unzähliger Lichter, der geistige Zuschauer der allgemeinen Freude war; und diese war eine herzliche und aufrichtige, und ich freute mich, der Zeuge so ungeheuchelter Verehrung zu sein, die jeder der Anwesenden auszusprechen sich nicht enthalten konnte. Den höchsten Grad erreichte jedoch dann die Freude, als der Herr Generaldirektor Bethe in die Mitte der Freudigen trat, und einen Toast auf das Wohl seines verehrten Fürsten ausbrachte, was sowohl von Freudenschüssen als von dem lauten Rufe der Anwesenden — auf das freundlichste und herzlichste von Seiten der Letzteren — begleitet wurde. Erinnerten auch die Cypressen am Bilde, auf welches jetzt Aller Augen freudig gerichtet waren, an die tiefe Bekümmerniß des Gefeierten selbst, so gewann doch die fröhliche Erinnerung, daß ihnen ihr Muskau-Schöpfer fortlebt, sogleich wieder die Oberhand. Nicht minder überraschte mich der wahrlich recht hübsche, wenn nicht schöne Kreis der Anwesenden selbst, so wie die ruhige Ordnung des Ganzen. So verfloß denn wieder ein Tag, der lange das Gespräch der Muskauer und der fremden

Gäste bilden, noch länger aber das Andenken des angebeteten Urhebers im Herzen erhalten wird.

Ein langer Brief, mit dem ich die Geduld Euer Durchlaucht zu ermüden wage, und in welchem ich gewiß oft vergessen, an wen ich zu schreiben die Ehre habe. (Besonders dürfte dies bei meiner holperigen Festlichkeitsschilderung der Fall sein.) Allein die süße Ueberzeugung von dem tiefen Gemüthe Eurer Durchlaucht selbst, dieser schönsten Unterlage jener bewunderten Geistesfähigkeiten, welche die Aufmerksamkeit aller Gebildeten der Welt auf sich gezogen — ließ mich den Fürsten vergessen, ohne daß ich Strafe fürchte. Denn wer ein so edles Gemüth im Busen trägt, findet auch Andere, so niedrig sie sein mögen, und die bei harten Schlägen des Schicksals so wie in den Stunden der Freude mitempfinden, seiner Achtung werth, und verschmäht ihre Theilnahme nicht.

Auf dem Kirchhofe fiel es mir auf, daß der Herr Superintendent, der in vollem Ornat anwesend gewesen, nicht einige Worte an dem Grabe der Verstorbenen sprach. Ich konnte mich später im Gespräche mit diesem sehr würdigen Herrn nicht enthalten, ihm mein Befremden darüber zu äußern. Er entschuldigte sich sehr angelegentlich, indem er mir sagte, daß er von Machbuba, die so allgemeine Theilnahme und gewiß auch die seinige erregt hat, nichts weiter als ihren Namen wisse, was doch wohl nicht genügt, um am Grabe der Verstorbenen etwas zu erwähnen. Ich glaubte, Herr Bethe habe die kirchlichen Sachen alle besorgt, und hatte daher auch in dieser Beziehung mich auf ihn verlassen.

Ich bin nun so frei, an Euer Durchlaucht mich mit der Frage zu wenden, ob Höchstdieselben es überhaupt wünschen, daß ich vielleicht dem Herrn Superintendenten einige Momente und gemüthliche Karakterzüge dieses Pflegekindes Eurer Durchlaucht an die Hand geben darf, die er dann in der nächsten Sonntagspredigt den 8. November benützen kann.

Er sagte mir, daß es ohnehin bei Vornehmeren die Sitte ist, sich erst einige Tage später in der Kirche ihrer zu erinnern, welcher Pflicht er sich mit der größten Bereitwilligkeit unterziehen wolle. Unter den anzugebenden Punkten möge der Herr Superintendent besonders hervorheben: ihre einfache, unverdorbene Natur, ihr so festes Vertrauen auf Gott und Unsterblichkeit — wie glücklich, wenn ich es eben so hätte — dabei würde ich mit Eurer Durchlaucht hoher Erlaubniß die Worte benutzen, die sie einmal so deutlich in der Pension ausgesprochen, als sie daselbst auf einmal sehr erkrankte: „Sono molto malata", sagte sie, „e non guarirò mai; desidero solamente, che tu, mio Principe, sia presente alla morte mia. Non sono che un verme, e se il Dio non morisse, vivere e morire a me è eguale." Ferner möchte er ihre kindliche unbegränzte Liebe zu ihrem väterlichen Freunde und besten Wohlthäter erwähnen, dessen sie noch in ihrer Sterbestunde mit so vieler Dankbarkeit sich erinnerte. Der Herr Superintendent kann dann das Gesagte mit anderen gewiß in diesem Falle sehr reichen Allgemeinsätzen, zum Beispiel, daß der Mensch wohl weiß, wo er geboren, doch nicht, wo er sterben werde u. s. w. ausschmücken, und so das Andenken des Fräuleins auch durch einen kirchlichen Akt zu ehren sich herbeilassen. — Ueber diese meine Frage sehe ich den hohen Befehlen Eurer Durchlaucht sehnlichst entgegen.

Der Herr Generaldirektor hat es Eurer Durchlaucht bereits verrathen, daß ich so manches gethan, um von dem Andenken der Verstorbenen so viel wie möglich zurückzubehalten, und ich freue mich herzlich damit; denn war es denn eigentlich meine Absicht zu überraschen? Nein, nur den Schmerz, den tiefen, wollte ich lindern, den zu theilen ich mich nicht erwehren kann, und ich muß Herrn Bethe sogar Dank wissen, daß er diese Nachricht zugleich, oder bald darauf jener nachfolgen ließ, die das Traurigste zum Inhalte hatte, und in solchen Augenblicken ist so etwas am willkommensten.

Die Idee kam mir leider erst Mittwoch Abends, doch melius sero quam nunquam. Damals ging mir zum erstenmale die Hauptstadt recht ab, wo in solchen Fällen einem hundert Künstler zu Gebote stehen. Ich lief zuerst in der ganzen Stadt umher, bis ich endlich an einen Hafner gewiesen wurde (Schebelt), ohne dessen Beistand ich nichts hätte zu Stande bringen können. Denn so leicht ich mir Anfangs die Sache dachte, so blieb selbst mit seiner Hülfe die Ausführung noch immer schwierig genug. Ich nahm nämlich einen Gypsabdruck von dem Gesicht, der rechten Hand und dem linken Fuß. In einigen Tagen, wo alles schon gehörig trocken sein wird, will ich den Versuch machen, mehrere Modelle aus Thon anfertigen zu lassen, vielleicht auch eines aus Gyps. Die Abdrücke selbst sind bei den Hülfsmitteln, die einem hier zu Gebote stehen, dennoch nicht ganz ungelungen zu nennen.

Auch um einen Maler schickte ich nach allen Enden Boten aus. Es kam auch wirklich einer, der ein Bild anfertigte. Das Bild ist keinesfalls ein gelungenes, aber alle finden es (sehr?) ähnlich. Der Maler ersuchte mich vorgestern schriftlich, ihm das Bild nochmals zu überschicken, indem er mir versprach, einen neuen Versuch machen zu wollen, in welchem ihn seine rege Phantasie (!), und der mächtige Eindruck, den, wie er sich ausdrückt, die Todte selbst auf ihn gemacht habe, auf das beste unterstützen sollen. Ich willigte jedoch in diese seine Forderung nicht, weil ich fürchten muß, daß er vielleicht einige Kopieen anfertigen wolle, um dann öffentlichen Handel damit zu treiben. Ist dies auch kein Unrecht, denn es müssen sich dasselbe alle Personen gefallen lassen, für die die Welt sich mehr oder weniger interessirt, so wollte ich es doch ohne Erlaubniß Eurer Durchlaucht nicht geschehen lassen. Ich lud ihn aber ein, nochmals hieherzukommen, wo ich, der das Fräulein so genau gekannt, ihm gewiß in der Ausführung seines Planes, was unter meinen Augen geschehen müßte, gewiß sehr nützlich werden kann.

Zum völligen Schlusse meines (ich fürchte, zu sehr ausgedehnten) Briefes, erlauben mir Hochdieselben nur noch Eines. Die Bemerkung in dem beifolgenden Sektionsberichte, daß das schnelle Ende der Kranken nicht zu erwarten stand, ist von Herrn Dr. Fetke; ich erwähne dies keineswegs aus kleinlicher Rechthaberei, die überdies bei so ernsten Dingen doppelt lächerlich erscheint, sondern bloß, weil ich diese Meinung nicht theile, was auch alle meine allarmirenden Briefe, die ich an Euer Durchlaucht zu schreiben die Ehre hatte, deutlich ausgesprochen haben.

Daß noch keine Antwort auf alle unsere Briefe angelangt, die Herr Bethe und ich an Euer Durchlaucht zu schreiben uns verpflichtet fühlten, macht uns Alle recht besorgt.

Euer Durchlaucht
in tiefster Ehrfurcht und unbegränzter Hochtung

ergebenster Diener
Dr. Freund.

21.

Pückler an den Superintendenten F—.

Den 5. November 1840.

Bester Herr Superintendent,

Ich danke Ihnen herzlich für die würdige und rührende Weise, mit der mein armes Pflegekind unter Ihrer gütigen Leitung beerdigt worden ist.

Ich wünsche aber auch, daß einem der edelsten, unschuldigsten Wesen, das ich je gekannt, die Gunst noch nach ihrem

Hingang gewährt werde, durch ihr schönes und mächtiges Wort im ehrenvollen, ihrem schönen Lebenswandel angemessenen Andenken der Gemeinde bis auf lange Zeit hinaus zu verbleiben.

Dr. Freund, ein treuer Anhänger der Verstorbenen, wird Sie, lieber Superintendent, mit mehreren nöthigen Details bekannt machen, wozu ich kaum die Kraft habe.

Herzlich der Ihrige

H. Pückler.

22.
Pückler an Gräfin Thurn.
Muskau, den 18. November 1840.
Meine theuerste Gräfin,

Doktor Freund wird Ihnen schon längst, und als ich selbst dessen noch unfähig war, den Tod meiner armen Machbuba gemeldet haben. Was ich dabei gelitten, kann ich nicht aussprechen, und wenngleich der Mann sich über das Unwiederbringliche zu fassen fähig sein muß, so wird doch der Verlust nie von mir ganz verwunden werden.

Ihr Tod war sanft, und ihr Benehmen dabei das eines Engels, der furchtlos und ruhig sich in Gottes Willen schickt. Trotz der Schmerzen, die sie quälten, blieb sie still, heiter, bis zum letzten Augenblicke, ja, fortwährend theilnehmend und dankbar für ihre Umgebung, die es auch an nichts fehlen ließ, ihren Zustand zu lindern, so weit dies möglich war. Ein grausames Schicksal wollte, daß ich selbst bei dem Tode des von mir unter allen Menschen geliebtesten Wesens nicht gegenwärtig war — denn niemand erwartete eine so schnelle Auflösung, die ein Lungenschlag wohlthätig für die Leidende plötzlich herbeiführte; denn er hat ihr viel sich immer steigernden Schmerz und Elend erspart. Damit nur kann ich mich einigermaßen trösten! Ihre Nadel, gute Gräfin, die

Machbuba immer trug, ruht mit ihr im Grabe; erlauben Sie mir, Ihnen ein Bracelet zu schicken, das sie auch oft trug, zum Andenken an das liebe Naturkind, dem auch Sie so viele Beweise Ihres Wohlwollens gaben.

Mein Dank dafür wird nie aufhören wie mein Kummer. Möge der Himmel Sie dafür belohnen, und Sie auch meiner fortwährend freundlich gedenken.

Ihr treu ergebener

H. Pückler.

23.
Pückler an Gräfin Sophie Stainlein.
Schloß Muskau, den 24. November 1840.

Meine theure Freundin,

Aus den öffentlichen Blättern werden Sie schon erfahren haben, daß meine Machbuba nicht mehr ist, und nur unvergänglich in meinem Andenken fortlebt! Ein grausames Schicksal hat es noch überdem so gefügt, daß ich bei ihren letzten Augenblicken, welche niemand so nahe glaubte, nicht gegenwärtig war. Ich will Ihnen, liebe Sophie, den herzzerreißenden Schmerz nicht schildern, dem ich lange zur hülflosen Beute blieb; und ist auch jetzt mein Kummer milder geworden, so fühle ich doch, daß der herbe Verlust, den ich erlitten, mir durch nichts ersetzt werden kann, in diesem Leben wenigstens.

Obgleich die Arme viel gelitten, so war ihr Tod doch sanft, denn sie entschlief gleich einem müden Kinde, voll ächter Frömmigkeit und Ergebung, die dem Tode ohne eine Spur von Furcht als ein unabänderliches Naturereigniß in's Auge sieht, überzeugt, daß hier wie jenseits wir in demselben allliebenden Gotte ewig leben und sein werden.

Alles, was möglich war, ihr hinschwindendes, irdisches Dasein zu versüßen, ist übrigens geschehen, und hier wie überall hat sie die lebhafteste und innigste Theilnahme zu erregen gewußt.

Gestatten Sie mir nun, liebe Sophie, Ihnen als ein doppeltes Andenken das Bracelet zurückzuschicken, das Machbuba so oft zu **Ihrem** Andenken getragen, und erzeigen Sie ihr die Ehre, es manchmal um ihres Gedächtnisses willen anzulegen. Den Ring behalte ich für mich selbst, um Machbuba's und der Freundin willen.

Ich schließe mit einer großen Bitte. Ich besitze leider kein Portrait der Hingeschiedenen. In Pesth hatte ein dortiger Maler ein Bild von ihr begonnen. Vielleicht können Sie erfahren, ob es vollendet wurde, ob es ähnlich und ob es zu verkaufen ist. In den beiden letzteren Fällen wünschte ich sehr es zu acquiriren, und Ihre Frau Mutter würde dies gewiß mir zu Liebe zu besorgen so gefällig sein. — Die gütige Auslage würde ich sogleich bei Rothschild in Wien anweisen, sobald ich von dem Belange derselben unterrichtet bin.

Grüßen Sie freundlichst alle die Ihrigen auf das Herzlichste von mir, und bleiben Sie die Freundin Ihres

innig ergebenen
H. Pückler.

24.
Gräfin Thurn an Pückler.
Ofen, den 25. Februar 1841.

Mein verehrter Fürst,

Sie haben mir durch Ihren rührenden Brief den süßen Trost gegeben, daß Sie meiner schmerzlich innigen Theilnahme über meiner lieben Machbuba Uebergang in das Reich ewigen Friedens gewiß, mein Stillschweigen nur der Unkenntniß Ihres Aufenthalts zuschrieben. Ja, lieber Freund, ich habe, indem ich mir Ihre herbe Trauer vergegenwärtigte, dieses theure Mädchen wie eine liebende Tochter beweint! In ihr birgt das kühle Grab ein Herzenskleinod, wie es unser süßlippiges Europa selten hervorbringt. Ach, dieses gute Mädchen, welches ich so oft im Vergleiche mit Anderen überraschte, wobei sie sich so arm an Geistesbildung fand, barg Schätze von Zartgefühl, von Fähigkeiten an Verstand und Scharfsinn, mit der sich manche Europäerin gebrüstet. Hätte Ihnen, lieber Fürst, der Himmel an der von mir hochverehrten Fürstin nicht eine Freundin verliehen, die mit Ihnen getrauert, deren Engelherz unerschöpfliche Mittel für Ihre Pflege zu Gebote habe, deren hoher Geist treffende Gründe zu Ihrer Beruhigung wußte, so fände mein Mitleid keine Worte, um Ihren Gemüthszustand zu beklagen, und ich könnte Sie nur versichern, daß Ihr tiefes Leid tiefen Anklang an Donaus Ufern in einem Herzen findet, welches Machbuba nicht bloß geliebt, sondern auch bewundert. Wie fest und edel war ihr Karakter, wie heftig ihre südliche Gluth, und wie wußte sie diese unter der Herrschaft zarter Weiblichkeit zu zähmen. Wie glühend war ihr Verlangen nach Geistesentwicklung (denn gebildet für alles Edle war er mit ihrem ersten Athemzug). „Dem Lernen soll meine Zeit gehören, nicht dem Besucheabstatten," sagte sie mir. Trug nicht vielleicht der Wunsch, mit dem Beginne des Lernens auch gleich die höchste Stufe des Wissens zu erreichen, mit zu ihrer

Aufreibung bei? Ich sollte es fast glauben, denn Personen, die die Wohlthat der Früchte, die die Zukunft dem Fleiße baut, nicht kennen, stellen an die Gegenwart die dringende Forderung, zu leisten, was ihr Herz begehrt, und dieses ungeduldige Verlangen entsprang auch nur dem Wunsche, ihrem lieben Herrn zur Ressource zu dienen. Sie hat mich durch ihre Anhänglichkeitsäußerungen oft zu Thränen gestimmt; sie waren alle so wahr, so rein, so entfernt von allem Eigennutz! Aeußerst wehmüthig, lieber Fürst, wird auf Ihr Herz das Erwachen des Frühlings einwirken; wenn man alles Erstehen, alles Blühen, jedes Geschöpf sich freuen sieht, und den Stein, der ein theures Haupt birgt, unbeweglich findet, so wirkt es auf das Herz wie das Springen der Leiersaiten auf das Herz des Minnesängers, das Haupt beugt sich, die Lippen verstummen, denn bis auf die Trauersaiten sind im Herzen alle geborsten. Ich möchte auch sagen: Genug davon; allein verwandter Schmerz wie verwandte Freude kann sich nicht genug sagen. So zart wie jede Ihrer Handlungen, lieber, guter Fürst, war auch die Wahl des Andenkens, das Sie mir herzlich gütig von Machbuba sandten; es kam mir vor vier Tagen in dem Augenblick an, wo ich meinen Leuten den Auftrag gegeben hatte, mir ein Armband zu bringen. Wie theuer und werth mir dieses bleibt, ermessen Sie gewiß. Ist es wahr, lieber Freund, daß Sie nächsten Sommer nach Asien wollen, um den Himalaya zu besteigen? Wenn es wahr, so nehmen Sie vielleicht Ihren Weg über Wien, um mittelst Dampfboot nach Konstantinopel zu kommen, freilich nicht der nächste Weg von Muskau. Wie würde ich mich freuen, Sie wiederzusehen, und Ihnen auch mündlich zu sagen, daß das Leben eben durch seine Flüchtigkeit uns mahne, nur Gottes Wesenheit, Gebote und Worte für ewig bestehend zu halten. Daß wir ergeben in den Willen des Allvaters, treu in seinen Geboten, und auf sein Wort gläubig leben müssen, um in das Vaterhaus zu treten, daß ich ferner über meiner lieben Machbuba Aufenthalt getrost bin, denn ihr religiöses Gefühl war wirklich kindlich! Leben Sie wohl, guter, verehrter Fürst, denken Sie an mich wie an eine große Dulderin; allein, beruhigen Sie sich, denn nie trennte ich den Glauben an Gottes weise Fügungen von den Ereignissen meines Schicksals; und ich lebe auch gegenwärtig in der Ueberzeugung, daß Sühnung, Läuterung und Erkenntniß der Zweck, die Ursache unserer Leiden sind. Die Ewigkeit ist jedoch lang, in ihr liegt meine Glückshoffnung. Gott segne und schütze Sie, lieber Fürst, das sind die Wünsche des alten Predigers und der alten Freundin

Thurn.

Pückler's

Heirathsangelegenheiten in England.

1.
Pückler an Miß Hamlet.

Prince Pückler-Muskau presents his compliments to Mr. Hamlet, and is very thankful for the pleasure he enjoyed in examining at leisure Mr. Hamlet's beautiful pictures. They really appear so the more you see them. Still Prince Pückler was this time more attracted by a little portrait, which he did not observe at all the last time. He supposes it to represent Miss Hamlet, and indeed he never saw a more amiable expression.

Though very fond of fine works of art, he is not less sensible to so fine a work of nature, and hopes Mr. Hamlet will one day or other procure him the satisfaction to be introduced to his family.

Albemarlestreet, the 27. October 1827.

2.
Pückler an Miß Hamlet.

When in taking leave of Miss Hamlet on Monday last, J ventured to express to her the humble wish, not to be entirely forgotten — J did not meet with a very encouraging look — so little encouraging indeed, that the remembrance of it has made my own look rather melancholic ever since.

Still I hope Miss Hamlet will be kind enough, to accept the adjoined Almanach, which repeats but the same request! I have nevertheless endeavoured to atone for this by ornamenting the little page with a portrait decidedly interesting and dear to Miss Hamlet.

3.
Antwort.

Hélas! Mon chère Prince, et quel moment aurai-je pris pour vous bouder! Lorsque en acquérant de nouveaux droits à notre estime, et à toute notre affection, vous venez de me faire sentir plus douloureusement encore la perte que nous devons faire.

J'ai essayé vainement à vous écrire dans la lettre de maman, mais j'étais trop profondément affligée. D'ailleurs que me restait-il à dire, je croyais que tout était fini, et pour toujours. Je ne pouvais que réitérer tous les regrets que ma mère a si bien exprimés, et déplorer avec elle la fin cruelle de nos plus chères espérances.

Votre réponse à la fois si noble et si touchante est arrivée ce matin, et ma mère est partie tout-de-suite pour la communiquer à mon père. Ils s'empresseront de vous faire part du résultat de leurs délibérations. —

Mais hélas! je n'ose plus me flatter. —

Adieu, quoi qu'il en arrive, conservez-moi toujours votre estime et votre amitié — et croyez-moi toujours avec les voeux les plus ardents pour votre félicité bien sincèrement à vous.

4.

Pückler an Miß Hamlet.

Sir,

I must begin by an apology of adressing you in a language, which I know so very imperfectly, but the important of the object will, I hope, be sufficient to excuse me. To explain myself at once — I dearly wish to obtain the hand of your daughter, Miss Harriet. The goodness of her heart — the greatest of mortal blessings — her charming ingenuity, her amiable temper and that bloom of feeling, which enables a young heart to enjoy almost every thing — promises the purest happiness to one who knows like me to appreciate such qualities, and who is fondest of that indefinite pleasure, to give and procure happiness to a beloved wife. Though I thought it my duty to make no positif declaration to Miss Harriet before I could obtain your approbation, I have some reason to believe that she will not be quite contrary to my proposal.

But before I proceed any farther, I must acquaint you, dearest Sir, wish my whole situation in life, its advantages and its disadvantages. I hope sincerely the latter, though binding me in some respects, will not oppose an insurmontable obstacle to the fulfilment of my dearest wishes.

My person is known to you, dearest Sir, and I trust my character as well you know likewise that I am one of the first Noblemen in Prussia, and I may add to this, that my title is also supported by two analogue family estates, the County of Muskau and the Seigneurie of Branitz, the first of 14,000 LSt., the second of 1500 a year, which sums abroad are fully and at least equivalent to three times the same in England. Every thing belonging to me is in the best possible order, a noble residence at Muskau and two smaller chateaux upon other estates, surrounded with large parcs, gardens etc, etc., in fact, all that can make enjoy life in the country, is amply provided for, and a numerous train of officious of my household, servants and dependants are always ready to receive their young Princess at her own seat, or if she shoud prefer town, the Court of Prussia will offer her every satisfaction.

Though I could feel myself perhaps entitled by all I have to offer to my future wife — to expect from her side equally an adequate fortune, I should notwithstanding have paid very little attention to this circumstance, if unluckily I was not forced by certain anterior engagements to do so for a certain degree. The County of Muskau has by several old family transactions and previous to my getting possession of it — been mortgaged to the account of 50,000 LSt., the interests of which, united to some heavy pensions, which I have still to pay for the lifetime of the individuals and a large establishment besides to be kept up — requires altogether rather considerable annual expence; an expence still to be encreased if I should marry 50,000 LSt. are certainly not a very heavy burthen to an estate of 14,000 a year, but ready money beeing abroad so very scarce and expensif to procure, this debt has been as heavy to me, as if it were a sum of the dubble amount, and my own expence, or rather the great losses of revenus, which a continual state of war during many years, occasioned, did not allow me to diminish the debt in any way, though I neither augmented it. It was the wish of my family and likewise of his Majesty our King, when he elevated me to the rank of a Prince, that the County of Muskau should be created a Majorat, the signification of which is, that such an estate can never be divided nor mortgaged, and is always to be inherited all and entire by one person alone, the children of the proprietar first in their turn, and the next relations afterwards. Only pensions on lifetime to a fixed amount may be settled upon it. Some new and very great distinction would in this case have been attached to it, but two circumstances prevented the execution. The first was the mortgage of 50,000 LSt., the Majorat beeing under no pretext allowed to be mortgaged, even to the smallest sum, and the second impediment were some claims my mother and sisters had to my succession. The latter were removed by the generous renunciations of the parties concerned, but they required in their turn from me a solemn promise not to marry again, without beeing enabled by the fortune of my wife, the choice of whom, as for the rest, they left entirely to me, to liberate Muskau from the said mortgage and establish it afterwards a Majorat, as soon as possible, allowing me in the same time to leave it in the case of my previous death without children to my wife as usufructuary as long as she lived, with the condition to return afterwards with the title to the next relation of the Pückler family, who is now the son of my youngest sister. Ju the case I should have own children, those of course would be the heirs of all the property, the eldest son of Muskau with the Princely title, and the second of Branitz with the title of Count. If there is only one son, he would join both titles and properties as I do.

It wanted this tedious explanation, dearest Sir, to make you entirely acquainted with the state of my affairs. I have told yon every thing with the greatest frankness and confidence, and should be the happiest of men, if, knowing the obligation under which I stay, yon would consent to my alliance with your daughter, whose future situation, as far as worldly things are concerned, would certainly be one of the most brillant, most independent and most agreable. She will be received by all my family with the greatest kindness possible, and beeing herself the means of procuring considerable advantage to the family, she will of course have a double claim to this consideration. As far as I am convinced, I love her to much indeed, as not to subscribe to any reasonable wish she may have. I shall either live with her in the country, or in town, accompany her to England, or travel with her, and where she likes. Should she wish to see me as ambassador at a foreign court, nothing can be easier for me to obtain, but I hope my dear Harriet, if but I can give her this name, will soon appreciate as much as myself the happiness of independance, and the satisfaction of contributing to the welfare of several thousand of families, who in the future will be her dependants.

I need not say any more for the present — if you are, dearest Sir, willing and able to give me a favourable answer, all other particularies will be easily settled after your own wishes, and to your satisfaction. — I pray to the most high, to the giver of all good, that it may be his decree to unite the lovely Harriet and me for ever — how infortunate I would feel myself, if this almightly will was opposed to it!

It is with a deep emotion, dearest Sir, I conclude this letter, the most important to me I ever wrote, but what may be its fate, believe me, most honoured Sir,

that I shall always remember you and your amiable family with the greatest attachment and respect.
I have the honour to be, dear Sir
yours most obedient
Hermann Prince Pückler-Muskau.

5.
Pückler an Miß Hamlet.
Albemarlestreet, the 21. Nov. 1827.

Dear Miss Hamlet,

I should never have ventured to adress the following lines to You, if I was not forced by unexpected circumstances to speak without reserve and without loosing time where all my future happiness may be at stake. —

May heaven inspire me to couvince You, and not to displease, when I shall try to describe that deep impression which your loveliness has made upon a mind ever since fondly devoted to You. Yes, my dear Miss Hamlet, don't turn away from me — all I beg of You is to hear me with patience, some attention and much indulgence. You certainly, it is true, know but little of me as yet, I may appear to You rather of a romantic turn of mind — but scarcely will You guess the strength of my feelings in this moment!

Still I can do no more as to lay before You my heart and my history as open and true as it lays before God itself, asking in the same time once more Your pardon and indulgence as an imperfect knowledge of Your language deprives me of the advantage to write gracefully. There is, I trust, a language of the heart which is intelligible under all events and which will find it's way if it meets a congenial soul.

Beeing obliged to begin from a remoter period, I must repeat what Your father has told You already: that early in life I married a Lady whose years were in no kind of proportion with my own, but as she was of an excellent temper and had proved herself a faithful friend to me in critical times when I needed such a friend — I obeyed without reluctance the wish of my family, as it is very much the custom abroad, though gratitude and friendship alone and nothing like love of course, led me to the altar. I had nevertheless no cause to repent. Our mutual situation was indeed more that of a mother and son, as of a husband and wife, principally during the latter years of our union — but we lived contented and in the most perfect unison, and sometimes, I won't deny it, I felt even a sort of inward pride and satisfaction to procure all the happiness that kindness would bestow, to a wife who, though of the most amiable character, beeing deprived of youth and every exterior charm — would by many other men have been very differently treated. With all that I could certainly not find myself truly happy under a state of things thus rather unnatural, and notwithstanding all my exertions to hide those feelings from my wife, she had herself to fond an affection for me not to observe them and to grieve for it. This discovery — the impossibility at her age to give me a heir, and an other circumstance which I have disclosed to Your father, but must here supress, decided her at last to insist on a divorce, declaring in the same time in a positive manner, that her mind was invariably made up to this purpose, not without the most serious reflection, but that nothing in the world could now shake her resolution. „I have lived, she said, for several years entirely like a mother with You — I love

You fondly, but as my son, and my own happiness requires to be no more the only obstable to Yours."

I could not very long object to a reasoning which I felt was but too true. Our King, having been more a friend than a master to the Princess father and having shewn us since his death on many occasions a most particular interest — I stated all to him, and he most readily, under existing circumstances sanctioned our divorce, now about two years ago, which immediately was executed with all the minutest attention to the laws of the country.

Your father, dearest Madam, has told me that this divorce has hurt Your feelings — but could this still be possible at a nearer consideration? Allow me before all to observe that the sanction of the king in our country is exactly equivalent to an act of parliament in this realm, and there exists not the most remote doubt, that after such a lawful divorce as mine, I am fully entitled to marry again any person I may choose, and that the first Lady of the Land would not have more objection to marry me after my divorce as if I had never been married before. Here in England it is a fact that when a divorce is sanctioned or proclaimed by an act of parliament, whatever the cause, no objections to it can be made by any one. Now in justice tell me, must not the same right be granted to the customs of an other country, where the forms only, not the fact is different? Regarding the motifs of my divorce, none, as I detailed to Your father, could be stronger and in the same time more innocent. If abroad a divorce takes place occassioned by faithlessness on the wifes side, some prejudice always is entertained against the husband, and I think by a very good reason, because no wife indeed beeing beloved and well treated by her husband will, if she had any sense of honour before, leave and betray him. It is, when such a thing occurs, almost always more or less his own fault — and he scarcely therefore can escape the judgement of beeing either a bad or a weak man — but this was not our case — it was not ambition neither — that, at the example of some great sovereigns, occasioned our divorce — no — the very and only reason of it was but what the laws of God and of men must approve — the removing of a state of things which had become unnatural, nay immoral — a marriage without fulfilling in any way the end and purpose of it. Neither reason nor law could object to this, and though a divorce taking place in Prussia can not judiciously be judged after english fashions, still even in England as well as in any other country the same causes would have brought on the same effect. If after all this any silly old woman, or any mischievous or perhaps envious young friend should nevertheless shake their heads about it — could the sensible, the highminded, just and generous Miss Hamlet reject the love of a man devoted to her from the very first moment he beheld her — disregard his happiness as if it was not worth a moment's reflection, and sacrifice him in fact without hesitation for the sake of a subtility, of a prejudice at best, which never can stand a moment's sound investigation? No, my dear Miss Hamlet, this can never be a course followed by You after any serious reflection. You may refuse me for many reasons, alas! the want of Your affection is one sans réplique — but my previous divorce would never be a just one. —

Forgive me this tiretome digression — it was necessary, otherwise I should have found little pleasure to dwell on a subject so delicate to touch, and which but lately has made me suffer so much and so deeply ! Let me now proceed in my narrative.

Every thing having been satisfactory settled abroad, and finding myself thus once more free — I projected to travel through Europe partly to forget past occurences, partly in search of an other companion more suited to my years, and still dearer to my heart. After having made some stay in Germany and Holland without meeting any temptation to change my solitary state, I proceeded to England, always a favourite country of mine, where the fair sex is indeed fairer and, I don't hesitate to say, better than anywhere else.

It is rather a singular circumstance that in the very first days after my arrival You, Miss Hamlet, were named to me, by an old acquaintance, together with some other young Ladies — as heiresses. Now I must confess, at the risk the fact beeing doubted in our industrious times, that I myself had a prejudice against, and even some dread of heiresses. I may say that I proved in some way these feelings to exist, once abroad in marrying a Lady with but a very small fortune, and afterwards in England by never courting any heiress further as common civility required. My reasons for so thinking and doing are not without foundation. In the first instance I am a little proud, in the second I don't want any more than I possess though I should not reject it, finding it in my way, and besides all this rich young maidens are not always very amiable. They are very often full of pretensions, and having seldom known either resistance to their will, nor the slightest adversity, they will often have lost the greatest charm of a woman, that softness of temper and that womanlike gentleness of mind which clings to a husband as ivy winds around the friendly oak. Then they have the misfortune to be generally haunted by the dismal idea „qu'elles ne sont aimées que pour les beaux yeux de leur cassette", a foolish feeling which sometimes makes them unjust and cruel to their lovers as well as to themselves. So much for heiresses in general. — Without paying therefore any attention to all the names, without exception, thus recommended to me — I resolved to seek for myself and to see for that purpose as much of english society as possible, though I am nothing less but partial to this sort of dissipation, preferring domestic pleasures by far to any other ones. Tired to death, but going out of principle to all sorts of parties from the most exclusive sets to some rather vulgar ones — I saw, no doubt, a great deal of handsome, pretty and charming girls with some of whom I was much pleased — same others were still more agreable, and once or twice I felt even what the French call „une velléité" to fall in love and to marry, but both times I soon discovered that none of them was yet „the real one" and so I retreated always en bon ordre, before things took a serious turn.

However this period beeing over I dismissed for some time the whole idea of marrying, beeing rather loath to seek a wife as one seeks an employment, determining to leave for the future every thing to mere chance.

It was during this epoch that, nearly after a year's interval I heard again of You, Madam, but this time in a quite different way as before, Your qualities beeing now praised instead of Your fortune. I was told also, You had refused several very acceptable offers from Noblemen et caetera, which all contributed to excite my curiosity. In the mean time I was made acquainted with Your excellent father, whose gentlemanlike manners and dignified simplicity as well as his good natured and polite behaviour to me gave me the most favourable opinion of him. Thus I was by different means already occupied with You almost continually, without beeing scarcely able myself to account fort it, and longing with real impatience for the moment when I should at last find an opportunity to see and to be introduced to Your, Dearest Miss Hamlet — You know the rest. — Beeing prepared as I was by my own imagination, I could not meet You with indifference — and finding You as You are — the dreams of my fancy would not but be converted into reality — in one word: I thought, and I protest it by all that is sacred — I thought when I left You again, that here at last I had found united all and every thing I could wish in a future companion through life. An enterior the most pleasing, a mind and person equally fit for the representation of a court and the delight of a cottage, and above all, that sensibility, that goodness of heart and that perfect absence of conceitedness which I value more than every other accomplishment. Yes, my dear friend, if You will but one moment allow me to call You so, You made, I repeat it, though a sudden yet the deepest impression on my mind. I delighted to find You so true and natural — having ornamented and cultivated Your mind with many acquirements, without having lost the least part of this precious gift of heaven, the real state ot innocence, which even a mother and a matron may conserve till to the grave.

In the course of that happy evening any morning I was permitted to stay with You, I listened with encreasing interest to many sensible things You said so gracefully, but nothing — and You will find this perhaps very strange — nothing spoke more to my heart, as when You told me that three long years You had been suffering and dangerously ill in dreary solitude. A heavenly look, so full of resignation accompanied those words, and though I suffered with You in remembrance of the past — I knew as well by own experience that nothing in this world of trial will refine and purify a sensible mind more than suffering in loneliness — all Your worth was in this moment explained to me, the thought flashed like lightening over my soul and from that instant I felt myself nearer to You, rejoicing in the fond hope to have found a heart which would understand mine own.

It afforded certainly still an encrease to my feelings, that I was not only delighted with Yourself, but that I found likewise every beeing around You just as I could have wished and asked for it — Your father an excellent and amiable man, Your companion and friend so distinguished, inspiring even involuntary as much regard as affection, every thing sorrounding You pleasing, quiet and agreable.

And if I turned again to Yourself, I beheld You, besides all Your more essential qualities, so quick as lively, so playful as whitty, and nothing really seemed more bewitching to me as when a hearty joyful laugh changed Your thoughtful noble features for a moment to the cheerful appearance of a happy child! and still through every change Your and Your friends conversation and behaviour always remained distinguished by that perfect breeding and fine tact which indeed is to private life what a clear sky is to a landscape. O! I could continue for hours on the subject — but I won't fatigue You — alas! it is useless to tell You how much You pleased me, the question of importance is: if I was fortunate enough to make in Your heart arise any feelings surpassing indifference? Has any thought affected Your soul corresponding to what I felt — o then don't object to my ardent wishes neither our short aquaintance, nor my previous divorce.

Believe me, dearest Miss Hamlet, men are very often better known in a few first hours, as afterwards in so many years. I was myself, not only this time, but always conducted by first impressions, and experience has taught me that I was only then mistaken when I did n o t confide in them. If You can but like me now, and think it possible to love me once — then I am intimately satisfied that I can and shall make You a happy wife, if You trust me, and that You shall never repent of it. — Without ostentation I may say, that I can offer You many advantages. My rank in life, which You would share with me, is a high one every where, and the very first after the royal family and sovereign princess in my own country My fortune, though not excessive, is adequate to my station abroad, and at our family estate, which is a very splendid one. You would find the comfort of an english Nobleman's seat, combined with the pomp of feudal times, where many thousands of Your subjects would give many opportunities ·of enjoyment to the best and the finest feelings of Your heart. I myself should only feel happiness in Yours, You alone would decide of our way of living. I am entirely independant and ready to do whatever You may like best — live in England or abroad, travel or stay at home. If the polished court of Berlin could tempt You, You would be received there with the greatest eagerness and regard, but if You should have any wish to see me an Ambassador at a foreign court, this would likewise be easy to obtain — in fact there is nothing of any reasonable human enjoyment which our mutual advantages unied would not bring at our reach. Besides we are not accostomed abroad, as english husbands very prettily are, to subject their wifes to a lighter kind of slavery — we like to allow them as much reasonable liberty as possible, satisfied that love, friendship and esteem are but voluntary gifts and that women are grateful to be trusted, and far more obedient to the man who gently leads them as the brutal one who only knows how to command. Yes, my dear Miss Hamlet, so You would find me, and when vanity, art, pleasure and luxury would at last have exhausted their offerings, You would, I dare say, discover still in Your friend one quality, an unbounded richness of feelings for You and an attachement which once gained no human power ever would alter.

Now let me only add a few words more. If this letter, and the sincere and faithful statement it contains, has made upon You any impression in my favour, beware at least to decide with to much precipitation against me. Grant me one boon, to see You, to speak to You again. This will oblige You to nothing, and I can — I can not bear the idea that I should only have seen You once to loose You for ever!

You will find me obedient, never more daring as You just allow me to be, but let me try — if not to please You --- at least to be not offensive to Your eyes! —

Hermann P. Pückler-Muskau.

6.

Mrs. Bonham an Pückler.
Titness Park Egham September 9th. 1827.

How shall I attempt to express to You, my dear Prince, the various sentiments with which my heart has been filled on receiving the letter entrusted by You to Lady Garvagh to deliver to me — my first emotions were of gratitude and joy for the distinguished honour confered upon me by Your kind and flattering expressions towards my dear Harriet — my next feeling was the deepest regret arising from my consciousness of the utter impossibility of our wishes even beeing fulfilled. — Persuaded of this sad truth, I at first resolved to spare Mr. Bonham the pain of knowing the happiness he must of necessity relinquish — but I felt that I could not deny him the pleasure of all others the dearest to the heart of a father — of having the praises of his child, and I have accordingly laid Your Highness letter before him — he most deeply laments with me his absolute inability to meet the exigency under which You have been placed — he desires me to express to You the deep sense he entertains of the High honour and distinction which such an alliance would have conferred upon his family. — He begs to offer You his sincere thanks for the unbounded confidence You have reposed in him by the frankness and candor with which You have laid open the circumstances of Your Estates — which be assured will be ever held most sacred — and he desires me also to present to You his very grateful acknowledgements for the noble and elevated delicacy with which every part of Your conduct has been marked during the whole of this transaction from the time we had first the happiness of seeing You here. — Had it pleased Heaven to have placed You under different circumstances where — Oh! where could I have found the person to whom I should with such joy have entrusted my beloved child — to You in whom every virtue — and every accomplishment seem united — with what gratitude to Heaven would our joyful consent have been given. But it is alas! otherwise decreed. Rest assured vestass and, my dear Prince, that could the end have been attained without doing a manifest injustice to the rest of our children and depriving them of their just expectations no sacrifice would have been thought by Mr. Bonham and myself too great to have rendered our dear Harriet in this respect more entitled to the brillant lot which You offer her — but the circumstances present an insurmountable obstacle to Your union with my daughter; do not let us loose a friendship which will be even most dear, and valuable to us — permit us to hope that You will sometimes condescend to visit this cottage and to see us in London — allow me to request that I may be honored by occasionally hearing of Your welfare and happiness — this will be our consolation, and You must not; You will not, deny it to us. — And may You meet with one more worthy of You than our Harriet even could have been, who will devote her life to make You as happy as You deserve. —

Believe me, dearest Prince, with the highest sentiments of esteem and regard ever

Your most obliged and sincere
Charlotte Elisabeth Bonham.

7.
Pückler an Mrs. Bonham.

My dearest Mistress Bonham,

I feard Your kind but nearly hopeless answer would be as it is, still I am most wretched to see it now in reality before me! Le mal, en effet, paraît sans remêde — and notwithstanding all that, I cannot make my mind up to loose all my dream of happiness at once, and for such a paltry reason too! I have turned over and over in my mind every probability to get out of so desoling a dilemma, I invoked dear Harriet's and her gentle sisters spirits to assist me, but all my thoughts gave me but very little consolation. Your noble minded letter still encreases those feelings. If I was only seeking a wife with a large fortune, many opportunities for this purpose would present themselves, but I am seeking for more — a loving and beloved friend for life, domestic happiness in all her extent, and both I was satisfied I would have found in Your lovely daughter.

Still I will do what I can, and if Mr. Bonham is only able for our sake to approach in any way that unfortunate sum I am bound to every hope to succeed in what appears our mutual wishes, is perhaps not yet entirely lost.

Let me therefore know as soon as possible, what Mr. Bonham can do without injuring the other members of his family; for God forbid that this should be so for me, all my hopes have been on the contrary to be myself useful to your family in future, though my situation and influence abroad, principally to Miss Harriet's married sisters. As soon as I receive Your answer, I will write to my mother, who is now living in

Alex, her estate in France, and submit the whole case to her decision. All depends on her. I owe her too much to to anything without her consent, but she also loves me dearly, and has given me many proofs of it. I shall propose her a certain arrangement, which no doubt requires some sacrifice from her side, but which, if she consents to it, will enable me to make a Majorat of Muskau (for this must take place, if I marry) and cannot be altered without having for that purpose only recourse to the fortune of my wife, in procuring me, besides a moderate sum to dispose of. I shall in the same time tell her that my future happiness depends on it, make her acquainted with the amiable character of Harriet and all her family, (and You may depend upon, the painter will be faithful), and if You allow it, send her likewise Your letter. This will perhaps do more for me than any thing else, showing Your kind heart to me, and that noble simplicity of a generous soul the usual companion!

As soon, as my mothers answer arrives, I shall immediately communicate it to You, may heaven be propicious! The idea to have seen You, Harriet, Lady Garvagh, all the lovely members of your family for the last time, or at least to remain for ever a stranger to You, is a thought I can scarcely bear! And how could I return to Titness under such circumstances, it would be an enjoyment far more painful than gratifying to me. And perhaps some of You, my dearest Mistress Bonham, would comprehend and participate in those feelings, or do I flatter me to much in thinking so? I wou't say no more, my agitation is already too great.

Believe me very truly and most affectionately Yours
Hermann Prince Pückler-Muskau.

8.
Pückler's Mutter,
Gräfin Clementine von Seydewitz an ihren Sohn

Je ne saurais nier, mon cher Hermann, que votre dernière lettre m'a fait une profonde impression. Vous savez que le bonheur de mes enfants a toujours été mon guide dans toutes les actions de ma vie. Quand j'ai exigé que Muskau fût érigé en Majorat pour le conserver à toute éternité à la famille, et que vous ne deviez vous remarier sans être, par la fortune de votre femme, mis en état de payer les hypothèques qui jusqu'ici ont empéché la réalisation du Majorat — ce n'était que pour votre propre bien, mon fils, que je l'ai désiré, supposant qu'avec vos avantages vous ne pourriez guères manquer de trouver réunie dans une même femme les qualités personelles nécessaires pour un heureux ménage et la fortune nécessaire pour libérer vos terres — d'autant plus qu'on ne vous gênait point sur le rang et la famille de votre future.

Cependant j'ai été bien touchée du portrait que vous me faites de votre Harriet et de sa famille. J'ai été presque étonnée de la force avec laquelle vous exprimez vos propres sentiments, et j'ai lu avec intérêt les lettres de Mistress Bonham. — Mon coeur maternel a peut-être été flatté par la bonne opinion qu'elle énonce pour vous — car une mère n'est fière que de ses enfants!

Je ne saurai néanmoins accéder en tout à vos propositions, mes moyens ne me le permettent pas en ce moment — mais que cela ne vous effraye point, mon fils — j'arrangerai l'affaire à votre gré, un peu autrement à la vérité que vous le voulez, mais de manière à vous contenter. Zemlitz sera vendû et complêtera l'argent nécessaire. Vous êtes donc libre dès ce moment à faire ce que votre coeur et j'espère une mûre réflection vous dicteront. Je suis désolée que ma santé, qui n'est pas du tout bonne depuis ce printemps, m'empêche d'aller moi-même en Angleterre. J'aurai beaucoup désiré de voir de mes propres yeux cette jeune personne, dont vous dites tant de bien, et qui doit être ma fille. Faites-lui en attendant toutes mes amitiés ainsi qu'à Madame sa mère, et promettez-moi deux choses.

1) Si vous êtes résolû — mariez-vous le plus promptement possible, comme vous le dites vous même, car en ces sortes de choses mon avis est qu'il faut se dépêcher et ne pas perdre son temps en inutiles simagrées et préparations. Vous savez que j'avais à peine 13 ans lorsque j'ai épousé votre père, et que je ne le connaissais que depuis une semaine.

2) Qu'aussitôt que vous serez marié vous viendrez immédiatement chez moi à Alex pour le „honeymoon". Je me rappelle assez d'anglais pour connaître cette dénomination unserer Flitterwochen. Je souhaite de tout mon coeur qu'il dure toute votre vie pour vous, quoiqu'on prétend que ces exemples soient des plus rares.

Adieu, mon cher Hermann, j'espère que vous n'êtes pas mécontent de votre vieille Matscha qui au reste va faire comme vous et se remarier un beau jour, si vous ne vous dépêchez pas à la prévenir, en la rendant, comme vos soeurs ont fait, grand-mère avant qu'elle ai 50 ans.

Que Dieu vous bénisse, mon fils, c'est à lui qu'il faut s'en rapporter en tout, et si c'est lui qui a dirigé votre choix, comme je l'espère, ma satisfaction sera entière. Je verrais tous mes enfants heureux!
Clementine Comtesse de Seydewitz.

9.
Beabsichtigter Brief Pückler's an Miß Gibbins in Brighton.

Je devrais commencer, chère Miss G., pour vous demander „if you have a good character"; vous savez ce que cela veut dire, si vous êtes „good natured, or mischieving"? J'espère — non, je suis convaincu que la première chose est la véritable, et cela seul me donne le courage d'entrer en matière.

En effet, j'ai une peur si ridicule „to propose," comme vous l'appelez en anglais, que cela m'a mille fois fermé la bouche, quand j'étais sur le point de parler, et d'ailleurs, il faut avouer que vous ne m'avez guères encouragé. Cependant l'époque de mon départ de l'Angleterre approche, et il faut enfin que je me déclare aujourd' hui ou jamais.

Vous êtes, ma chère amie — permettez-moi en tout cas de vous nommer ainsi — non seulement jolie et aimable, mais, ce que j'apprécie bien davantage, la personne la plus raisonnable, la plus instruite et la plus philosophe, si je puis m'exprimer ainsi, que j'ai rencontré de votre âge en Angleterre, et peut-être ailleurs. Ces qualités réunies à un excellent coeur, qui brille du plus bel éclat dans votre conduite filiale, garantissent le bonheur de celui, auquel vous consentirez d'unir votre sort, et si j'ose ambitionner un tel bonheur, je me crois certain que la tendre amitié, qui m'anime pour vous, sera bientôt rendu mutuelle par une conduite de mon côté, qui n'aura d'autre but, que de vous rendre la vie agréable.

Votre raison et votre esprit me donnent trop de confiance pour ne pas vous parler de moi avec la plus grande franchise. Je puis laisser de côté ce que vous connaissez déjà, c'est-à-dire ma personne, et ne pouvant me féliciter comme Mr. d'Arlincourt d'être joli garçon, il ne me reste qu'à prier le bon Dieu, de vous disposer à me trouver au moins tolérable. Quant à mon caractère, vous l'avez peut-être mieux jugé que je le pouvais vous le définir. Tout ce que je puis affirmer, c'est qu'il y a peu de personnes plus faciles à vivre et plus „good natured" que moi, qui est une très-bonne qualité pour un mari, je vous en réponds.

J'ai quelques autres avantages. Mon sang est un des plus élevés dans ma patrie, en effet, c'est le premier immédiatement après les Princes du sang, car il ne faut pas confondre les Princes prussiens, qui ont de droit le titre de „Durchlaucht", (Highness in english), et qui sont tous de la plus ancienne noblesse de l'Allemagne, avec les soi-disant Princes de la Sibérie et du Caucase, que nous ne regardons pas même comme nobles. Ma fortune est analogue à mon rang, et les domaines que je possède ne le cèdent en rien au possessions de votre noblesse anglaise, avec la différence près cependant que j'y exerce une autorité bien plus grande.

Je suis au reste bien en cour, et je puis vous assurer que ma femme sera reçu par le Roi et la famille Royale avec la plus grande distinction, si elle trouve plaisir à s'y présenter. Cependant en cela comme en tout autre chose, elle sera toujours entièrement libre de faire ce qu'il lui plaira, car le mariage avec moi n'est pas un esclavage.

Voilà ce que j'ai à offrir — de l'autre côté, je vous avoue franchement, que je suis moi-même assez difficile pour ne pas me contenter de moins que de ce que je trouve réuni dans vous. Je ne voudrais pas, par exemple, pour femme d'un personage, qui ne fut pas également capable de paraître avec avantage dans le monde par sa figure, ses manières et ses talents, que de rendre par sa bonté, sa douceur et son esprit l'intérieur de sa maison aussi agréable à son mari et sa famille, que le salon aux étrangers. Même la fortune ne me paraît pas du tout une chose indifférente, et quoique j'aimerais tout autant me noyer que d'épouser une femme désagréable uniquement pour son argent, je doute fort qu'une passion aveugle pourrait jamais me déterminer à m'unir à Venus même, dépourvu de bien. Pour un mariage bien assorti, il faut les qualités personelles et un certain poids matériel dans chaque côté de la balance. Je suis assez franc de l'avouer, et vous, ma chère amie, trop raisonable, pour ne pas le comprendre. D'ailleurs je suis situé de manière par des arrangements de famille, que je ne pourrai même pas, si je voulais, faire un tel mariage.

Mais voilà des détails qu'il vaut mieux réserver à un autre temps.

J'ai assez dit pour vous ennuyer par une lettre sans fin, ni vous gagner par des protestations passionés — je me suis au contraire appliqué à vous écrire avec autant de calme et de simplicité que de franchise.

Après la lecture de lette lettre et ce que vous avez vu de moi, vous devez être en état de me juger parfaitement, et si tel que je suis, je ne vous déplais point, si vous croyez pouvoir vivre heureuse et contente avec moi, imitez mon exemple, et répondez-moi avec la même sincérité. Je ne vous dirais pas, comme un jour, écervelé de 20 ans, que de votre réponse dépend ma vie ou ma mort, mais si je vous dis que je l'attends avec beaucoup d'émotion, qu'elle peut m'assurer un bonheur certain, ou me plonger de nouveau dans une longue et pénible incertitude — vous me croirez au moins.

Briefe Pückler's,

des Staatskanzlers Fürsten von Hardenberg,

von dessen Gattin Charlotte,
geb. Langenthal,

Dr. Koreff, Friederike von Kimsky, geb. Hähnel

und

Eugenie von Krafft.

Die hier folgende Gruppe von Briefen vervollständigt das Bild von Pückler's Beziehungen zu seinem Schwiegervater, dem Staatskanzler Fürsten von Hardenberg, über welche auch in Pückler's Briefen an Lucie bereits viele Andeutungen enthalten sind. Hier handelt es sich besonders um die Reise nach Teplitz, die Pückler in Hardenberg's Auftrag unternahm, um dessen Scheidung von dessen dritter Gemahlin, Charlotte, geborene Langenthal, zu Stande zu bringen. Ueber Hardenberg's persönliche Verhältnisse, siehe „Fürst Hermann von Pückler=Muskau. Eine Biographie von Ludmilla Assing." Hamburg, 1873. Achtzehntes Kapitel S. 196, wo auch dieser seiner dritten Gemahlin gedacht ist.

Unter den anderen Personen, die hier auftreten, ist auch Koreff zu nennen, der Jugendfreund Varnhagen's und Chamisso, zu deren „Musenalmanach" er Beiträge lieferte, der Freund der liebenswürdigen Gräfin Cüstine, der berühmte Arzt und Magnetiseur, der mit tiefem Wissen und gründlichem ärztlichen Talent auch etwas blendendes Cagliostrothum zu verbinden wußte, und zuerst auf Hardenberg, dann auf dessen Gattin einen außerordentlichen Einfluß gewann. Ueber diesen merkwürdigen Mann siehe die Schilderung, welche Varnhagen von ihm entworfen: „Aus dem Nachlaß Varnhagen's von Ense. Biographische Portraits." Leipzig, 1871, S. 1.

Demoiselle Hähnel, spätere Frau von Kimsky, die Mecklenburger Bäckerstochter, welche Koreff der Fürstin als Gesellschafterin zugeführt, und als Somnambule benutzt hatte, die seinem Zwecken diente, hatte in der letzten Zeit seines Lebens den Staatskanzler ganz in ihre Bande geschlagen. Von Varnhagen wird sie geradezu als eine Betrügerin bezeichnet, und Pückler, den sie eine Weile für sich einzunehmen wußte, trat nicht nur diesem Urtheil bei, sondern er überbot es noch, und warf einen Haß auf sie, den er bis in sein Alter bewahrte, wie sein Brief an Frau von Krafft beweist, der am Schlusse mitgetheilt wird.

In Betreff des mehrerwähnten Schöll, der auch zu der nächsten Umgebung Hardenberg's gehörte, möge die kurze und bündige Karakteristik genügen, die Varnhagen über ihn aufgezeichnet hat; sie lautet:

„Schöll war früher Revolutionair in Frankreich, dann Flüchtling; in Posen mit Hans von Held bekannt. Buchhändler in Paris, machte einen schlechten Bankrott. — Gewann 1814 des Geheimen Kabinetsraths Albrecht Gunst, kam in preußische Dienste, wurde vortragender Rath bei Hardenberg. — Er war nun ein wüthender Ultra! — Ein Schlemmer und Wohlleber, Dickwanst! Einer der frechsten Menschen und Geldschneider, und dem die meisten Unverschämtheiten gelangen. Starb in Paris verachtet!"

Lucie war ihrem Vater seit Jahren durch die anderen Einflüsse, die ihn beherrschten, entfremdet worden, und Pückler hatte inmitten aller sich durchkreuzenden Intriguen nach allen Richtungen hin eine schwierige Stellung, und es war kein leichtes Stück Hardenberg's Scheidung in einer Weise festzustellen, die alle Theile befriedigte. Doch gelang ihm dies vollständig durch seinen Eifer die Wünsche des Staatskanzlers durchzusetzen, durch seine weltkundige Gewandtheit, durch seine Geschicklichkeit und einnehmende Persönlichkeit. Hardenberg, die Fürstin, Koreff, Frau von Kimsky, Alle dankten ihm für seine Vermittelung, und die entzückte Lucie schrieb ihrem Lou in schmeichelnder Bewunderung aus Neu-Hardenberg, den 30. September 1821:

„Ich habe durch die Frau von Kimsky den weiteren Verlauf der Sachen erfahren, wie Deine engelsherrlichen Briefe gelesen. Ich mußte das Blatt küssen, worin die Seele meines Einzigen sich so ganz aussprach! Und mit aller Wahrheit kann ich Dir versichern, daß Du ganz darin erschöpft, was zu sagen war, — daß auch keiner der Eindrücke verfehlt ist, die Du hervorbringen wolltest und mußtest. — Wohl zwanzigmal hat der herrliche Vater mir versichert, wie er Dich liebt, und dies ist mir über jede Beschreibung süß. — Die Kimsky ist **ganz von Dir bezaubert** — doch wer auch auf Erden müßte es nicht sein, der Dich kennt, und das Ausgezeichnete und Erhabene Deiner Seele wahrhaft fühlt und begreift. Ich bete Dich an, mein Lind. — Und welche schwere, schwere Aufgabe zu lösen, bist Du, mein Engel, ausgezogen. Ich bewundere Deinen Muth, und wäre ganz trostlos gewesen, hätte ich Deine Stimmung und den Brief gekannt, den Du überbringst!! So ganz des edlen, theuren Vaters Seele sich darin ausspricht, und so sehr er darin Beruhigung finden mag, auch vor der Welt alle Rechtfertigung, so ist doch dieser Brief wohl nur ein schwaches Argument das erwünschte Ziel davon bei diesen Menschen zu hoffen."

Nach diesen Vorgängen traten doch wieder manche Erkältungen zwischen Pückler und Hardenberg ein, woran Frau von Kimsky viele Schuld hatte.

Einen Zug aus dem Leben Hardenberg's, von Pückler an Varnhagen erzählt, findet sich unter des letzteren Aufzeichnungen wie folgt: „Kissingen, den 6. August 1842. Der Fürst von Pückler erzählte heute, er habe einst, als er beim Staatskanzler Fürsten von Hardenberg eine Zeit besonders in Gunst gewesen, den Versuch gemacht, Nagler'n mit dem Fürsten auszusöhnen, und diesem daher eines Tages jenen zugeführt. Nachdem er beide zusammengebracht, sei er selbst aus dem Zimmer gegangen, um ihnen alle Freiheit zu lassen. Eine ziemliche Zeit war verflossen, als er es rathsam fand wieder einzutreten. Er fand beide in Thränen, einander die Hände gebend. Sie waren versöhnt, und schieden in der größten Rührung. Als aber der Fürst von der Thüre, wohin er jenen begleitet, zurückkehrte, wandte er sich nochmals zu derselben, und ballte die Faust, und rief voller Unwillen und Grimm: „Daß mir der verfluchte Kerl nur nie wieder über die Schwelle oder vor Augen komme!" Damals, sagte Pückler, — hab' ich etwas gelernt!" —

1.
Hardenberg an Pückler.
Glinike, den 11. Mai 1821, Abends.

Lieber Pückler,

Ich würde es Dir sehr verdacht haben, wenn Du bei dem heutigen kalten und schlechten Wetter Dich hättest Deinem luftigen Tilbury übergeben und hieher kommen wollen.

Vielleicht ist es Dir morgen möglich. Ist dieses, so erfreue uns mit Deiner Gegenwart. Du kannst dann bequem mit mir morgen Abend zurückfahren, denn Repton*) wird übermorgen mit Lenné und Humphreys noch hier sein, und über Charlottenburg nach Berlin zurückkehren.

Dich recht herzlich umarmend,
Hardenberg.

2.
Hardenberg an Pückler.
Glinike, den 16. Mai 1821, Abends.

Ich weiß nicht was dem guten Repton in den Sinn kommt, der mir auf einmal, bald nach Deiner Abreise das anliegende Billet geschrieben hat, welches auf eine angebliche Unterredung mit Dir gegründet scheint, die er gewiß völlig

---

*) Der berühmte englische Landschaftsgärtner.

mißverstanden hat. Ich habe ihm sogleich geantwortet, was die andere Anlage zeigt.

Wenn es Dir irgend möglich ist, so komme Sonnabend hieher, um dem Repton den Kopf wieder zurechtzusetzen, und noch einiges mit ihm einzurichten. Du siehst, wie Du sein Abgott bist. Grüße die gute Kimsky und lebe wohl.

Ganz der Deinige
Hardenberg.

Die Dokumente bitte ich mir zurückzugeben.

3.
Pückler an Hardenberg.

Muskau, den 8. Juni 1821.

Gnädigster Vater,

Ihr lieber, gütiger Brief an meine Frau und die mündlichen Nachrichten, welche Herr Lübeke brachte, haben mich eben so beschämt, als sie uns mit der innigsten Freude erfüllten. Gewiß werde ich so ungerechten Befürchtungen nicht wieder Raum geben, und hoffe nur, daß Sie, gnädigster Vater, mich genug kennen gelernt haben, um nicht einem Mangel an Liebe und Ehrfurcht zuzuschreiben, was nur eine vielleicht zu weit getriebene Scheu Ihnen zu mißfallen verschuldet hat. Indeß, da Sie mich auf eine so liebenswürdige Art belohnen, anstatt mich zu bestrafen, darf ich wohl voraussetzen, daß Sie mir nicht böse sind. Lucie, kann ich sagen, ist auf die Freude, Sie bald hier zu sehen, wie mit einem neuen Leben beschenkt, und hat über Ihren Brief recht herzlich geweint.

Von der nagelneuen Frau von Kimsky bin ich tüchtig ausgescholten worden, hoffe aber hier einen Muskauer Frieden mit ihr zu schließen, und da ich bei der Hochzeit nicht sein konnte, will ich mich bei dem ersten Sprößling zu Gevatter

bitten. Vom Polterabend und allen Neuhardenberger Festlich=
keiten hat uns Lübeke die genaueste Beschreibung machen
müssen, und so haben wir sie wenigstens in Gedanken noch
mit durchlebt, für alles Gute und Gnädige was Sie aber
sonst über mich gegen ihn geäußert, sage ich Ihnen meinen
Dank mit dem gerührtesten Herzen.

Nie schloß ich einen Brief an Sie, bester Vater, mit
einer freudigeren Hoffnung. Gott erhalte Ihnen nur Froh=
sinn und Gesundheit und führe Sie recht bald in unsere
Arme.

Mit Ehrfurcht und Liebe
Ihr unterthäniger Sohn
H. Pückler.

5.
Hardenberg an seine Frau.
Glinike, den 26. September 1821.

Ich habe aus Deinen letzten Briefen mit Bedauern er=
sehen, daß Du ohnerachtet Deiner mit Sorgfalt gebrauchten
Kur, doch noch mit ihrem Erfolg nicht ganz zufrieden bist;
indessen wird hoffentlich die Beharrlichkeit, sie so lange als
möglich fortzusetzen, ihr endlich die Oberhand über alle Uebel
geben, von denen Du bisher geplagt warst. Ist Deine Ge=
sundheit einmal hergestellt, so wird auch Heiterkeit und Froh=
sinn, so wird Empfänglichkeit für jedes gute Gefühl wieder
in Deine Seele zurücktreten; Du wirst die Dinge nicht weiter
in schwarzer, trauriger Gestalt erblicken, und die Fähigkeit
wiedererlangen, Glück um Dich her zu verbreiten und selbst
Glück zu genießen. Du wirst Deinen Nebenmenschen richtiger,
milder und wohlwollender beurtheilen, und insonderheit mich,
der ich so gerechte Ansprüche auf Deine Liebe, Dein Vertrauen
und Deine guten Gesinnungen habe.

Betrachtungen aus den Pflichten gegen Dich und gegen mich selbst fließend, fordern mich laut auf, noch einmal zu Deinem Herzen zu sprechen, ehe wir uns wiedersehen. Möchte es mir doch glücken, die zartesten Saiten Deines Gefühls zu treffen, um dasjenige ganz wieder zu erwecken, was Dich früher beseelte! Möchte dasselbige Wohlwollen Deine Entschlüsse leiten, was meiner reinen, guten Absicht zum Grunde liegt! Möchten meine Worte recht eindringlich auf Dich wirken, und eine ganz unbefangene Prüfung derselben veranlassen. Ich habe die Zeit seit unserer letzten Trennung zur wiederholten sorgfältigsten Erwägung Deiner mir nach Troppau, Laibach und Italien geschriebenen Briefe und der darin enthaltenen Thatsachen angewendet, und die genaueste Erkundigung danach mit der Vorsicht angestellt, welche die Natur der Sache erforderte, so wie die Begebenheiten und Nebenumstände in Betracht gezogen, welche in den letztverflossenen Jahren vorgefallen sind. Alle unsere Verhältnisse, seitdem wir uns kennen, habe ich in mein Gedächtniß wie vor Gott oft und lebhaft zurückgerufen, und bin mir bewußt, Deine, meine und anderer Leute Handlungen mit der größten Unpartheilichkeit und Leidenschaftslosigkeit geprüft und beurtheilt zu haben.

Das Resultat dieser Prüfung will ich Dir offen mittheilen, und bin dazu zu Deiner und meiner Beruhigung verpflichtet.

Mein Betragen gegen Dich von der ersten Zeit unserer Bekanntschaft an ist ein reiner Ausfluß von Liebe, von Vertrauen, von Wohlwollen und Sorgfalt für Dein Glück, Dein Vergnügen, Dein Bestes gewesen. Aus leidenschaftlicher Zuneigung zu Dir opferte ich Dir andere Verhältnisse auf. Habe ich mir Vorwürfe darüber zu machen, so hast Du dazu gewiß keinen Anlaß. Von dem Augenblicke an war unser häusliches Glück das größte, und Dein Betragen sehr lobenswerth. Ich gab Dir aber auch die stärksten Beweise, wie sehr ich dies anerkannte, und heirathete Dich trotz der großen Hindernisse, die sich dem entgegenstellten. Die Fehler, die ich beging, rührten in dieser Epoche bis zum Jahre 1811 nur aus meiner Liebe zu Dir her. Die Begebenheit, die in den Jahren 1811 bis 1813 unser Glück störte, habe ich durch Reue und auf alle Weise wieder gut zu machen gestrebt. Mit einem Worte, der Karakter im Ganzen meiner Handlungen ist Liebe für Dich gewesen. Ich verdiente also keine der Beschuldigungen, die Du mir in Deinen wirklich unverantwortlichen Briefen gemacht hast. Meine so sehr verkannten Absichten in dem Meinigen vom 19. October v. J. waren gut und edel. Du hast sie ganz mißverstanden, ihnen fortwährend, ohnerachtet meiner Vorstellungen, einen gehäs= sigen Sinn beigelegt, in welchem ich sie nicht aussprach. Alle meine nachfolgenden Aeußerungen sind gemißdeutet worden. Du erwiedertest mir Dinge, die mein Herz durch ihre Unge= rechtigkeit und Unzartheit zerreißen mußten, das Andenken an mein langjähriges Betragen gegen Dich schien ganz erloschen zu sein, und Du sahest nur Erbitterung da, wo meinerseits die wohlwollendsten Gefühle herrschten. Was mir aber am schmerzlichsten fällt, sind die starken, heftigen Ausbrüche, die Du Dir, wie ich seit Deiner Abreise mit Gewißheit erfahren habe, über meine Person, sogar meine nächsten Ver= wandten, erlaubt hast. Wie magst Du gegen andere Fremdere gesprochen haben!? Die wirklich gräuenvollen Dinge, welche Du der ehemaligen Hähnel, jetzt Frau von Kimsky, in Deinen Briefen Schuld giebst, und die, wenn sie sich so verhielten, den größten Abscheu erregen müßten, sind von mir in der Stille den genauesten Erkundigungen unterzogen worden. Ich will nicht glauben, daß Du selbst diese Sachen wissentlich unrichtig und übertrieben darstelltest. Du bist aber irre geleitet durch empörende, gemeine Klatschereien, und Du wirst selbst fühlen, wie menschenfeindlich und lieblos diese sind, wie wenig Glauben sie verdienen. Wenn die Hähnel auch gegen Dich gefehlt hätte, so ist ihr Herz gewiß unfähig, dergleichen Verbrechen zu begehen, als Du ihr Schuld gegeben hast, und ich kann nur das wiederholen, was ich Dir einmal früher sagte: „Richtet nicht, damit Ihr nicht gerichtet werdet: Vergebet so wird Euch vergeben: Mit welchem Maaß Ihr messet, wird Euch wieder gemessen werden". Erinnere Dich dessen, was wir täglich beten: „Vergieb uns unsere Schuld, wie wir vergeben unseren Schuldigern." —

Kehre zurück mit den sanften, friedfertigen Gesinnungen, die die erste heilige Christenpflicht erheischt, und die insonderheit einer Frau vorgeschrieben ist, und ihre Hauptzierde ausmacht. Auf jeder Seite der heiligen Schrift liesest Du so die göttlichen Vorschriften. Achte doch darauf, und sei Herr Deines Grolles! Du hast unter anderen die Hähnel beschuldigt, sie wolle sich auf Deinen Stuhl setzen. Den stärksten Beweis vom Gegentheil hat sie durch ihre Heirath gegeben. Ihr Mann ist ein gebildeter, rechtlicher und artiger Mann, der Dir bei näherer Bekanntschaft ganz gewiß gefallen würde. Frau von Kimsky ist übrigens jetzt in ganz anderen Verhältnissen als sonst. Sie ist nicht mehr Deine Gesellschafterin oder Dienerin; sie kann mit Dir nie in Kollision kommen, und Dir nie Besorgnisse erregen. Lasse uns also alles Geschehene, alles Vergangene auf ewig vergessen, und ein neues heiteres und frohes Leben anfangen! Kehrst Du so wieder zu mir zurück, so sei von nichts weiter die Rede, so wirst Du mit offenen Armen in dem Cirkel meiner Familie und unserer Freunde, wozu ich auch Herrn und Frau von Kimsky zähle, empfangen werden. Du bist leider in den letzten Jahren der Spielball und das Opfer fremden Einflusses gewesen. Ich war selbst unschuldigerweise zum Theil mit Veranlassung dazu, indem ich Dir den Magnetismus empfohlen habe, weil ich Deine Heilung davon hoffte. Man ist ihm aber viel zu weit gefolgt, und er ist sehr gemißbraucht worden. Aber wer war's, der ihn predigte und laut pries. Bei allem wahren Werth, den ich ihm gewiß nicht abspreche, läßt sich gar nicht verkennen, daß die übertriebene Meinung von ihm ganz unvereinbar mit reinen Begriffen von Gott ist. Man unterscheide aber zwischen den Verführten, die sich dem blinden Glauben an diesen übertriebenen Magnetismus hingaben, und den Verführern, die sich mit Gelehrsamkeit und geheimem Wissen brüsten.

Es ist meine höchste Pflicht, alles zu entfernen, was Deine und meine Geistesruhe künftig zu stören vermag, so weit meine Ueberzeugung und die Anderer Unpartheiischen es als wirklich nachtheilig für dieselbe wirkend, anerkennen.

Ueber das was man im Publikum von uns und unseren Verhältnissen, auch von der Hähnel und von Koreff, urtheilt und geurtheilt hat, habe ich mich genau erkundigt.

Ich stelle Dir anheim, selbst einmal darnach zu forschen, aber zuverlässige Quellen zu suchen. Frage zum Exempel Wittgenstein, der unser beiderseitiger wahrer, redlicher Freund ist. Frage Pückler, den ich nebst seiner Frau näher habe kennen lernen. Beide haben mir außerordentlich viel Liebe und Anhänglichkeit gezeigt. Er ist ein kluger, wohlmeinender und braver Mann, der seine Frau sehr glücklich macht, und die Personen sehr richtig beurtheilt. Wir haben ihm früher sehr Unrecht gethan. Aus anderen Cirkeln, die nicht zur großen Welt gehören, wollte ich Dir auch mehrere achtungswerthe Menschen nennen, wenn es dessen bedürfte. Du bist meine Frau, bist Fürstin, mußt Dich also zu der Klasse zählen, dazu Dein Stand und Deine Verhältnisse Dich gebracht haben. Man urtheilt sehr nachtheilig über Dich. Sei es mit Recht oder mit Unrecht, das ist immer schlimm, und dem muß man entgegen wirken.

Es ist unvermeidlich und für Dich selbst wünschenswerth, daß Koreff jetzt aus Berlin entfernt werde.

Altenstein wünscht dies selbst aus manchen Gründen;

ich werde dahin wirken, daß es auf eine gute Art und ohne
Schaden für Koreff geschieht. Er soll keine gegründete Ur=
sache haben, über mich zu klagen.

Ich bitte, ich beschwöre Dich, die ganze Lage, in der
Du Dich befindest, in der ich bin, recht durchzudenken. Es
ist noch Zeit alles Geschehene ganz vergessen zu machen.
Unser Alter wird dann ruhig und gesegnet sein. Ich werde
Dein Freund, Dein Vertheidiger, Dein Beschützer bleiben!
Kein Vorwurf, keine Explikation soll von irgend einer Seite
stattfinden. Niemand wird mir aber das Recht streitig machen,
in meinem Hause zu sehen und Umgang zu haben mit wem
ich will. Dein Glück und Deine Zufriedenheit sollen stets
berücksichtigt werden. Ich fordere aber auch von Dir Zu=
vorkommenheit und gegenseitige Gefälligkeit, und wie könntest
Du mir auch dieses Recht versagen?

O ich hoffe, Du wirst meinen Worten Gehör geben
und unser wechselseitiges Glück auf's neue begründen. Soll=
test Du aber wider Verhoffen, in Deinem Herzen gar keine
Liebe, gar kein Vertrauen, keine Zuneigung mehr für mich
finden, so bin ich es Deiner und meiner Ruhe, bin es dem
König und dem Staate, denen ich den größten Theil meines
Lebens opfere, und daher angelegentlich wünschen muß, Kum=
mer, der mich bald tödten würde, von mir zu entfernen,
schuldig, — so höchst ungern ich es immer thun würde, —
eine Trennung von Dir einzugehen, die immerhin ohne Auf=
sehen und Eclat stattfinden müßte.

Pückler, welcher Dir diese Zeilen einhändigen wird,
geht nach Teplitz, um wegen einer Verletzung am Fuß noch
das dortige Bad zu brauchen. Prüfe Dich recht genau,
überlege alles wohl als Christin, als ein gutes, mo=
ralisches Wesen vor Gott, der einst unsere Handlungen
richten wird. Sprich dann mit Pückler, er kennt meine Ge=
sinnungen. — Doch wer könnte sie weniger verkennen, als

Du selbst, wenn Du nur Dein Herz und Deinen Verstand hörst, und nur nach diesen Dich entscheidest.

Es ist durchaus nothwendig, daß ich Deinen Entschluß kenne, ehe wir uns einander wieder nähern. — Ganz aus Dir, aus Deinem Herzen, ohne fremden Einfluß. Ich sehe Deiner Erklärung mit Verlangen entgegen, und rechne fest darauf, daß Du diesesmal meinen Worten keinen anderen Sinn unterlegen wirst, als den, welchen sie wirklich haben.

Hardenberg.

6.
Fürst von Wittgenstein an Pückler.
Berlin, den 28. September 1821.

Wenn ich es mir auch zur Pflicht gemacht habe, mich nie in Familienangelegenheiten zu mischen, so glaube ich mich doch gegenwärtig und nachdem mich Ihr Herr Schwiegervater von seinem häuslichen Kummer, der seine Gesundheit untergräbt, und ihn in seinen wichtigen Berufsgeschäften stört, unterhalten hat, verpflichtet, Ew. Hochgeboren auf das bringendste aufzufordern, alles anzuwenden, damit jedes weitere Mißverständniß vermieden, und die Fürstin veranlaßt werde, in die Wünsche und Vorschläge des Fürsten einzugehen. Wäre dieses aber leider nicht zu erreichen, so stellen Sie der Fürstin in meinem Namen vor, daß es alsdann in jedem Betracht besser ist, wenn sie diesen Winter ihren Aufenthalt nicht hier oder in der hiesigen Gegend nimmt: sie würde sich und dem Fürsten das Leben nur verbittern, und sich selbst unendlich schaden.

Die Fürstin weiß, daß ich mich nie in ihre Häuslichkeiten gemischt, und sie zu allen Zeiten mit Freundschaft und Achtung behandelt habe, auch daß es mir zu einer wahren Freude gereichte, wenn ich die Gelegenheit finden konnte diese ihr gewidmeten Gesinnungen auf jede Art zu bethä=

tigen; sie kennt meine Verhältnisse, und weiß auch, daß ich bei meiner Einmischung in diese Angelegenheit keine persön=
liche Absichten habe, da ich für mich nichts zu suchen und zu wünschen habe. Wenn ich aber einmal den Entschluß ge=
nommen habe, auf eine solche Angelegenheit einzuwirken, so bleibe ich nicht auf halbem Wege stehen, besonders wenn von
der Ruhe und Zufriedenheit eines edlen, theuren Freundes die Rede ist, dessen Erhaltung für den König und Staat
wichtig ist. Versäumen Sie doch ja nichts, um diesen Zweck zu erreichen, und ein glückliches und ruhiges Verhältniß her=
beizuführen. Für den Gebrauch Ihrer dortigen Badekur wünsche ich die wohlthätigste Wirkung.

Genehmigen Euer Hochgeboren die Versicherung meiner ausgezeichnetsten Hochachtung.

Fürst von Wittgenstein.

(Anmerkung von Hardenberg's Hand auf dem Couvert „Der unüberwindlichen Neugier der Frau von Kimsky wegen erbrochen. Mir war der Inhalt bekannt".)

7.
Pückler an Hardenberg.

Teplitz, den 29. September 1821.

Bester, geliebtester Vater,

Vor allen Dingen muß ich noch wegen der Verstimmung bei meiner Abreise von Glinike um Verzeihung bitten. Viel=
leicht hast Du wenig davon bemerkt, und das wäre desto besser. Ist dies aber nicht der Fall, so gebührt mir Ent=
schuldigung. Sie liegt einzig und allein darin, guter Vater, daß ich Dich sehr, recht sehr liebe, und deshalb jede Kälte,
jedes, auch das geringste Zeichen verminderten Zutrauens von Deiner Seite tief und schmerzlich empfinde — vorzüglich
wenn ich, wie hier, mir selbst Schuld geben muß, durch un=

bedachten Diensteifer Dir so viel unnützen Aerger verursacht zu haben. Die Bekümmerniß hierüber ist auch das einzige peinliche Gefühl, welches mir nach Beseitigung aller thörichten Wallungen der Eigenliebe von der ganzen Begebenheit zurückbleibt. Nun zu meinem Auftrag.

Die Wege waren so schlecht, daß ich, ohngeachtet ich mich nur einen halben Tag in Dresden aufhielt, doch drei Nächte unterwegs zubringen mußte, und erst heute Mittag hier ankam. Zufällig begegnete ich am Posthause einem Deiner Leute, von dem ich erfuhr, daß in demselben Hause, wo die Fürstin wohne, eben ein schönes Quartier leer geworden sei. Ich benutzte den Zufall, und ließ mich sogleich als ihr Hausnachbar der Fürstin melden, von der ich die verbindlichste Antwort erhielt, mit der Bitte, bei ihr zu Mittag zu essen. Ich fand sie allein mit Madame Schwarz, von dem allerlustigsten Humor, in dem ich sie je gesehen habe. Aus dem Verfolg der Unterhaltung mußte ich indeß schließen, daß sie entweder schon irgend eine ungewisse Notiz über meine Ankunft erhalten habe, oder aus eigenem Scharfsinn ihre Absicht ahne. Sie übertrieb unter anderen auf alle Art das Uebel meines Fußes, versicherte, daß ich wenigstens hundert Douchebäder würde nehmen müssen, und gewiß drei Monate hierbleiben. Dies verschlüge mir ja auch nichts, da ich nichts anderes zu thun habe. Wenn ich ging, rief sie mir zu, ich solle nicht zu hinken vergessen, das sei sehr schädlich u. s. w. Ich nahm alle diese Späße sehr unbefangen auf, und erwiederte sie durch andere; innerlich kränkend auf mich wirkten folgende: sie fing nämlich an, mich mit der Carolather Geschichte zu necken, und als ich ihr und Madame Schwarz, die stets ein Lachen und ein Echo für die Aeußerungen der Fürstin bereit hatte, den wahren Verlauf der Sache umständlich erzählte, verglich sie Carolath mit Dir, und sagte, was Du doch für ein vortrefflicher Mann dagegen seiest, das Muster aller Ehemänner. Du wärest jetzt schon gewiß vor

Sehnsucht nach ihr ganz krank, und so fuhr sie in übertrie=
benen Lobeserhebungen spottend fort. Ich suchte dem Ge=
spräch eine andere Wendung zu geben, und bot ihr an, sie
morgen in meinem Tilbury spazieren zu fahren. „O", rief
sie, „Sie wollen mir wohl mit guter Manier den Hals
brechen. Ja, wenn Ihnen das gelänge, da würden Sie
gewiß gleich Fürst werden!" Hierauf fing sie von der
Königin von England an, bedauerte diese edle Dulderin, mi
der sie sich fast zu vergleichen schien, und meinte, die hätte
man auch im dringendsten Moment loszuwerden gewußt.

So plump und handgreiflich diese Aeußerungen waren,
so glitt ich doch darüber so viel als möglich hinweg, um sie
nicht noch mehr zu erbittern. Ich glaubte aber bei so be=
wandten Umständen mit der Uebergabe meines Briefes noch
einige Tage warten zu müssen, um so mehr, da Koreff nicht
hier ist, auch wie es scheint, nicht so bald erwartet wird, und
die Fürstin noch vierzehn Tage hier zu bleiben gedenkt, wo
ich vielleicht eine günstigere Stimmung für Deine Wünsche,
liebster Vater, abwarten kann, indem bei einer so wichtigen
Sache allerdings große Ueberlegung und Vorsicht höchst
nöthig ist.

Uebrigens scheint sich die Fürstin in ihrer jetzigen Frei=
heit, mit einer Gefährtin wie Madame Schwarz, die ihr auf
alle Art schmeichelt, so wohl zu befinden, daß ich immer
denke, sie sehnt sich weniger nach ihrer vorigen Lage zurück,
als Du, lieber Vater, vielleicht nach ihr. — Indeß äußerte
sie doch einmal gegen mich: sie hoffe, mich diesen Winter in
Berlin zu sehen, worauf ich erwiederte, wir wünschten Alle
dort recht froh vereint zu leben. Dies blieb ohne Antwort

Koreff betreffend, habe ich nichts anderes erfahren kön=
nen, als daß derselbe bei seiner Hinreise nach Karlsbad
mehrere Tage hier verweilt hat, und wahrscheinlich die Fürstin
hier auch seine Rückkunft erwarten will. Sie selbst hat
seiner noch nicht erwähnt. Die Gesundheit der Fürstin scheint

vortrefflich, nur als ich nach ihrem Kopfweh fragte, fing sie wieder darüber zu klagen an. Dies Wenige ist alles, was ich vor der Hand zu melden habe; mit dem nächsten Posttag vielleicht Wichtigeres.

Wie glücklich würde ich mich schätzen, wenn der Himmel mir vergönnte, Dir, bester Vater, nützen zu können.

Nimm diesen innigen Wunsch meines Herzens wohl auf, und zweifle nie an der treuen Liebe und Ergebenheit

Deines unterthänigen Sohnes
H. Pückler.

8.
Hardenberg an Pückler.
Neuhardenberg, den 1. Oktober 1821.

Liebster Pückler,

Aus Deinen Briefen an die gute K. habe ich mit innigem Bedauern, aber zu meiner großen Verwunderung ersehen, daß Du mich mit Gefühlen verlassen hast, die ich nicht von fern ahnte, und deren ganz unschuldige Veranlassung ich gewesen bin. Du hast mich ganz mißverstanden, mich ganz mißkannt, mein liebster Pückler, und die unglückliche Geschichte mit Karl und Hellwig ist allein Schuld daran gewesen. Aber wie ist's möglich, daß Du, statt gleich gerade heraus mit mir zu sprechen, wo sich alles leicht würde erklärt haben, mit mir schmollen und mir so weh thun konntest, mit Unzufriedenheit von mir zu gehen? Du wirst mich immer näher kennen lernen, und finden, daß ich mehr Vertrauen verdiene künftig keinem Verdacht gestatten, in Deine Seele sich einzuschwärzen, keinen hypochondrischen Gedanken einen Augenblick nähren. So wenig ich am Dienstag Abend den Ausdruck Lüge auf Dich bezog, sondern einzig und allein auf die Erzählung, die Karl gemacht haben sollte, alle Briefe der

Fürstin mitgetheilt erhalten zu haben, so wenig habe ich meine Unzufriedenheit über sein Anklatschen der unglücklichen Unterredung, die besser ganz unterblieben wäre, und meinen Tadel über Hellwig's Mittheilungen an ihn zurückgehalten, so wenig habe ich ihnen beiden ihren Rath in der bewußten Sache abgefordert. Karl habe ich nur die Abschrift des Briefes schnell an meinem Schreibtische zu machen, aufgetragen, da ich Dich nicht damit bemühen wollte, und es ganz unschädlich war, daß er Kenntniß davon nahm. Ich habe überhaupt auch gegen Schöll und Hellwig, die früher in die Sache gemischt waren, daraus kein Geheimniß zu machen gut gefunden, vielmehr unschädlich und räthlich ihnen diesen Brief lesen zu lassen, mit beiden übrigens mich in kein Pourparler eingelassen. Beide haben diesen Brief sehr gebilligt. Daß Hellwig meiner Frau Nachricht davon geben könne, ist wirklich nach seinem Karakter und der ganzen Lage der Dinge gar nicht denkbar. Du thust ihm darin wirklich großes Unrecht, mein lieber Pückler. Er kann Mangel an Takt beweisen, wie er in seiner Unterredung mit Dir noch von neuem bewiesen hat; aber er meint es gut, und ist mir aufrichtig ergeben. Als wir vom Tisch aufstanden, vermißte ich Dich bald. Schöll ging mehrmals an Deine Thür, und fand sie verschlossen. Ich glaubte Dich beschäftigt, hatte aber keinen Gedanken, daß Du empfindlich über irgend etwas sein könntest, was von mir herrühre. Sonst würde ich gewiß nicht geruht haben, bis wir uns vor Deiner Abreise verständigt hätten.

Daß ich Dich recht herzlich liebe, und Dir vertraun, mußt Du künftig nie, nie bezweifeln; bei dem geringsten Wölkchen, das bei Dir dagegen aufsteigen könnte, mußt Du mir versprechen unverzüglich Dich gerade an mich zu wenden. Jeder Verdacht wird dann gleich schwinden, unsere Herzen werden sich gleich und leicht verstehen.

Ich erkenne den großen und gar nicht angenehmen Dienst, den Du mir jetzt leistest, höchst dankbar und als den stärksten

Beweis Deiner Liebe. Keine Einmischung eines Dritten findet statt. Bloß Wittgenstein hat geglaubt durch den Brief, den ich Dir vorgestern schickte, vielleicht eine wirksame Hülfe zu geben, und ist ja, wie Du selbst weißt, bereit, wenn meine Frau meinen Vorstellungen nicht Gehör giebt, zu ihr zu reisen, um mit ihr zweckmäßig zu sprechen. Koreff war vor kurzem noch in Karlsbad, wie ich aus einem Briefe vom Prinzen Alexander Solms an Wittgenstein ersehen habe. Wiederholt habe ich auf seine Entfernung durch Altenstein gedrungen. Deinen Nachrichten sehe ich natürlich mit dem größten Verlangen entgegen.

Wir sind vorgestern gegen 3 Uhr hier angekommen; Carolath's kamen gegen 5. Lucie gestern früh gegen 5. Gestern wurde das Erndtefest gefeiert, und Abends getanzt. Mittwoch werden wir Alle von hier nach Berlin gehen, Donnerstag und Freitag dort bleiben, Sonnabend uns zur Jagd nach Grimnitz verfügen. Dort denken wir drei Tage zu bleiben und den 10. wieder in Berlin zu sein. Carolath's werden von Grimnitz gerade nach Carolath zurückgehen. Vergiß ja nicht auf Deine Briefe zu setzen: Zu eigenhändiger Erbrechung. Ich umarme Dich von ganzer Seele und bin mit den herzlichsten Gesinnungen Dein treuer Freund und Vater

Hardenberg.

Du wirst mir, so bald Du mir etwas Wichtiges zu melden hast, doch eine Staffete schicken.

9.

Frau von Kimsky an Pückler.

Neuhardenberg, den 1. Oktober 1821.

Bei meiner Rückkehr fand ich, theuerster Herr Graf, Ihre lieben Briefe, die, so freundlich sie auch immer waren und mich in dieser Beziehung hoch beglückten, doch auf der anderen Seite mich innig betrübten. Wie so ganz unnöthig haben Sie sich gequält, und wie bereue ich meine Reise, die mir nur Kummer und Sorge und namenlosen Verdruß in meiner Angelegenheit machte, und obenein die unangenehmen Szenen in Glinike geschehen ließ — denn war ich dort, so kam alles gewiß ganz anders. Geschehenes ist nicht zu ändern, und ich schwöre Ihnen recht wahr und heilig, daß in des engelgleichen Fürsten Herz auch nicht ein Schatten für Sie gefallen ist, er liebt sie wahrhaft und hat volles Vertrauen. Thun Sie ihm nun nicht mehr Unrecht mit Mißtrauen und Furcht, ich bitte Sie so recht herzinnig darum. Viel sprechen wir von Ihnen, und keiner ausgenommen, sehnen wir Alle uns nach Ihrer Rückkehr; möchte sie doch bald sein, und alles nach Wunsch erfüllt werden.

Die theure, liebe, engelsgute Gräfin ist seit gestern hier. Ihre Ankunft war recht nöthig; von ihr werden Sie alle Arrangements erfahren, da Sie Ihnen selbst schreibt; ich beschränke mich also darauf, Ihnen, lieber Herr Graf, zu erzählen, daß ich dem theuren Fürsten Ihren Brief mittheilte, der ihn sehr böse machte, denn er hatte auch nicht eine Ahnung von dem, was Sie so gekränkt und betrübt hat; dies mag Ihnen der stärkste Beweis sein, wie ganz ungegründet Ihre Besorgnisse waren, und wie Unrecht Sie gehabt haben, sich so zu quälen. Doch mir ist Ihr Gefühl und Ihr ganzer damaliger Zustand so klar, und habe ich mich so wahrhaft in Ihre Lage versetzt, wie ich es Ihnen nicht zu beschreiben vermag. Wie beglückt es mich, daß Sie mir Ihr Vertrauen in so vollem Grade schenken; gewiß, mein eifrigstes Bestreben wird stets sein, mich dessen immer würdiger zu machen. Ihr Schreiben aus Herzberg hat mich sehr beruhigt, es ist ein heiterer Sinn darin, und Sie sind schon selbst von den schwarzen Grillen zurückgekommen. Da Sie mir sagen, daß es Ihnen vorkommt, als wären Sie verliebt in den geliebten Papa, so will ich dies als Beweis annehmen — und Ihnen

sagen, sollten jemals wieder so böse Zweifel bei Ihnen ein=
kehren, sich dann zu repetiren: Je feuriger man liebt — je
weniger traut man der Flamme, die man einflößt. — Dann
werden Sie in Ihrem eigenen Gefühl den Grund der Zweifel
aufsuchen und finden — und zu zweifeln aufhören.

Mit welcher Ungeduld sehen wir Ihrer ersten Nachricht
entgegen, ob Sieg oder Tod -- Gott gebe das erste. Auf
Ihre Klugheit rechnen wir fest, die gewiß alles benutzen wird,
um den guten Zweck zu erreichen. Ich für mein Theil fürchte
mehr wie ich hoffe. Machen Sie nur, lieber Herr Graf,
daß alles wohl'gelingt, und wir Sie bald wieder besitzen in
dem Kreis der Liebe, in welchem Sie eine Lücke ließen, die
wir schmerzlich fühlen. Mein guter Kimsky trägt mir auf,
Ihnen noch recht besonders seine innige Ergebenheit auszu=
sprechen, und bittet, ihm auch ein Plätzchen in Ihrer freund=
lichen Erinnerung zu gestatten.

Entschuldigen Sie mein Geschmiere und konfuses Ge=
schreibe, ich bin sehr eilig, die Stafette soll fort. Verlassen
Sie sich fest darauf, daß Sie in mir ein Organ beim ge=
liebten Fürsten haben, das aus innerer Ueberzeugung gewiß
jeder bösen Fascination entgegenstreben wird, sollte sie statt=
finden. Ich lasse die Narren gehen, bin freundlich und artig
gegen jeden, und gehe meinen geraden reinen Weg vor wie
nach. Habe aber dem Fürsten meinerseits jede Explikation
mit H. versagt, die er sehr wünschte. Dies billigen Sie
gewiß, und erlauben mir mich zu nennen

Ihre ganz ergebene
F. Kimsky.

10.
Pückler an Hardenberg.

Teplitz, den 5. Oktober 1821.

Geliebtester Vater,

Ich habe gestern einen harten Stand gehabt, und viele Rückfälle ertragen, vielen Unsinn tausendmal wiederholt geduldig anhören müssen, ohne zum Zweck zu kommen. Indessen mußten meine Bemühungen in der Nacht, vielleicht dämonisch, nachgewirkt haben, denn früh war ich nicht wenig erstaunt, Frau Fürstin und Koreff an meinem Bette erscheinen zu sehen, wo die Unterhandlungen von neuem begannen. Koreff war von der Idee seiner Versetzung so gerührt, daß er weinte wie ein kleines Kind, und ich kann nicht läugnen, daß ich einen schwachen Triumph fühlte, zu den Füßen meines Bettes die Frau Fürstin so geschmeidig und den unschuldigen Koreff schluchzend zu sehen. Demohngeachtet hatte man noch seine liebe Noth, und alles was ich erlangen konnte, besagen die beiden Beilagen. Du wirst daraus sehen, lieber Vater, daß zwar in der Hauptsache: Einwilligung in eine stillschweigende Trennung, und Abstrahirung vom Aufenthalte in Berlin — die Fürstin sich zum Ziele legt, auf der anderen Seite aber ihre Forderungen eben nicht von der gerühmten Uneigennützigkeit Beweise geben. Du wirst bemerken, daß ich in den von mir geschriebenen Erklärungen der Fürstin wohl in der Hauptsache ihre Gedanken und Aeußerungen wiedergegeben, aber freilich mich ganz anderer Ausdrücke als der diktirten, bedient habe, weil sonst nur Schmähwörter und die Phrasen von „aus dem Haus werfen, im Alter ihr Brod im Auslande betteln," oder dergleichen die Seiten gefüllt haben würden. Ich muß hier darauf aufmerksam machen, daß die Fürstin mit einer wahren Aengstlichkeit darauf besteht, noch einmal nach Glinike, und zwar sobald als möglich zu gehen. Sie spricht immer von ihren nothwendigsten dort zurückgelassenen Sachen, und setzte einmal die mir merkwür=

digen Worte hinzu: man könnte wohl ihr dort allerlei vertauschen und bei Seite bringen, und am Ende sagen, sie habe was für das Haus bestimmt gewesen sei, nach Glinike gebracht. Dies klang mir etwas zweideutig, und ich würde doch eine Visitation in Glinike schleunig anrathen, um sich zu überzeugen, was früher geschehen ist.

Da ich gar keine Instruktion über die zu machenden Bedingungen von Dir erhalten habe, so kann ich auch nicht beurtheilen, inwiefern die in den Beilagen enthaltenen Dir konveniren werden; wenn es indeß wahr ist, was Hellwig sagte, daß er carte blanche gehabt habe, der Fürstin alles zu bewilligen, was sie nur verlange, sobald sie in der Hauptsache, nämlich Entfernung von Berlin, nachgebe — so hoffe ich doch, daß Du sie erträglich finden wirst. Sollte Dir nach reiflicher Ueberlegung ihr Aufenthalt in Potsdam noch zu nahe sein, so bestehe fest und bestimmt auf Dresden; ist Dir aber jenes recht, so kommst Du allerdings leichter zum Zweck und zu beiderseitiger Zufriedenheit. Ebenso verhält es sich mit dem Besuch in Glinike, auf dem die Fürstin sehr besteht. Daß ich in der Haupterklärung der Fürstin (deren Form, da ich kein Jurist bin, ein Justizkommissarius später reguliren mag) als Zeuge mit Herrn Koreff figurire, hätte ich mir zwar lieber erspart, die Fürstin ist aber so ganz von ihm abhängig, ja, ihm unterthänig, daß sie es wünschte, und ich es demnach auch für gut hielt. Ich muß auch ganz aufrichtig gestehen, daß, wenn Koreff nicht gewollt hätte, alle meine Mühe gänzlich fruchtlos gewesen wäre, da er aber sich zum Lohn dieser Nachgiebigkeit gewissermaßen tacite die Beibehaltung seiner jetzigen Stellung bedungen hat, so wünschte ich wohl um so mehr, da der Grund seiner Entfernung nun wegfällt, daß man ihn, wenigstens vor der Hand, unangefochten ließe, um sich nicht unnützerweise einen bitteren Feind auf den Hals zu ziehen. Auf jeden Fall werde ich mir von Dir, lieber Vater, eine ostensible Ant-

wort auf diesen Brief zur Kommunikation an die Fürstin er=
bitten, worin, wenn Du es für gut findest, vielleicht auch
etwas Beruhigendes für Koreff enthalten sein kann, dessen
Schreiben an mich ich gleichfalls beilege. Du wirst daraus
ersehen, daß er gern in eine zweijährige Entfernung willigt,
und am Ende wohl auch mit einer Summe Geldes ganz
weggeht, auf jeden Fall aber Deinen Wünschen in nichts
mehr im Wege steht.

Ich erwarte also so bald als möglich Deine ferneren Be=
fehle, und gestehe, das ich sehr froh sein werde, wenn ich
diesen unangenehmen Ort (wo wir nur noch die einzigen
Badegäste sind) und die noch unangenehmere Gesellschaft, in
der ich nothgedrungen leben muß, verlassen kann, um nach
meinem friedlichen Muskau zurückzukehren, wo so manches
Geschäft auf mich wartet.

Ich vergaß in meinem letzten Briefe der ersten von Dir
erhaltenen Staffete zu erwähnen, die mir Wittgenstein's Brief
und Rother's Plan mitbrachte. Von dem ersteren habe ich
keinen Gebrauch gemacht, da er gar zu wenig Bestimmtes
sagte, und unsere Schwäche mehr aufdeckte, als imponiren
konnte.

Rother's Plan ist auch nicht nach meinem Geschmack
und 50,000 Thaler ein zu großes Opfer im Vergleich mit
dem daraus zu ziehenden Vortheil. Ich habe eine andere
Idee gefaßt, deren Ausführung viel leichter und in jeder
Hinsicht viel zweckmäßiger ist. So bald ich das Vergnügen
haben werde, Dir, bester Vater, wieder aufzuwarten, will
ich Dir meine Idee mittheilen, und hoffe auf Deine gnädige
Beihülfe.

Mit den herzlichsten Wünschen für Dein Wohl und in=
niger Liebe und Dankbarkeit bin ich

Dein gehorsamster Sohn
H. Pückler.

P. S. In Deinem ostensiblen Briefe an mich bitte ich, im Fall Du die Wohnung in Potsdam oder den Besuch in Glinike abschlägst (was allerdings eine Verzögerung herbei=führen kann), dies so zu stellen, als wenn ich Dich gleichfalls darum gebeten hätte, wie ich auch in der That thue, wenn es Deinen Wünschen nicht entgegen ist, die mir über alles gehen. Es wird dies bei der Fürstin mehr Vertrauen zu mir erwecken, was dem Ganzen nur vortheilhaft sein kann, denn was ich bewirke, ist wahrlich zum Vortheil Beider.

Zweite Nachschrift. Nach besserer Ueberlegung habe ich doch vorgezogen, die Schwarz an Koreff's Stelle als Zeuge unterschreiben zu lassen. Uebrigens muß ich wieder=holen, daß Koreff wirklich viel zum Gelingen meines Auf=trags beigetragen hat, und daß ich in dieser Hinsicht für ihn bitte, wohl aber rathe ihm den gebetenen Urlaub auf zwei Jahre in fremde Länder zu bewilligen. Daß meine Briefe außer der Frau von Kimsky niemand zu sehen bekommt, er=warte und erbitte ich mir inständigst, bester Vater, denn sie sind mit zu viel abandon und zu vertraulich geschrieben, als daß ich sie dem Urtheil Anderer aussetzen möchte, die meine Gesinnungen nicht zu kennen brauchen.

Ich habe die Unterschrift der Fürstin nicht gerichtlich vidimiren lassen, um alles Aufsehen zu vermeiden, und weil ich überzeugt bin, daß es dieser Form nicht bedarf, weil die Fürstin gewiß ihre Handschrift nicht abläugnen wird.

11.
Pückler an Hardenberg.

Die Frau Fürstin erklärte als Antwort auf den von mir überbrachten Brief, daß sie nie einwilligen könne mit Frau von Kimsky unter einem Dache zu wohnen, weil sie einsehe, daß ein solches Verhältniß nur zu ihrem und ihres Mannes Unglück ausschlagen könne. Sie fühle, daß hier ein

Opfer fallen müsse, und als harte Dulderin geprüft, erbiete sie sich freiwillig dieses Opfer zu sein, und eine stillschweigende Trennung stattfinden zu lassen. Ihr inniger Wunsch bleibe es, ihre Wohnung in Berlin aufschlagen zu dürfen, da ihr dies jedoch bestimmt verweigert würde, so weiche sie der Nothwendigkeit, und nehme ein Haus mit der nöthigen Einrichtung in Potsdam, und nur höchst ungern in Dresden an, worüber nebst einigen anderen Bedingungen, welche sie zu machen für nöthig erachte, die beiliegende offizielle Erklärung, welche später gerichtlich zu sanktioniren sei, das Nähere besage.

Sie erinnert bei Gelegenheit der ausgesetzten Rente, daß sie sich mit wenigem begnügt haben würde, wenn der Zustand ihrer geschwächten Gesundheit sie nicht zwänge, alljährlich eine Badekur zu gebrauchen, sie auch die ihrem Herzen theure Pflicht übernommen habe, für viele Arme zu sorgen, die sie nicht verlassen könne. Als letzten Wunsch bitte sie ihren Mann, da sie auf keine Trennung vorbereitet gewesen, und alle ihre nöthigsten Effekten in Glinike gelassen habe, jetzt dahin zurückkehren zu dürfen, und dort zu verbleiben, bis ihre neue Wohnung zu ihrem Empfang vorbereitet sei, wobei sie jedoch verspricht, sich dem Wunsche ihres Gemahls gemäß von Berlin entfernt zu halten. Sie wird die Antwort, um welche sie so schleunig als möglich bittet, hier abwarten, und hofft mit Zuversicht auf die Gewährung eines so bescheidenen Gesuchs. Im Fall der Einrichtung eines Hauses für die Frau Fürstin nicht so schnell bewerkstelligt werden könnte, bittet sie nur ihre Sachen in Glinike abholen zu dürfen, und will dann ihren Aufenthalt bis sie ihr neues Haus beziehen kann, an einem anderen Orte nehmen, bittet aber nochmals ihr doch die Wohnung in Potsdam zu gönnen, und sie nicht von Vaterland und Kindern so schmerzhaft zu entfernen.

(Von der Hand der Fürstin:)
Dies ist auf mein Geheiß geschrieben.
Charlotte, Fürstin von Hardenberg.

12.

Koreff an Pückler.

Mein werthester Herr Graf,

Erlauben Sie mir nachsichtsvoll, Ihnen einige Augenblicke zu rauben, und Sie mit einer Angelegenheit, die mich betrifft, zu unterhalten. Aus Ihren und der Frau Fürstin Aeußerungen habe ich wohl gesehen, daß man damit umgeht, mich aus Berlin zu entfernen. Warum dies geschehen soll, frage ich vergebens mein Gewissen und mein Erstaunen. Ich habe durchaus nichts gethan, was solcher Ungnade und Ungunst mich würdig machte. Meine Pflicht habe ich mit der größten Freudigkeit erfüllt — mehr that ich stets als die bloße dürre Pflicht fordert, denn ich handelte auch als Staatsbeamter stets mit einer Liebe und Begeisterung, die, ich darf es wohl sagen, die Grundzüge meiner Seele bilden. Warum sollte ich meiner Stelle im Ministerium entsetzt, und in eine Provinzialstadt versetzt werden? Alle meine Rechte sprechen dagegen. Rust und ich haben in Wien im Jahre 1815 das Wort des Fürsten Staatskanzlers erhalten, nirgends anders als in der Hauptstadt angestellt zu werden. Mir wurde dies Versprechen in Paris im Jahre 1815, da andere Anträge an mich ergingen, und Herr von Jordan den Vorschlag in Anregung brachte, mich in den Rheinprovinzen zu beschäftigen, feierlichst von dem Fürsten Staatskanzler wiederholt. Als Zeuge kann ich unter anderen die Gräfin Custine anführen, welcher der Fürst die Gnade hatte, dasselbe zu wiederholen, und ihr zu versprechen, mich in seinen besonderen Schutz zu nehmen. Ich werde mir nie erlauben, weder dem Fürsten von Hardenberg noch dem Staatskanzler das Unrecht anzuthun, an der Heiligkeit seines Wortes zu zweifeln. Ausdrücklich steht es ferner in meinem Reskript aus Wien 1815 vermerkt, daß es einzig von meiner freien Wahl abhängen soll, welche Laufbahn ich verfolgen will. Gern würde ich mich sogleich selbst an den Fürsten wenden. Er ist aber leider gegen mich eingenommen. Ich werde von meinen Feinden — Menschen, denen ich stets mit der größten Selbstaufopferung nur Gutes, nie das geringste Böse that — verläumdet und angeschwärzt, und man hört mich nicht. Ich muß unvertheidigt alles über mich ergehen lassen, und — so wahr einst Gott der unbestechliche Richter mich erlösen möge! — ich bin unschuldig, und ein Opfer der gräßlichsten Verläumbung. Ich werde gewiß einst noch gerechtfertigt werden. Seien Sie dann mein Vertreter, damit doch eine Stimme sich für den Unterdrückten erhebe. Bringen Sie diese meine Worte zur Kenntniß des Fürsten. Er ist zu edel gesinnt, um ihren Sinn und mein Recht zu verkennen. Erinnern Sie den Fürsten an das Wort, das er mir gab, als das Mißverständniß mit meinen Papieren, wodurch ich Jahre lang litt, sich aufklärte, daß er zehnfach mich entschädigen wolle für alle mir geschehene Unbill; ich habe seinem Worte vertraut, erkenne dankbar das Viele an, das er für mich gethan, werde es durch keinen Schmerz und kein Unrecht getrübt es je verkennen, werde aber es nimmermehr glauben, daß ein so edler Mann mit der einen Hand nehmen wolle, was er mit der anderen gegeben. Erinnern Sie den Fürsten an Pyrmont, wie eines Morgens in der Allee er mit Thränen mich umarmte, und nur dem Beweggrund seines Herzens frei folgend mir zusagte, daß sein Herz nie das was ich für ihn gethan, und meine Zärtlichkeit vergessen wolle! Ich that noch nie Unrechtes — auch der Fürst wird gewiß seines Wortes eingedenk sein, und wird den Mann, dem er es gab, der nichts verbrochen hat, nicht vor der ganzen Welt beschimpfen, degradiren, und aus seiner Existenz, der geistigen und civilen, auf grausame Art werfen, und zur Verzweiflung bringen wollen. Erinnern Sie, mein hochgeehrter Fürsprecher, den Fürsten an die mir schriftlich gegebenen, mit seinem geehrten Namen unterzeichneten Reskripte, die mein Patent begleiteten, wo es nur mir und meiner

Wahl anheimgegeben wird, ob ich meine bisherige Stellung verlassen, und die Direktion der gesammten Irrenanstalten übernehmen will. So feierlich Zugesagtes, so oft Bekräftigtes nnd Wiederholtes, solche Belohnung vergangener Dienste und Bemühungen kann der geehrte Staatskanzler nicht annulliren und zurücknehmen wollen — dazu ist er zu gerecht — zu billig — zu liebevoll, und achtet zu sehr die heiligen Gesetze, deren Schöpfer und Organ er ist, und unter deren Aegide der Staatsbürger so ruhig wie sicher lebt. Ein Fürstenwort ist Granitfels, auf welchem jeder seine Hütte baut. Ein solcher Grund kann nicht wanken!

Sagen Sie, mein theilnehmender Schützer, dem Fürsten, daß alle meine Studien, meine Kenntnisse, meine Bemühungen, kurz mein ganzer Lebensplan nur auf die Hülfsquellen berechnet sind, die nur die Hauptstadt für Wissenschaften und Künste mir bieten kann, daß ich mein ganzes Leben dazu organisirt habe, daß man im 40sten Jahre mit wankender, halb-zerstörter Gesundheit, nicht eine neue Laufbahn beginnen kann, daß man endlich Wurzeln getrieben hat, die, wenn man sie ausreißt, das Leben verbluten, und den Trieb, neue zu bilden, unmöglich machen. Stellen Sie dem Fürsten vor, daß es jedoch im Preußischen nie geschieht, selbst den geringsten Professor ohne seine Einwilligung zu versetzen, daß der edle Fürst doch bedenken möge, einen Mann vor der ganzen Welt zu beschimpfen, indem man ihn degradirt, sei doch wahrlich keine Kleinigkeit. Stellen Sie ihm vor, daß ich mit meiner Position, mit meinem Wirkungskreise ganz zufrieden bin, daß seit vielen Jahren alle meine Studien nur diesen eigenthümlichen Gang genommen haben, und daß, wenn ich daraus entfernt werde, ich gelähmt, ja vernichtet bin, und daß es weit mitleidiger wäre, mich lieber des Dienstes ganz zu entlassen, und mich in die Fremde hinauszustoßen, wiewohl ich meine Kräfte und den dritten Theil meines väterlichen Vermögens im Dienste des Staates aufgeopfert habe. Stellen

Sie dem gefühlvollen Mann dar, daß eine solche Aenderung meiner Lage mich auch ökonomisch völlig ruinire, da alle meine Verhältnisse für Berlin berechnet sind. Ich habe Kontrakte für mehrere Jahre abgeschlossen, ich habe mir die Aenderung meines Wohnorts selbst im Traum nicht supponirt, und bin daher völlig ruinirt, wenn man so grausam sein wollte, auf diesen unglückseligen Gedanken zu bestehen, um mich zu Grunde richten zu wollen.

Stellen Sie dem Fürsten vor, daß, wenn meine dunkle, schweigende, völlig zurückgezogene Existenz in Berlin, wiewohl ich nicht wüßte wie so? und wodurch? — ihm zuwider sei, so finde ich mich erbötig, ein oder selbst zwei Jahre mich freiwillig zu verbannen, auf Reisen zu gehen, in England, in Frankreich die Irrenanstalten und andere Institutionen zu untersuchen, und auf diese Art für den Staat und die Wissenschaft auf eine so vielseitige Art, wie es der Zustand meiner Kenntnisse erlaubt, nützlich zu sein. Sie sehen, mein hochverehrter Herr Graf, daß ich zu allem erbötig bin, was dem Fürsten angenehm sein kann. Allem will ich mich fügen, gern will ich alles annehmen, nur beschimpfen und degradiren lassen kann ich mich nicht. Lieber will ich alles verlassen. Ich baue auf meine gerechte Sache, auf meine vollkomene Unschuld, und auf die Heiligkeit der Zusagen meines Königs, des Fürsten Staatskanzlers, und des Mannes, der mich einst mit dem Namen: Freund beehrte!

P.

13.
Hardenberg an Pückler.

Den 10. Oktober 1821.

Liebster Pückler,

Ich hätte freilich wohl nicht erwarten sollen, daß eine Frau, mit der ich 27 Jahre gelebt habe, und die mich die längste Zeit dieser Epoche hindurch glücklich machte, so daß ich nicht die mindeste Klage über sie hatte, deren guten Eigenschaften ich vollkommen Gerechtigkeit widerfahren ließ, und ihr die größten Beweise an Liebe und Achtung gegeben habe, meine Aufforderung zur Rückkehr und völligen Aussöhnung ganz verwerfen, und die zweite Alternative einer Trennung vorziehen würde. So tief es mich schmerzt, hierin eine völlige Umwandlung ihrer früheren Gesinnungen und ihrer ganzen ehemaligen Art zu denken und zu fühlen, einen gänzlichen Mangel an Liebe, an Achtung, an Vertrauen gegen mich ganz deutlich zu erblicken, ja einen Karakter der Unversöhnlichkeit, der sonst, dem zarten, fein und weich fühlenden weiblichen Herzen so wenig eigen ist, und dem moralisch-christlichen so schnurstracks entgegen läuft; so sehe ich doch nun klar und überzeugend die Unmöglichkeit ein, bei diesen Gesinnungen unser wechselseitiges Glück, unsere Ruhe, unsere Zufriedenheit bei fernerem Zusammenleben wieder zu begründen. Leider bleibt bei dieser totalen Sinnesänderung meiner Frau nichts übrig, als die Befolgung des zweiten Plans, den Du, lieber Pückler, die Güte gehabt hast, einzuleiten. Der anliegende Aufsatz von meiner Hand enthält die Punkte und die Stellung, die ich unserer Uebereinkunft zu geben beabsichtige. Die Fürstin wird finden, daß ich fortwährend von der Idee ausgehe, jeden Eclat, jedes Aufsehen sorgfältig zu vermeiden, und ihr alles Wesentliche, was sie verlangt hat, sehr gern zugestehe. So ist die Aussicht einer Wiedervereinigung jederzeit von unserer beiderseitigen Uebereinkunft abhängig, sie ist und bleibt meine Frau; es ist von keiner Scheidung, auch nicht von einer von Tisch und Bett, die ohnehin nach preußischen Gesetzen den Evangelischen untersagt ist, die Rede. Fragt uns jemand, so müssen wir bloß den Entschluß eines temporairen, abgesonderten Aufenthalts nach freier Konvenienz, aus Gesundheits- und anderen zufälligen Ursachen anführen, und die Welt weder mit unseren veränderten Verhältnissen vertraut machen, noch übereinander klagen, vielmehr jene möglichst verschweigen. Auch aus diesem Grunde kann ich mich durchaus nicht damit einverstanden erklären, daß meine Frau sich Potsdam zum Wohnorte wähle, wo sich überdem nur Veranlaßung zu unangenehmen Klatschereien und Zwischenträgereien ergeben würde, oder daß sie jetzt nach Glinike komme, um ihre Sachen abzuholen.] Ich muß Dich also, ohnerachtet Deiner Verwendung, angelegentlich bitten, beides bestimmt abzuwenden. Die Fürstin könnte mir ganz dreist und mit Zuversicht noch das Vertrauen schenken, mir ihre Schlüssel zu schicken, und mir ihre Aufträge zu geben. Sie würde sich gewiß dabei nicht übel stehen. Will sie aber auch das nicht, bin ich ihr so ganz entfremdet, so mag sie jede andere Person wählen. Mit welchem schmerzhaften Gefühl würde sie Glinike betreten und wieder verlassen! Welches nachtheilige Aufsehen würde daraus entstehen!! Mit einem Worte, das geht wirklich nicht. Stelle ihr das doch recht eindringend vor. In der Folge läßt sich vielleicht die Erfüllung ihres Wunsches, nicht aus dem Vaterlande und von ihren Kindern entfernt zu leben, bewerkstelligen; wenigstens gewiß nach meinem Ableben, nur jetzt nicht, wenn wir Aufsehen vermeiden wollen. Aus diesem Grunde habe ich eine Frist von zwei Jahren zur Auswahl ihres Wohnorts bestimmt, und erst nach Ablauf derselben für mich und meine Erben, damit sie auch im Falle meines Todes sicher sei, die Anschaffung eines Hauses versprochen, auch den Zusatz gemacht, daß diese auch nach fernerer Uebereinkunft noch ausgesetzt werden könne. Nach den preußischen Gesetzen muß ein Vertrag zwischen Eheleuten gerichtlich abgeschlossen werden. Ziehe also einen Rechtsgelehrten zu, mein lieber Pückler, und besorge alles mit der Sorgfalt, die Du bisher angewendet hast.

Was Koreff anbetrifft, so will ich ihm gern den gewünschten Urlaub auf ein oder zwei Jahre verschaffen, mit Aufträgen im Dienst des Staats, und Beibehaltung seiner

Stellen. Er komme bei Altenstein, ein und suche wegen
seiner Gesundheit den Urlaub nach, erbiete sich dazu, zum
Besten des Staats Institute zu besuchen, Notizen über nütz=
liche Gegenstände zu sammeln, und bitte um Fortzahlung
seiner ganzen Besoldung, um die Reisekosten desto besser zu
decken. Altenstein wird dann an den König berichten, und ich
werde für die Bewilligung wirken.

Wir waren zwei Tage mit Carolath's in Grimnitz, wo
eine Jagd ist, die gewiß ihres gleichen nicht hat. Carolath
hat sich außerordentlich belustigt.

Komme, sobald es immer möglich ist, gesund wieder zu
uns. Ich umarme Dich von ganzem Herzen.

Hardenberg.

Besonders für Dich allein.

Meinen anliegenden ostensiblen Brief, und die dabei be=
findliche Hauptpiece, welcher ich die von der Fürstin unter=
schriebene, die ich mir wohl aufzuheben bitte, wieder hinzu=
füge, weil Du sie brauchen möchtest, begleite ich mit diesen
besonderen Zeilen. Die Uebereinkunft habe ich mit Rücksicht
auf die Gesetze entworfen, die ich sorgfältig erwog. Von
ganzer Seele danke ich Dir für Deine klugen und wohl=
meinenden Einleitungen in dieser traurigen Sache. Ich kann
Dir meine Dankbarkeit nicht lebhaft genug ausdrücken. Wir
haben gestern Abend eine Stafette an den Oberlandesgerichts=
rath Kaempf geschickt, daß er sich sogleich zu Dir verfüge.
Ziehe ihn zu Rath. Er mag die juristische Form zur Ueber=
einkunft suppliren, sonst aber pünktlich bei dem Inhalt der=
selben bleiben, wenn es irgend möglich ist. Niemand hat
hier etwas erfahren, soll auch nichts erfahren, als Wittgen=
stein, dem aber nicht gesagt ist, daß Du von seinem freilich
nur weiße Salbe enthaltenden Brief keinen Gebrauch gemacht

haft. Kaempf müßte womöglich mit dem Vertrage von der Fürstin gerichtlich vollzogen hier mit herkommen, damit auch ich ihn so vollziehe. Daß Du erst nach Muskau gehst, ehe Du hieherkommst, verbitten wir auf's angelegentlichste und dringend. Eile doch ja, so bald Du fertig bist, hieher zu uns, liebster Pückler, und empfange unseren Dank und unsere Umarmungen, besonders die von Deinem Dich aufrichtig lie=
benden treuen Vater

Hardenberg.

14.
Pückler an Hardenberg.
Teplitz, den 13. Oktober 1821.

Bester, geliebtester Vater,

Meine Frau theilt mir Aeußerungen von Schöll mit, (ich lege das Blatt bei), die mich sehr besorgt machen. Nie hätte ich dies Schöll, den ich in der That, einige Schwätzereien abgerechnet, sehr achte und liebe, zugetraut, aber was thut beleidigte Eitelkeit nicht! Ein einziger Brief von Berlin an die Fürstin, der ähnliche Ansichten enthielte, würde augen=
blicklich mein ganzes, wahrlich mühsam errichtetes Gebäude über den Haufen stoßen. Ich habe es daher für gut ge=
halten, an Schöll etwas Beruhigendes zu schreiben, von dem ich Abschrift beilege, und es nun ganz Deinem Ermessen überlasse, ob Du es für passend hältst, den Brief abzugeben oder nicht.

Als ich Deine Stafette heute früh erhielt, saß ich gerade im Bade. Mein Kammerdiener, der mir das Packet geben wollte, glitschte aus, und fiel mit sammt demselben zu mir in's Wasser. Hoffentlich ist dies keine unangenehme Vor=
bedeutung! Sehr leid thut es mir, daß Kaempf, der ganz der Mann ist, welchen wir brauchen, nicht gleich hier war, und früher alles bestimmt abgeschlossen werden konnte, denn

ich verberge Dir nicht, lieber Vater, daß jede Zögerung recht gefährlich ist, und der kleinste Umstand, eine so heftige Frau wie die Fürstin ist, total umstimmen mag. Sie hat sich in den acht Tagen, die seit meinem letzten Briefe vergangen sind, so sehr in die Idee von Potsdam wider all mein Bemühen hineingedacht, und glaubt damit so viel gethan zu haben, da man ihr früher selbst den Aufenthalt in Glinike schon be= willigt hatte, daß ich in keiner kleinen Verlegenheit bin, ihr Deine jetzige Willensmeinung vorzutragen. Sie ist noch ausgegangen mit Koreff, und ich benutze dies, um Dir, liebster Vater, recht herzlich für die Güte und Freundschaft zu danken, die Du mir so vielfach und liebreich zeigst, und die einen so unschätzbaren Werth für mich hat. Wäre es mir doch nur möglich, sie mehr als durch guten Willen zu verdienen, und mir in allem Deine so ehrenvolle und wohlthuende Zufriedenheit zu erwerben!

Mit Schmerzen erwarte ich den Herrn Kaempf, denn wie gesagt, je schneller jetzt alles abgethan wird, desto heilsamer ist es. Leider habe ich auch einen Boten von Muskau be= kommen, wo in einer dringenden und unangenehmen An= gelegenheit meine Gegenwart nöthig ist. Indessen muß sich dies nun machen, wie Gott will, denn meinen Posten hier darf ich keine Stunde verlassen, um im Fall etwas Nach= theiliges vorfällt, gleich entgegentreten zu können.

Abends.

Nach reiflicher Ueberlegung halte ich es für zweck= mäßiger, die Fürstin erst besser zu präpariren, und vielleicht sogar Kaempf abzuwarten, ehe ich sie mit dem Inhalt Deines Schreibens bekannt mache. Daß Koreff's Wunsch erfüllt ist, war mir ungemein lieb, und dies wird ohne Zweifel der beste Hebel sein. Auch muß ich aufrichtig gestehen, daß ich ihm bei dieser Angelegenheit viel schuldig bin, und ihn nicht für ganz so schwarz halten kann, als er mir früher vorgekommen ist; und was alle die magnetischen Tollheiten betrifft, so glaube ich beinahe, daß er sich selbst dabei eben so sehr be­trügt als Andere. Ueberhaupt fange ich an, guter Vater, Deinem schönen Beispiel immer mehr zu folgen, und alles mit mehr Milde anzusehen, als früher. Vergieb uns unsere, Schuld, wie wir vergeben unseren Schuldigeren, sagst Du mit Recht in Deinem schönen Briefe an die Fürstin, den ich noch gestern mit Bewunderung wieder durchlas. —

Beiliegender Brief an Wittgenstein enthält nichts von Bedeutung, und ist nur Courtoisie, den an meine gute Lucie bitte ich Dich zu übergeben, und obgleich alle diese Briefe nichts sehr Wichtiges vermelden, so sende ich doch das Packet durch Stafette, um Dich immer au courant meiner Ansicht der Dinge zu wissen.

Gott gebe, daß mein nächster Brief nur Erwünschtes enthalte, und das Drama gänzlich schließen möge! Ich werde dann über Muskau, wohin ich, auf einige Zeit wenigstens, durchaus reisen muß, bald meinen Briefen folgen, um Deine liebe Hand zu küssen, und Dir mündlich zu sagen, was ich freilich mündlich wie schriftlich nie genügend ausdrücken kann, wie sehr ich Dich liebe und hoch verehre.

Dein treuer Sohn H. Pückler.

15.

Pückler an Hardenberg.

Teplitz, den 15. Oktober 1821.

Geliebtester Vater,

Unendlich freut es mich Dir sagen zu können, daß nun alles ganz nach Deinen Wünschen gemäß beendigt ist, und der Herr Oberlandesgerichtsrath Kaempf Dir die von der Fürstin unterschriebene Urkunde, ganz nach dem Inhalt Deiner eigenen Vorschrift, überbringt. Die nöthigen Zusätze sind der Klug­heit und den juristischen Kenntnissen Herrn Kaempf's zu danken, der alles Nöthige sorgsam bedacht und mit mir überlegt hat.

Es wurde nämlich für zweckmäßig erachtet

1) die Fürstin dadurch an die Haltung ihres Versprechens zu binden, daß man in ausdrücklichen Worten festsetze, wie dieselbe, wenn sie sich gegen Deinen Willen nach Berlin begebe, aller der ihr zugesicherten Vortheile verlustig ginge, weshalb auch das Haus auf Deinen Namen, nicht auf den ihren, gekauft werden, und erst nach Deinem Tode ihr zufallen soll.

2) hielt Herr Kaempf für unerläßlich, daß der Werth des meublirten Hauses bestimmt würde, da sonst die Fürstin leicht dem Ausdruck: standesmäßig eingerichteten Hause eine sehr weite Ausdehnung geben, und neue Weitläufigkeiten verursachen könne. Die festgesetzte Summe von 20,000 Thaler war die geringste, zu der sich die Fürstin verstehen wollte, und scheint uns beiden auch nicht übertrieben.

3) mußte erwähnt werden, daß unter den abzuholenden Sachen nur die Garderobe und eigenthümliche Gegenstände, nicht aber Meubles u. s. w. verstanden sein können.

Dies abgerechnet, sind so viel als möglich Deine eigenen Worte beibehalten worden.

Koreff hat auch noch einige Anliegen, die er wieder in die Form eines Briefes an mich eingekleidet hat, welchen ich deshalb beilege. Er wird mit Deiner Genehmigung, die er sich, wie Du siehst, ausbittet, die Fürstin in Dresden etabliren helfen, wo sie vor der Hand bleiben will. Hie und da wird zwar zuweilen noch lamentirt, mais au fond il me semble que tout le monde est content et doit l'être.

Da nothwendige Geschäfte mich nach Muskau rufen, so reise ich heute Nacht dahin ab, und sende Dir Herrn Kaempf ohne Zeitverlust mit dem glücklichen Finale jener widerwärtigen Angelegenheit zu, die nun Gottlob Deine Ruhe und Heiterkeit nicht mehr trüben wird.

Du kannst denken, bester Vater, wie glücklich ich mich schätze, auch ein Scherflein zu Deinem Frieden beigetragen zu haben, und wie sehr ich wünschte, mich der Liebe und Güte immer würdiger machen zu können, mit der Du so vertrauensvoll überhäuft hast

Deinen treuen und dienstbaren Sohn
H. Pückler.

P. S. Auf Koreff's Bitte ersuche ich Dich, ihn bei Altenstein vertreten zu wollen, daß er einige Tage über seinen Urlaub, der jetzt schon abgelaufen ist, ausbleiben muß. Habe die Gnade mit Abgabe seines Briefes an Altenstein und der Resolution auf die in dem an mich gerichteten Briefe enthaltenen Punkte bis zu meiner Ankunft zu warten, damit ich Dir noch mündlich die nöthige Auskunft geben kann.

Dein treugehorsamster Sohn.

16.
Koreff an Pückler.
Teplitz, den 15. Oktober 1821.

Sie haben, verehrtester Herr Graf, meine erste Bitte mit so viel liebenswürdiger Gefälligkeit aufgenommen, Ihre gütige Fürsprache hat ihren glücklichen Erfolg so herbeigeführt, daß ich es wage, Sie noch fernerhin zu belästigen, indem ich Sie ersuche, dies Werk nun auch zu vollenden, und über jedes Gemüth Ruhe und Frieden auszugießen.

Nach des Fürsten Wunsch und Befehl werde ich mich von Berlin auf einige Zeit entfernen. Den Plan meiner Reise habe ich Ihnen mündlich auseinandergesetzt. Da ich befürchten muß, Seine Durchlaucht damit zu belästigen, so wünsche ich, daß Sie die Güte haben möchten, dem verehrten Fürsten einige Fragmente davon mündlich mitzutheilen. Mein Schreiben an den Herrn Minister von Altenstein liegt

bei. Haben Sie die Gefälligkeit, es Sr. Durchlaucht einzu=
händigen, um darüber zu disponiren, damit ich eiligst fort=
ziehen könne, ehe die Wege gar zu böse werden. Ich über=
lasse es gänzlich der Entscheidung Sr. Durchlaucht, ob dieser
Urlaub ein unbestimmter, oder auf zwei Jahre fixirt werde.
Zwei Jahre würde das geringste Turnier, um die Aufgaben,
die ich mir selbst stelle, und von denen ich Sie unterhielt, ge=
nügend für die Wissenschaft lösen zu können. Damit diese Reise
mir aber auch möglich sei, bitte ich Sie inständigst, den
gütigen Fürsten dahin zu disponiren, daß mein Gehalt
im voraus entweder ausbezahlt, oder doch den Herren Mendels=
sohn versichert werde, damit ich einen Kreditbrief erhalte, der
mich sicherstelle. Sie wissen ja selbst aus eigener Erfahrung,
wie unumgänglich nothwendig dies vorzüglich in England ist,
wo ich vorzüglich die gründlichsten Studien über alle Ver=
hältnisse zu machen gedenke. Auch muß ich meine Wohnung,
die Abgaben und das Kostgeld für die Menschen, deren
Existenz von mir abhängt, im voraus deponiren, und alles,
was ich schuldig bin, bezahlen. Zu billig ist dies Anliegen,
als daß ich noch der Worte mehr bedürfte. Auch besitze ich
keinen Reisewagen. Die Ueberschwemmung in Karlsbad hat
meine offene Chaise völlig ruinirt, so daß ich sie kaum bis
Berlin gebrauchen kann. Verzeihen Sie nachsichtsvoll, daß
ich Sie mit diesem prosaischen Flickwerk des Lebens lang=
weilen muß.

Haben Sie ferner die Güte, den Fürsten zu bitten, daß
er die Gnade haben möge, in meinen Urlaub die Ihnen
bereits schon mitgetheilten Worte einsetzen zu lassen: daß ich
während meiner Abwesenheit in allen meinen Rechten, Stellen
und Vortheil unverletzt bleiben möge. Les absents ont si
souvent tort. Auch wünsche ich, daß meines Anspruches auf
ein Klinikum, welches Se. Majestät in seiner Kabinetsordre
bei Ernennung zur Professur zugesagt, darin ausdrücklich
Erwähnung geschehe, damit, wenn ein solches während

meiner Abwesenheit vacant würde, man mich nicht übergehe, sondern mich davon benachrichtige und zurückrufe. Ich werde alle Kliniken auch besuchen, und genau die Eigenthümlichkeit der Behandlungsarten in den Ländern, die ich bereisen werde, auffassen und schriftlich aufzeichnen. Schon in Engers hatten Se. Durchlaucht die Gnade, mir die Direktion und Klinik der Charité anzubieten, da Horn sie verließ. Ich schlug sie damals aus, da der Fürst äußerte, daß er mich ungern verlieren würde aus seiner Nähe, sein Wunsch aber stets für mich ein heiliges und gern und mit Liebe befolgtes Gesetz war, und es stets sein wird — woran wahrlich der Fürst nicht zweifeln kann. In dieser Zeit habe ich etwas wohl zugelernt, und die Charité muß ja doch endlich organisirt werden. So kann sie doch nicht bleiben! Da wäre ein Wirkungskreis, für den ich geboren bin, für den zwanzigjährige Studien mich sattsam vorbereitet haben, und auf welchen ich durch die Kabinetsordre Sr. Majestät, durch zwei Reskripte des Fürsten Staatskanzlers, und durch seinen mündlichen Antrag doch einen kleinen Anspruch zu haben glauben darf, ohne unbescheiden zu sein. Dabei erkläre ich abermals ausdrücklich, daß ich für Verwaltung der Stelle als technischer Lehrer keinen Pfennig Gehaltszulage je verlangen will. Darum bitte ich auch, daß in meinem Urlaub dies Verhältniß so erwähnt werde, damit man mich nicht für meine Abwesenheit strafe, und diese Stelle einem Anderen übertrage. Man hat ja dem Geheimerath Rust, welcher nur auf meine Vorstellung in Wien engagirt wurde, in jedem Stücke Wort gehalten — auch mir wird so geschehen!

Ferner bitte ich, daß nicht bloß von Seiten des Ministeriums der Erziehungs- und Medizinalangelegenheiten, sondern auch von denen des Innern und des Handels und Gewerbe, Aufträge und Fragen mir mitgegeben werden, damit ich dem Vaterlande in jeder Beziehung nützlich sein könne. Nur der Befehl des Fürsten Staatskanzlers kann dieses auf eine gute Art herbeiführen, damit es keine leere Formel und eine Frage in's Blaue hinein sei.

Bereiten Sie mir auch durch Ihre gütige Fürsprache einen offenen Brief an einen preußischen Gesandten und Konsul, damit ich in meinen Untersuchungen, besonders im mittelländischen Meer, auf's triftigste unterstützt werde.

Dies wären meine Bitten, die ich Ihnen an's Herz lege. Niemand als Sie will für den verkannten, zurückgestoßenen, armen Verläumdeten sprechen. Sie erwerben sich ein heiliges Recht auf die Lebensfrüchte, die ich auf meiner Pilgerfahrt brechen werde. Mögen sie Ihnen zur Freude und zum Nutzen einst dargeboten werden. Nicht ohne Nutzen hoffe ich zu wandern. Ich habe wenigstens gelernt, wohin man sehen müsse, um das Triebrad und die Unruh der großen Weltenuhr in ihrem Gange und Schwung zu beobachten. Ich bin reif genug, um den lebendigen Keim von der versteinerten Hülle zu unterscheiden, und wenn man auf diesem Standpunkt steht, etwas Gefühl, einige Kenntnisse besitzt, menschlich gefehlt und menschlich gelitten hat, dann hat man Sinn für die Protheuszustände, in welchen die Psyche der Menschheit stets wandelt, sich bald verpuppt, und bald als freier Schmetterling aus der Verlarvung hervorbricht, dann wird man sich und seiner Zeit durch sinniges Auffassen und Wiedergeben dieser Zustände, die nur auf solcher Wanderung sich darbieten, wahrhaft förderlich und entwickelnd.

Noch eines kleinen Umstandes zu erwähnen sei mir vergönnt. Sie haben mich ersucht, für die Fürstin in Dresden vorbereitend vor ihrer Ankunft mehreres zu besorgen, und einige Tage dort zu bleiben mit ihr — um ihr den Uebergang in einen wildfremden Zustand weniger hart zu machen. Ich thu' es gern. Es ist eine heilige Pflicht, seine Freunde nicht im Momente, wo sie unserer Hülfe bedürfen, zu verlassen. Doch mein Urlaub ist heute beendet: Ich habe nicht geschrieben. Wollen Sie es über sich nehmen, durch Se. Durchlaucht mir bei dem Herrn Minister von Altenstein Entschuldigung auszuwirken, und auch beim Fürsten selbst mich zu vertreten, damit auch dies nicht mißgedeutet werde, und lege mein Schicksal gern in Ihre Hände.

Koreff.

17.
Hardenberg an Pückler.

Berlin, den 18. Oktober 1821.

Ich kann keine Worte finden, Dir meinen lebhaftesten Dank zu schildern, liebster Pückler. Der Oberlandesgerichtsrath Kämpf ist gestern Abend hier angekommen, und heute hat er mir das Instrument vorgelegt. Die Zusätze, welche dazu gemacht worden sind, haben meinen vollkommensten Beifall, und besonders, daß es Dir geglückt ist, diese unangenehme Sache ohne alles Aufsehen und mit so vieler Delicatesse zu beendigen.

Eile nun nur, so viel es Deine Geschäfte irgend erlauben, zu uns zu kommen. Vermuthlich wirst Du uns in Glinike finden. Deine liebe Frau erwartet Dich mit Sehnsucht, und ich theile diese mit ihr, um vieles noch mündlich von Dir zu hören, und Dich meiner Gesinnungen auf's neue zu versichern.

Carolath geht morgen früh nach Carolath zurück. Adelheid bleibt aber noch hier bei uns, da ihr Vater in Hannover ist und hier erwartet wird.

Herr und Frau von Kimsky werden in den nächsten Tagen nach Neu=Brandenburg gehen.

Ich umarme Dich von ganzer Seele.

Hardenberg.

18

Koreff an Pückler.

Dresden, den 20. Oktober 1821.

Was Sie, verehrtester Herr Graf, in Ihrem Briefe mir geäußert haben, ward sogleich von mir der Frau Fürstin mitgetheilt, und ich zweifle nicht, daß sie diesen Wunsch erfüllen werde.

Von meinem **unverbrüchlichen** Stillschweigen können Sie sich in jeder Hinsicht fest überzeugt halten. Nicht eine einzige Silbe soll über diese Angelegenheit meinem Munde entschlüpfen. Doch wozu wird mir dies nützen? Wird die Verläumbung deshalb aufhören, den befleckten Mantel ihrer Schuld auf mich zu werfen? Erinnern Sie sich doch je des schrecklichen Wortes aus dem Mariage de Figaro: „La médisance, la médisance! Quelque chose en reste toujours"! Sie werden es an diesem Beispiel wieder sehen. Ich werde keine Silbe sprechen — und dennoch wird man mir alles aufbürden. Denn wann sind wohl Schurken im Bösesthun je ermüdet? Nehmen Sie sich dann meiner an, seien Sie edel und gut und hülfreich wie der Mensch sein soll, das Ebenbild Gottes, dringen Sie auf den Grund, lassen Sie mich nicht **meuchlings** morden, lassen Sie Zeugen abhören, und Sie werden zur Ehre der Menschheit sehen, daß ich stets gerechtfertigt aus jeder bösen Anklage hervorgehen werde. Im Gefühle meiner Unschuld rufe ich den richtenden alles durchschauenden Gott an, der gewiß noch einst seinen aufhellenden Lichtstrahl in dieses Molchnest hinabsenken wird — er möge sich meiner im Kampf der Todesstunde nicht erbarmen — ein furchtbarer Schwur! — wenn ich nicht auf die abscheulichste, empörendste und absichtlichste Art beim Fürsten verläumbet worden bin. Mit **jeder Waffe** bin ich bereit, meine Unschuld darzuthun. Es wird eine Zeit kommen, wo der Kanzler dies einsehen wird — hier oder dort — und dann

wird sein Herz vor Wehmuth bluten, daß er eine edle, ihm
ergebene, ihn liebende Natur dem Abschaum der Menschheit
Preis gegeben hat. Dann wird es für uns Alle zu spät
sein. In Ihr edles Herz lege ich den Schwur meiner Un=
schuld nieder, um alles Menschliche doch wenigstens versucht
zu haben. Lassen Sie mich nicht meuchlings morden! Denken
Sie an den Wechsel alles Menschlichen, und achten Sie den
Weheruf des Unschuldigen, des Unterdrückten nicht gering!
Es ist ein heiliger Schrei, dem sich die Himmel öffnen.
Verschließen Sie mir nicht Ihr Herz. Ich habe nur Gutes
gewollt, nur Gutes gethan, und der Mann, den ich wie ein
Sohn anbetete, für dessen Erhaltung ich keine weltkluge Rück=
sicht, die meinem Verstande sich nie verhehlte, befreite,
stößt mich fort, um mich dem ekeln Ungeziefer des Abgrundes
zum Fraß hinzugeben. Gott ist mein Zeuge, daß ich ein
anderes Loos verdient habe! Ich will nicht murren, denn
Gott, wenn er den Unschuldigen hart trifft, prüft nur. Ich
denke an Hiob, und lobe doch den Herrn! Doch — für diese
Erde ist es sehr hart. Im Geisterreich wird anders ge=
messen. Darum bei jener Gemeinschaft, bei jener unsicht=
baren Kirche, welche alle reinen Geister zusammenknüpft, be=
schwöre und bitte ich Sie — um Gerechtigkeit. Am eignen
Beispiel sehen Sie wie frech die Verläumdung handelt.
Derselbe Schrot, welcher sagen konnte, daß Humboldt mich
gedungen. . . .

(Das Uebrige fehlt.)

19.
Koreff an Pückler.
Dresden, den 29. Oktober 1821.

Mein hochverehrter Gönner und Freund,

Sie glaubten mich gewiß schon unterwegs, da kein Gruß
an mich in Ihren Zeilen an die Fürstin enthalten ist, was

mich, ich gestehe es aufrichtig, beunruhigt und betrübt hat. Donnerstag Abend hoffe ich in Berlin zu sein. Ist es Ihnen möglich, guter, edler, Freund, so sorgen Sie doch ja, daß bis dahin alle meine Ausfertigungen vollendet sein mögen, damit ich wieder frei von den drückenden Sorgen sein kann, die leider dunkle Nacht in die Lichtdämmerung hineinwerfen, welche aus trüben Leiden in meinem Innern geboren, nie einen künftigen hellen Sonnenaufgang verspricht. Die Magie des neuen Leidens ist wunderbar in ihren Wirkungen auf das Gemüth, besonders, wenn man den Muth hat, den Blick in das Innere zu kehren, und über das Zerreißende des Schmerzes nicht die Liebe zu verlieren und die Selbstaufopferung nicht zu scheuen. Aus dem Guten entspringt eine reiche Ernte von Gutem. Selbst sichtbar schon hier auf dieser Erde gestaltet sich das Gold gediegen, sobald eine heilige Gluth das nächtliche Element schmilzt.

Sie verstehen mich. Ihr heller Geist und Ihr edles Herz sind die Dolmetscher meiner dunkeln Worte. Mein Herz ist tief verwundet von dem Schmerz, der die arme Fürstin umnachtet, und wo noch kein Strahl des Trostes durchbrechen will. Sie baut auf ihren edlen Sinn, daß Sie in großer gerechter Art die Sündfluth der Verläumdung nicht werden über ihr unschuldiges Haupt zusammenbrechen lassen. Ich bestärke sie darin — denn ich glaube an Sie. Das Heiligste, was der Mensch hat, das ist die Wahrheit, die darf er nicht verrathen, ohne sich loszusagen von der Wiedervereinigung mit Gott, wohin wir streben sollen. Ich habe in dieser kummervollen Zeit viel nachgedacht über den Ursprung des Bösen, und durch die Nacht des Schmerzes sind viele Sterne, wenn auch oft nur Nebelsterne, dämmernd durchgebrochen. Auch Ihre Stirn wird gewiß das Licht berühren, das mein zitterndes Herz erquickt hat. Nicht vergebens haben wir uns getroffen. Geben Sie mir die hülfreiche Hand, damit ich aus der Region des Schlammes

wieder mich emporarbeite, die Höhe gewinnen und wie ein Zhasi oder ein alter Parse auf freier Bergesspitze den Altar bauen und Gott anbeten könne. Leben Sie wohl. Werden Sie meiner nicht müde. Sprechen Sie mit Rust, führen Sie ihm sein Unrecht gegen mich zu Gemüth, er ist ein Maurer, ich bin sein Freund, ihm stets treu, und er verräth mich nur äußeren Flitterglanzes willen!!
Ihr
Koreff.

20.
Koreff an Pückler.
Sonnabend, des Morgens.

Mein hochverehrter Gönner und Freund,

Gestern Abend bin ich angekommen. Meine Seele, von steter Unruhe gefoltert, dürstet Sie zu sehen, und etwas Bestimmtes über mein dunkles Schicksal zu erfahren. Nichts ist quälender als diese Ungewißheit. Ich fühle, daß ich nur wenig Jahre noch zu leben habe, und diese Jahre muß ich unter Thränen und Schmerzen gelähmt verbringen, und — doch habe ich nie, so lange ich gelebt, eine lebende Seele wissentlich gekränkt. Ein solches Gefühl ist eine Gluth, wo sich ächtes Gold bewährt, wo aber die irdische Schlacke bis auf die Knochen verbrannt wird. Die Umstände verbieten es, daß ich zu Ihnen komme, wie ich sollte. Gönnen Sie mir also Ihren Besuch, und lassen Sie mir die Stunde wissen, damit ich Sie nicht verfehle, und endlich von dieser Folter der Ungewißheit erlöst werde, auf der ich schon so lange schmachte, und wo ein freundliches Wort von Ihnen eine Palmenhaucherquickung zugewehet hätte. Doch ich will nicht murren. Kann denn der Glückliche, der im Sonnenschein zwischen Blumen wandelt, die Empfindungen dessen kennen, der am harten Felsen seines Schicksals angeschmiedet, das

Herz von dem Geier des Grams zernagt, sein Auge einem einzelnen spärlichen Lichtstrahl von oben entgegenwendet.

Die Inlagen habe ich hier vorgefunden. Es sind Unglückliche, die um Gnade flehen. Lassen Sie sie in die Hände des Fürsten kommen, ohne zu sagen, daß sie durch mich kommen. Leidenden muß man selbst durch eine Ideenassoziation nicht schaden. Res sacra miser.

―――

20.
Fürstin Charlotte von Hardenberg an Pückler.
Dresden, den 1. November 1821.

Für alle Theilnahme, für alle Mühe, welche Sie die Güte hatten, zu übernehmen, meinen innigsten Dank! In der trüben Zeit der Leiden sind Sie mir ein Gesandter des Trostes geworden, die Vorsehung meint es wohl gut mit mir, denn ein edler Freund in der Noth ist ein Geschenk des Himmels, ist Trost von oben herab. Erhalten Sie mir Ihre gute Gesinnung, ich weiß sie zu würdigen und verdiene sie gewiß.

Ihren Brief erhalten Sie zu Ihrer Beruhigung zurück. —

Der edle Freund Koreff ist nicht von mir gewichen, bis ich ein sicheres Obdach hatte, nun bin ich fremd hier und ganz allein. — Dankbar denke ich an Sie, lieber Graf, und an den schon so oft in der Noth geprüften Freund Koreff. Noch einmal wiederhole ich meine Bitte, stehen Sie schützend dem Manne zur Seite, der mit so edler Hingebung Helfer in der Noth und der Lebenserhalter Ihres Schwiegervaters war; die Familie möge das nie vergessen, und wird ihm auch kein Lohn durch Erkenntlichkeit — was nach meinem Gefühle doch sein müßte, so schützen Sie ihn gegen die bitteren Härten des doch so unedlen Undanks. Lernen Sie den armen Dulder näher kennen, so werden Sie meine Theilnahme an seinem herben ganz unverdienten Schicksal billigen.

Noch lacht mir kein freundlicher Himmel, ich arme verbannte, schutzlose Waise, sah mich noch nie so allein, nie so aller Freuden des Lebens beraubt als jetzt. Kein lichter Strahl belebt mich, leblos lebe ich nur. Entschuldigen Sie das kranke, so schwer verwundete Herz, das sich durch Klagen Linderung schaffen will; vielleicht führt die Zeit Trost herbei; ich muß ausharren in der schweren Prüfung.

Leben Sie recht glücklich! Möchte ich vergelten können Ihre edle Theilnahme und Sorgfalt, dann würden Sie sich überzeugen wie sehr ich bin.

Ihre

dankbare Freundin
Charlotte, Fürstin von Hardenberg.

(Pückler schrieb hiezu die Bemerkung: „Ein Brief der geschiedenen Fürstin an mich vom 1. November, qui prouve que tout le monde était content de mes services.")

Die Fürstin Charlotte von Hardenberg, geborene Langenthal, starb später zu Liegnitz, den 29. April 1854, im 82. Jahre.

22.
Koreff an Pückler.

Berlin, den 4. November 1821.

Mein werthester Herr Graf,

Sie haben mich in Teplitz verwöhnt, mit Ihnen offen zu sein. Eine Gewöhnung oder vielleicht auch Verwöhnung, der man nicht so leicht entsagt. In Berlin mache ich noch einmal Gebrauch davon, weil immer das Herz mich dazu drängt, und das innerste Herz ist Gottes Stimme, was auch die Weltklugheit dazu sagen mag, welche alles für einen stereotypen Maskenball hält, wo man nie die Maske herabreißen darf, und wo nur die Außenseite zählt. —

Sie sind verändert gegen mich.. Schmerzlich habe ich es gestern bemerkt. Sagen Sie nichts dagegen — mich trügt die innere Stimme nicht — ich habe sie deutlich sprechen gelehrt, indem ich ihr nie mein Ohr versagte. Der warme, wallende Lebenshauch, der von der Sonne der Wahrheit und Liebe geweckt, Sie umfloß, hat von dem Medusenhaupt des Hasses und der Verläumdung angeblickt, sich in starre, spitze Eiskrystalle, die gegen mich sich wenden, versteint. Sie werden so nicht bleiben. Mein Glauben an die Wahrheit steht nicht auf so schwachen Füßen, um mich in Zweifel an ihre Allgewalt zu versenken. Auch diese Eiskrystalle werden schmelzen — die Sonne wird auch aufgehen, die dies vermag — und als weiche Thränen der Liebe werden sie einst auf die Stirn des verkannten Freundes hinabquellen.

Wenn ich Sie nicht so innig liebte, nicht in der geistigen Sphäre so hoch stellte, so würde ich dies alles nicht sagen. Sie haben mir erlaubt, mich als Ihren Freund zu denken, und mich zu betragen. Es steht natürlich bei Ihnen, mir dies heilige Recht wieder zu nehmen. Sie entziehen es mir so bald Sie, wie gestern, Zweifel in die Lauterkeit meiner Gesinnung und in die Wahrhaftigkeit meiner Worte setzen. Verzeihen Sie es mir also, wenn ich von den verhaßten Gegenständen nun nie und nimmermehr spreche. Alle Quellen der Wahrheit, die in meiner Brust strömen, habe ich Ihnen aufgeschlossen. Wenn Sie verschmähen, daraus zu schöpfen, und lieber das unreine Wasser der Pfütze vorziehen, so sei es nur, um das Bessere, das Höhere nicht zu profaniren, daß die Quellen in den Schooß, der sie trug, zurückkehren. Ich verdiene, daß man mir glaubt — denn ich habe nie gelogen, und habe, so viel Fehler ich auch begangen, nie vergessen, daß es einen allschauenden Gott giebt, und daß der Mensch ihm ähnlich werden soll. Dies Wort ist keine leichte Spreu, welches der Wind des Tages verweht. Es ist ein Keim, aus welchem sich ein Baum entfaltet, der seine Blüthenkrone in dem reinsten Aether badet, und dessen Wurzeln in dem Urfels der Ewigkeit vor Anker liegen. — Eine kleine Bemerkung sei mir erlaubt über den Brief, den Sie gestern citirten. Ich will gar nicht sagen, daß es der Art der Fürstin ganz fremd ist, solche Gemeinheit zu dulden, so frage ich nur, wie kommt dieser angebliche Brief an die Fürstin in die Hände der H. Sie hat ihn also abgeschrieben? Seit wann schreiben Frauen sich die Briefe ab wie Staatsexpeditionen? Leichter löst sich wohl das Räthsel auf, daß er jetzt ist fabrizirt worden. Es thut recht weh, daß ein Kopf, wie Sie, solch plumpe List glauben kann. Die Wahrheit ist so einfach, daß schon an der Einfachheit sie zu erkennen wäre, wenn andere Karaktere fehlten. Ich werde Ihnen Briefe von ihr, die ich zufällig aufbewahrt habe, zeigen — und mögen Sie selbst dann beurtheilen, ob dies die Gesinnung war, die in dieser Korrespondenz herrschte. Selbst mögen Sie dann richten, und wenn Sie dann noch nicht überzeugt sind — dann haben Sie Ihre Gründe, um nicht sehen zu wollen wo ich mich auch dann gern bescheiden, und nichts mehr sagen will

Nun noch eine Bitte. Möchte es doch die letzte sein können. Erlösen Sie mich doch von dieser Folter der Un= gewißheit. Donnerstag gehen Sie fort — dann bin ich ganz verlassen

Sie haben sich in Teplitz meiner so freundlich ange= nommen. Werden Sie doch ja nicht müde, es zu vollenden. Sie verschwenden Ihr Wohlwollen keinem Unwürdigen. Ihr Herz war wie eine weiche Blumenflur. Ich ruhte sicher an ihm. Lassen Sie es nicht unter meinem sicher schlummernden Haupt zur Eisscholle verwandeln, daß sich der leise Schlaf nicht in dem schweren Tod wandle! Da Sie meine Briefe nicht den Fürsten gezeigt haben, so bitte ich Sie, jedoch mit Beibehaltung meiner eigenen Worte, einen kleinen Auszug daraus zu machen, um die nothwendigen Bedingungen, die ich an meinen Urlaub geknüpft wünsche, hineinflechten zu lassen. Es geschieht ja sonst nicht. Mündlich geht so etwas durchaus nicht. Ich habe mich so ganz verlassen auf Sie, auf Ihre freundliche Vermittlung. Verlassen Sie mich nicht. Verwandeln Sie diesen einzigen Tropfen nicht auch in Wermuth und Galle.

Es ist eine so schöne Rolle, sich des Verlassenen, des Verfolgten anzunehmen — sie hat so viel Belohnendes — ich kenne sie aus Erfahrung — daß ich Sie darum beneide. Ich beschwöre Sie, laßen Sie sich die kleine Mühe nicht verdrießen — sie soll Ihnen geistig herrliche Früchte tragen. Der Köcher meiner Worte ist geleert — wenn die Pfeile der Wahrheit und der rührenden Bitten am Eis des Herzens abgleiten, so muß ich auf immer schweigen.

23.
Pückler an Koreff.

Da ich wieder nicht so glücklich war, Sie zu finden, so annoncire ich mich bestimmt zu heut Abend um 8 Uhr, und bitte im Fall Sie nicht zu Hause sein können, mich davon gefälligst avertiren zu lassen.

H. Pückler.

24.
Koreff an Pückler.

Zwei Don Juans machen heute auf mich Anspruch. Ein bloß sinnlicher, roher, doch durch den Zauber der Musik aus der tiefen Region emporgehoben, und ein Anderer, höchst liebenswürdiger, tief und fein gebildeter, der sich nicht von dem Fittig der Töne braucht emportragen zu lassen, der oben wohnt, stets oben in den Feuerregionen wohnen sollte, und der nur, weil denn die Luft auch zur Erde gehört, selbst vielleicht nur eine freigegebene vom Licht entzauberte ist, aber dennoch irdisch bleibt, wie der Adler aus der Sonnenhöhe herabschießt, um einen Hasen zu fangen und zu verzehren. Schicksal der Menschheit! Es sei mir darum vergönnt, erst, um den Kontrast zu genießen, den rohen Block des Don Juan zu sehen, ehe ich zum gelungenen Organon des Polyklets herantrete. Ich will sogleich nach Don Juans Höllenfahrt nach Hause eilen, und Sie erwarten. Es ist mir etwas Zerstreuung nöthig. Ich habe so anhaltend gearbeitet, daß ich wüthendes Kopfweh habe. Sollte dies Ihnen aber, mein guter Graf, unangenehm sein, so bleibe ich lieber zu Hause. Sie sind so gut — ich bin tief beschämt.

Strömte nicht in meiner Brust ein Quell von Dankbarkeit, der nie versiegt ist, den keine Oase der Gesellschaft abgedämmt, kein Triebsand verschluckt hat, so wagte ich kaum so viel Güte anzunehmen, doch so lebt etwas in mir, das Liebe zu vergelten versteht, und dies giebt mir Muth.

Ihr dankbarer

Koreff.

Lassen Sie mir mündlich Antwort geben — doch denken Sie an die Dummheit derjenigen, welche das Wort der Meister auf die Erde bringen.

25.
Koreff an Pückler.
Den 27. November 1821.

Sie haben doch die Güte gehabt, werthester Herr Graf, das Mißverständniß zu lösen: als wenn ich die Direktion der Charité haben wollte. Das ist mir nicht im Entferntesten eingefallen. Ich verlange nur ein Clinicum, und habe deswegen die Reklamation mit der Königl. Kabinetsordre Sr. Durchlaucht eingereicht, weil das Clinicum der Universität, welches einst vortrefflich sich für mich eignen würde, an den Geh. Rath Horn versprochen worden ist, wogegen ich reklamire, und mein Recht auf ein vacant werdendes Clinicum älter ist, und ich mich daher zur rechten Zeit verwahren muß. Beurtheilen Sie selbst den Fall: was hilft mir eine Anwartschaft, wenn die Möglichkeit, die Sache, worauf sie gegeben ward, zu erlangen im voraus vernichtet wird. Ich lege noch andere Papiere bei, die ich Sie inständigst bitte, Sr. Durchlaucht zu zeigen, damit Sie Beide sich überzeugen können, wie wohlgegründet mein Recht, ist, und wie mein Anspruch darauf fortwährend vom Fürsten selbst bestätigt worden ist, wie dies aus diesen Papieren erhellt. Sechs Jahre habe ich bereits gewartet, und will nun noch zwei Jahre warten.

Ich bitte um diese Bestimmung nicht aus Eigensinn, sondern weil mein Studienplan auf dieser Reise eine eigene Richtung nehmen muß, je nachdem es der Wille des Fürsten ist, welche Laufbahn ich fortan beschreiten soll. Ich bin zu alt, um wieder nach dieser Reise zu wechseln. Auch kann man ja nicht alles mit gleicher Gründlichkeit umfassen, und muß, nachdem man in allen Wissenschaften und Diszipllinen herumgeblickt, auf einen Punkt alle Strahlen der Intelligenz konzentriren, um dort zu zünden. Ich fühle mich nun zum Lehrer für dies Fach geboren, ich habe zwanzig Jahre mich darin umgesehen, und es wäre wirklich Schade, wenn man mich verstieße. Es wäre auch unrechtlich, denn es war in Paris die Grundbedingung meines Dienstes, da ich die entschiedenste Abneigung, mein Leben auf den Straßen, im Wagen und mit Schnupfenpraxis zu verlieren, und meinen Wunsch, die Wissenschaft zu fördern, den Fürsten offen darlegte, und darauf sein Wort erhielt, in dieser Art gefördert zu werden. Ich konnte ja Frank's Stelle in Rußland, und die Clinik in Paris bekommen — doch ich vertraute fest auf das mir gegebene mündliche und schriftliche Wort, und zweifle auch jetzt nicht daran. Sollte man nicht glauben, daß ich in ein Freudenhaus wollte?

In's Hospital strebt nur mein Wunsch, wo frühzeitiger Tod und ansteckende Krankheiten die Walkyren sind. Will man aber nicht, so bitte ich es mir lieber offen zu sagen, so werde ich mein Bestreben auf etwas anderes richten. Ich habe Gottlob nicht so blutwenig gelernt, daß mein geistiges Heil daran geknüpft wäre. Inständigst bitte ich Sie nur, mir ja diese Papiere nicht verlieren zu lassen. Das Versiegelte bitte ich dem Fürsten zu geben. Vielleicht findet er darin eine Veranlassung, mir die Reise im Inlande zu gewähren. Verzeihen Sie, daß ich Ihre Güte so hart auf die Probe setze.

Ihr

Koreff.

26.

Koreff an Pückler.

Wie gütig sind Sie meiner zu gedenken, wie unglücklich aber ich, Sie verfehlt zu haben! Möchten Sie doch nur so gütig sein, und mich es wissen lassen, wenn Sie mir das Glück Ihrer Gegenwart schenken wollen, denn ich wäre untröstlich, wenn dies mir wieder begegnete. Ich stecke jetzt bis an die Ohren in Arbeiten, theils für meine beiden Opera, theils mit Einpacken und mit litterarischen Vorbereitungen zu meiner Reise. Dabei war ich noch unwohl, und schlafe keine Nacht. Ich bitte auch noch um Verzeihung, daß ich Sie letzthin durch meine Freude Sie wiederzusehen, vielleicht in Verlegenheit setzte. Es war recht taktlos von mir — soll mir gewiß nicht wieder begegnen! Ich habe heute dem Fürsten geschrieben. Unterstützen Sie mit gewohnter Güte meine drei Bitten. Erschrecken Sie ja nicht — sie sind sehr bescheiden -- sie bestehen darin: daß man mir meinen Ge=

halt, der vom Fürsten ausgezahlt wird, als Vorschuß im voraus gebe, oder bei Mendelssohn anweise — sonst kann ich keinen Kreditbrief erhalten — zweitens, daß man mir erlaubt, mich im Ausland Staatsrath zu nennen wie Langermann, Uhden ꝛc. Selbst nach unserer Rangordnung wiegt dies kein Karat mehr als Geheimer Oberregierungs=Rath und spart Athem und Philosophie. Das dritte ist mir doch Autorisation zu geben, am Ende meiner Reisen auch das Inland zu durchwandern. Sonst nützen mir die im Auslande erworbenen Kenntnisse nichts, wenn ich nicht das Material kenne, auf welches man sie anwenden muß und kann. Im Inlande aber muß man mir auch Diäten bewilligen, denn da kann ich mich nicht wie ein Lump geriren, und da muß ich auch jedes Städtchen und jedes Dorf bereisen, um jeden Physikus und jeden Narren (ich meine die mit Gewerbescheinen berechtigten) zu sehen.

Entschuldigen Sie mich ja beim Fürsten, daß ich ihm das dicke inkomplete Buch von Humboldt auf den Hals geschickt habe. Ich konnte mir nicht anders helfen. Dieser Pudding, dieser Kaldaunensack, dieses Talg= (aber nicht Licht) Magazin, dieses Fett=Museum, diese Pasteten=Mosaik, dies Nudel=Geröll, diese Pferde=Rückenbrecher, diese Vorrathskammer der Bereicherung von Fauche Borel Duft=Maschinen, dieser unerschöpfliche Vor= und Hintermund der Fosses d'aisance, dieser Schöll, diese Butterbemme ist so grob, daß sie nicht einmal antwortet, wenn man ihn über seine inkompleten Bücher fragt. Er scheint sich jetzt wohl des Druckens zu schämen, und nur das Drücken zu lieben, und das frühere Verlegen macht ihn jetzt verlegen.

Deswegen mußte ich so unartig sein, und den Fürsten und jetzt auch Sie inkommodiren. Ich wünsche, daß in diesem Sarkophag (Fleischfresser) alle Thiere, die er geschluckt, ihr Auferstehungsfest im Bauche feierten, und alle Pflanzen zum Nabel herauswüchsen.

27.
Koreff an Pückler.

Lange, recht lange habe ich Sie, mein Gönner, nicht gesehen. Solche Entbehrung ist nicht leicht zu tragen. Ich glaubte Sie mit den Abreisenden beschäftigt, und wollte Sie nicht belästigen.

Jetzt aber wird es mir denn doch zu arg und zu lang, und ich muß Ihnen wenigstens sagen, daß das Buschwerk des Dankes für Ihre Güte täglich neue Wurzeln schlägt, und bald wie der Riesenbaum des Aetna seine Zweige weitverbreitend ausstrecken wird. Könnten diese Zweige Ihnen einst Kühlung gegen sengende Strahlen bieten, so wird sich der Geist des Baumes freuen.

Haben Sie einmal eine verlorene Minute, so schenken Sie sie nur

Ihrem

Koreff.

28.
Hardenberg an Pückler.

Glienike, den 24. Januar 1822.

Liebster Pückler,

Ich habe Deine beiden Briefe erhalten. Sie sind neue Beweise Deiner Liebe und des lebhaften Antheils, welchen Du an allem nimmst, was mich betrifft; ich brauche Dir nicht erst zu versichern, wie aufrichtig dies von mir erkannt wird. Die Thatsachen, welche Du mir mittheilst, sind mir nicht neu; ich beobachtete sie schon lange genau, vielfältige Erfahrungen meines stürmischen Geschäftslebens haben mich ganz überzeugend belehrt, daß sie sich — nur unter veränderten Formen — immer wiederholen, und daß die ruhige Uebung des Grundsatzes: Thue Recht und scheue niemand, das bewährteste Mittel dagegen ist. Manches kann ich nicht ändern, unsere bewegte Zeit macht es doppelt unmöglich, gegen vieles kämpfe ich durch alle mir zu Gebot stehenden Mittel an, ohne großes Aufheben davon zu machen. Wieder andere Dinge beurtheilst Du und die, welche mich lieben, mit allzugroßer Besorgniß und irrig. Da ich Hoffnung habe, Dich bald wiederzusehen, so ist's am besten, was ich weiter darüber sagen könnte, einer vertraulichen mündlichen Unterredung vorzubehalten. In Deiner Angelegenheit habe ich noch nicht weiter vorschreiten können, ohne derselben zu schaden. Du wirst mir zutrauen, daß ich die mir genau bekannten sichersten Mittel wählen werde, um zum Zwecke zu gelangen, wenn es irgend möglich ist. Den König habe ich noch nicht wiedergesehen. Die Sache früher in Gang zu bringen, würde wahrlich den Erfolg kompromittiren heißen, zumal da zufällig die bekannte Pappenheim'sche Angelegenheit, die noch immer nicht entschieden ist, ohnerachtet ich mich schon am 7. und sehr nachdrücklich schriftlich dafür verwendete, ein großes Hinderniß in den Weg legt. Es schien mir höchst wichtig, beide Sachen nicht zugleich zu betreiben, am allerwenigsten schriftlich.

Der Beweis, daß ich hierin recht sehe, liegt schon darin, daß ich auf jenes Schriftliche noch gar keine Antwort habe. Ende dieser Woche denke ich nach Berlin zu gehen. Dann werde ich die richtigsten Wege einzuschlagen suchen. Daß ich Deine Sache ganz genau kenne, ist Dir bekannt, und daß ich mit Eifer für Dich handeln werde, bedarf keiner Versicherung.

Mit meiner Gesundheit geht's erträglich, doch bin ich meinen Katarrh nicht los, habe vielmehr einen unangenehmen Rückfall gehabt.

Die liebe Lucie findet hier meine herzliche Empfehlung; ich freue mich sehr, sie bald mit Dir bei mir zu sehen. Ich umarme Dich mit den liebevollsten Gesinnungen.

Hardenberg.

29.

Pückler an Hardenberg.

(Mitte des Jahres 1822.)

Bester Vater,

Ich bin schon seit heut früh unwohl, so daß ich kaum das Reiten vertragen konnte, und bekomme jetzt die Migraine, weshalb ich mich für heute zurückziehen muß. Da ich aber noch etwas anderes auf dem Herzen habe, so schreibe ich Dir, weil ich zum Sprechen zu krank bin.

Ist mein unglücklicher Karakter daran Schuld, oder meine Hypochondrie? — aber mir scheint, als wenn Du seit wir in Hardenberg waren, nicht mehr so herzlich mit mir wärest, als in der letzten Zeit in Berlin. Oft bist Du gegen Andere viel freundlicher, und ich komme mir vor, als wenn ich Dir zuweilen ordentlich lästig wäre, obgleich ich mich gewiß vor Zudringlichkeit nach Möglichkeit hüte. Gestern, als ich mit Dir zu Haus ging, und Dich führte, schicktest Du mich mit Vogel auf eine Art fort, die mir deutlich zeigte, daß Du mich los sein wolltest, und heute früh sowohl als bei Tische warst Du ganz fremd mit mir. Den ganzen Tisch über trankst Du auch nicht eine Gesundheit mit mir, und dann stießest Du mit Vogel auf einmal darauf an: Wer es redlich meint. Da Du sonst immer, wenn wir unter uns sind, und die Kimsky nicht hier ist, die erste Gesundheit mit mir zu trinken pflegtest, bester Vater, so gab mir das schon einen kleinen Stich, da ich aber überdem weiß, welche Feinde ich habe, und wie man schon versucht hat, mich bei Dir zu ver=läumden, so gestehe ich, daß mir bei dem Inhalt der Worte der Gedanke: könnte der Vater bei meinen oft mit den seinigen verschiedenen Meinungen wohl auch gegen mich Argwohn hegen! in dem Augenblick so auf's Herz fiel, daß ich tief dadurch ergriffen wurde. Ich weiß leider, daß Du einmal, wie noch Lucie hier war, zur Kimsky gesagt hast, und Lucie es un=glücklicherweise hörte: Ich traue niemand als Dir. Dieses

Wort hat mich immer gepeinigt, und da meine Stellung bei Dir mich so sehr allen Blicken aussetzt, der Neid wegen Deiner Güte an mir nagt, und mir selbst schon manche Infamie wiedererzählt wurde, die man über mich ausbreitet, so kann die Idee, daß Du mich leicht auch mit alle denen in eine Klasse werfen könntest, mich oft sehr quälen, um so mehr, da ich selbst sehr argwöhnisch bin, und vielleicht an Deiner Stelle es noch mehr sein würde. Ach, bester Vater, verzeih, wenn ich Dich beleidige, oder Dir unerträglich vorkomme, aber auf der zartesten Politur wird auch der leiseste Hauch verdunkelnd sichtbar, und Du mußt mich dulden, wie ich bin, und Lucie mich duldet, der ich schon gar viele querelles allemandes gemacht habe.

Als Hellwig, von dem ich zufällig jetzt wieder durch Kunoffsky eine ganz merkwürdige Geschichte gehört habe, mich und Lucie bei Dir schriftlich als Erbschleicher darstellen wollte, hast Du dies Monate lang behalten, ohne uns ein Wort davon zu sagen — wenn nun eine ähnliche Schlechtigkeit Dir insinuirt würde, kann ich nicht darauf rechnen, daß Du sie mir gleich wieder sagst, sondern mich vielleicht lange durch Kälte quälst, ehe der Augenschein Dich eines Besseren belehrt. Dazu kommt noch hinzu, daß Du mich früher mit so viel Mißtrauen angesehen hast, und von solcher Meinung immer etwas zurückbleibt, kurzum, ich bin ganz unglücklich, je mehr ich mich meinen trüben Gedanken überlasse!

Und doch brauche ich Deine unwandelbare Liebe, Dein unbedingtes Vertrauen um so mehr, da ich, um genau zu erfahren, was man über Dich denkt, was man gegen Dich unternehmen will, oft zweideutige Aeußerungen ruhig mit anhöre, ja wohl selbst um Andere auszuholen, in den meinigen nicht ganz ohne Verstellung bleiben kann. Doch fühle ich, daß ich mit meinem offenen, nur zu fein fühlenden, und zu leicht reizbaren Karakter zu allem Verkehr mit Menschen schlecht passe, und in manchen Stimmungen mir tausend Phan=

tome erschaffe, die bei nüchternem Anblick in nichts verfließen. Wärest Du nur mein wirklicher Vater, und hättest mich er= zogen, dann wäre gewiß alles anders, und ich Dir eine wahre und heilbringende Stütze. So fühl' ich wohl, bin ich nichts als eine Schmarotzerpflanze mehr in Deinem Garten, die weder blüht, noch Früchte trägt. Schneide sie ab, wenn sie Dir nicht taugt, oder gieb ihr neues Leben durch einige tröstende, liebevolle Worte.

Ich schäme mich diesen Brief abzusenden, und doch kann ich nicht anders.

Dein treuer, kranker und thörichter,
aber es redlich meinender Sohn
H. Pückler.

30.
Hardenberg an Pückler.

Den 13. Juni.

Ja wohl, mein lieber, guter — aber mein thörichter Pückler. Dein Brief wenigstens ist es. Ganz auf Luft= gebilde, auf traurige Hirngespinste, auf Ausgeburten einer kranken Phantasie gebaut. Ich versichere Dir, daß alle Deine Besorgnisse ganz grundlos sind, daß alles, was sie erregt hat, bloß kleine Zufälligkeiten sind, die Du zu Schreckbildern umschaffst, daß sich in meinen Gesinnungen durchaus nichts geändert hat, daß ich Dich liebe, Dir vertraue wie vorher. Es ist doch wahrhaftig ein wahres Unglück, daß Du solchen Grillen nur einen Augenblick Gehör giebst. Wie oft habe ich Dich inständig gebeten, diesen Fehler abzulegen, der Dich und die, welche Dich lieben, ganz unnütz quält.

Es ist mir herzlich leid, daß Du krank bist. Möchtest Du doch gut schlafen, und morgen ganz besser, heiter und zutraulich sein. Ich eile Dir diese Zeilen noch zu schicken, und umarme Dich von ganzem Herzen. H.

30.
Frau von Kimsky an Pückler.

So erfreulich mir auch immer des holdesten der Land=
fürsten theure Zeilen nach langem Schweigen waren, denn
schon wähnte Huckfuckuk sich ganz vergessen, so vernichtend
war die Anrede Dämon, beim Erbrechen des Briefes — ich
habe freilich die verbesserte Lesart sogleich angewandt, allein
es liegt doch so eine ganz eigene Täuschung darin.

Der Märtyrer Kimsky legt sich darauf, das Märtyrer=
amt auszuüben, empfiehlt sich zu Gnaden, und gedenkt recht
oft mit mir der so freundlich und gutgesinnten Durchlaucht
Pückler.

Ich komme so eben von Glinike, und gehe nach Neu=
hardenberg; von Verona ist bis dato noch nicht die Rede;
ich habe hier auch noch volle drei Wochen um Feder= und
Serviettenreich zu regieren.

Seien Sie froh, theuerster Fürst, nicht noch einige Tage
länger geblieben zu sein, und unsere Todtenangst getheilt zu
haben. Denken Sie sich des Papas verwahrloster Katharr,
dem er durch die angestrengte Arbeit und anstrengende Re=
präsentationen die Stirn bot, hätte ihn beinah in das Reich
der Todten geführt — aber Gottlob, der furchtbare Er=
stickungsanfall ging, ich darf es wohl sagen, durch meine
Hülfe, vorüber. Es war in der Nacht, und eine Stunde
verging, ehe der gute Rust kommen konnte. Ich war zehnmal
aus dem Zimmer gelaufen, um dies und jenes zu holen;
war ich gerade auf diese Sekunde hinaus, so fand ich ihn
bei meiner Rückkehr. Mögen Sie selbst sich meinen Schreck
und mein Entsetzen malen, und sich sagen, mit welcher bangen
Sorge ich ihn reisen sah. Vor wenig Tagen schrieb er
mir aus Breslau sein höchstes Wohlsein, und seinen Ge=
vatterstand in Carolath; mit peinigender Ungeduld erwarte
ich die erste Nachricht aus Wien, und theile selbige Ihnen
gewiß sogleich mit.

Ich habe meine gute Mutter hier, die mir viel Schönes pour le plus aimable des humains aufträgt. Denken Sie sich meinen Kummer, daß bei der Konsultation der Aerzte sich ergeben hat, daß die arme Frau den Schenkelknochen brach, die Aerzte das Uebel nicht gekannt, und daher der Fuß um zwei Zoll kürzer ist wie der andere, und jede Hülfe fruchtlos.

Wie lebhaft stelle ich mir Sie vor in Ihren Anlagen herumschwebend. Aber staunen Sie, theuerster Fürst, und hören Sie meine Heldenthat: in weniger denn 2½ Stunden bin ich von hier aus nach Glinike geritten. Wenn wir uns wieder vereinigt sehen, soll mein Schrittreiten Sie nicht mehr verdrießen. Welche Hoffnungen für das Schießen!

Wenn die Frau Fürstin, Ihre Gemahlin, wieder anwesend in Muskau ist, so ersuche ich Sie, ihr Namens meines und meines Mannes unsere Ergebenheit zu bezeigen.

Ach, ich darf nicht enden, ohne Ihnen gesagt zu haben, daß der Kronprinz über zwei volle Stunden beim Fürsten war, weil des Fürsten Krankheit ihn hinderte, zu ihm zu gehen, und daß beide Theile sehr befriedigt und erfreut von dieser Entrevue sich trennten.

Ich sage Ihnen, anmuthiger, holder (aber bitte nicht mehr durchlauchtig durch die Toilette) engelgleicher Prince Pücklerino, mein Lebewohl, und gebe Ihnen die Versicherung du plus sincère dévouement de votre
      fidèle et soumis sujet
        Huckkukkuk.

32.
Frau von Kimsky an Pückler.
Berlin, den 19 Oktober 1822.

Des armen Dämons stetes Unwohlsein und Umherziehen in den drei Feder- und Serviettenreichen hat ihn

allein nur hindern können, sein Versprechen früher zu er=
füllen, und dem verehrten, theuren Pücklerino Nachricht des
an ihn ergangenen Rufes zu geben, und er fleht — Ihre
Nachsicht läßt ihn hoffen, nicht vergebens — um Ihre Ver=
zeihung. Desselben Tags, wie ich Ihren letzten mir sehr
werthen Brief beantwortet hatte, erhielt ich ein Schreiben
von Papa vom 3. aus Wien, das mir sein vollkommenes
Wohlbefinden zu meiner höchsten Freude meldete, so wie seine
nahe Abreise nach Verona, und auch uns dahin bestimmte.
Es muß in dem gar nicht Hoffen gelegen haben, daß es uns
so ganz gleichgültig erschien, Italiens Bekanntschaft nicht zu
machen, denn jetzt ist meine Freude unermessen, dies Land
zu schauen, und den Engelsengel der Engel so viel früher
wiederzusehen.

Leider kann ich den Tag meiner Abreise noch gar nicht
bestimmen, theils der Haushaltssachen, theils wegen sehr böser
mir bevorstehender Zahnoperation.

Bei dem anhaltend guten Wetter sehe ich Sie, holder,
guter, edler Pückler=Pücklerino, in strahlender Durchlaucht in
Ihrer Schöpfung stehen — stehen, Gott, welch eine Phan=
tasie! — fliegen, säuseln, schweben, wie auf Zephirflügeln
hüpfend, sehe ich Sie in Ihrem Park überall und nirgends
die Augenblicke, die ich in dieser Zeit für meine Erholung
übrig hatte, und benutzt habe, um meine Reitübungen zu
halten, und bin schon ganz stolz auf Ihren Beifall und Ihre
Verwunderung meines Muthes, 'ja meiner Kühnheit, möcht'
ich sagen. Allein, was die Pistolen anbelangt, dieses ist
noch meine schwache Seite, jedoch bei meiner Rückkehr will
ich mich bemühen, auch hierin meine Furcht zu besiegen. Darf
ich Ihren Beifall hoffen?

Mein Mann, der immer noch sehr leidet, trägt mir auf,
Ihnen recht, recht viel Freundliches von ihm zu sagen, und
er bittet mit mir um die Fortdauer Ihrer Gewogenheit.
Meine dear mother legt sich dem anmuthvollen Durchlaucht=

fürsten zu Füßen, und mein Mann und ich bitten Sie, sollte die Fürstin gegenwärtig sein, ihr unsere Ergebenheit zu be= zeigen.

Nehmen Sie, theuerster Fürst, die Versichernng meiner aufrichtigsten Gesinnungen recht, recht freundlich auf, und be= halten Sie mich auch in weiter Entfernung ein wenig lieb. Von Verona aus schreibe ich Ihnen gleich. Vor dem 7. oder 8. November werde ich aber wohl nicht dort sein, da wir vierzehn Tage reisen.

Lebewohl, ich hoffe für kurze Zeit. Lassen Sie den Dämon hoffen, daß der gute, freundliche Pücklerino nicht ganz sein vergißt, und wir beim Wiedersehen uns als aufrichtig treue Verbündete wiederfinden. Möchte mir doch die Freude werden, Ihnen für Ihre Wünsche eine baldige Erfüllung ver= künden zu können, das würde die höchste Freude gewähren des durchlauchtigsten Fürsten Pücklerino
  treuergebener
    Huckfukkuk.

33.
Hardenberg an Pückler.
      Verona, den 21. Oktober 1822.
Liebster Pückler,

Ich eile Dein liebes Schreiben vom 2. d. zu beant= worten. Meine Reise hieher war bei dem schönsten Wetter, zwei Regentage ausgenommen, sehr angenehm. Ich kam den 30. September Vormittags in Wien an, wo ich die Mo= narchen und Metternich noch vorfand. Sie reisten aber bald darauf ab. Der Herzog von Wellington war an demselbigen Tage gekommen, als ich. Wir aßen zusammen bei dem nun= mehrigen Marquis Londonderry. In Wien blieb ich nur drei Tage, und ging hierauf durch Steiermark, Kärnthen und Friaul über die Ponteba nach Venedig, wo ich am 10. Oktober eintraf, und weil die Monarchen, auch unser König, erst am 15. in Verona sein wollten, drei Tage verweilte. Den 14. reiste ich weiter über Padua nach Vicenza, und den 15. fuhr ich hier in demselben Augenblick herein, als der König.

Da hast Du in kurzem meinen Lebenslauf. Ich sehe Dich in Gedanken mitten in Deinen Schöpfungen. Hoffentlich ist der Herbst auch bei uns schön, wie er es im Norden gewöhnlich zu sein pflegt. Das wird auch für die Neuhardenbergischen Pflanzungen vortheilhaft sein, so wie für den Bau. —

Für Dein Gesuch wegen des Konsistorii hat sich der König in einer Ordre an Altenstein geneigt erklärt, jedoch noch Bericht von ihm gefordert, ob besondere Bedenken gegen die Bewilligung obwalteten. Wegen Boumann erwarte ich dessen nähere Anträge. Für das Wappen auf dem Neuhardenberger Schlosse 3000 Thaler oder auch eine ähnliche beträchtliche Summe zu geben, dazu kann ich mich nicht entschließen. Schinkel wird schon eine andere Idee angeben, die mehr im Verhältniß mit meinem Geldbeutel stehe. Mit lebhaftem Dank werde ich es übrigens erkennen, wenn Du Dich der Neuhardenbergischen Pflanzungen und Anordnungen ferner annehmen wirst.

Graf Bernstorff war schon von Wien abgereist, als ich dort ankam. Hier habe ich ihm Dein Schreiben übergeben. Er hat sich sehr geneigt erklärt, und wird Dir vermuthlich selbst antworten. Wir haben abgeredet, daß Dein Gesuch unmittelbar bei dem König eingegeben wird, von wo es dann wieder an Graf Bernstorff gelangt, die Geschäfte werden hier wahrscheinlich keine großen Schwierigkeiten finden, und nicht sehr aufhalten. Verona ist übrigens sehr angefüllt, indessen bietet es gute Gelegenheiten; wir sind alle gut logirt.

Zu Deinem Geburtstage werde ich Dir am 30. von ganzem Herzen Glück wünschen; gute Pferde sind hier in Italien aber selten, und mit anderen demüthigen Thieren vermischt; daher wird es schwer werden, ein Steckenpferd zu finden.

Ist Lucie wieder bei Dir, so empfiehl mich ihr herzlich, und küsse sie in meinem Namen; ist sie noch abwesend, so bitte ich den Auftrag brieflich auszurichten.

Ich bin Gottlob gesund, und umarme Dich mit den bekannten Gesinnungen als

Dein treuer Freund und Vater
Hardenberg.

39.
Pückler an Hardenberg.
Muskau, den 30. Oktober 1822.

Liebster, bester Vater,

Dein freundlicher, ganz die unbeschreibliche Grazie Deines liebevollen und edlen Karakters aussprechender Brief wurde mir den 29. Oktober, als ich in mein Schlafzimmer kam, gerade nach Mitternacht übergeben, so daß ich in ihm die schönste Vorbedeutung und die liebste Gratulation zu dem eben beginnenden Jahrestag meines Geburtstags empfing. Tausend Dank dafür, mein guter Vater, wie für die gnädige Erinnerung an alle meine Wünsche. Daß Du wohl bist, Deine Reise glücklich war, und Du vergnügt scheinst, sind alles kostbare Geschenke zu meinem Geburtstag, und mehr werth als alle Steckenpferde der Welt, wenn diese auch von weit besserer Race sein sollten, als die gekreuzten italienischen, deren Du in Deinem Briefe erwähnst.

Bei uns ist es jetzt so schön, daß wir Italien nicht vermissen, und ich würde Verona gar nicht regrettiren, wenn Du, mein geliebter Vater, mit uns wärest, obgleich es dort wohl sehr interessant sein mag. Von Graf Bernstorff habe ich noch keinen Brief empfangen, aber von München für gewiß gehört, daß der General Zastrow gesonnen ist, sich zurückzuziehen. Da nun der arme Graf Goltz auch wirklich todt ist, so lassen mich diese drei Vacanzen wohl hoffen, mit Deiner gnädigen Unterstützung zum Ziele zu gelangen. Je näher ich übrigens Muskau bleiben kann, von Dresden angefangen, desto lieber wird es mir sein.

Wegen Boumann, lieber Vater, dessen Du Dich so gütig erinnerst, werde ich Dir nächstens ausführlich schreiben. Des Konsistorialgesuchs wegen hat mir der König dasselbe, was Du mir schreibst, geantwortet, ich habe aber weiter noch keine Resolution erhalten, und nun an den Minister Altenstein geschrieben.

In Hardenberg ist das Rasenlegen größtentheils beendigt, auch die nahen Wege gemacht, und man wird nun bald mit der Pflanzung beginnen, doch braucht man sich damit nicht zu übereilen, da im Ganzen nur sehr wenig zu pflanzen ist, und wir den ganzen Winter und Frühling dazu vor uns haben. Der Rasen soll ganz vorzüglich aussehen, und den hiesigen weit übertreffen an Dichtigkeit wie an Frische. So erzählt mir Vogel, welcher mich besucht, und mir sehr guten mannigfachen Wasserrath ertheilt hat. Interessire Dich nur dafür, guter Vater, daß die Schiffbarmachung der Neiße und der Spree in's Werk gesetzt wird. Du wirst dadurch der Wohlthäter unserer Provinz, und setzest Dir gewiß dadurch ein neues Monument um die Wohlfahrt der Monarchie. Die Wichtigkeit der Schiffbarmachung dieser beiden Flüsse, und die dadurch leicht zu realisirende Verbindung der Elbe und der Oder ist gewiß ein Plan, der Deine ganze Aufmerksamkeit verdient. Herr Vogel ist mit seiner Ausarbeitung beschäftigt, und wird sie nächstens beim Ministerio eingeben.

Lucie ist sehr dankbar für Dein gütiges Andenken, und umarmt Dich zärtlich in Gedanken. Wir küssen beide andächtig die liebe Hand, und empfehlen uns Deiner Fürsorge, Liebe und Gnade.

Dein treu dankbarer Sohn
H. Pückler.

35.
Pückler an Frau von Kimsky.
(Der Brief ging jedoch nicht ab.)

Berlin, den 16. März 1823.

Sie bleiben mir ein seltenes Problem, und der eben empfangene Brief könnte mich in gewisser Hinsicht wieder irre machen, wenn ich nicht leider zu sicher überzeugt worden wäre, daß nie ein gutmüthigerer Thor existirt hat, als ich es im Hause des verewigten Fürsten Ihnen gegenüber gewesen bin. Doch lassen wir die Vergangenheit ruhen — die Ueberzeugung, mit der unser edler Vater gestorben ist, soll sich in den letzten Augenblicken sattsam ausgesprochen haben; auf seine Kinder wird hoffentlich sein verklärtes Auge jetzt noch liebevoller herabsehen, als in der Zeit, wo er den letzten der um sich habenden Angehörigen entfernte, um in Ihrer Gesellschaft seine glorreiche Laufbahn zu beschließen.

Was die Briefe und kleinen Andenken betrifft, die Sie von mir und meiner Frau besitzen, so weiß ich sie gern in Ihren Händen. Sie werden stets Ihnen und jederman ein Zeugniß davon ablegen, wie aufrichtig wir Ihnen unser Vertrauen schenkten, und wie es erwiedert worden ist.

Unser Gewissen sei eines Jeden Richter!

Da dieser Brief ohne Zweifel unsere Korrespondenz beschließen wird, so empfangen Sie meine besten Wünsche für Ihr Wohl. Seien Sie so glücklich als Sie können.

H. F. Pückler-Muskau.

Der hier folgende Brief der liebenswürdigen Frau von Krafft, und Pückler's Antwort darauf, schließt sich den vorhergehenden an, weil darin auf's neue von Frau von Kimsky die Rede ist; beide Briefe werden unverkürzt mitgetheilt, weil auch ihr übriger Inhalt manches Interessante enthält, das den Lesern nicht unwillkommen sein wird.

Frau von Kimsky lebte viele Jahre in Rom, im Besitz eines großen Vermögens, zum Katholizismus übergetreten, und man behauptete sogar, sie sei eine Zeit lang die Geliebte des Kardinals Fesch gewesen; auch war sie innig befreundet mit dem Jesuitenpater Beckx, mit dem vereint sie die Station für die Propaganda des Katholizismus zu Dessau gründete. Sie starb in Rom hochbejahrt, und hat Pückler noch um einige Monate überlebt.

36.

Eugenie von Krafft an Pückler.

Rome, ce 19. Mai 1855.

Prince Pückler,

J'allais dire „mon cher Prince", mais je me suis arrêtée. Est-ce bien, est-ce mal? Avais-je la permission, la défense de vous nommer ainsi — et d'être — car je n'en sais rien.

Posée devant vous, bien ou mal donc, suivant que vous le jugerez, j'ai à continuer mon discours, et bien que voulant être éloquente, je me sens maladroite, mal assise; c'est bien ridicule, n'est-ce pas?

Commençons par parler de la chère défunte, au nom de laquelle j'ai plus d'une fois désiré obtenir de vous un petit souvenir parmi les objets qui ont servi à son usage particulier de tous les jours. Je vous le demande aujourd'huis, et vous en remercierai demain

— quand nous nous serons retrouvés en Allemagne, et que vous me le donnerez.

Elle doit vous manquer. Elle savait si bien vous comprendre! — Comme j'aimais à l'entendre parler de vous; son coeur si jeune répandait alors un parfum, qui venait de profond et montait haut.

Jamais femme, je crois, ne vous a aimé comme elle! Avec cette entente complête de l'intelligence et du coeur et de l'esprit, dont l'alliance fait les grands sentiments comme les grandes actions. Regrettez-la, elle le mérite, et conservez moi un peu de l'amitié qu'elle avait si fidèlement gardée à mon pauvre moi, en dehors du temps et des circonstances.

C'est à elle que je me serais adressée dans la circonstance, qui m'amène à vous; et vous demander de la remplacer; n'est-ce pas vous dire qu'il y a du vous en elle, et du elle en vous?

Je me trouve dans le cas d'avoir à traiter une affaire délicate avec une femme, que vous devez avoir connue, car la Princesse l'a beaucoup connue aussi. C'est une Mad. de Kimsky, qui se dit „baronne" ici, sans l'être, dit-on, et dont l'ensemble du caractère ne m'offre pas, intimement parlant, les garanties, dont jaurais besoin. Je ne voudrais pas la mal juger à tort peut-être, et ne voudrais pas non plus compromettre des intérêts sacrés qu'il m'est encore facile de retirer de sa main.

Des éventualités, telles qu'il en arrivent tous les jours, m'ont rapprochée d'elle par force, pour ainsi dire; et une certaine franchise de sa part, mêlée d'une sorte de rudesse mecklenbourgeoise qui me va, m'ont attirée presque malgré moi. Depuis lors, plus d'un cas m'ont mise en garde contre ce caractère, et fait désirer, pour le bien de plusieurs, de savoir à fond quelle est la nature de cette dame, sur laquelle les opinions sont si différentes et si arbitraires, qu'il est impossible d'en conclure un jugement.

Vous pouvez compter sur ma discrétion, comme je compte sur la vôtre. Soyez franc quand même, et l'usage que je ferai de vos paroles sera mesuré sur la délicatesse extrême du procédé en lui-même, tant de votre part que de la mienne.

Ce traité conclu entre nous, et mon attente allant au devant de votre obligeance, il me reste un mot à vous dire sur l'Italie, car vous conviendrez, mon Prince, qu'il serait impardonable de vous écrire de Rome, sans vous envoyer un rayon de son solcil, une plante de ses ruines, de l'eau bénite de ses églises.

J'y suis pour le troisième hiver et Dieu aidant, y resterai encore un an pour cause de santé.

Rome est belle, elle est grande, elle est solennelle; vous le savez déjà! vous savez aussi que sa société est sans charme, sa noblesse princière sans moyens, son gouvernement sans fermeté — mais ne savez-vous pas aussi que son attrait est justement peut-être dans la possibilité où l'on se trouve de se passer de toute ces choses sans les regetter souvent?

Il y a une puissance formidable dans ces amas de pierres par fois informes, mutilées. où le souvenir se place comme un roi, qui domine de son trône; il y a une mélancolie pleine de suavité dans ses ombres du passé, qui se colorent sur le présent plus pâle qu'elles — dans cette nature en harmonie avec tant, de demi-tons — dans ces trainées lila-gris — vert-jaune, rose et rouge aussi; suivant les reflets du soleil, suivant les clairs de la lune.

Et devant ces images l'on se sent petit, mesquin; mais lors qu'on les contemple longtemps, une force intérieure, qui est la révélation du meilleur de notre être, vient nous dire que pourtant l'homme est fort — que l'homme est puissant, car c'est sa main habile, qui naguère éleva ces monuments, bâtit ses églises, et regna en maîtresse du monde sur des lieux où l'herbe croit et le ver rampe maintenant.

J'aime ces oppositions dans les élans de l'âme, passant du connu à l'inconnu, et sur-tout j'aime à Rome l'appel qu'on est forcé de faire à ce qu'on porte en soi de plus intelligent pour se mettre au niveau de ce que l'on voit et de ce que l'on cherche.

J'ai en des moments sublimes, inoubliables au milieu de ce chaos qui cesse d'en être un quand on s'élève plus haut, et qu'on voit se dérouler les phases de l'antiquité, comme pour obéir à une volonté plus forte que les temps, que les ruines, les rois et leurs empires — et que cette volonté reste là — immuable, une, pour répondre à tout: au présent, au passé, au futur — à ce qui n'est plus, à ce qui est encore.

Vous rappelez-vous la Villa Mills, près du palais des Césars? Sa terrasse moderne, ses pavillons chinois — et devant vous la campagne bien au loin, que bornent au premiers plans les ruines des bains de Caracalla, plus loin le tombeau de Cécilia Metella, et ici et là se dessinant sur la verdure des pans de mûrs, de tours, d'aqueducs, sur lesquels le soleil se pose et l'ombre se déploie.

Est-ce beau, est-ce grand? J'y pense encore avec émotion, et la frivolité de la villa même me parraissait réhausser encore l'immensité du tableau placé devant elle.

Il est ainsi bien des coins à Rome, où l'on se sent à l'aise, lorsqu'ils servent de cadre à l'infini qui s'est fait une place entre le ciel et eux. Renfermé dans sa pensée par la forme matérielle, on a pourtant des ailes qui l'emportent bien loin d'elle, et cette essence de liberté, dont on sent tout le charme, est celle peut-être de la plus grande poésie qui existe ici-bas.

Le catholicisme a aussi une grande part dans les réflections, qui se mèlent comme des fleurs artificielles peut-être, à la vie du voyageur en Italie, à Rome surtout. Cette gigantesque organisation, engendrée de la main de l'homme, qu'elle conserve au dépit de tout; qu'elle perfectionne même, malgré les obstacles, cette organisation de l'église a droit à une grande admiration.

Mais elle ne détruit pas plus la mienne pour le protestantisme, que les belles cures opérées par l'allopathie ne détruisent ma prédilection pour l'homöopathie.

Partout où l'esprit domine, et sa lutte se tait, je me sens at home. C'est la vie, la force, la guérison, qui se développent.

Mais je suis honteuse. Voilà une lettre monstre, et il me reste à peine la place de vous faire mes excuses de vous avoir condamné à me lire, tandis que vous avez dans la tête et le coeur plus de belles et de bonnes choses que toutes celles que je pourrais dire.

Adieu, mon Prince. Me répondrez-vous? J'en aurais envie et besoin. Ayez-y égard. Entre le 6 et 8 juin je pars pour Naples. Je vous tends les mains avec une cordialité qui demande indulgence, et un empressement qui demande sympathie.

Votre bien dévouée
Eugénie de Krafft.

37.

Pückler an Eugenie von Krafft.

Aix-la-Chapelle, ce 18. juillet 1855.

Chère Baronne,

Vous voyez que je n'hésite pas, comme vous, Madame, à vous adresser ce mot d'affection, que vous n'avez pas voulu m'accorder. C'est qu'en effet vous m'êtes chère depuis longtemps, d'abord par vous-même, vous, que j'ai connue si belle, si bonne, si supérieure, et pourtant si peu heureuse! Ensuite par rapport à ma défunte Lucie, qui vous aimait tant!

J'ai lu votre lettre, que — soit dit en parenthèse — je n'ai reçue que malheureusement qu'aujourd'hui même, quoiqu'elle soit datée du 19. mai — avec le plus vif plaisir. Votre bon souvenir de Lucie, la confiance que vous me montrez, vos observations si justes et profondément senties sur l'Italie, et principalement sur Rome — tout cela m'a enchanté.

En revanche je vous avoue que le passage le plus essentiel de votre lettre et son premier motif, m'a presque effrayé, ma chère amie.

Gardez-vous de la dame en question, comme Eve au paradis aurait dû jadis se garder du serpent. Si je pouvais croire au diable, et à des personnes possedées par lui, je prendrais à coup sûr Mad. de K. pour une de ces premières. Je n'ai rencontré que deux monstres de femmes pareilles dans ma vie, et j'en frissonne encore toutes les fois que j'y pense. Défiez-vous-donc de cette personne comme de l'enfer, et si elle vous a déjà captivée, ne rompez-pas avec elle, mais dénouez subtilement, en y employant tout l'esprit et le savoir-faire que vous avez.

Je ne puis vous en dire davantage. A présent ce serait trop long, sachez seulement que votre amie Lucie, beaucoup plus croyante que moi, était litteralement persuadée de la mission infernale de cette femme horrible, qui, malgré ses manières selon moi grossières et repoussantes, a néanmoins sçu prendre plus d'une fois un empire presque surnaturel sur des personnes éminentes, et chaque fois aussi elle a figurée dans leur testament. En voilà assez pour le moment, et maintenant quittons, je vous prie, ce sujet odieux. Causons plutôt encore un peu de vous-même et de Rome, la ville éternelle. Et éternelle comme elle l'est, elle laisse aussi des souvenirs éternels! J'avais vingt ans, lorsque je la vis pour la première fois, et j'y ai été aussi heureux, qu'on peut être à cet âge. C'était hélas „le temps qui n'est plus", et pour jouir de Rome dans toute sa plénitude, il faut l'enthousiasme, l'impressionabilité et toute la fraicheur de la jeunesse, ses passions brûlantes, et peut-être aussi son heureuse ignorance.

Ah, chère Madame de Krafft, j'aurais bien voulu vous y rencontrer alors, si vous aviez existée dans ces temps d'histoire ancienne, mais telle que vous devez avoir été à 16 ans, déjà avec un esprit original, une âme encore confiante, un coeur ardent, un physique charmant, et surtout étrangère encore à cette fatale expérience, qui ne sert ici-bas qu'à tuer le bonheur.

Quel drôle de rêve, n'est-ce pas, que je fais là? Eh bien, il n'est pas d'aujourd'hui, et j'en ai causé déjà quelquefois avec la pauvre Lucie, mais celle-là vous croyait froide de votre nature, inaccessible à l'amour, ce que je n'ai jamais pu m'imaginer.

Voyons, dites-moi ce qui en est, et qui de nous deux avait raison? Cela animera notre correspondance, si toutefois vous voulez la continuer, et songez qu'avec un vieillard de 70 ans, la franchise peut être amusante, sans être plus hélas! d'aucune conséquence.

D'ailleurs vous avez exigée dans votre lettre, que je remplace Lucie auprès de vous, ce que je ne peux effectuer en homme, et profitant alors de la position que vous me donnez, je finirais mon épitre non pas seulement en vous appelant chère Eugénie, mais en vous baisant les mains tout paternellement et le front par distance, comme si vous étiez ma fille. Adieu, et pour l'amour de Dieu soyez bien sur vos gardes avec le diable, car en vérité, je suis inquiet pour vous, en songeant dans quelles mains vous vous trouvez. Au reste, je compte sur votre discrétion, car la possédée ferait exprès le voyage d'Allemagne pour m'empoisonner, si elle se doutait de cette lettre.

Encore un mot au sujet de ce que vous me dites sur le catholicisme et le protestantisme. Je partage entièrement et je vais bien au de là de votre admiration pour le premier, mais à vos observations sur le dernier, je n'ai pu m'empêcher de rire. Comment? Vous trouvez de l'esprit dans le protestantisme, dans cette misérable doctrine, qui n'est ni chair, ni poisson, ni réligion, ni philosophie, destructive seulement et éphémère de sa nature, et trouvant sa conséquence nécessaire et logique seulement dans le matérialisme complet et insensé de Strauss et de Feuerbach. Et c'est dans ce rebut inorganique que vous vous trouvez at home? Chère Baronne, vous voilà bien mal logée! et j'aimerais bien mieux de vous voir at home dans le palais à mille colonnes du catholicisme, sans contredit l'édifice le plus grandiose et le plus complet que jamais l'esprit humain a érigé, un esprit auquel rien n'a échappé de ce qui est possible au génie d'effectuer sur les hommes, et sans lequel le christianisme même, trop idéal n'aurait jamais pu passer à l'état pratique pour la presque moitié du genre humain. Le protestantisme n'a fait que déshabiller le catholicisme de ses plus beaux ornements, condamner ses idées les plus sublimes, et n'en conserve que ce qui devient absurde aux yeux de l'esprit, dès qu'on lui ôte cette poésie de la foi inaltérable par la majesté d'une église fondée par Dieu lui-même. En un mot, le catholicisme est une réligion organique, le protestantisme n'est qu'une secte stérile, capable de détruire, mais tout-à-fait impuissante pour créer.

Briefe Pückler's

an

Mehemed Ali.

1.
Pückler an Mehemed Ali.
Rapport respectueux
à Son Altesse le Viceroi d'Egypte.

(1837).

Dans les différentes conférences que j'ai eu, d'après le désir de Votre Altesse, avec Son Excellence Bogos Bey, nous sommes en général convenu des points suivants, dont je ferais l'analyse détaillée plus bas,

1) que pour les entretiens que je devrais chercher d'avoir avec les personnes les plus influentes de l'Europe dans l'intérêt de Son Altesse, ainsi que pour les propositions qu'on pourrait juger à propos de leur faire ensuite suivant les circonstances — il faut remettre toutes les instructions précises jusqu' à ce que je serai arrivé sur les lieux, et que j'aurai pu sonder moi-même suffisamment les individualités présentes, les localités et les dispositions des cabinets, et des hommes d'état qui les régissent.

Mais en même temps nous avons reconnus

2) quil est urgent et de la plus grande importance pour Son Altesse dans les conjonctures actuelles, de ne plus perdre un moment pour répondre aux attaques multipliées de la presse de l'Europe contre l'Egypte et son gouvernement, de tâcher à mieux d'éclairer le public, lui représenter Mehemed Ali tel qu'il est, grand, bien-

faisant et magnanime — en un mot de travailler l'opinion publique avec esprit et sans relâche pour la rendre partout propice aux desseins de Son Altesse, et d'éveiller s'il se peut en Europe un enthousiasme pareil pour l'indépendance de l'empire égyptien qu'il a existé de nos jours pour la Grèce, forçant les souverains, même contre leur gré et contre leur opinion particulière, de se soumettre au cri général et aux voeux de l'Europe prononcés avec une unanimité ménaçante.

D'après les conversations que j'ai eu avec Son Excellence Bogos Bey je m'arrête aux conclusions suivantes.

Quant aux puissances et leur ministres on ne peut décider aucune démarche jusqu' à ce que je serais moi-même arrivé sur les lieux, et que j'aurais assez sondé les individualités, les localités et les dispositions pour pouvoir proposer à Son Altesse ce qui me paraîtra convenable à entreprendre. Dès que je serais arrivé à Constantinople je commencerais à envoyer mes rapports à Son Excellence Bogos Bey.

Mais ce qui est urgent et où il ne faut pas perdre du temps c'est de travailler l'opinion publique par la presse, tant par les journaux que par les auteurs les plus en vogue en ce moment. Ceci peut se faire en partie par correspondence, et plus tard encore plus efficacement par ma présence. Cependant il y a une chose à observer d'avance. Je suppose, que Son Altesse, persuadée de mon zèle pour son service, m'accorde une confiance entière, par conséquent elle doit se remettre à ma discrétion pour les moyens à employer. Si Elle envoyait un soldat pour combattre, il faudrait lui donner des armes. A moi aussi il en faut, et les armes dont je devrais user, seront souvent, outre la persuasion et l'adresse, l'argent et les cadeaux donnés à propos et pour ainsi dire à bout portant. Il faudra donc me munir d'objets de cette nature et d'un crédit suffisant pour pouvoir disposer sur-le-champ des sommes nécessaires, si je juge leur emploi nécessaire. Son Altesse peut rester parfaitement convaincu que pour cela je ne lui dépenserais pas un sou de plus qu'il ne le faudra pour son propre intérêt, et qu'un compte suffisant lui sera rendu de la moindre bagatelle.

Je ménagerais son argent plus que le mien, mais je ne me trouve pas dans la position de lui avancer les sommes ou les cadeaux jugés nécessaires, d'employer pour son service et son profit. Au reste connaissant assez bien les allures d'Europe, je ne prévois pour le moment que des dépenses très-peu considérable, même pour obtenir les résultats importants, car on fait en mille occasions plus chez nous avec la vanité qu'avec l'argent, mais il faut toujours être pourvu des moyens de tout genre en cas de besoin, surtout dans des négociations d'une nature où tout dépend de saisir le moment favorable qui, une fois passé, ne revient pas toujours, et quelquefois jamais.

Quant à moi-même, je ne demande que l'honneur et la satisfaction de servir Son Altesse, et d'avoir réussi, sera ma plus belle récompense.

2.

Pückler an Mehemed Ali.

Kartoum, le 25. mai 1837.

Monseigneur,

Votre Altesse Sérénissime verra par la date de cette lettre, que je prends encore la liberté de lui adresser, que je ne me lasse pas si facilement, malgré l'espace inconnu et les fatigues à souffrir, de traverser le grand empiré soumis au sceptre glorieux de Votre Altesse — car pour que ma voix compte mieux en Europe, il est bon que je connaisse cet empire plus généralement et un peu moins superficiellement que la plupart des voyageurs qui m'ont précédés.

En effet ce voyage me paraît un rêve. Il y a à présent six mois que je vois pour la première fois flotter le drapeau de Votre Altesse sur les remparts de Souda. Depuis j'avance continuellement de royaume en royaume à travers des blancs, des bruns et des noirs, des Musulmans, des Chrétiens et même des Idolâtres, et me voilà enfin arrivé, philosophe solitaire et ambulant, au milieu de toutes ces croyances différentes à Kartoum, désespérant de pouvoir pénétrer jusqu' aux confins de vos Etats, que j'ai plus de peine à parcourir, que Votre Altesse semble avoir eue à les conquérir. Que Dieu bénisse toujours vos efforts, et qu'on voie briller un jour les bajonettes d'Egypte depuis Adana jusqu' aux montagnes de la lune, et depuis le golfe persique jusqu' aux colonnes d'Hercule. Ce serait le bonheur de l'Afrique et peut-être de l'Europe. Partout où j'ai passé, j'ai été frappé des marques de l'activité infatigable de Votre Altesse, et où je ne croyais trouver que des déserts stériles, j'ai vu les Sakis se presser sur le bord du Nil pour changer les sables en champs fertiles et établir de belles fabriques d'Indigo, produisant des milliers de quintaux de cette précieuse marchandise où autrefois on ne connaissait que le Dourra. A Metemma même, nom à peine prononcé en Europe, j'ai rencontré un homme que la générosité de Votre Altesse avait muni d'un capital de 50,000 piastres, en lui réservant tous les profits considérables qui doivent lui en revenir à la seule condition d'acheter pour cette somme du bétail pour le revendre ensuite en Egypte. C'est une magnanime manière, caractérisant tout-à-fait la grandeur de sentiment de Votre Altesse, d'encourager par de tels moyens un commerce, qui doit être de la plus rare importance pour ce pays-ci, comme pour l'Egypte, vû qu'ici c'est le capital seul qui manque et en Egypte le bétail, comme moyen nécessaire de culture. Aussi je puis assurer Votre Altesse, qu'on reconnaît partout le bonheur de vous appartenir, et je demanderais même à ce sujet la permission de communiquer à Votre Altesse une petite anecdote, bien propre à illustrer la vérité de mon assertion. Au village de Djebel Barkal je trouvais un jeune Sheik, si joli garçon, si spirituel et d'une tournure si distinguée que je recherchais toutes les occasions de m'entretenir avec lui, pendant mes visites aux ruines où il m'accompagnait toujours. Comme il m'avait conté, qu'il était pauvre, je lui dis un jour en badinant que s'il voulait venir avec moi en Europe, je l'y ferais riche, et lui ferais voir en outre bien des merveilles, dont il ne se doutait pas. Sa réponse a cet offre me parut bien belle: „Oh! laisse-moi ici, dit le Sheik Arabe, songe que je suis le sujet d'un grand homme, et que j'ai l'honneur d'être son Sheik et Belled — que peux-tu m'offrir de mieux dans ton Europe?" J'étais tout prêt à l'embrasser pour ces paroles avec effusion, en lui disant qu'il avait raison mille fois, et que le bonheur de servir Votre Altesse était en effet le sort le plus digne d'envie.

3.

Pückler an Mehemed Ali.

Monseigneur,

Je prends la liberté de prévenir Votre Altesse qu'on a publié dans le „Sémaphore de Marseille" un article très-absurde et rempli d'erreurs sur l'Egypte, à la tête duquel on a mis mon nom conjointement avec celui d'un certain Monsieur Mengin. Je dois cependant en laisser tout l'honneur à ce Monsieur, vû qu'il n'y a dans cette composition que quelques lambeaux qu'on m'a empruntés et qu'on a même encore défigurés. Heureusement j'ai reçu en même temps les journaux allemands, qui contiennent les originaux des extraits détachés, que j'avais cru convenable de publier, en attendant que l'ouvrage complet puisse paraître. Je joins à cette lettre une traduction turque de ces articles pour les soumettre respectueusement à Votre Altesse, et si Elle le désire je continuerais à lui en envoyer la suite à mesure que les feuilles allemandes me parviendront.

Je suis avec le plus profond respect

de Votre Altesse Sérénissime

le très-humble et très-obéissant serviteur

Hermann Prince de Pückler-Muskau.

4.

Pückler an Mehemed Ali.

Kartoum, ce 1. julliet 1837.

Si Votre Altesse me voyait dans ce moment, revenu fort malade de Sennar, et plus maigre qu'une perche, elle serait peut-être étonnée de me trouver néanmoins un air si content. C'est que j'ai une excellente nouvelle à annoncer à Votre Altesse. L'expedition allemande que Votre Altesse a ordonnée et généreusement dotée, vient de retourner à Kartoum depuis quelques jours, et son directeur se félicite de pouvoir déjà adresser à Votre Altesse un rapport très-favorable de ses découvertes.

Les mines d'or dans les environs du Kordofan de Scheiboun sont donc très-abondantes et riches, au point que même aprésent les nègres, qui s'occupent du lavage de l'or, quoiqu'ils s'y prennent le plus maladroitement du monde, gagnent cependant l'un pontaut à l'autre de 30 à 40 p. par jour chacun, ce qui est bien considérable, et prouve déjà à lui seul incontestablement une grande surabondance du précieux métal dans les montagnes. En organisant le lavage, comme on le pratique en Europe et en Amérique, le gain doit être très-considérable et la dépense en sera presque nulle.

D'après les renseignements que je me suis procuré d'un autre côté, les produits actuels des lavages au Fasoli, comme ils existent depuis nombres d'années, et comme ils sont exécutés par les natifs du pays, ce produit doit être au moins de 3000 onces par an, dont 3000 se vendent dans le Soudan soumis à Votre Altesse (où tout le monde fait ce commerce et y gagne beaucoup) et 1000 en Abyssinie. Il n'y a presque pas de doute qu'une égale quantité sort des plaines Scheiboun, et s'en va en plus grande partie grossir le trésor du Sultan de Tékélé, le reste se vend au Kordofan, ou va directement au Kaire. Votre Altesse s'emparant seul de ce commerce tant au Fasoli qu'à Scheiboun, pourrait dont compter déjà sur 6000 onces d'or chaque année même dans l'état actuel de l'exploitation quelque insuffisant qu'il soit. Mais avec une meilleure organisation, le double et peut-être le quadruple ne peuvent guères manquer à Votre Altesse et les frais en consumeront à peine 500 onces par ans.

Mais il y a cependant quelques observations a y faire, que je me réserve de communiquer à Votre Altesse de vive voix, si Elle les désire. Elles ne seront dictées que par l'intérêt que je prends de tout mon coeur à toutes les entreprises de Votre Altesse.

J'ose la supplier seulement pour le moment d'avoir une confiance parfaite dans le zêle et le savoir du Directeur de l'expédition autrichienne, Mr. Russegger. Il ne proposera certainement rien à Votre Altesse qui ne soit bien réfléchi et salutaire au succès de l'entreprise, dans la réussite de laquelle son propre honneur est engagé. J'oserais me rendre garant de son succès, si on le laisse faire sans le déranger. D'autres promettent beaucoup et tiennent peu. Le caractère des Allemands est de promettre peu et de tenir beaucoup.

Je suis doublement enchanté de ces bons résultats, parceque d'abord cela sera utile à Votre Altesse, ensuite parceque c'est la première fois qu' Elle emploie mes compatriotes, et que je suis naturellement bien aise de les voir réussir tant par leur savoir solide et leur zêle, que par le bonheur qu'ils ont eus de pénétrer si loin eu échappant à tous les dangers et aux maladies du climat, et Votre Altesse sait bien que le bonheur est aussi une qualité essentielle, qui vaut presqu' autant que l'habileté, car personne n'a mieux su réunir l'un et l'autre au plus suprême degré que Votre Altesse Elle-même.

Au reste Votre Altesse doit se convaincre que je suis bon prophête, et qu'Elle peut se fier à mes prédictions. Elles sont toutes favorables à la gloire et au bonheur de Votre Altesse, mais aussi je prends à cette occasion la liberté de la faire souvenir de sa gracieuse promesse: de m'envoyer dans dix ans, à compter de mon arrivée en Egypte, un beau turc, qui entrera dans mon chateau avec une lettre de sa Majesté le Roi d'Egypte, pour m'inviter de venir admirer les merveilles qu'il aura su créer depuis mon départ. Je trouverais alors peut-être, en arrivant au Kaire, que le souverain aura accompli des choses encore plus gigantesques que le Pascha — mais l'un et l'autre perdront toujours chez moi dans un titre plus sublime que ceux de souverain, de Roi, de Sultan ou de Pascha — dans celui de Mehemet Ali le Grand.

Quant à Scheiboun, s'il y a parmi les Arabes conquis encore des sujets moins fidèles, leur langage au moins est tout aussi soumis, parceque Votre Altesse sait non seulement se faire aimer des bons, mais aussi craindre des méchants.

En général, j'ai trouvé les provinces d'Ambukol et surtout de Meravy dans l'état le plus florissant (beaucoup plus que les environs de Dongola), les habitants contents et à leur aise, preuve sûre de l'honnêteté et des soins que donnent à leur petit gouvernement les deux Kascheffs de ces endroits. Mais si pour la plupart les resultats sont satisfaisants, je ne prétends pas dire cependant qu'il n'y ait des lieux où l'on rencontre aussi quelques exceptions à la règle, qui n'ont pu échapper à un observateur, dans l'esprit duquel l'intérêt de Votre Altesse est toujours en avant de toute autre considération. Quel bonheur pour ces pays, si Votre Altesse pouvait un jour se résoudre à les visiter Elle-même! Combien elle y serait adorée, et combien de ressources immenses n'y decouvrirait encore son génie! C'est ainsi qu'un canal creusé près de Dschebel Mozil entre le Nil bleu et le Nil blanc, créerait un nouveau Delta dans le Sennaar, d'un produit incalculable en coton, indigo, et la plante Senna, qui déjà croit sauvage dans le Sennaar et qui, cultivée, rendrait un profit très considérable. Le désert même entre Meravi et Schendy, comme de l'autre côté du Nil dans les environs de Mesaourat, a plutôt l'air d'un jardin, tant il est rempli d'arbres et d'erbages. L'eau s'y trouve presque partout à dix ou quinze pieds de profondeur. A tout cela il ne manque que la culture et l'oeil du maître. En effet les ruines de villes et de temples qu'on y trouve, prouvent assez que c'étaient autrefois des plaines fertiles, qui entourainent ces somptueux édifices.

J'ai été reçu à Kartoum par l'excellent Korschud Pascha avec le plus grand empressement, et nous avons bien causés de Votre Altesse. Il est dommage que ce brave serviteur de Votre Altesse soit si souffrant de maladie. Il s'est faite une consultation hier entre son médecin Soliman Effendi et Mr. Koch, qui m'accompagne par la faveur de Votre Altesse, et tous les deux étaient d'opinion qu'un changement de climat et une cure sévère au Kaire peuvent seules le guérir radicalement. En revanche, le brave Général Mustapha Bey jouit d'une vraie santé de militaire, et ses soldats nègres sont en vérité d'une très-bonne tenue, considérée la nation et les lieux.

L'attaque traître des Abyssiniens, qui a coûté une petite perte à Votre Altesse, lui aura fait du chagrin, mais la perte de quelques soldats et officiers sera rachetée par un grand avantage. C'est que cette attaque imprévue des Abyssiniens donnera à Votre Altesse un motif solide envers quelque puissance que ce soit, si jamais Votre Altesse jugerait à-propos de faire la guerre à ce peuple, pour venger votre injure.

Je finis ce petit rapport, en demandant à Votre Altesse une grâce pour moi-même. J'ai trouvé dans les ruines de Dschebel Barkal deux béliers et un pied d'homme, et aux temples dans le désert près de Mesaourat deux moutons en pierres, que je désire emporter en Europe. C'est peu de chose sous le rapport de l'art, mais c'est intéressant parceque ça vient d'Ethiopie, dont on n'a encore rien transporté dans nos contrées. Korschud Pascha, qui a fait mettre de côté les objets, n'attend que l'ordre et la gracieuse permission de Votre Altesse, pour me les envoyer avec les grandes eaux à Alexandrie à l'adresse du Consul de Prusse. Si Votre Altesse me les donne, je les placerais sur le grand escalier de mon château.

5.

Pückler an Mehemed Ali.

Alexandrie, ce 3. janvier 1838.

Monseigneur,

D'après les ordres de Votre Altesse j'ai eu plusieurs conférences avec Son Excellence Bogos-Bey, concernant les intérêts de Votre Altesse et du gouvernement Egyptien vis-à-vis

1) les puissances Européennes; 2) vis-à-vis le public européen.

L'un et l'autre me paraissent également importants à considérer.

Quant à No. 1 c'est-à-dire les puissances et leurs ministres, j'ai soumis à Son Excellence et elle a paru de mon avis — qu'il était inutile de rien déterminer à ce sujet, avant que je sois arrivé sur les lieux, et que j'aie pu sonder suffisament les localités, qui changent si souvent, les intentions et les penchants des hommes les plus influents, les ressorts secrets qu'il faut faire jouer (car souvent en Europe un valet ou une maîtresse ont décidés du sort des affaires en première cause) enfin ce qu'on peut raisonablement tenter avec espoir de succès, ou ce qu'il faut laisser mûrir par les événements, sauf toujours d'en profiter sur le champs et sans perdre un moment, dès que les circonstances se montrent favorables. Je commencerais donc mes rapports à cet effet dès que je serai arrivé à Constantinople, et je les adresserais à Votre Altesse par une voie sûre, qui me sera indiquée par Votre ministre.

Votre Altesse jugera alors par Elle-même, quand Elle trouvera à propos de me faire agir, et dans ce cas j'attendrais de la part de Votre Altesse des instructions qui pourront m'accréditer un peu plus officiellement auprès des personnes en première ligne, si l'intérêt de Votre Altesse exigeait de les faire valoir. Votre Altesse peut d'ailleurs être bien convaincue que j'ai assez d'expérience du monde et trop de zèle pour Votre auguste personne, comme pour le succès de Votre glorieux règne, pour ne pas user en toute occasion de la plus grande circonspection, et que si je ne suis pas assez heureux pour rendre à Votre Altesse des services aussi imminents, que je le voudrais, Elle ne sera au moins jamais compromise par un zèle maladroit ou une indiscrétion criminelle. J'ose cependant en retour supplier Votre Altesse de m'accorder aussi une confiance entière. Elle ne flattera pas seulement mon amour-propre, mais elle est nécessaire pour Vous bien servir, car sans connaître à fond les intentions et les désirs de Votre Altesse, j'agirai nécessairement en aveugle ou au moins en borgne, et l'un et l'autre n'accommoderait pas Votre Altesse.

Je passe maintenant au second point, qui concerne le public d'Europe. Votre Altesse, fort de ses grandes actions, de ses plus grandes vues encore, et de ses nobles intentions, a cru que tôt ou tard l'opinion publique devrait se ranger de son côté, et a méprisé les calomnies et les manèges littéraires, que des ennemis faibles, mais toujours dangéreux, ont depuis de longues années si constamment mis en pratique pour nuir à Votre Altesse. Méhémet Ali a agi en cela, comme en toute autre chose, en grand homme, qui avant tout est un homme fort, mais l'opinion publique est devenue en Europe une puissance si formidable aux Souverains même, que Votre Altesse, loin de la négliger, doit employer tous les moyens en son pouvoir pour s'en assurer, pour s'en servir Elle-même comme d'une arme aujourd'hui plus à redouter que l'épée. Votre Altesse en a fait Elle-même l'expérience, quand ses armées victorieuses ont dû abandonner la Grêce, dont les peuples insurgés n'avaient longtemps pour eux que les batteries des journaux européens.

Votre Altesse a fait tant de belles et grandes choses, Votre situation est si intéressante pour l'Europe, qu'il ne peut pas être difficile d'éveiller cette opinion publique toute en votre faveur, surtout en démontrant, qu'il est dans l'intérêt, non seulement de presque toutes les puissances, mais de l'humanité entière, important pour la garantie de la paix, pour le progrès des sciences des sciences et pour réaliser des découvertes, tentées vainement depuis des milliers d'années, pour la civilisation d'une des plus grandes parties du monde, pour l'accroissement du commerce, pour le bien général enfin — que doit produire une fusion plus intime de l'Orient et de l'Occident — que le Souverain de l'Egypte soit puissant, indépendant et réconnu comme tel par le monde entier.

Pour arriver à ce but, il faut gagner les principaux auteurs et quelques uns des journaux qui ont le plus de vogue et d'influence, tant en France, qu'en Allemagne et peut-être en Angleterre. Il est urgent de ne pas perdre de temps à cet effet, les événements marchent trop rapidement aujourd'hui, et nous sommes peut-être trop près d'une grande crise générale, pour se permettre des retards inutiles. Quelques personnes au Caire ont choisis à ce qu'il paraît, comme organe de la politique égyptienne le Semaphore de Marseille — mais ce journal est indigne de représenter les intérêts de Votre Altesse, et j'ai donc, avec le suffrage de Son Excellence Bogos Bey, commencé une négociation avec Paris, pour nous assurer un des premiers journaux de cette capitale. J'espère être bientôt à même de mettre également à la disposition de Votre Altesse la gazette d'Augsbourg, une des feuilles les plus importantes de l'Europe, et dont le Sultan même s'est déjà servi plusieurs fois pour y faire insérer des articles destinés à travailler l'opinion à son avantage.

Quant aux auteurs, je profiterais de toute mon influence et des relations particuliéres que j'ai avec plusieurs des plus célèbres pour distribuer partout une semence dont la recolte doit profiter à l'Egypte, et quant à moi-même, j'y travaillerais sans-cesse avec toute la bonne volonté que m'inspirent mon admiration pour Votre Altesse, l'attachement sincère que j'ai pour Elle, et la reconnaisance que je Lui dois pour mille bontés dont Elle m'a comblés. —

Que Votre Altesse me permette, en parlant d'Egypte et en prenant congé d'Elle, de Lui réitérer l'assurance de ces sentiments et d'y ajouter l'expression de ma profonde gratitude pour l'acceuil flatteux dont Elle a bien voulu m'honorer, et qui en dernier lieu me laisse un souvenir doublement cher par les fines attentions et prévenances de Son Excellence Bogos Bey dont on ne saurait mieux faire l'éloge, qu'en disant: qu'il est digne d'être le plus fidèle et le plus habile serviteur de son Maître Méhémet Ali le Grand.

Je me mets aux pieds de Votre Altesse, et suis avec
le plus profond respect
  Monseigneur
    de Votre Altesse Sérénissime
    le très humble serviteur
    Hermann Prince de Puckler-Muskau.

6.

Pückler an Mehemed Ali.

                    Beyrouth, au mois de mars 1838.
Monseigneur,

  Ayant appris par Monsieur le Général Clot-Bey et quelques autres personnes, qu'on a débité à Votre Altesse Sérénissime un conte étrange, dans lequel je figure, moi et ma suite, comme ayant forcé les portes du tombeau de David à Jérusalem en insultant les Santons de se lieu saint — il me paraît urgent, par le respect et l'attachement sincère que je porte à Votre Altesse, de l'éclairer au sujet d'un mensonge aussi monstrueux. Voilà le fait.

  J'avais demandé au gouverneur de Jérusalem — qui me fit voir avec la plus grande complaisance tout l'intérieur de la mosquée sainte d'Omar — si je ne pouvais pas également visiter le soi-disant tombeau de David au mont Sion. Il me répondit que cela n'avait aucune difficulté, et qu'il m'y accompagnerait lui-même. Cependant le jour où je comptais y aller, le gouverneur se trouvant absent, je m'y rendis seul avec ma suite. En entrant nous trouvions un Santon assis dans le vestibule, auquel on exposa poliment notre but, en lui disant qui j'étais. Cet homme, nous refusant grossièrement l'entrée, ne daigna pas même se lever. Le Kavass du gouvernement, qui m'accompagne depuis Alexandrie, lui montra alors le Firman de Votre Altesse, sans que l'insolent Santon témoigna le moindre signe de respect à sa lecture, ni ne se leva, comme si c'était un simple chiffon de papier inutile qu'on lui aurait présenté.

Exasperé d'une telle impertinence, je fis dire par Monsieur Gélat (faisant les fonctions de Viceconsul de Prusse à Giaffa en attendant la confirmation de Votre Altesse) au Santon: „qu'il était un vrai rebelle de recevoir ainsi un Firman de son maître" et le Kavass musulman le prit par le bras pour le faire lever. Après cela on ne fit que parlementer, et Mr. Gélat, parlant l'arabe mieux que les autres, se donna toute la peine du monde pour mettre le Santon et ses confrères survenus à la raison, mais par les seuls moyens de la persuasion. Aussi réussit-il si bien, qu'après quelques moments l'un des Santons chercha la clef et devenu très poli, nous ouvrit toutes les portes de la meilleure volonté du monde, nous montra tout et releva lui-même la draperie qui couvre le grand Sarcophage romain, qu'on fait passer assez ridiculement pour le tombeau de David. Le même homme, Santon ou prêtre, je ne sais, reçut aussi sans difficulté en sortant son bakschis, et nous accompagna très-amicalement jusqu' à la porte cochère où nos chevaux étaient restés, et où nous prîmes congé de lui. Quant au pauvre Mr. Gélat, sur lequel il paraît qu'on a voulu comme chrétien et sujet de Votre Altesse, jeter le plus d'ombre dans cette affaire, toute ma suite, ainsi que moi, peuvent attester par serment qu'il ne s'est pas permis la moindre violence, même dans ses propos, excepté la phrase, que je lui ai dictée, que je viens de rapporter, et dont je prends sur moi toute la responsabilité. Quant au Kavass qui a fait lever le saint homme un peu malgré lui, il me semble qu'il mérite plustôt une récompense qu'un blâme, d'avoir senti si profondément — quoique Musulman et même assez fanatique — l'impudence avec laquelle le Santon se permit d'accueillir un Firman de Votre Altesse, que les premiers seigneurs de Vos états reçoivent toujours avec toutes les marques du plus grand respect.

Voilà, Monseigneur, comment s'est passée la petite affaire qu'on a si bien embellie depnis. A Alexandrie on s'est même amusé à en faire une véritable bataille, dans laquelle, disait-on, un Santon avait été tué et moi-même blessé mortellement, et si le courrier de Smyrne s'empare de cette anecdote, je ne doute pas que le nombre des morts et blessés sera encore considérablemet augmenté.

Ceci n'est que plaisant — mais vis-à-vis de Votre Altesse il m'importe qu'un faux rapport ne puis l'indisposer contre moi et lui faire croire un seul moment que ma conduite ne réponde pas toujours aux sentiments de la profonde reconnaissance et du dévouement le plus respectueux avec lesquels je serai toute ma vie
 de Votre Altesse Sérénissime
  le très humble et très obéissant serviteur
  le Prince de Puckler-Muskau.

7.
Püdler an Mehemed Ali.
        Saide, ce 14. avril 1838.
 Monseigneur,

Mon intention étant de me rendre d'ici au camp des troupes de Votre Altesse Sérénissime au Hauran, je m'empresse de lui en demander son agrément, et dans le cas qu'Elle n'y soit point contraire, comme je l'espère, j'ose encore prier Votre Altesse de bien vouloir m'accorder une recommandation particulière pour Mustapha Pacha et Soliman Pacha, sans quoi ces Généraux pourraient bien me regarder comme un intrus, et ne pas me montrer la confiance que je crois mériter. Ce n'est pas une vaine curiosité, mais le désir si vif et si constant en moi de me rendre utile à Votre Altesse, qui me dirige de ce côté. Je m'imagine qu'un article publié dans les journaux français signé de mon nom et daté du camp même des troupes égyptiennes fera quelqu' effet en Europe, et servira efficacement à écraser les rapports exagérés et les mensonges qu'on se plait déjà à répandre sur les causes et les résultats de l'insurrection des Druzes.

Le moment est assez important — et ma présence accidentelle peut tourner à l'avantage de la bonne cause, en éclairant le public par un témoignage, auquel on ajoute quelquefois même les cabinets, parcequ'on le connait indépendant et impartial.

Votre Altesse jugera mieux que personne si ces observations sont justes et Elle agira en conséquence. Quant à moi je ne désire que me conformer en tout à Sa volonté et à Ses ordres qui sont aussi sacrés pour moi que si je me trouvais au nombre de ses sujets.

Je suis avec le plus profond respect !
de Votre Altesse Sérénissime
le très humble et très obéissant serviteur
le Prince de Puckler-Muskau. —

1830.

1.
Pückler an Lucie.

*Königsbrück, 1 Uhr Mittags,
den 28. April (1830).*

Meine Herzensschnucke,

Es thut mir sehr bange nach Dir, gute Alte, und auch sehr um Dich; denn ich fürchte, allein machst Du Dir das Herz schwerer als Du solltest. Denke an die Vergangenheit gar nicht, an die Gegenwart mit möglichster Theilnahme an allem, was Dir begegnet, an die Zukunft aber am meisten mit lieblichen Phantasiebildern, als da sind Reise mit Deinem Lou, Kissingen, Schweiz, Paris.

Am 10. verließ ich Dresden wohleingepackt, nachdem ich vorher noch Max besucht und von ihm Abschied genommen. Ich befinde mich noch schwach, aber im Ganzen leidlich. In $2^{1}/_{2}$ Stunden brachten mich die Polacken gemächlich her, leider aber ist keine Chaussée von hier nach Hoyerswerda.

Du weißt, daß ich in Königsbrück immer Präsente für Dich kaufe, so auch heute; ich sende sie jedoch erst von Muskau aus, nämlich eine Schlange, die sehr schöne Ringe macht, und ein Stehaufchen.

Mich selbst habe ich von Dresden aus mit vier Romanen regalirt, lese aber doch nur sehr zerstreut, und bin auch malgré tous mes efforts „in low spirits".

Wenn ich Wein hätte und welchen trinken dürfte, so würde ich mir ein Räuschchen anzuschaffen, meinen zu kurzen Haaren ein Haarbeutelchen anzusetzen suchen — so aber muß ein mageres Diner und die Philosophie thun, was sie können.

Apropos!, dabei fällt mir ein, daß es mich doch beunruhigt, was Du von möglichen Geldverlegenheiten gesprochen. Es ärgerte mich zwar, daß ich einen Beitrag zu den Reisekosten tragen sollte; denn wo ich mit meiner Schnucke bin, muß ich freigehalten werden, das freut mich, und macht mir Spaß — aber sonst ist doch das meinige der Schnucke, wie das ihrige stets mein war. Ich werde also 100 Thaler bei dem jungen Mühle, so wie ich nach Muskau komme, deponiren, und Du kannst dann, wenn ich auch weg bin, jeden Augenblick darüber disponiren. Brauchst Du es nicht, nun, tant mieux.

Wenn mich nun, comme une douleur sourde, Deine Abwesenheit immer fort bald mehr, bald minder quält, so ist es doch ein wahrer Trost zu wissen, daß fern und nah wir dennoch uns immer, fest und sicher und von keiner menschlichen Einwirkung mehr abhängig, dieselben bleiben; also nur den Tod, keine andere Trennung haben wir wirklich zu fürchten. Pénétrez-vous bien de cette vérité, et elle vous consolera aussi dans des moments de faiblesse.

Von Muskau mehr, der herzlichste Kuß siegelt diesen Brief.

Immer und ewig Dein Lou.

2.
Pückler an Lucie.
Musakoff, den letzten April 1830.

Herzensschnucke,

Um Dich mit Sicherheit zu interessiren, fange ich von Francis an. Ich war aus dem Wagen schon im Park gestiegen, und nach dem Bericht meines Kammerdieners kam Francis, wie dieser auf den Hof fuhr, wie wahnsinnig darauf zugestürzt, sprang hinein, suchte und suchte; da er aber seine Herrschaft nicht fand, ging er, wie vor den Kopf geschlagen, den Schweif zwischen die Beine geklemmt wieder in's Haus, und wies jedem, der sich ihm nähern wollte, die Zähne.

Bei aller Sentimentalität hat ihn die Kartoffelkost entsetzlich fett gemacht, und ich glaube nicht, daß sie ihm bekömmt. Ich ließ ihn nachher in den Garten kommen, wo er zwar außer sich vor Freuden schien, aber doch auf andere Art als sonst. Er bleibt befangen und ist nicht à son aise, wie der Lou, weil beiden die Schnucke fehlt; denn dieses seltene Kleeblatt von Schaf, Wolf und Hund kann ohne einander nicht bestehen.

Am rührendsten erscheint mir Fancy, seit ich wieder hier bin. Er hat sogleich die Inspektorin, an die er sich ziemlich gewöhnt hatte, gänzlich verlassen, und weicht nun keinen Augenblick von mir, ob ich gleich vielfach versucht, ihn loszuwerden. Als ich zu Bette ging, wedelte und schmeichelte er so lange, bis ich ihm erlaubte, am Fuße des Bettes zu schlafen, wo er sich die ganze Nacht nicht gerührt hat. Demohngeachtet scheint sein Kummer durch meine Ankunft erst wieder recht von neuem zu beginnen.

Die Pappeln nehmen sich sehr gut aus, sonst ist es noch nicht sehr grün, Linden und Buchen und Akazien noch ganz schwarz. Rehder hat wie gewöhnlich, wenn ich nicht da bin, gefaullenzt, und pflanzt noch immer grüne Besen. Ueberhaupt gefällt mir Muskau ohne Dich eben so wenig, wie es Francis gefällt. Auch im Schloß fühle ich mich unheimlich, et je le quitterai bientôt, mais seulement pour quelque temps, et pour y revenir.

Morgen mehr.

Dein treuer Lou.

Die Königsbrücker Schlange schicke ich mit. Sie besteht aus tausend und einem Ring.

3.
Pückler an Lucie.

Muskau, den 5. Mai.

Gute Schnucke,

Gelb, krank und mißmuthig erwacht. Das Frühjahr ist nicht hübsch mehr, wenn man alt wird, und einem aus dem Spiegel kein Frühlingsgesicht mehr entgegenlacht, sondern nur ein gerunzeltes, fahles und verdrießliches. Uebrigens hat mir der Park nie weniger gefallen, er kommt mir so klein, monoton, ja schlecht und steif angelegt vor, und ich fange an, mich zu schämen, mein Werk darüber herauszugeben.

Pour comble de malheur ist heute Bußtag, wo nicht gearbeitet wird, und also selbst dieser mechanische Reiz wegfällt. Zum Schreiben und Komponiren bin ich aber zu unwohl, zu vernagelt. Ich habe keine Gedanken. Es bleibt also nichts übrig als lesen, wozu ich wenigstens nichts Neues habe.

4.
Pückler an Lucie.

Muskau, den 8. Mai 1830.

Du willst also, wenn Du wiederkömmst, mein Gast sein? Ich fürchte wirklich, daß ich, wenn ich die Haushaltung versehen müßte, zu geizig würde; es zeigen sich dafür bedenkliche Symptome, und auch meine Hand wird immer magerer! Gare à vous, Schnucke, ich nehme Dir dann alles weg, und stecke es in den eisernen Kasten. Uebrigens geht hier alles mit dem Kammerdiener ganz vortrefflich.

Schnucke, mein Bart ist schon wieder $1/8$ Zoll lang, und wird heute Abend zum erstenmal gefärbt; ich bin auch nicht mehr so schrecklich blaß, als nach der Dresdner Medizinkrankheit, und werde also bald den Mumien meines Alters, deren Du erwähnst, noch siegreicher den Rang ablaufen. Der

Unterschied liegt in der Hof= und Landluft, in der Sklaverei und Freiheit, im töbtenden Einerlei des geschäftigen Nichts= thuns, und in dem Schaffen freier Phantasie.

Mit der Gesundheit geht es leidlich, und sehr lieb hat Dich stets

Dein alter Lou.

5.
Pückler an Lucie.

Muskau, den 9. Mai 1830.

Liebste Schnucke,

Großes crève-coeur! Das Färben ist diesmal so gänzlich mißglückt, daß ich es von neuem beginnen muß. C'est vraiment dur. Die Kirche habe ich auch darüber versäumt, wohin ich sehr regelmäßig gehen wollte, um zu beweisen, daß nur Deine freigeisterischen Prinzipien', wenn Du hier bist, mich davon abhalten. Das Wetter ist kalt, und es regnet doch nicht. Alles ist verdrießlich.

6.
Pückler an Lucie.

Muskau, den 17. Juni 1830.

Liebste Luziege,

Ich war sehr böse, aber da nun endlich ein Brief ge= kommen, und ein sehr guter, so verzeihe ich wieder en bon Prince, und küsse Deine schönen Hände zärtlichst.

Ich werde Dich mit meinem Bruder Francis hier er= warten, aber mit der Bedingung, daß ich den 15. Juli Muskau verlasse, und Dich dann, wo Du willst, erwarte, was um so besser geht, da ich in Dresden und Freiberg mehrere Geschäfte habe, die ich dann abmache, und mich dabei sehr gern vierzehn Tage in Dresden aufhalten möchte, um meine alten Bekanntschaften daselbst einmal wieder aufzufrischen. Ich wollte diesen séjour schon jetzt machen, opfere ihn aber Deinen Wünschen auf, was Du, Schnucke, durch die ausgezeichnetste Nachgiebigkeit zu erwiedern wissen wirst. Nachher gehen wir zusammen nach Kissingen, und weiter in die Welt. Ich führe die Kasse, und Du bekömmst täglich 16 Groschen pour ces menus plaisirs. Wir nehmen Madeline und meinen Kammerdiener mit, und nehmen, wo es nöthig ist, einen Lohnbedienten an. Jocrisse fleuri bleibt bei Dittig, et voilà, wie die Mutter sagt. Après avoir rodé pendant l'automne, nous irons faire une visite à Alaix, et de là à Paris, où nous nous reposerons l'hiver, et où je vendrai mes chevaux avec avantage, et où je m'amuserai aussi que ma bonne Schnucke à bon marché; denn, Schnucke, aller Eitelkeit mußt Du dort entsagen, und durchaus nicht die grande dame spielen wollen, denn sonst erlangen wir mit Gewißheit Sorge statt Vergnügen. Bist Du darin vernünftig, so freue ich mich sehr auf unsere Lebensart, und bin in der besten Disposition heiter zu sein, und Dir als ein guter Sohn Freude zu machen, jedoch nur als enfant gâté qui fait ce qu'il veut.

Dein treuer Lou.

7.
Pückler an Lucie.

Du hast die letzte Pointe meines halb scherzhaften, halb wehmüthigen Billets wohl nicht verstanden, denn sie war schmeichelhaft für Dich gemeint, und hätte eine mildere Antwort verdient. Vielleicht geht es mir in allem wie dem Major von Hochhorst, und eine ehrenvolle Kugel löst in der verwirrten Zeit das Räthsel eines verwirrten und oft verirrten Lebens.

Dein Lou.

8.

Pückler an Lucie.

Hat mich mein Schnückchen lieb? Ich sie sehr, bin mit ihr eingeschlafen und aufgewacht — weil sie gut gestern war. Aber so muß sie sein, ergeben, ein Theil von mir, ein Werkzeug in meiner Hand. Das ist stärker wie ich, es liegt in meiner Natur, und wo Liebe ewig dauernd bleiben soll, muß überhaupt ein Theil unbedingt herrschen, der andere unbedingt opfern, um im Anderen allein zu leben. Dies ist wahr, und klingt nur hart, denn sehr ungewiß bleibt es, wenn nicht sehr gewiß, welchem von beiden das bessere, ja das genußreichere Loos zu Theil wird. Dein Tyrann.

9.

Pückler an Lucie.

Meine gute Herzensschnucke, sei nicht bös, wenn ich manchmal ein bischen verliebt, und daher mißgestimmt bin. Die wahrste, bleibende Liebe, die immer unveränderte, ist die für meine Schnucke, nur muß sie sein eine Rippe aus meinem Leibe, und kein eigenes Leben.

Ich habe sehr viel zu thun. Sobald ich einigermaßen fertig bin, komme ich herunter. Ich küsse Dich herzlich, und bitte Dich, mich froh zu empfangen. Dein treuer Lou.

10.

Pückler an Lucie.

Berlin, den 4. August 1830.

Liebste Schnucke,

Diesmal hat der R. R. keine gute Route angegeben.

Ich hätte sollen über Kottbus nach Burg fahren, von da zu Wasser durch den Spreewald nach Lübbenau und

Lübben u. s. w. Ueber Wetschow bin ich zwei Meilen umgefahren, habe von Lübbenau nach Lübben nur eine Wasserparthie durch Schilf in der offenen brennenden Sonne ohne Baum noch Strauch gehabt, und überhaupt den gräßlichsten Weg durchaus, zu dem ich 26 Stunden gebraucht, denn erst um 2 Uhr in der Nacht kam ich gestern hier an.

Ich logire schon im Carolathischen Hause, da die Hitze im Gasthof den Bleidächern Venedigs gleich kam, und bin ganz leidlich komfortable.

Leider aber ist weder Bethe noch Schinkel hier, der letztere in Paris, das jetzt nicht wenig interessant sein mag! Was sagst Du zu dem Wahnsinn Karl's des Zehnten? Ich hoffe, daß man ihn absetzen wird, und erinnere Dich, was ich über den Herzog von Orleans voriges Jahr geschrieben und gesagt: „Es wäre ein Glück für die Welt, wenn dieser König der Franzosen würde".

Doch zur Reise zurück.

In der süßen Wehmuth der Trennung von Lieben, wo das innige Gefühl des letzten über das erste tröstet, und auch ein wenig verliebt in die Humbert, gelangte ich bei herrlichem Mondschein und Kühle nach Spremberg.

Gräßlich ist der Weg nach Wetschow. Als die Sonne wieder aufging, passirten wir einen Wald, wo à la lettre die Bäume vom letzten Sturm noch her wie niedergemähtes Korn reihenweise darniederlagen. Hätte sich jemand in diesem Augenblick auf der Straße befunden, er hätte unmöglich mit dem Leben davon kommen können.

Um halb acht Uhr erreichte ich Lübbenau, dessen Schloß-Waarenlager schon weit her wie eine Tuchfabrik aus den umgebenden Sumpfwiesen hervortritt. Außer Erlen, Weiden und Pappeln wachsen kaum andere Bäume in dieser Gegend, und der Sumpfgeruch ist ebenso ungesund als widerwärtig. Das Schloß ist ein wahres Muster von schlechtem Geschmack, worin es nur von den umgebenden Anlagen übertroffen wird.

Ein künstlicher steifer See dient zum point de vue, über den zwei Brücken auf eine beträchtliche Länge im halben Zirkel geschlagen sind, so daß man auf Treppen wie auf einen Thurm hinauf- und herabsteigen muß. Der Rasen ist hier überall Schilf.

Ich frühstückte im Gasthof, und bestellte mir ausdrücklich eine hübsche, junge Frau als Schifferin nach Lübben. Der Wirth winkte mit den Augen, und meinte, ich würde zufrieden sein. In der That war auch die Frau gar nicht übel.

In Lübben fand ich am Wirth einen wahrhaft ergötzlichen schlesischen Windbeutel, eine ganz eigenthümliche Abart dieses Geschlechts. Er log gewaltig, und gab mir in diesem Styl Auskunft über die ganze Gegend. Ich frug über den Grafen Lynar. „Ja", sagte er, „der Herr hat sich mit seinem Schloßbau versteckt, und dann die großen Wetten in Berlin, wo er manchmal 10,000 Thaler auf einmal für das ganze Uhlanenregiment hat bezahlen müssen, bei dem er sein Dienstjahr abhielt!" „Wie so das?" „Nun, sehen Sie, gnädiger Herr, da waren sehr reiche Engländer dazumal in Berlin, mit denen der Herr Graf und die anderen Offiziere immer große Wetten machten, der Herr Graf mußte aber gewöhnlich allein zahlen. Wenn schon der ganze Hof bei solchen Sachen zugegen ist, und der König der Berliner Garnison befohlen hatte, Spalier dabei zu machen, rund um den Thiergarten, wo die Läufer durchmußten — da weiß man schon, daß von keinem Puppenspiel die Rede sein kann . . . . . ja Herr, die ganze Garnison mußte Spalier machen, und der König führte den Herrn Grafen bei der Hand — so eine Ehre muß man dann freilich bezahlen." In diesem Ton ging es eine halbe Stunde fort, wobei die ganz hübsche Tochter abwechselnd mit einhalf, mir aber vor unsäglicher Hitze in der Treibhausstube der Schweiß vom Gesichte rann, und tausend schwarze Fliegen, gleich der Berliner Garnison auf meinem Gesichte Spalier machten.

Doch wessen Feder ist fähig, den Weg zu beschreiben, der von Lübben über Buchholz und Mittenwalde nach Berlin führt! Mit Kieferstöcken, in glühenden Dampf getaucht, müßte er auf bodenlosem Streusande verzeichnet, und ein Kranz gebleichter Gerippe von verschmachtenden Postpferden und in Verzweiflung geendeten Selbstmördern darum herumgezogen werden. Gleich bei der ersten Station warf sich, ohngeachtet meines leichten Wagen, ein solches unglückliches Thier zu drei verschiedenen Malen trostlos auf die Erde vor dem Wagen, und wollte nicht mehr weiter, so daß wir es endlich ausspannen und mit einem weiter kutschiren mußten. Du kannst denken, wie schnell es mit dieser Extrapost ging. In Buchholz gab ich ein Diner an mehr Gäste, als ich noch je bewirthet. Es konnten wohl eine halbe Million sein, waren alle sehr elegant schwarz angezogen, etwas zubringlich in der That, aber dagegen von einer aisance und Leichtigkeit der Tournüre, welche den größten Stutzern Ehre gemacht haben würde. Doch da sich einige derselben unterstanden, mir auf der Nase zu trommeln, so ward ich wüthend gleich dem mächtigen Odysseus, holte die schwarze, erprobte Waffe, die ich Deiner vorsorgenden Güte verdanke, und begann den mörderischen Kampf. Halte es für kein Bülletin der großen Armeen, wenn ich Dir sage, daß ich ganz unverwundet davon kam, und demohngeachtet einige hundert meiner Gäste todtschlug.

In Buchholz war die Köchin eine wahre Schönheit, und eben so schmutzig, auch sehr kurz angebunden. Ich hatte Eier auf Butter bestellt. Es dauerte etwas lange, und ich frug etwas ungeduldig, wo das Essen bleibe. „Ja", war die Antwort, „die Köchin hat erst das Kind waschen müssen, aber sie ist nun schon wieder bei den Eiern". Quel agréable assaisonnement!

In Mittenwalde behauptete der Postmeister, mein Wagen (die Droschke) sei zu schwer, um mit zwei Pferden gefahren werden zu können, ließ sich aber doch endlich bedeuten, und nach einigen Pourparlers entdeckte sich ein nicht ganz uninteressantes Zusammentreffen; denn er war derselbe Mann (damals Offizier), der Reichhard und mich auffand, als wir mit dem zerrissenen Ballon auf einer Tonne saßen, und Leute mit Leitern zu unserer Befreiung aus Potsdam holte.

Du weißt schon wie ich in Berlin mitten in der Nacht ankam, und zugleich mit den verrückten Ordonnanzen des Karl's des Zehnten auch seine Wegjagung aus Paris erfuhr.

Den 6.

Ich kann nicht sagen, daß ich mich in Carolath's Hause sehr komfortable befinde. Der Portier ist eine sehr gute Haut, Louis sehr artig und versorgt mich mit Equipage, das Essen aus dem Café royal infam, das Königstädter Theater heiß und langweilig, überall die Hitze erstickend, alle Leute, die ich sprechen will, nicht da, Schinkel leider in Paris. Heute Abend war ich bei Stägemann's, denen ich die für Schinkel bestimmten Ananas gegeben, und die mich freundlich wie immer empfingen. Es war ihr großer Freitag, und eine Menge dii minorum gentium dort versammelt.

Den 7. Abends.

Furchtbare Migraine, gute Schnucke! Ich bin noch sehr elend, morgen mehr.

Den 8. früh.

Eben erhielt ich einen Brief von Dir, der mich sehr freute. Es ist Schade, daß Du nicht eine Erwähnung der Feierlichkeiten in Muskau zu des Königs Geburtstag hast in die Zeitungen setzen lassen. Es geschieht aus allen Bädern, und Puttbus versäumt es nie. Wie blieb denn Gräbell stecken? Ganz oder nur halb? Francerle's Benehmen habe ich mit Thränen gelesen, il est certain, que c'est un ange. Daß Du so von der Hitze leiden mußt, bedaure ich um so theilnehmender, da es mir nicht besser gegangen. Jetzt geht es mir aber noch schlechter; denn ich habe mit neuem Pulver gefärbt, das zu stark war, und mir bei der Hitze die ganze Haut der Ohren und des Gesichts aufgezogen hat, de manière, que je souffre beaucoup et que j'ai l'air d'un écorché.

Abends.

Ich meldete mich beim Kronprinzen, der mich annahm, und sehr artig eine Viertelstunde mit mir konversirte. Ich fand ihn zu seinem Vortheil verändert, gar nicht mehr so burschikos, verbindlich, und im Benehmen eine sehr vortheilhafte Ruhe und Milde. Die politischen Begebenheiten sind übrigens den Souverainen und Prinzen nicht sehr angenehm, und die Höflinge möchten schon wieder rathen, nach Frankreich zu marschiren. J'espère, qu'on n'en fera rien; man würde sonst nur wieder mühsam einen neuen Napoleon schaffen. Die anderen Prinzen sind nicht da, und den König habe ich noch nicht zu sehen bekommen.

Den 9. Abends.

Diese Nacht ist Carolath und Adelheid angekommen. Wir arbeiten daran, daß Adelheid, die Kinder und Lintz mit nach England gehen. Carolath erklärt bestimmt das Gegentheil, wird aber wohl wie gewöhnlich nachgeben.

Abends waren wir im Theater, wo erbärmlich gespielt wurde, und dann bei Varnhagen. Ich bekam Deinen Brief an Rother — der aber in Schlesien ist, sowie auch Bethe. Den jungen Lottum und Frau habe ich gesehen. Mit dem Vater haben wir uns gegenseitig verfehlt. Nostitz und Redern sind sehr artig. Der letzte giebt gute Hoffnung für Seidel. Er zeigte mir heute sein Haus, das wirklich sehr schön ist, von innen und außen, alles du Schinkel, und kein Geld dabei gespart. Er hat nach England gewollt, und Wittgenstein ihm gesagt, es sei ganz die eigene Idee des Königs gewesen Carolath hinzuschicken.

Den 10.

Carolath et nous tutti quanti aßen und rutschten heute in Tivoli, Carolath gestern beim König in Charlottenburg. Die Politik gestaltet sich sanfter, wie Viele hofften, und wenn, wie ich glaube, die gemäßigte Partei die Oberhand behält, so geht alles friedlich ab, und Frankreich präsentirt ein Frei= heitsmuster, das nicht fehlen kann, auch auf uns den wohl= thätigsten Einfluß zu üben. Doch kann auf eine Kleinigkeit alles anders wenden, hier ist es schwer, Prophet zu sein. Le misérable Charles X. et son fils ont bien fait d'abdi- quer, mais je doute que le Duc de Bordeaux règnera.

Da der König jetzt nur sehr selten Meldung vom Kom= mandanten annimmt, so habe ich mich an Wittgenstein wenden müssen, der nichts weniger als gut für mich sich zeigt. Je crois, que l'affaire de Carolath lui est désagréable, et qu'il se doute de l'instigateur. Er hat zu Carolath ge= sagt, ich könnte wohl drei Wochen warten, ehe der König mich einlade, da er jetzt immer in Charlottenburg wäre, und keine großen Tafeln hätte. Witzleben hat sich dagegen freundlich gegen Guse über mich geäußert, das heißt leiblich, denn des amis chauds habe ich hier nicht, et ne fais pas trop de frais pour cela non plus.

Abscheulich theuer finde ich Berlin, und deployire mein Geld, bin aber sonst guten Humors und gesund, bis auf das geschundene Gesicht.

Eben noch ein lieber Brief von meiner Schnucke! Ich habe ihn ganz Adelheid lesen lassen, qui en était enchantée comme moi. Du politisirst ganz richtig; nur verstehe ich nicht Deine Gratulation, daß die Familie ein Gut in Frank= reich besitzt. Si moi je l'avais, ce serait autre chose. Bei alle dem lieber im Erzgebirge mit der kleinen Familie, und die Pfeife im Munde!

Abends.

Tout est arrangé, comme je l'ai prédit. Adélaide, enfants, Muschwitz et je crois Mlle Humbert aussi vont en Angleterre.

Den 11.

Carolath und ich essen heute bei Redern, und Adelheid kömmt nach Tisch, um das Haus zu sehen. In Gesellschaft gehe ich übrigens gar nicht. Le théatre m'amuse assez, namentlich die Oper Fra Diavolo, die vortrefflich gegeben wird. Redern hat überhaupt gut auf das Theater eingewirkt; mais au reste j'ai vu maintenent, qu'il na pas l'étoffe pour aller loin. Il ne remplacera pas même le courtisan par excellence, et ne me semble pas trop bien avec lui. Le terrain en général a un peu changé.

11.
Pückler an Lucie.

Berlin, den 11., Abends.

Meine Herzensschnucke,

Wir fanden bei Redern den Professor Rauch, der mich sehr elektrisirte, und den ich bei Tisch zur Gartenkunst bekehrte. Abends sahen wir im Theater ein schlechtes Stück und noch schlechtere Schauspieler. Die Politik absorbirt übrigens jetzt alles.

Den 12., 13., 14.

Eine herrlichere Revolution wie diese zweite französische kann es nicht geben! Welche Kraft, welche Einheit, welche Mäßigung, welche weise Maßregeln. Die Staatsreligion hat aufgehört, die absolute Macht vom Thron hat aufgehört — nun ist kein Hinderniß mehr in Frankreich, welches das Rad der Aufklärung aufhalten könnte, und schnell werden die Franzosen die erste Nation der Erde werden. Die erste Revolution hatte mit Blut gedüngt, die zweite trägt die Frucht.

Wie sich Frankreich benimmt, können die Souveraine nicht daran denken, es mit Krieg zu überziehen, und auf den liberalen König in England dürfen sie ohnedem nicht als Bundesgenossen rechnen. Rother ist hier angekommen und hat mir morgen Audienz verheißen. Heute Abend werde ich Witzleben sehen. Adelheid und ich präpariren den Generalsrang für Carolath, der ihm wohl nicht entgehen wird. Doch ist er nicht sehr dankbar für meine Mühen, und denkt nach dem Gelingen immer, er habe alles allein gemacht.

Da ich aber für mich nichts mehr will, so freut es mich, einen Anderen zu poussiren. — Bei den Varnhagen's war ich schon zweimal, und finde sie allerdings beide sehr geistreich, auch bei Stägemann zweimal, sonst nirgends. Bethe kömmt leider noch in vier Wochen nicht wieder, und ich kann ihn daher nicht erwarten. Den Minister Lottum habe ich noch nicht gesprochen, aber sie, die sich Dir vielmals empfiehlt. Von Sr. Majestät höre ich nichts, weil Witzleben feindselig ist. Ich werde mein Heil durch Wittgenstein versuchen.

Den 17.

Schnucke, wenn man hier etwas erreichen will, muß man mit seiner Zeit gar nicht genirt sein. Ueber das Knie brechen läßt sich hier nichts. Ich habe nun auf diese Art Rother, Lottum und Stägemann gesprochen, und bin über alle Geschäfte sehr zufrieden, und mehr überzeugt als je, daß Grävell's Schreibereien nur durch unsere Persönlichkeit befruchtet werden können. Deine Sache wird Rother betreiben; er ist sehr gut jetzt für uns, weil er sehr schlecht mit Deinem Bruder ist. Carolath ist General durch Guse hauptsächlich geworden, und ist in einer höchst günstigen veine, die Adelheid meisterhaft benutzt. Darin ist sie Dir, Schnucke, sehr überlegen. Elle ose tout, et remporte tout. Ich sehe deutlich, daß, hättest Du vor zwei Jahren meine Briefe ab=

gegeben, ich auch reuſſirt hätte. Nun fehlt es mir an einem Vorwand, und ich muß Oberſt bleiben.

Wir aßen vorgeſtern bei Sir Brook, der mein guter Freund geblieben iſt, und waren geſtern Abend bei Wittgen= ſtein eingeladen, wo ich die ſchrecklich alt gewordene Hatzfeldt fand. Auch mein Freund Lottum hat mir ein Diner ge= geben. Sonſt gehe ich nirgends hin. Das Muſeum iſt ein Ort, den ich oft beſuche. Es iſt freilich vieles beſſer zu wünſchen, bleibt aber doch ein ſchönes Monument. Mündlich mehr über alles das; aber noch kann ich nicht abſehen, wann ich wegkomme, da ich noch bei dem neuen Finanzminiſter Maaßen, und dem täglich erwarteten neuen Kriegsminiſter (man ſagt Witzleben, Haag wird Gouverneur von Neuchatel) Geſchäfte habe, und nun doch den Aufenthalt dazu anwenden muß, ſo viel wie möglich reinen Tiſch zu machen Mit Kiſſingen, Herzensſchmucke, wird es wohl nun nichts werden können, die Zeit drängt zu ſehr, und iſt überall zu kurz.

Den 18.

Endlich habe ich mich beim König heute melden können, mußte mich aber aus dem Schlafrocke in zehn Minuten in Uniform anziehen, ſonſt hätte ich ihn wieder verſäumt. Er war ſehr verdrießlich über die Zeitereigniſſe, aber doch recht graziös. Da ich erwähnte, daß wir uns immer geſchmeichelt, einen der Prinzen in Muskau zu ſehen, und kaum wagten, denſelben Wunſch Sr. Majeſtät betreffend zu hegen, er= wiederte er: „Da müßte doch erſt eine Veranlaſſung von Ihnen ausgehen, ſonſt iſt es nicht auf dem Wege, und der Sand bis dahin nicht ſehr einladend". Heißt das, wir ſollen ihn einladen? Es ſcheint faſt ſo. Bei alle dem ſchien er mir doch nicht ganz ſo freundlich als ſonſt, und hat es vielleicht übel genommen, daß ich wegreiſte, ohne der Tafeleinladung zu folgen.

Den 19.

Gute Herzensschnucke, wie gerne und tausendmal lieber ginge ich nach Kissingen, als hier` zu vegetiren, aber vor Ende September ist es gewiß nicht möglich, die hiesigen und auch die Muskauer Geschäfte zu vollenden. Es thut mir aber in der Seele weh.

Was mich betrifft, so fühle ich täglich mehr, daß ich nicht mehr für die Welt und ihren Dienst gemacht, und gewiß in der Zurückgezogenheit noch den meisten Genuß zu finden fähig bin.

Ich sehne mich sehr nach Dir, gutes Schnückerle; denn nur mit Dir oder ganz allein fühle ich mich völlig zu Hause, die übrigen Menschen, so nahe sie auch stehen mögen, sind doch chose à part.

Der Humbert und Helmine habe ich hübsche Viel= liebchen geschickt. Die letzte schreibt mir dafür große Vor= würfe, und daß ich mich bessern soll. Sie ist trostlos, wie sie sagt, allein nicht reisen zu dürfen. Adelheid und Ca= rolath dulden mich, et voilà tout. Das Logis ist aber ein agrément, und Louis Equipage mir sehr nützlich. Demohn= geachtet kostet mich Berlin infam viel. Zum Pferdeverkauf ist keine Aussicht.

Ich küsse Dich von ganzem Herzen, mein Schnückerle, und mit Schmerzen.

12.
Pückler an Lucie.

Berlin, den 19. August 1830.

Geliebteste Schnucke,

Heute habe ich endlich mit Carolath beim König in Charlottenburg in ziemlich kleiner Gesellschaft gegessen, und obgleich wir ein bischen zu spät kamen, waren Se. Majestät doch außerordentlich gnädig. Cela m'encourageait d'être aimable, et en effet je tenais le dé pendant tout le diner (wie St. Simon sagt). Nach der Tafel ließ mir der König sein neues Haus, wo wir auch aßen, durch Bojanofsky zeigen. Es ist einfach, elegant und hübsch, ein Vaterunser über dem Bette erschreckte mich aber ein wenig, nicht an sich, aber wegen der Beziehung mit der rund umher grassirenden Frömmelei.

Ich habe vergessen zu erzählen, daß auch Prinz Karl und seine schöne Frau mich vor ein paar Tagen sehr zuvorkommend empfingen. Sie waren im Begriff, nach Glinike abzureisen, ließen mich aber vorher noch ihr ganzes Palais en détail sehen, das ich früher nicht so genau durchgangen war. Die Waffenhalle ist sehr hübsch, und das Ganze viel geschmackvoller wie des Kronprinzen Zimmer, aber die Säle gefallen mir doch nur halb.

Den 20.

Adelheid, die zweimal die Fürstin Liegnitz und bei ihr den König gesehen hat, ist gestern Abend sehr vergnügt abgereist, avec Mushwitz dans la même voiture. Elle était fort aimable, ne pensant qu'à elle et son intérêt en vérité, mais pourtant gracieuse et très amicale dans ses propos. Pour pousser et faire réussir son mari, elle est admirable, et je ne puis guères prétendre, qu'elle use son credit pour moi. Je suis content qu'elle semble ne pas avoir l'idée de me nuire.

Ich habe nun, gute Schnucke, auch einen Versuch zum General gemacht, mais j'ai peu d'espoir du succès. Je ne suis pas né heureux en tout comme Carolath, auquel il ne faut que la résolution de les cueillir pour s'approprier tous les fruits, que la vie peut offrir dans sa situation. Adélaide et moi nous avons déjà trois ou quatre nouvelles graces in petto, que nous lui ferons demander.

1) Etre envoyé encore pour le couronnement,
2) d'entrer au Staatsrath,

3) devenir Landmarschall, dès que le Prince Pless devient duc de Cöthen, ce qui ne tardera pas.

Alors il demandera la Durchlaucht, et deux jours après sa mort ou lui donnera l'aigle noir — pour que la plus brillante destinée d'un Prussien possible soit comblée. Votre Lou en attendant, restera bien en arrière, peut-être même ou lui coupera la tête dans quelque révolution — et au bont du compte pourtant tout reviendra au même.

Abends.

Eben erhalte ich einen Brief von Dir vom 14. mit sehr hübschen und interessanten Schilderungen. Wehe fast that mir die von Pappenheim, und wie eine Traumphantasie erschien mir die des unglücklichen Prinzen, der ein besserer Philosoph sein soll als wir beide.

Daß Du noch keine Briefe von mir hattest, begreife ich nicht, doch müssen jetzt beide Episteln in Deinen Händen sein. Ich bin aber wirklich durch das Muskauer Schriftstellern ganz abgespannt, und schreibe mit weniger Zufluß als sonst, bin auch schrecklich faul. Die politischen Begebenheiten absorbiren so sehr alles, daß von meinem Buche noch niemand in unseren Zirkeln Ahnung hat, obgleich es schon stark bei den Buchhändlern verkauft wird, zu 3 Thalern 18 Groschen. Geht es gut ab, so muß bei diesem Preise der Mann ungeheuer gewinnen.

Es thut mir sehr leid, Dich so schwermüthig in Kissingen zu sehen, und ich kann nicht sagen, daß Erinnerung auf mich einen so trüben Eindruck machte. Oft giebt sie im Gegentheil den Gegenständen einen doppelten Reiz.

Für alles Liebe und Gute danke ich, erwiedere es herzlich, und gehe mit diesen Gesinnungen, meine gute, treue Schnucke, zu Bette, schicke auch den Brief morgen früh ab, um den Vorwurf nicht mehr zu verdienen, Dich zu lange warten zu lassen. Dein alter Lou.

13.
Pückler an Lucie.

Berlin, den 21. August 1830.

Liebste Schnucke,

Man ennuyirt sich gewaltig hier, und doch kann ich auch nichts arbeiten, denn ich fühle mich leer und vernagelt. Carolath und ich aßen mit Alopäus, Reck u. s. w. im Casino. Wir gingen dann in das langweilige Königstädter Theater, et voilà tous les plaisirs de la journée. Dabei regnet es seit drei Tagen unaufhörlich, und man kann weder reiten noch fahren.

Gar zu gern wäre ich in Paris, und es ist recht traurig, so immer gefesselt zu sein, und das Interessante nicht überall schnell mitnehmen zu können. Wenn ich nur noch was davon hätte.

Den 22.

Ich dinirte mit den beiden Carolath's bei Jagor, ennuyirte mich zum Sterben in der Zauberflöte, und lese im Simon, bis ich einschlafen werde. Gute Nacht.

Den 23.

Wie man ohne Muß Berlin zum Aufenthalte wählen kann, bleibt mir unbegreiflich. Es ist ohne Zweifel der theuerste und langweiligste Ort auf dem Kontinent! Carolath geht heute Abend fort, und erhält 5000 Thaler zu seiner Mission, was für sechs Wochen recht honnet ist.

14.
Pückler an Lucie.

Den 24. August.

Liebste Schnucke,

Ich habe gestern die Bekanntschaft des Generals Santander gemacht, die mich recht sehr interessirt hat. Er sieht Dehn frappant ähnlich, ganz seine Augen und sein Mund, aber eine längere Nase, mehr Würde im Gesicht, und mehr Bescheidenheit in der Form des Schädels, welche auch sein Betragen nicht dementirt. Ich hatte heute Gelegenheit, ihm eine Gefälligkeit zu erzeigen, indem ich ihm auf dem Kriegsministerio eine Erlaubniß verschaffte, die preußischen Militairetablissements zu sehen. Ich begleitete ihn nach dem Kadettenhause, das ich auf diese Art selbst zum erstenmal zu sehen bekam. Es ist ziemlich reinlich und zweckmäßig eingerichtet; doch fand ich das Aussehen der jungen Menschen nicht eben blühend, auch wenig hübsche darunter. Nichts war lächerlicher als die Fragen, welche der General Brause, Gouverneur des Kadettenhauses, in schlechtem Französisch an den General Santander richtete. Unter anderen frug er, ob er mit nach Mexico und Chili marschirt sei, wohin bekanntlich nie ein Columbier zu marschiren Gelegenheit gehabt hat. Das Lächerlichste war die Frage, die das mangelhafte Französisch des Generals Brause hervorbrachte, nämlich si les troupes de la Colombie buvaient de l'eau forte (statt eau de vie).

Den 25.

Eine merkwürdige bévue ist neulich hier vorgefallen, nämlich der General Block hat bei Hofe geäußert, er könne sich keine größere Verlegenheit für einen Militair denken, als die Lage des Marschall Marmont in der Alternative, dem König nicht zu gehorchen, oder gegen die Nation zu kämpfen — Du kannst denken, wie man diesen Zweifel aufnahm!

Der neue Minister Maaßen war heute bei mir, und so freundschaftlich als je. Es ist nicht übel, daß ich mit ihm und Rother jetzt gleich gut bin, und muß überhaupt gestehen, daß mein längerer und öfterer Aufenthalt in Berlin für die Geschäfte unendlich heilsam ist. Ich habe schon die Verlängerung des Moratorii, wenn nöthig, und ein Kapital von der Seehandlung, im Fall die Taxe nicht ausreicht, zugesichert erhalten. Lottum ist außerordentlich freundschaftlich, und hat mich auf morgen zu Tisch einladen lassen; ich mußte es ihm aber leider absagen, weil ich auch zum Prinz Karl geladen bin, um den ganzen morgenden Tag bei ihm zuzubringen.

Den 26., 3 Uhr Nachts.

Frühstück, Spaziergang, Diner, Wasserfahrt, Ball, Souper nebst zweimaliger Durchnässung und Trocknung in dem Schlafrock des Hofmarschalls waren die Ergebnisse des heutigen recht amüsanten Tages. Der Prinz war wirklich sehr liebenswürdig, höchst natürlich, und gefiel mir ungemein in dem Benehmen gegen seinen Hofstaat. Man war ganz ungenirt, und ganz ohne Etikette, das Haus sehr elegant und bis auf sehr weniges alles in gutem, fashionablem Styl, auch der Garten für hier beispiellos gut gehalten. Ich finde überhaupt, daß man hier große Fortschritte in der Eleganz zu machen anfängt, und daß wir in Muskau was Haushaltung, Ameublement und Bauten betrifft, darin sehr nachzustehen anfangen. Dies degoutirt mich auch immermehr davon, dort zu leben, bis man nicht ohne Erröthen auch einen prinzlichen Besuch daselbst erwarten kann. So lange sollte man sich wo anders leicht etabliren, und nur die nöthigen kurzen Angelegenheiten für die Geschäfte und Anlagen machen. Das bliebe ohne Zweifel das Vernünftigste.

Silvius, der nun den Soldatenrock definitiv ausgezogen hat, sieht wieder sehr gut aus, und hat sich sehr zu seinem Vortheil geändert. Er ist jetzt wirklich eine sehr artige Erscheinung, und seine Manieren ebenso elegant als abgemessen.

Auch der kleine Pückler ist ein recht liebenswürdiges Hofmännchen, und beide die besten Walzer in Berlin.

Aber gute Nacht, Schnucke, ich muß zu Bett.

Den 27.

Ich küsse Dich, meine gute Alte, gar herzlich, behalte mich sehr lieb; dies ist noch der beste Trost Deines Lou.

15.

Pückler an Lucie.

Berlin, den 28. August 1830.

Meine gute, liebe Schnucke,

Die Politik fährt noch immer fort, alles zu absorbiren, und ich höre manchmal mit einer Art tragischem Entsetzen die jüngeren Generale und andere Offiziere in der Umgebung unserer Prinzen accurat so sprechen, mit denselben Ausdrücken und Mienen, derselben Jactance und Geringschätzung des Feindes, wie ich es vor 1805 in Dresden von den dorthin kommenden preußischen Generalstabsoffizieren hörte.

Nach meiner Ansicht könnte Preußen nur mit Frankreich, nie gegen dasselbe gewinnen. Auch ist Preußens Rolle nur an der Spitze der Intelligenz, nicht dagegen, mit Erfolg zu spielen. Doch, fürchte ich, wird alles ganz anders kommen.

Ich ritt heute mit Graf Redern spazieren, der mir manche interessante Details von der Sonntag und ihren hiesigen Verhältnissen erzählte, wovon mündlich mehr. Den Abend brachte ich bei Gräfin Bernstorff und Fürstin Hatzfeldt später zu, die sehr artig gegen mich ist. Ueberhaupt werde ich recht artig behandelt, und kann bis jetzt über niemand klagen. Auf meinen Avancementversuch habe ich noch keine Antwort, und fürchte daher, daß es wohl nichts sein wird.

Eine merkwürdige Unterredung hatte ich früh mit unserem Portier, der, wie Du vielleicht weißt, den spanischen Krieg mitgemacht hat. Er ist ein ziemlich gebildeter Mann, der 30,000 Thaler im Vermögen hatte, und die Tochter eines hiesigen Staatsraths zur Frau, aber durch loderes Leben und Betrug so heruntergekommen ist. Er erzählte daß nach der Schlacht von Guastalla Lord William Bentink (der jetzige Gouverneur von Indien) den Befehl gab, alle Todten und Schwerblessirten, für die weder Platz in den Lazarethen noch Transportmittel vorhanden waren, mit einander zu begraben, wozu die Bauern die Gruben graben mußten. Es war Ordre, die Lebendigen zuerst hineinzuwerfen, und die Todten darauf, und bei Todesstrafe verboten, einem der Blessirten vorher das Leben zu nehmen. Wie menschlich! Er konnte das Geschrei und Geheul der Unglücklichen, die sich noch wehrten, und flehten, sie zu verschonen, nicht schrecklich genug schildern; besonders, sagte er, hätten ihm die jammervollen Bitten eines seiner Kompagniekameraden das Herz zerschnitten, dem nur ein Fuß und die Hand abgeschossen waren, und der recht gut hätte leben bleiben können, und den er bemohngeachtet selbst mit anfassen und in die Grube werfen mußte. Ueber solche Scheuslichkeiten sagt man nichts, während es Napoleon zum schrecklichsten Verbrechen angerechnet wird, daß er ein halb Dutzend Pestkranker, um sie vor den Martern zu bewahren, die ihnen die Türken angethan hätten, mit Opium vergiften ließ! Auch die Geschichte ist ungerecht und partheiisch; doch verdient diese Sache wirklich öffentliche Bekanntmachung.

Den 29.

Ich machte einige Visiten, und brachte den Abend bei Wittgenstein zu. Die Damen, unter denen auch Gräfin Hatzfeldt und Gräfin Neal sich befanden, moquirten sich sehr über eine Dame, die mit einem Jäger fahre. Fürstin Hatzfeldt meinte, in Wien würde, wenn der Dame Mann nicht mit im Wagen wäre, so etwas für im höchsten Grade indezent gehalten werden. Ich sage dies als **avis au lecteur**, denn in Paris und London ist es auch so, und ich habe Dir's schon gesagt, jedenfalls **pas trop bon genre**. Auf dem Lande kann man thun, was man will; aber auf Reisen bleibt immer ein wie Kammerdiener Angezogener das schicklichste. Es wurde eine herrliche Geschichte erzählt, die ich

Dir mittheilen muß. Von den Priestern, welche sich in der vorletzten Zeit in Frankreich fortwährend mit Bekehrungs= geschäften abgaben, traf einer zwei Soldaten an, und exami= nirte sie über Christus. Man denke sich den Schrecken des Pfaffen, als er findet, daß der jüngere gar nichts von Jesus Existenz weiß. Entrüstet wendet er sich zu dem älteren Ka= meraden, einem Ueberrest der alten Garde. „N'est-ce pas, mon ami," ruft er, „tu connais Jésus Christ, et qu'il est mort pour nous?" „Comment", erwiederte der Alte, „il est mort, j'avais seulement oui dire, qu'il était malade." Der tiefe historische Sinn dieses Witzes braucht Dir nicht erklärt zu werden.

Den 31.

Mit der Gesundheit geht es noch immer schlecht, und die Brust ist zu angegriffen, um auszugehen. Dazu wurde ich durch die unangenehme Nachricht geweckt, die ein ab= schlägiger Brief des Königs enthielt, das sichere Barometer für Witzleben's Gunst, et je n'ai pas de Princesse Ca- rolath pour intriguer pour moi. Dies ist ein Stich auf Dich, Schnucke. Die Kabinetsordre lautet folgendermaßen, eigentlich sonderbar:

Mein Herr Fürst! Ich kann zwar Ihre Bitte um Er= theilung des Karakters als General=Major unter den ob= waltenden Verhältnissen zu meinem Bedauern nicht erfüllen, gebe Ihnen dagegen die erneute Versicherung, daß ich Ihre Anhänglichkeit erkenne, und stets mit derselben Wohlgewogen= heit verbleibe

Ihr wohlgeneigter ꝛc.

Wenn i nur was davon hätt!

Au moins on a voulu dorer la pillule, mais le refus d'une telle bagatelle à des personnes dans ma situation n'est guères politique. Si je suis mieux demain, j'irai remercier Witzleben, car je reviendrai à la charge à la première occasion.

Was mein Buch betrifft, so haben die großen politischen Ereignisse glücklicherweise alle Welt so abgezogen, daß vor der Hand noch keine Aufmerksamkeit darauf gerichtet ist. Durch einen Zufall hatte es aber doch Varnhagen in die Hände bekommen, und sogleich natürlich, da er die Korrespondenz kennt, mit Evidenz erkannt. Nach allem, was er mir sagte, hielt ich es für beinahe albern, und zugleich für gefährlich, es ihm länger zu verläugnen, und für ungemein besser, ihm sein Ehrenwort für das Geheimniß abzufordern, da er sonst gleich Lärm geschlagen haben würde; und da unser beiderseitiger Zweck doch vernünftigerweise nur sein kann, den üblen Folgen des Buchs möglichst zu begegnen, so glaube ich vollkommen im Sinne meines Dir gegebenen Versprechens gehandelt zu haben. Glücklicherweise hatte Varnhagen noch mit niemand als seiner Frau davon gesprochen, und beiden habe ich einen körperlichen Eid abgenommen, für immer über den Autor zu schweigen, und wo nöthig, zu widersprechen, daß es von mir sei. Beide sind übrigens auf eine unglaubliche Weise vom Buche eingenommen (s. beiliegendes Billet der Varnhagen, das ich mir aufzuheben bitte). Varnhagen rezensirt es unter seinem Namen, und wird Goethe dafür interessiren, überall aber über den Autor durch das, was er sagt, irre zu führen suchen. Unangenehm ist es, daß Willisen die Briefe vorlesen gehört hat — er allein wird später, wenn die Bombe platzt, wissen, woran er ist. A cela il n'y a pas de remède. Ich glaube übrigens nicht, daß die Wirkung so übel sein wird als Du fürchtest; und für ein Dutzend Feinde macht es mir gewiß hundert Freunde — doch will ich nicht in Abrede stellen, daß es mir schaden kann — meiner Natur nach, und der Natur der Sache nach mußte es aber so erscheinen, wie es ist, oder ganz unterdrückt werden, et j'ai mieux aimé courir la chance. Was mich eigentlich am härtesten getroffen, obgleich ich wenig darüber geäußert, ist, daß es Dir nicht gefallen

Sage nicht das Gegentheil aus Gutmüthigkeit; denn ich bin überzeugt davon, da ich Dich zu gut kenne.

Bei alledem ist meine kleine Eitelkeit nun schon mit dem übrigen Beifall befriedigt, und ich hätte es eben so gern wieder unter der Erde. Auch habe ich in Berlin noch keine Lust zum Weiterarbeiten in mir verspürt. Es ist eine vorübergegangene Phantasie, car il faut, que je tâte de tout.

Es ist wieder lange her, gute Schnucke, daß ich keinen Brief von Dir habe — wahrscheinlich gehen die Posten dorthin und her ein wenig unregelmäßig. Auch von Francis habe ich noch nicht die geringste Nachricht erhalten. Wenn wir nach Berlin gehen, muß er doch mit, daß er sich an Städte gewöhnt, und mit einem guten Halsbande bekömmt man ihn schon wieder, wenn er je verloren ginge. A propos von verlieren, vorgestern brachte Louis Pückler bei mir zu, und verlor mir beim Ausfahren meinen Stock mit Dr. Syntax Bildniß, ein Verlust, der mich sehr schmerzt. Ce garçon ne me portera pas bonheur.

Adieu, Schnucke, et que Dieu vous bénisse et vous conserve à

Votre Lou.

16.
Pückler an Lucie.

Berlin, den 2. September 1830.

Gute, liebe Schnucke,

Eben erhalte ich von Dir einen Brief, datirt vom 26. August, indem Du mir anzeigst, daß Du am 31. Kissingen verläßt, und zugleich befiehlst, sogleich zu antworten. Ob es nun gleich unter solchen Umständen unmöglich scheint, daß diese Antwort Dich noch treffen könne, so folge ich doch blindlings, jedoch nur mit wenigen Worten, um Dir zu sagen, daß ich nicht die mindeste Chance vor mir sehen kann, zu reüssiren, wenn ich versuchen wollte, mich nach Paris schicken zu lassen, worauf Nostitz, nachdem ihm die englische Gesandtschaft entgangen, spekulirt. Auch weißt Du schon aus meinem letzten Briefe, daß die eigenen Geschäfte jetzt noch peremptorisch meine Anwesenheit verlangen, und daß Du, mein liebes Herz, die den Geschäftsgang hier so gut kennt, glauben kannst, daß ich alles das bereits abgemacht, beweist mir wenigstens, daß Dir Kissingen schon sehr leichtes Blut gemacht haben muß.

Wir können uns gar sehr glücklich schätzen, wenn wir Anfang 1831 wissen, woran wir sind, und dann wird die Realisirung der Pfandbriefe wohl immer noch ein Jahr länger dauern. Gott gebe nur, daß die gewitterschweren politischen Ereignisse nicht von neuem uns einen Strich durch die Rechnung machen. Die Revolution in Brüssel ist eine schlimme Zugabe zu der französischen, und kann sehr übel auf die hiesigen Dinge zurückwirken. Schon hat der Kaiser von Rußland allen Russen geboten, Frankreich zu verlassen, und die Franzosen, die sich für den neuen König erklären, aus Rußland verwiesen.

Es sieht gefährlich aus — vielleicht kömmt nun die Zeit, wo Schwäche und Mittelmäßigkeit nicht mehr zur Empfehlung dienen, und man sich nach thätigen und energischen Menschen umsieht; beklagen aber wird man es auch, daß man die Schranke, das Bollwerk methodisch und mühsam eingerissen, welches der adelige Gutsbesitzer mit seinen alten, obrigkeitlichen Rechten im Staate als Vermittler zwischen Volk und König bildete, und, nachdem man es eingerissen, auch versäumt hat, an seine Stelle eine neue Aristokratie aus den hinlänglichen Materialien zu bilden, welche noch übrig waren. Die Büreaukratie, welche man dafür gegründet, und der man die Macht in die Hände gegeben, wird sich schwerlich als eine bessere Stütze des Thrones ausweisen. Wahrlich, die meisten dieses Gelichters sind nichts als Geheime Revolutionsräthe, denn sie haben nichts zu verlieren, aber wohl die Hoffnung, zu gewinnen.

Doch ich will mir nicht die Laune mit politischen Betrachtungen verderben; ich lebe und sterbe für den König, und damit Punktum, was mich betrifft. Schreibe mir ja bald wieder, gute Schnucke, was Du machst, ob Du nach London gehst, oder gen Muskau, damit auch ich mich darnach einrichten kann.

Ich liebe Dich von Herzen, und bin ewig
Dein treuer Lou.

17.
Pückler an Lucie.
Berlin, den 2. September 1830.

Liebste Schnucke,

Endlich hat man hier dem Fürsten einen bestimmten Rang gegeben. Ich war ganz verwundert bei einem großen diplomatischen Diner bei Bernstorff, daß ich allen alten Exzellenzen und Generallieutenants vorausgehen, und bei Bernstorff sitzen mußte. Den Ehrenplatz als Fremder hatte der General Mouton (Lobau), der sich sehr gut benahm, höflich, kalt, würdevoll, ohne Arroganz. Er kann mit seiner hiesigen Aufnahme um so zufriedener sein, da, wie es scheint, Rußland und Oesterreich Umstände machen, die Gesandten anzunehmen. In den Niederlanden nehmen die Unruhen zu, und ein preußisches Armeecorps rückt an die Grenze. Ich hoffe dennoch immer, daß alles friedlich abgehen wird, wenn man nur sich nicht in fremde Händel mehr als nöthig mischt.

Nun, Schnucke, eine große und eine kleine Nachricht für Dein Bad. Die Chaussée, und zwar direkt von Berlin nach Muskau, und von da nach Görlitz, ist definitiv beschlossen. Wir haben nun nichts weiter zu thun, als zu treiben, daß man sie so bald als möglich anfängt. Ich habe zu dem Beschluß das meinige auch gethan, besonders im Kriegsministerio, wo die größte Schwierigkeit bisher war. Das zweite ist, daß der Professor Osann, Schwiegersohn Hufeland's, in seinem Badewerke unseres Bades mit höchstem Ruhme gedenkt, und in dem nächsten Theil noch mehr gedenken wird. Je l'ai flatté autant que possible, et invité pour l'année prochaine, auch eine Ananas geschickt. Am Ende wird doch noch Schnuckens Bad prosperiren, und meine Prophezeihung in Erfüllung gehen.

Den 3.

Ich bin jetzt öfters Abends bei Wittgenstein, ohne jedoch zu spielen. Il est fort poli pour moi, mais voilà tout. Auch bei der Fürstin Hatzfeld bin ich häufig, die durch die alte Neal sehr gut für mich gestimmt worden ist, und die ich angenehm finde. Sonst ist fast keine Reunion, außer bei der Luxburg, wo ich auch zuweilen hingehe. Nun ist aber Gräfin Alopäus gekommen, die die Revolution in Paris mitgemacht hat; ich sah sie aber noch nicht.

Mit großem Vergnügen habe ich das Sendschreiben des Generalsuperintendenten Bretschneider an Altenstein über die Halle'schen Streitigkeiten gelesen. Es hat auch viel Wirkung gethan, und deutlich bewiesen, daß es mit allen Obskuranzversuchen zu spät ist. Hufeland, der sich aus Politik den Frömmlern angeschlossen, hat an den König geschrieben, er schätze Gesenius (den Professor in Halle, welcher wegen unorthodoxer Lehren abgesetzt werden sollte) ungemein, und der König solle ihn ja nicht absetzen, aber wohl versetzen; denn zum Professor der Theologie tauge er nicht, wohl aber zu dem der Philosophie. Denn diese beiden, die stets nur mit einander gehen sollten, wollen eben die Frömmler ewig trennen und auseinanderhalten. Ein Anonymus hat nun im Namen der Universität an Hufeland geschrieben, man habe seinen Vortrag an den König in Erfahrung gebracht, und danke ihm sehr dafür. Die hohe Achtung, die man für ihn hege, bewege aber die Universität, ein zweites Schreiben an den König zu richten, da sie sich überzeugt, daß er, der Professor Hufeland, als Doktor der Medizin noch nicht an seinem wahren Platze sei, und man daher Se. Majestät bitten werde, ihn zur theologischen Fakultät zu versetzen, zu der sein Beruf unzweifelhaft sei.

Den 6.

Drei Tage, meine Schnucke, war ich krank und bin es noch, wahrscheinlich eine neue Verkältung, die auf den Magen gefallen ist. Ich war sonst immer im Bett und Romane lesend. Heute will ich wieder ausgehen.

Nächstes Jahr nehme ich jedenfalls das Bad in Kissingen, j'en ai vraiment besoin. Verfahren wird das Wasser wohl nicht wirksam genug sein.

Was die Carolath's betrifft, so muß ich aufrichtig sagen, daß ich ihren beiderseitigen ganz von aller Mischung anderer Gefühle freien Egoismus wahrhaft bewundert habe. Nein, ohne Pharisäer zu sein, kann ich sagen: Soweit ist er nicht in meiner Natur.

Dagegen ist Adelheid für ihren Mann, puisque c'est son propre intérêt, wirklich impayable, und wird ihn, durch kluge Leute unterstützt, überall hinbringen, wo sie will. Alle diese Sachen sage ich mehr als Menschenbeobachter, als daß ich darüber pikirt wäre, oder daß sie Einfluß auf meine Handlungsweise haben könnten, und in Adelheid kenne ich sie überdem lange, als Erben des Vaters und Großvaters, aber in Carolath sind sie befremdend.

Dein alter Lou.

18.
Pückler an Lucie.

Berlin, den 9. September 1830.

Gute Schnucke,

Gestern wohnte ich einer Fête bei Nostitz bei, wo das ganze russische Kabinet gegenwärtig war.

Den 10.

Ich werde immer noch zurückgehalten, hoffe aber, Mitte künftiger Woche nach Muskau abmarschiren zu können, wo ich auch wohl meine Schnucke nun wieder etablirt finden werde.

Ich hatte noch eine lange Unterredung mit Stägemann, wo ich mich von neuem recht überzeugte, daß es hier nicht sowohl auf den mehr oder minder zweckmäßigen Inhalt einer Bittschrift als auf die Art ankömmt, wie die Resolution darauf im voraus eingeleitet wird. Ich brachte den Abend bei der immer gleich schönen Alopäus, und zuletzt bei Wittgenstein zu.

Den 11.

Heute war große Parade, Diebitsch zu Ehren, und großes Hurrahgeschrei des Volks empfing den König, den die Braunschweiger blutige Harlekinade sehr verstimmt hat. Die Truppen sahen schön aus, und Diebitsch war der dickste Mann der ganzen Gesellschaft. Es scheint, daß der Ruhm fett macht. Beim Abreiten war meine Sally sehr wild, glitschte auf dem glatten Pflaster aus, und streckte alle Viere unter sich auf dem Boden aus. Ich erhielt mich aber sehr gut darauf, gab ihr die Sporen, so daß sie wieder mit mir aufsprang, und fortgaloppirte, comme si de rien n'était. Ein anderer Offizier war nicht so glücklich, dem dasselbe geschah. Er fiel herunter, und ward bewußtlos fortgetragen. Es ist ein Herr von Knobloch, Adjutant des Prinzen August.

Den 14.

Ich bin wieder mehrere Tage recht krank gewesen, gute Schnucke, und habe die meiste Zeit im Bette gelegen mit Fieber und Kopfweh. Daß ich gar nicht weiß, wo Du bist, verdrießt mich auch; denn ich bekomme von nirgendsher Nachricht.

Wirklich à point nommé erfahre ich eben, daß Guse hier, und Du in Muskau bist.

Wie ich höre, hast Du, Schnucke, die Revolution in Leipzig selbst angestiftet, und die ganze Zeit aus Deinem Fenster kommandirt, mit Madeline als Adjutanten. Ich sehe, daß nicht allein ein Staatsgänslerchen, sondern auch ein Blücher in Dir schlummert, und wünsche Glück zu der bewiesenen Courage.

Den 15.

Es fängt an, sich in der politischen Welt alles sehr friedlich zu gestalten, und was ich früher hier gegen die Meinung fast Aller behauptete, daß die Franzosen in höchster Mäßigung fortfahren würden, bestätigt sich. Auch ist dies nur für den wahren und ächten Freiheitsfreund zu wünschen; denn diese stille Gewalt der Vernunft wird weit sicherer überall Besseres herbeiführen, als Krieg und Anarchie, où souvent le remède est pire que le mal.

Gefährlicher sind die niederländischen Unruhen, aber auch hier scheint sich die Sache besser abzuwickeln, wie man mit Recht befürchten durfte. Die partiellen Unruhen in Dresden, Leipzig, Braunschweig, Darmstadt, Kassel u. s. w. halte ich für nichts als Strohfeuer, die indeß, wenn die Stimmung, welche ihnen zum Grunde liegt, nicht von den Regenten berücksichtigt wird (was aber gewiß geschehen muß), einst wirkliche Explosionen werden können.

Gewiß ist es nach meiner Ueberzeugung, daß die Regierungen, nachdem sie fast überall den liberalen Institutionen selbst Vorschub geleistet, wie zum Beispiel Landwehr, größere

Preßfreiheit u. f. w., nun auch weiter gehen, und konstitutionelle Regierungsformen annehmen müssen, aus dem ganz einfachen Grunde, weil ohne Einheit nichts lange bestehen kann, und man nicht mit einem langen und einem kurzen Zügel fahren kann. Man konnte recht gut mit geringen zeitgemäßen Veränderungen bei Friedrichs des Großen System verharren — da man dies aber nicht gethan, sondern der Zeit so zu sagen willkürlich vorausgeeilt ist, so muß man, nachdem man freiwillig a gesagt hat, über kurz oder lang unvermeidlich auch b sagen, und je mehr man dabei noch den Schein behauptet, es freiwillig zu thun, je besser wird es sein.

Den 16.

Ich habe eine große Genugthuung in litterarischer Hinsicht für meinen Freund erhalten. Ich schrieb Dir doch, daß Varnhagen die Briefe eines Verstorbenen an Goethe schicken wollte. Denke Dir sein und mein Erstaunen, als er gestern schon von Goethe, der so vornehm auf die neuere Litteratur herabblickt, einen Brief mit einer Rezension des erwähnten Buches erhält, die unter seinem Namen in die Berliner kritischen Blätter eingerückt werden soll, und dazu eine höchst vortheilhafte Rezension. Varnhagen sagte, dies wäre ein Zug aus dem Glückstopf für meinen Freund, und eine so seltene Sache bei Goethe, daß er im höchsten Grade davon überrascht gewesen sei.

Eine hübsche (und so ganz ungesuchte) Ehre ist es allerdings, die erste Rezension vom Olymp her, und eine gute zu bekommen. Diese giebt ohnfehlbar die Richtung in Deutschland. Montag, gute Schnucke, werde ich in Muskau sein, eher wohl nicht; gedulde Dich also nur noch ein bischen.

Dein treuer Lou.

19.
Pückler an Lucie.

Muskau, den 7. Oktober 1830.

Herzensschnucke, je suis dans une situation diabolique. Je ne puis trouver de l'argent, et qui pis est, Mühle aussi est dans le plus grand embarras. Nous devons à tout le monde, selbst die Kommission können wir nicht bezahlen; und ob wir gleich auf dem Papier genug haben, so zahlt doch niemand von unseren Schuldnern, und wir wissen nicht, was wir anfangen sollen. Unter solchen Konjunkturen kann ich noch nicht gehen, aber so bald ich flott werde, komme ich.

Adieu, gute Schnucke, wie gefällt Dir die Heinefetter? Ich wünschte, sie wäre fort, wenn ich nach Berlin komme, car je n'aime pas être amoureux. Cela m'entraine trop loin, car j'ai le coeur trop sensible.

Dein Lou.

20.
Pückler an Lucie.

Musakof, Sonntag.

Das ist ja ganz himmlisch, gute Schnucke, daß ich nicht nach Berlin mag (wegen meines Werkes), und Du mich nicht nach Berlin haben willst (wegen Deines Werks). Ein neuer Beweis, daß wir doch immer, selbst entfernt, ein Herz und eine Seele sind.

Warum schreibst Du mir aber weder wie Dir die neuen Pferde noch die Heinefetter gefallen, sondern nur lauter ennuyante Politica.

Von den Bautzner Unruhen habe ich hier nichts gehört. Aber, aufrichtig gesagt, die großen Weltbegebenheiten machen mich sehr besorgt. Gott regiere unseren König, daß er sich nicht in die niederländischen Angelegenheiten mischt! Die

Folgen würden ganz gewiß höchst traurig und unberechen=
bar sein. Es heißt, die Armee wünsche den Krieg. Du
lieber Gott, was ist denn heut zu Tage die Armee! Ehemals
hatte der König eine Armee — seit man sie mit solcher
Leidenschaft landwehrisirt hat, hat leider nur das Volk eine
Armee. Tritt dies unglückliche Verhältniß jetzt noch nicht
hervor, so kann den unheilschweren Samen doch günstige
Witterung an einem warmen Frühlingsmorgen hervorlocken,
und gar mancher, der nicht hören wollte, wird dann fühlen.

Wir, der zertretene Adel, den man den anderen Klassen
mit Hohn aufgeopfert, haben ja keine Macht mehr, die bürger=
lichen Bande sind gelöst, wie die militairischen. Alles hält
nur auf das lockerste zusammen, und wehe den Schmeichlern,
vielleicht Verräthern, die unseren jungen Prinzen das Gegen=
theil sagen.

Wie gefährlich unter solchen Umständen ein Krieg sein
muß, der ein Weltkrieg werden muß, kann keinem Denkenden
entgehen. Wir haben keine einzelnen Unzufriedenen, die
man dadurch entfernen und unschädlich machen könnte. Nein,
bei uns liegt der Fehler im Ganzen. Wir haben die Hälfte
des alten festen Gebäudes muthwillig eingerissen, und nach=
dem es halb daniederlag, nicht den einzigen nun noch mög=
lichen Ausweg ergriffen, ein ganz neues, zeitgemäßes dafür
hinzusetzen. Kommen nun die Stürme, wie sollen wir uns
vor ihnen wahren?

Mich trösten indeß zwei Sachen.

1) die wahre und unverkennbare allgemeine Liebe und
Verehrung für den König, er selbst und seine edle Männ=
lichkeit, und der alte Adel, der, obgleich getreten und gering=
geschätzt, doch bei uns gewiß unter allen Umständen die
Rolle des treuen Hundes spielen wird. Darin liegt
unsere Stärke.

2) die mich nie verlassende, und auf manches Reelle ge=
gründete historische Ahnung, daß Preußen noch bestimmt ist,

als einer der mächtigsten Hebel in die Weltgeschichte einzugreifen.

Darin liegt unsere Hoffnung.

Dies ist mein politisches Glaubensbekenntniß, das ich mich nicht scheue, öffentlich abzulegen, und es wäre gut, man hörte nicht bloß die Schwarzen im Zivil= und Militairrock.

Nun zu den kleinen Dingen zurück. Du hast Unrecht über meinen Wagentausch zu zürnen. Helmine müssen wir doch einen Wagen geben, der anständig ist; und was ihren alten betrifft, so mag er auch nur 30 Thaler werth sein, so ist er doch mehr für uns werth als jener, da wir ihn brauchen können, und jenen nicht. Ich bitte Dich in der Auktion des englischen Gesandten ein gutes schwarzes Geschirr durch Berndt kaufen zu lassen.

Viel Zärtliches an Francis.

Dein Lou.

21.
Pückler an Lucie.

Muskau, den 10.

Gutes Lücerle,

Heute fand ich im Litteraturblatte des Morgenblattes eine sehr vortheilhafte und lange Rezension meiner Briefe. Es scheint wirklich, daß sie allgemein gefallen, und das mag Dich trösten, denn mit solcher Autorität kömmt man denn auch mit den scabreusen Stellen durch, und es ist doch ganz hübsch, sogleich mit dem ersten Versuch einen Rang in der Litteratur einzunehmen.

Hast Du die Rezensionen von Varnhagen und Goethe gelesen? On me loue trop, das sage ich mit Ueberzeugung, und eben deshalb macht mich dieses Lob mehr timide, als es mich wahrhaft erfreut. Nur der äußeren Eitelkeit schmeichelt es, aber D einetwegen freut es mich am meisten.

Ich umarme Dich von Herzen.

Dein treuer Alter,
der nie mehr von seinem Alter spricht.

22.
Pückler an Lucie.
Muskau, den 14. Oktober 1830.

Liebste Schnucke,

Hast Du denn mit Varnhagen über mein Buch gesprochen, und Goethe's Rezension gelesen? Was sagst Du denn dazu? J'avoue, que ce petit triomphe me fait plus de plaisir, qu'aucun que j'ai remporté, puisque je le dois uniquement à moi-même.

Im Konversationsblatte und im Hesperus sollen auch schon Rezensionen stehen. Suche mir sie doch zu verschaffen.

Vor allem aber habe mich lieb; denn einen besseren Lou wie ich für Dich kriegst Du doch nicht wieder. Du kannst ihn nie verlieren, heirathe ich auch noch so viel Weiber, als der Großsultan hat. En attendant cependant, je ne suis marié qu'avec mon livre, dessen dritter Theil nun völlig korrigirt und gerundet ist, was eben so viel Zeit weggenommen hat, als ihn zu machen. Morgen beginne ich den letzten und schwersten, weil er die englische Gesellschaft, das Theater u. s. w. behandeln soll, eine zu ernste Arbeit, um mich sehr dabei zu amüsiren. Diesen denke ich aber durchaus nicht hier fertig zu machen, sondern mich nur ein wenig in die Materie hineinzuarbeiten. Der dritte schließt mit der Parkreise mit Rehder, wo ich hoffe, daß der Warwick=Artikel einen guten Glanzpunkt abgeben soll. Freilich sind manche Wiederholungen nicht zu vermeiden, und ich gebe diesmal das Manuscript an Varnhagen, um zu streichen, was ihm beliebt.

Deine Kinder triumphiren jetzt beide, Adelheid in der großen Welt, ich in der noch größeren litterarischen.

23.
Pückler an Lucie.
Muskau, den 15. Oktober 1830.

Gute Schnucke,

Die Heinefetter ist weit graziöser im gewöhnlichen Leben, als auf dem Theater, nämlich viel Ruhe und Natürlichkeit, ja Phlegma, was ihr gut steht. Ich hoffe übrigens, daß sie weg ist; denn mit meiner bodenlosen Phantasie muß ich jeden stärkeren Eindruck vermeiden, den mehr gewisse zufällige Umstände als die Eigenschaften der Person selbst hervorbringen. Nur Abwesenheit hilft, car les absents ont bientôt tort.

Ueber das Politische habe ich mein Buch zugemacht. Wo kein primirender Geist erster Größe da ist, und nirgends hat ihn jetzt die Welt, ist bei brausenden Elementen der Ausbruch über kurz oder lang unvermeidlich. Wir müssen ihn ausbaden. Das unglaublich thörichte Benehmen des Königs von Holland, nachdem alles auf einem recht guten Wege war, und, was noch weit schlimmer ist, die Perfidie desselben, ohne die Mittel sie durchzusetzen, haben dem Faß den Boden ausgestoßen, und ich bezweifle, daß es möglich ist, diese Fehler wieder gut zu machen, so sehr ich es wünsche.

Tritt nun vollends Preußen einmischend thätig ein, so ist der comble da. Für meine Person wird es mir indessen sehr lieb sein, noch einmal eine Gelegenheit zum Herumtummeln in den Weltangelegenheiten zu finden, die ich früher so leichtsinnig versäumt. Nur muß es mit meiner Pflicht wie mit meinen Grundsätzen und Ansichten einigermaßen übereinstimmen, das heißt, entweder um König und Vaterland zu vertheidigen, oder im Angreifen einer solchen Macht, wo Preußen eine bessere Zukunft gewinnen kann, aber nicht gegen die Franzosen, ein Krieg, der meiner festen Ueberzeugung nach für Preußen im allerbesten Fall nur ohne Nutzen, im schlimmen verderblich werden kann.

Den 17.

Mademoiselle Sabine hat mir einen ganz zärtlichen und hübschen Brief nach Dresden geschrieben, den ich erst heute erhalten, und daher das Rendez-vous mit ihr versäumt habe. Auch jetzt widerstehe ich der Versuchung, und fertige sie mit einem Briefe ab. Dies heißt sich wie ein Weiser benehmen.

Sonst ist alles beim Alten, und Dein Lou auch. Der zweite Theil rückt langsam fort, und wie ich erst fürchtete, zu wenig Stoff zu haben, fürchte ich mich jetzt, fast zu viel vorzufinden.

Dein treues Lind.

Mille baisers à Helmine.

24.
Pückler an Lucie.

Muskau, den 23. Oktober 1830.

Schicke mir doch das Blatt der Staatszeitung, und auch wenn feindliche Rezensionen kommen oder Propos, verheimliche sie mir nicht. Ich bin für alles das gewaffnet, und macht man mir's zu arg, so werde ich ein Türke. Meine Elastizität kann nichts Irdisches, nur der Tod unterdrücken. Der Geist ist stark, wenngleich das Fleisch schwach ist; und wenn man die Welt so sehr aus dem großen allgemeinen Gesichtspunkte zu betrachten gewohnt ist, so verliert das Einzelne die Wichtigkeit, und affizirt nur im Moment. Fürchte also durchaus nie für mich, und suche selbst ein wenig mehr Kühnheit hervor. In ihr ruht in der Welt noch die beste Sicherheit.

Dein Lupus.

25.
Pückler an Lucie.

Den 27. Oktober.

Liebe Schnucke,

In Frankreich scheint es mir nicht recht gut auszusehen, und die Kongresse haben bisher auch noch nicht viel Glück gestiftet. Dem Wiener haben wir alles Unglück zu verdanken, und es wird immer mehr bedauert, daß Preußen damals nicht so groß geworden ist, wie es hätte werden müssen!

Manchmal thut es mir leid, daß ich in dieser politischen Welt keine Stimme habe. Ohne eben ausführen zu wollen, darf ich doch ohne zu viel Anmaßung glauben, daß ich zu brauchen wäre; und was ich ergreife, wenn ich diene, dabei bin ich mit ganzer Seele. Darauf kennen mich die, welche mich kennen. Auch gebe ich keiner kleinlichen Furcht Raum, heut zu Tage eine werthvolle Eigenschaft, eben so wenig persönlichem Interesse, wo es eine Idee, und noch weniger, wo es selbst auferlegter Pflicht gilt.

Woher schließt Du, daß ich in der Berliner Gesellschaft gefallen? Ich bin ja kaum darin erschienen, und für die Welt nie liebenswürdig gewesen.

Das habe ich mir auch nie eingebildet.

26.
Pückler an Lucie.

Den 30. Oktober.

Da Du es gar so arg mit der Stimmung gegen mich Unschuldigen in Berlin machst, so werde ich Max mitbringen, pour avoir au moins un ami sur autour de moi, nur beschwöre ich Dich nicht so kindisch nervös zu sein, was ich in den Tod hasse, und auf mich, eben weil ich Dich liebe, den allerpernicieusesten Einfluß hat und gehabt hat. Ich brauche aber vermöge meiner zarten Natur keine hemmenden, sondern belebende Einflüsse. Sei immer liebend, aber muthig. Vergiß nicht die alte Devise: Nur nicht ängstlich. In mir, das fühle ich, schlummert ein Löwe unter dem Schilfdickicht, das jeder Zephir beugt. Entwurzelt es aber der Sturm, dann bricht ein Unthier hervor, das eine schwere Jagd geben wird.

Fahre übrigens fort, mir alle Nachrichten zu geben. Sobald es nur irgend möglich ist, komme ich mit Max, der mit einer Bodenstube oder noch besser bei Louis fürlieb nehmen muß. Du kannst mich immer kurz nach diesem Briefe erwarten, auch werde ich Deinem Befehl gemäß den englischen Wagen nehmen.

Mache alles, wie ich gesagt, und glaube, daß après tout Lou doch nichts lieber hat als Dich; mais quinze ans passés il ne faut plus rester trop moutonnière.

27.
Pückler an Lucie.

Den 1. November 1830.

Liebste Schnucke,

Tausend Dank für alle Deine schönen und lieben Wünsche zu meinem fünfundvierzigsten. Deine Aengsten sind aber komisch, und ich werde wohl müssen mich auf die Socken machen, to comfort you. Es ist gut, daß Du mir die Alter= native stellst, entweder mit 1000 Thalern, oder mit 300 Thalern, oder mit nichts zu kommen. Nur unter der letzten Bedingung, und zwar à la lettre, kann ich kommen, aber ich werde es, et vogue la galère.

Ich fühle den leichten Sinn junger Jahre wieder in mir, und vielleicht hält er aus. Mittwoch oder Donnerstag werde ich in dem alten englischen Wagen abreisen, also Freitag kannst Du mich spätestens erwarten, vielleicht schon Donner=

stag, denn ich halte mich unterwegs nicht auf. Gleich nach meiner Ankunft werde ich die Runde bei den Prinzen machen, und alle Visiten, pour voir quelle contenance on prendra vis-à-vis de moi.

Ich bin nie so gern nach Berlin gegangen! denn: Nacht muß es sein, wo Friedland's Sterne funkeln, et je ne crains rien que les indifférents. Das ist die Waffe, die mich am Entmuthigendsten trifft. Um mir diese zu ersparen, habe ich einen guten Schritt vorwärts gethan, und das war alles, was ich wollte.

Leider gab mir das Schicksal noch keine rechte Gelegenheit, so im Ernste aufzutreten; es blieb also nichts wie der Spaß übrig dazu. Ein bittersüßer Spaß, wie er mir eigen ist, un peu à la Méphistophle.

1831.

1.
Pückler an Lucie.

Muskau, den 25. März 1831.

— Das bon mot von * ist gar nicht übel. Beim Lichte besehen ist eben Christus der Ursprung der Weltrevolution, welche jetzt immer mehr sich Bahn bricht, und es war ein geschickter Kunstgriff sich seines Namens zu bemächtigen, um unter diesem seine eigenen Lehren zu untergraben — denn die Priester und Monarchen haben nichts anderes gethan bis auf die heutige Zeit.

2.
Pückler an Lucie.
Berlin, den 23. Juni 1831.

Das Diner bei Fürst Radziwill war fett und schlecht, aber amüsant, besonders durch den französischen Professor Cousin, der mit einer sehr unbeholfenen Tournüre und republikanischer Nonchalance viel Geist und Originalität verbindet. Unter anderen machte er ein interessantes Portrait von Victor Hugo, der nach ihm jung, schön, und im vollen Sinne des Wortes ein Mann sei, immer neu, immer frisch, genial, und anders als man erwarte, der übrigens nicht am Ende, sondern erst am Anfang seiner Carrière sei.

Es ist beinahe gewiß, daß sich Diebitsch vergiftet hat, weil der Kaiser den General Orloff zu ihm geschickt hat, um Rechenschaft von seinem Benehmen zu geben.

1832.

1.
Pückler an Lucie.
Gespräch zwischen meiner Mutter und mir.

Als Du, liebe Lucie, mit der Allüre eines nicht zum Besten gezogenen Mädchens von 14 Jahren die Karten zusammengeworfen hattest, und weggelaufen warst, fing meine Mutter, die mich verblüfft und höchst verdrießlich sitzen sah, herzlich an zu lachen, und sagte: „Solche Launen gehen recht gut an, wenn man ein großes Appartement wie das hiesige hat, wo jeder in eine andere Stube sich retiriren kann, aber wo man in einer zusammenleben müßte, da wär's freilich übel."

Ich schwieg, vielleicht mit einigem Ausdruck von Kummer auf dem Gesicht.

Die Mutter. Armer Hermann! Ist sie denn immer so?

Ich. O nein, wie kannst Du das denken, aber die arme Lucie ist wirklich nicht wohl, und dadurch in einen exaltirten Zustand versetzt, der ihr keineswegs natürlich ist.

Die Mutter. Ja, ja, der viele Kreuzbrunnen ist Schuld an dem Kreuz. — Freilich Pappenheim muß man über dieses Kapitel nicht hören, denn wie der seine ewigen Szenen mit ihr schildert, da sollte man glauben, daß man gar nicht mit ihr leben könnte.

Ich (ärgerlich). Das beweist nur Pappenheim's Schwäche und Erbärmlichkeit, daß er hie und da eine Laune nicht ertragen, und über einige Härten der Rinde den vortrefflichen Kern nicht finden konnte, der darunter verborgen ist.

Die Mutter. Ja gewiß, da hast Du Recht, denn gut muß sie gewiß sein, wenn nicht alles täuscht.

Ich. Von Täuschung kann nicht die Rede sein, wo die Thatsachen seit zwölf Jahren sprechen, liebe Mutter; ich kenne keine bessere, keine liebevollere Frau. Fehler haben wir Alle, aber wahrlich, der, welchen Du eben gesehen, ist auch der einzige, den sie hat, eine zu lebhafte, zu leicht gereizte Empfindlichkeit, die doch meistens wieder aus einer schönen Quelle entspringt, nämlich einem tiefen Gefühl.

Die Mutter. Ja, die große Gemüthsbewegung mit Francis, erst die Angst, dann die Freude, mag sie wohl ganz bouleversirt haben.

Ich (ungeduldig und gedrückt). Nun, es ist spät, liebe Mutter, und Du willst ja zeitig zu Bett gehen. Gute Nacht.

Die Mutter küßt mich, fängt an zu weinen, und sagt leise, indem sie die Hand auf mich legt: Armer Hermann, auch Du bist nicht glücklich.

Ich. Glücklich ist niemand, größtentheils ist man aber selbst an allem Uebeln, das einem begegnet, wenigstens zur Hälfte Schuld. Selbst kleine unangenehme Szenen wie die heutige kann die überlegene Mäßigung und Vernunft von einer Seite immer verhindern, also darf man sich kaum beklagen, wenn man auch in der Sache selbst Recht hätte. Uebrigens, was sind solche kleine Flecken in einer Sonne von Güte, Liebe und Ergebenheit.

Die Mutter. Da hast Du auch Recht, und bekundest ein gutes Herz. (Nach der Uhr sehend.) Aber es ist wohl gar noch nicht 10, der Wächter tutet vielleicht hier schon um 9. Wir können noch einen Robber à deux spielen.

Ich. Wie Du befiehlst.

Die Mutter. Lucie kommt nun wohl gar nicht mehr zum Vorschein heute.

Ich. Ich weiß nicht.

Die Mutter. Nun, dann spielen wir schnell noch unseren Robber, und schleichen uns dann beide leise davon. Du (lächelnd) gehst doch wohl heute nicht erst wieder hinein.

Ich. Nein.

———

2.

Pückler an Lucie.

Muskau, den 9. April 18??.

Gute Herzensschnucke,

Wie sehr wünsche ich Dir alles Heil zu dem heutigen Tage! Wie traurig, daß bei jedem Geburtsfest nur Hoffnungen uns trösten müssen, und die Gegenwart so wenig Erfreuliches, höchstens Negatives, und Abwendung von noch Schlimmerem darbietet. Gott gebe es besser, ist alles, was ich sagen kann; doch ist keine ängstliche Verlegenheit in der Nähe, aber durchaus auch keine gute Aussicht in der Ferne. Unser Loos theilen überdem alle, die Gutsbesitzer sind, und ich halte es für un=

möglich, daß die Mehrzahl sich ohne gänzlichen Ruin noch zehn Jahre halten kann. Man könnte beweisen, daß in letzter Instanz der Gutsbesitzer fast die ganze Abgabenlast allein trägt, es sei nun direkt oder indirekt. Der mäßige Kapitalsbesitzer ist ganz frei, der thätige und industrieuse muß für alle aufkommen, und schöpft in's Faß der Danaiden.

Ueber das Spezielle mündlich, es ist zu verwickelt und zu weitläufig für die Korrespondenz.

Ich verließ Dich in Lübbenau, von wo ich um 3 Uhr zu Wasser nach Burg fuhr, eine langweilige, sehr wenig interessante Parthie, die fünf Stunden dauerte, wobei ich abscheulich fror, fortwährend Sumpfluft einathmete, und zuletzt, weil das Wasser zu klein war, noch eine Stunde zu Fuß gehen mußte. Um 11 Uhr kam ich in Branitz an, jagte Wichmann aus dem Bette, erhielt ein sehr gutes Souper, und schlief in meines Großvaters Wohnstube ohne Erscheinung, hatte aber dennoch einen Traum, wo mir ein Lotterieloos präsentirt wurde. Leider konnte ich mich nicht beim Erwachen genau auf die Nummer besinnen; nur das weiß ich, daß sie mit 30,000 anfing. Nimm also ein Loos in die 30,000. Vielleicht gewinnt es.

Ich schlief lange, fand Branitz recht komfortable, und alles recht gut in Ordnung, aß in der Horner Schenke mit zwanzig Bauern zu Mittag, und erreichte Muskau um 9 Uhr bei schönem Mondenschein. Der Badekoch ist sehr schlecht, Hahn, die Dora, Markow und auch Blüthchen merkwürdig unbeholfen, im Parke unglaublich wenig geschehen, vom Schlosse fast aller Putz herunter, und das Ganze öde und traurig, und in vielen Dingen sehr zerfallen, so daß es gar großer Reparaturen überall bedarf. Die ganze Geschichte wächst uns in jeder Hinsicht über den Kopf, und ein selbst mittelmäßiger Verkauf wäre hundertfacher Segen.

Dazu fühle ich mich so faul und so apathisch, daß ich nichts angreifen mag. Komme nur bald nach, liebe Schnucke, es wird sich doch alles besser zusammentragen.

Den 11.

Ich bin recht krank, wie ein Fluch, der auf Muskau ruht, und finde alles widerhaarig hier. Mißbräuche, denen kaum abzuhelfen, Noth, der kaum zu begegnen, Einförmigkeit, der nicht zu entgehen. C'est une calamité.

Tausend Dank für Deinen guten Brief, der der Mutter ist ganz verrückt, und ihre Weigerung höchst embarrassant.

Ich küsse Dich herzlich, und schreibe morgen mehr.

Dein Lou.

3.
Pückler an Lucie.

Muskau, den 14. April 1832.

Meine gute Lucie, meine geliebte Freundin,

Nachdem ich nun mich genau von allen Umständen unterrichtet, und das Resultat eigener Ansicht und Ueberzeugung aus den verschiedenen Rapporten gezogen, bin ich leider unumstößlich überzeugt, daß ohne eine Generalreform wir keine zwei Jahre mehr zu bestehen im Stande sind.

Die Schuldenmasse ist nun, nachdem man alles, auch die Steuerreste und Kassenscheine, die eingezogen werden, oder vielmehr eingelöst werden mußten, mit berichtigt, durch die ungeheuren Kosten der Bepfandbriefung u. s. w. wie durch die verschiedenen Schulden aller Art des Rentsamts schon über 500,000 hinaus gerathen, so daß der Kredit auf pupillarische Sicherheit bereits völlig erschöpft ist, und keine neue Anleihe mehr möglich, ausgenommen vielleicht einige Tausend Thaler Regulirungskostengelder, die noch aufgenommen werden, aber nicht weit mehr reichen können.

Es stehen nun zwei Sachen fest. Die erste, daß wir so nicht mehr fortleben können, die zweite, daß, so lange wir zusammen ein Haus halten, die Möglichkeit der Einschränkung höchstens in der Theorie da ist, aber nicht in der Praxis.

Was hilft es, sich zu täuschen, bis am Ende einer weichlichen, gegenseitigen Schonung und ängstlicher Rücksichten, unser beider Untergang die Folge ist!

Gute Schnucke, sieh hierin nichts Bitteres, sondern betrachte es und lies das Folgende mit Liebe und auch mit Gerechtigkeit.

Sage Dir also, daß Du mir tausendmal versichert hast, daß Du mich über alles liebst, und daß Dein sehnlichster Wunsch, Dein Hauptglück darin liege, mich in einer gesicherten, in einer wünschenswerthen Lage zu sehen.

Du hast mir die größte Liebe bewiesen, indem Du Dein ganzes Vermögen mir hingabst; aber habe ich seitdem mir etwas davon zurückgelegt, oder haben wir es nicht gleich, zugleich mit dem meinigen, genossen?

Du hast mir ferner, meine Schnucke, einen noch größeren Beweis von Liebe gegeben, als den der Hingabe Deines Vermögens, indem Du in die Scheidung von mir willigtest, und dadurch mit dem größten Opfer das hingabst, was Dir theurer als Geld und Gut war. Glaube nicht, daß ich das je verkannt habe, noch vergessen kann; aber — wie nöthig es zu unserer beider Erhaltung und sicher gestellten Existenz gewesen ist, tritt uns jedes Jahr mit Riesenschritten näher, und wäre ohne die Bepfandbriefung durch meinen mißlungenen Versuch in England schon in Erfüllung gegangen.

Der Verkauf Muskaus, oder eine Heirath können uns allein wahrhaft sichern. Selbst der Tod meiner Mutter würde nur eine Erleichterung, keine Radikalkur sein.

Der Verkauf ist aber, obgleich hundertmal das Wünschenswertheste, auch das bei weitem Unwahrscheinlichste, und im Hintergrunde droht doch immer noch der Verkauf mit einer unheilschwangern Wolke.

Es bleibt nun die Heirath zu beleuchten. Auch sie ist schwer; aber nach dem natürlichen Stand der Dinge sehe ich doch nicht ein, warum ein Mann von 47 Jahren, der gut konservirt ist, und einige Eigenschaften für die mangelnde Jugend bieten kann, überdem hohen Rang und einen fürstlichen Besitz (wenigstens dem Anschein nach) in die Wagschale legen mag, nicht eine Frau mit 300,000 Thalern Vermögen bewegen sollte können, ihn zu heirathen. Weniger kann mir freilich nichts helfen, und das bloße egoistische Vergnügen, eine junge, schöne Frau zu haben, opfere ich Dir und unserer zu ernsten Lage.

Nach allem diesen ist es klar, daß es der vernünftigste, ja der einzige Rath für mich ist, nochmals, und zwar durch den früheren mißrathenen Versuch in vieler Hinsicht gewitzigt, einen zweiten zu machen, zu welchem natürlich nothwendig gehört, daß ich suche, denn sonst kann ich nicht finden.

Nun aber, liebe Schnucke, muß ich es sagen, daß sowohl meine eigene Erfahrung, als das einstimmige Urtheil aller derer, die darüber eine Aeußerung machen durften, dahin geht, daß, so lange wir noch wie Mann und Frau zusammenleben, eine zweite Heirath eine völlige und unerreichbare Chimaire bleibt. Ganz anders wäre es meiner Ansicht nach, wenn ich wieder verheirathet wäre, und die neue Frau dociler Art und von Dir zu ertragen wäre. Aber ehe sie heirathen wird, wird jede, und noch mehr ihre Familie, sich an unser Verhältniß stoßen, und es ist keinem Zweifel mehr unterworfen, daß selbst bei meiner englischen Reise dieser Umstand im voraus ihren Erfolg fast unmöglich machte, wie es denn auch bei der *, der einzigen, wo es zu ordentlichen, ernsten Unterhandlungen kam, daran scheiterte.

Es ist also, glaube ich, unumgänglich nöthig, wenn ich heirathen soll, daß wir unseren Aufenthalt vor der Welt insofern trennen, daß wir nicht dieselbe Haushaltung führen, was gegenseitige Besuche auch jetzt nicht ausschließt, und später, wenn der Zweck erreicht ist, einen neuen Lebensplan, wenn Du nur willst, gewiß gestattet; denn was könnte mir dann lieber sein, und alle meine Wünsche mehr erfüllen! Glaubst Du das nicht, so liebst Du mich auch nicht mehr wie sonst, und giebst einem Gefühle der Bitterkeit gegen mich Raum, das ich nicht verdiene, und das auf mein halb verzweiflungsvolles Spiel noch hinzusetzen zu müssen, mich sehr unglücklich macht! Ja, prüfe Dich deshalb, und wenn Du fühlst, daß Deine Liebe für mich aufhören muß, wenn ich wieder heirathe, und wir nicht mehr ein und dasselbe Haus führen, so will ich freiwillig allen ferneren Plänen dieser Art entsagen, und unser endliches Schicksal dem Himmel und der Nothwendigkeit anheimstellen. Es kann sich vielleicht auch so, allen Berechnungen und Wahrscheinlichkeiten zum Trotz, noch ganz anders gestalten, wie wir erwarten, und ich habe Muth und Schnellkraft noch genug im Geiste, um auch das Aeußerste zu tragen, Du aber bist im schlimmsten Nothfalle durch Deine Rente wenigstens vor Mangel gesichert.

Entscheide also darüber ganz frei und ohne Rücksicht auf mich; denn es mag geschehen, was da will, so werde ich Dich doch immer als meinen ange tutélaire auf dieser Welt ansehen, und kein Verhältniß kann dies ändern. Ich würde ohne Deine Liebe, ja selbst nach Deinem Tode, wenn ich nicht die Ueberzeugung hätte, daß Du mich mit aller Liebe gesegnet, nie wieder glücklich, selbst im Genusse aller Schätze, sein können. Dies ist wahr, und aus dem Tiefsten meines besten Selbsts geschrieben, also wenn Du dieses letzte, wie ich glaube, für unser beider irdisches Wohlsein und Sicherheit nothwendige Opfer, nicht aus Liebe und mit Liebe bringen kannst, so sei dieses Thema auf immer zwischen uns abgebrochen. Fremd zwischen uns würde ein Schlimmeres sein, als feindlich bei anderen, wenn man so wie wir zusammengelebt hat. Du mußt also diese neue Lebensart durchaus nicht als die geringste größere Trennung unserer Wesen und Personen, sondern nur unserer äußerlichen Verhältnisse ansehen; ja vielleicht wird bei unserer jetzt so gedrückten, und folglich gereizten Lage, wie überhaupt bei den Eigenthümlichkeiten meines Karakters ein noch milderes Verhältniß eintreten, und einer noch größeren Sehnsucht nach Dir bei mir Raum gegeben werden. Und würde ich, wenn ich Dich aufsuche, nicht mit offenen Armen und alter Liebe mich aufgenommen finden, so würde für mich zwar ein Stachel im zartesten Lebenskeim zurückbleiben, aber auch Deine Liebe keine ächte, sondern nur am Eigenthum hängende gewesen sein.

Ich habe mich nun ganz und so offen ohne alle Bemäntelung im Dir Unangenehmen wie Dir Lieben so wahr ausgesprochen, daß nichts darüber hinzuzusetzen bleibt.

Nun laß mich aber nochmals wiederholen, beste, liebste Schnucke, daß Du die Herrin bist, zu entscheiden, und ich mich in eins wie das andere finden will, auch Dir schwöre, daß von nun an, wenn Du diese Vorschläge verwirfst, kein Vorwurf irgend einer Art, wenn es später übel gehen sollte, mir entschlüpfen soll, überhaupt die bestimmte Gewißheit für ein oder die andere Seite die bisherige launige und trübe Gewitterstimmung gänzlich beseitigen soll; denn diesen unmännlichen, und ich möchte fast sagen, unwürdigen Zustand ewiger Ungewißheit bin ich fest entschlossen, ganz aufhören zu lassen. Was nun entschieden wird, bleibt keinem längeren Zweifel unterworfen.

Vor allem aber mache mich nicht weich durch Trauer und kummervolle Ausdrücke, die ich nicht ertragen kann.

Ich fühle mit der heiligsten Gewißheit in mir, daß meine Liebe zu Dir selbst, mit dem Verluste der Deinigen, was ich sonst wohl geglaubt, doch nie aufhören würde, denn Du würdest in mir immer fortleben, so wie Du warst, als das mir ergebenste Wesen, das ich gekannt, und dasjenige, dem ich am vollständigsten, ja fast übermenschlich vertraut, und das ich nach meiner, freilich nicht sehr empfindsamen Art, allein eigentlich von allen einzelnen Menschen liebe.

Also glaube nicht, daß theilweise Entfernung und Aufhören des häuslichen Zusammenwirkens meine Liebe zu Dir um das mindeste verringern können, wohl aber konnte bisher gerade dies letztere, verbunden mit eigentlich gezwungenen Verhältnissen, diese innige Ergebenheit, wenn auch nicht schwächen, doch oft temporair verdunkeln, besonders wo Sorge und Bedrängniß und das Gefühl, daß wir beide vereint nie in ökonomischer Hinsicht ganz vernünftig zu handeln fähig sein würden, fortwährend Beunruhigung in unser tägliches Brod mischte.

Doch alles dieses letzte wird in beiden Fällen Deiner Entscheidung ebenfalls schwinden; denn, wenn man einmal seine Parthie bestimmt und unwiderruflich ergriffen hat, so gewinnt auch das Nachtheilige eine andere Seite, wenn dessen Nothwendigkeit sich fest im Bewußtsein eingeackert hat.

Was mich selbst nun betrifft, so hebe ich, im Fall des neuen Arrangements, die Haushaltung hier ganz auf, lasse den Park fest auf seinem alten Etat, richte für die Administration es so gut ein, als ich kann, übergebe Rother'n die Oberaufsicht, und versuche dann mit den Mitteln, die übrig bleiben, mein Heil von neuem, jedoch so, daß ich mich keinesfalls weder auf eine unverständige, noch unheilbringende Art verkaufe.

Also, Schnucke, beherzige alles, was ich Dir gesagt, nimm es, wie es ist, und sieh es nicht mit schwarzer Brille an, und entscheide frei nach Deinem Gefühl. Habe mich aber nur lieb — es gehe im übrigen, wie es wolle, denn ich wiederhole es als mein eigentlichstes Motto:

Am letzten Ende kann ich alles entbehren, nur Deine Liebe nicht.

Immer werde ich Dein Lou bleiben, gehörte ich nebenbei auch noch zehn Anderen an, Du nur wirst meine Seele, mein volles Vertrauen ewig besitzen. Nun genug von diesem Kapitel.

Es ist sonderbar, daß, sowie ich Muskau betreten, meine Gesundheit wieder ganz schlecht geworden ist, also diesmal ist es nicht der Aerger, den Du, arme Schnucke, mir gemacht. Mangel an Appetit und der größte Mißmuth beherrscht mich, ja selbst die Anlagen haben keinen rechten Reiz mehr für mich, und zur Autorschaft bin ich nicht mehr aufgelegt.

Es ist hier kein Aufenthalt mehr für mich, und der Gedanke, Muskau nie wieder zu sehen, hätte auch nicht das geringste Abschreckende mehr für mich, im Gegentheile, ich möchte es mit alten Erinnerungen gern begraben, und einen neuen Grund wo anders legen. Demohngeachtet kann ich, so lange ich es habe, mich auch nicht mit dem Gedanken versöhnen, mein Werk unvollendet zu lassen.

Ich habe diesen Brief krumm zusammengezogen im Bette geschrieben, eine Anstrengung, die mich jetzt so unwohl macht, daß ich aufhören muß.

Lebe wohl, sei gut und milde, nicht traurig, aber liebevoll. Dein Lou.

4.
Pückler an Lucie.
Muskau, den 23. April 1832.

Meine Herzensschnucke,

Seit mein letzter Brief an Dich fort ist, quält mich eine beständige Unruhe, daß er Dich zu sehr bekümmern möge, und daß Du glauben könntest, ich liebte Dich weniger, weil sein Inhalt so viel Unangenehmes berührt. Freilich ist dieser Inhalt ganz vernünftig, aber ich fühle doch auch lebhaft, daß Vernunft nur eine sehr kalte Sache ist, und daß, wenn meine Schnucke das neue Verhältniß wie eine größere Trennung von mir selbst, und nicht bloß im Aeußeren ansähe, und nicht, eines gegen das andere gehalten, sich mit Zufriedenheit in die veränderte Lage finden könnte, selbst unglücklich dadurch würde, oder mich weniger liebte, aller Erfolg, den ich davon durch größere Sicherheit und Ruhe für mich selbst erwarte, gänzlich schwinden, und ich nie meines von Dir wirklich isolirten Lebens froh werden könnte.

Du müßtest es jedenfalls nur als einen neuen Versuch ansehen, und mißlingt dieser auch, so ist ja nichts verloren, und wir können uns in unserer Noth dann immer wieder ganz und für immer vereinigen, und gemeinschaftlich tragen, was dann nicht mehr zu ändern ist. Denke Dich ganz in das Gefühl einer Mutter hinein, die auch ihren Sohn zu seinem besseren Fortkommen freiläßt, und ihn deßhalb doch weder weniger liebt, noch sich von ihm mehr getrennt glaubt. Kannst Du Dich aber in alles das nicht finden, meine arme Nucke, so widersprich meinem Vorschlag, et tout est dit. Ich lege alles ganz und aufrichtig in Deine Hand.

So viel ist aber auch gewiß, daß wir in getrennter Haushaltung allein eine Ersparniß finden können, weil wir zusammen unserem beiderseitigen Gefühl nach uns unmöglich mehr als bisher einschränken können, ohne uns das tägliche Leben zur bittersten Last zu machen. — Daß demohngeachtet alles was mein ist, immer auch, wenn vonnöthen, Dein bleibt, versteht sich ja von selbst, auch bleibst Du ja, so lange nicht die Frau, welche uns radikal retten soll, gefunden ist, meine Universalerbin, meine Mutter und meine einzige Freundin nach wie vor.

Alles Uebrige habe ich in meinem langen Briefe genug detaillirt, aber alles kommt immer nicht sowohl auf die Sache selbst, als auf die Ansicht an, die Du davon zu nehmen im Stande bist, und darnach allein mußt Du auch entscheiden. Vielleicht gestaltet sich alles weit besser und freundlicher, ja selbst für Dein Herz, als Du denkst. Es ist, wie gesagt, eine letzte Probe, Du und ich haben dann das Aeußerste gethan, was wir thun konnten, und jedenfalls in dieser Zeit unsere Affairen nicht verschlimmert. Zwei Jahre höchstens müssen entscheiden, und uns keinen Zweifel übrig lassen. Mit wahrer, treuer Liebe ohne Nebenrücksichten wird alles gehen, ohne sie können wir gewiß beide nicht mehr existiren, ohne unser Leben im Grund hinein zu verderben.

Ich bin nie, meine Schnucke, zärtlicher für Dich gestimmt gewesen, das glaube mir, ja, ich finde mehr Gefühl, mehr Bedürfniß Deiner jetzt in mir, als ich selbst geglaubt habe, und das macht mich selbst im Schmerze glücklich, wie es Dich beruhigen muß, und Dir Kraft geben.

Dein ewig treuer Lou.

Der Arnim Briefe werden immer verrückter; ich schicke einen zur Probe mit.

5.
Pückler an Lucie.

Muskau, den 29. April 1832.

Eben, Herzensschnucke, erhalte ich noch Deinen Brief mit dem Wagen. Es beunruhigt mich recht sehr, daß Du unwohl bist, und ich beschwöre Dich, nicht schwermüthigen Gedanken mehr als es frommt nachzuhängen, das heißt, die Dinge noch schwärzer zu sehen, als sie sind, und dadurch auch Deiner Gesundheit zu schaden.

Daß Du aber nicht vernünftig sein willst, und schon eine falsche Ansicht der Gegenwart annimmst, zeigt mir das

Ende Deines Briefs, wo Du sagst: „Denke an mich, als an die Seele, die Dich am meisten liebte, und es am treusten mit Dir meinte." O, mein Gott! Wäre dem so, und es bliebe nicht Deine Liebe zu mir dieselbe in jeder Gegenwart, so möchte ich nicht länger leben. Zerreiße mir also durch solche Worte das Herz nicht unnützerweise, es trägt wahrlich ohnedem nicht wenig, und mehr, weit mehr vielleicht, als Du mir zutraust!

Aber was soll ich noch sagen. Hätte ich nicht geglaubt, es uns Beiden schuldig zu sein, ich hätte Dir gewiß diesen Kelch erspart. Aber selbst der treueste Freund muß rathen, das Bein abzunehmen, wenn sonst der ganze Körper zu verderben Gefahr läuft. Glaubst Du es anders, so beschwöre ich Dich nochmals: auf alles, was ich geschrieben, keine Rücksicht zu nehmen, und wie auf ein Evangelium darauf zu bauen, daß kein Vorwurf deshalb meinen Lippen weder, noch was mehr ist, meinem Herzen, entgehen wird. Ich werde sagen, meine Schnucke ist schwach, aber aus zu großer Neigung zu mir, und was auch komme, wir werden es liebend tragen können. Ich leide jetzt am Herzen — ach, es ist eine traurige, traurige Welt! und ich bin ihrer todtmüde. — Ich küsse Dich zärtlich aus ganzer Seele.

6.
Pückler an Lucie.

Muskau, den 1. Mai 1832.

Herzliebste Schnucke,

Möge dieser Brief Dir mehr Beruhigung gewähren, so wie er sie mir gegeben.

Ich hatte Deinetwegen gar keine Ruhe, dachte fortwährend an Dich, und habe daher unser Verhältniß wie unsere gegenseitigen Gesinnungen fast auf ein Haar gespalten und analysirt. Das Resultat wirst Du am Ende finden.

Was nun zuerst Dich betrifft, so hat gewiß niemand je mich mehr geliebt als Du. Ihren Theil Egoismus hat Deine Liebe insofern gehabt, als ihr eigenthümlichstes Wesen darin bestand, daß meine Person, mein Umgang Dir angenehm war, Dich mehr als alles andere befriedigte, ja Dir fast unentbehrlich schien — eine Art des Egoismus, die Dir gerade von meiner Seite zu verdenken sehr hart wäre. Du hast ihm aber auch bereits dadurch Edelmuth beigesellt, daß Du durch die Scheidung nicht nur diesen Dir so theuren Umgang auf's Spiel setztest, sondern auch Deiner Eitelkeit vor der Welt ohne Zaudern schwere Gewalt anthatest, um mir eine glücklichere, gesichertere Zukunft zu bereiten. Als dieser Plan mißglückte, gabst Du Dich von neuem der süßen Gewohnheit mit mir zu leben hin — bist aber auch jetzt bereit, noch einen Schritt weiter zu gehen, mir noch mehr zu entsagen, so schwer es Dir ankömmt, wenn ich es für nöthig erachte und verlange. Du erfüllst also redlich, meine Schnucke, was Du kannst.

Nun höre, wie es bei mir steht.

Ich bedarf meiner Natur nach überhaupt Anderer weniger als Du, und konnte also auch an sich Deines fortwährenden Umganges eher entbehren, als Du vielleicht des meinigen; demohngeachtet giebt es niemanden auf der Welt, den ich Dir vorziehe, und meine Erkenntlichkeit für Deine Liebe wie die daraus folgende Erwiederung derselben, ist eines meiner stärksten Gefühle. Es ist also Deine Zufriedenheit eine un= erläßliche Bedingung der meinigen, eine Bedingung, ohne die kein Glück der Erde bei mir anschlagen kann, ja, ohne die mein Gewissen sich nicht beruhigen könnte. Ich achte und liebe mich zugleich selbst genug, um nicht egoistischer handeln zu wollen als Du; und ob ich gleich nicht läugnen kann, daß auf der einen Seite die Idee eines großen Ver=

mögens, das nicht nur vollkommene Sicherheit und Aplomb in der Welt, sondern auch die Möglichkeit gewähren würde, so manche mich lebhaft interessirende Pläne auszuführen — etwas sehr reizendes für mich hat, so würde ich doch gegen Dich wie mich noch viel ärger die Wahrheit verläugnen, wenn ich nicht hinzusetzte, daß sich alle diese schönen Dinge nur in Skorpione und Stacheln für mich verkehren würden, wenn unterdessen meine alte, treue Schnucke ihre Zeit in Schmerz und Thränen zubringen sollte, weil sie, ohne mich zum größten Theil wenigstens zu besitzen, alles guten Willens ohngeachtet, sich nicht zufrieden geben könnte.

Dies einmal festgestellt als untrügliche Gewißheit, muß über unsere äußere Lage doch auch noch gesagt werden, daß zwar meines besten Wissens und der Wahrscheinlichkeit nach, wir uns ohne ganz neu eintretende günstige Umstände selbst bei möglichster Einschränkung kaum und jedenfalls nur unter vielen Sorgen zu halten im Stande sein möchten; dennoch ist dies aber auch keineswegs mit ganz vollständiger Gewiß= heit zu behaupten, da Muskau allerdings, so zu sagen, seit 50 Jahren immer mehr oder weniger auf der Kippe gestanden hat, und dessenohngeachtet noch existirt.

Es ist also, liebe Schnucke, Deine Pflicht, Dich auf das allerernsteste zu prüfen, ob Du in den Dir vorgeschlagenen neuen Zustand der Dinge eintreten kannst, ohne dadurch un= glücklich zu werden. Es ist nöthig, deshalb alles von beiden Seiten und vor allem auch Deine Bedürfnisse nicht nach der Chimaire irgend einer Perfektion, sondern wie Du wirklich bist und sein kannst, abzumessen, und auf's genaueste zu er= wägen, und erst darnach mit vollem Vertrauen und Offenheit zu entscheiden. Wenn Du mir schreibst, mein Lou, ich kann nicht, so werde ich Dich eben mit der Zärtlichkeit aufnehmen, und in diesem Falle, da halbe Maßregeln immer nur zu größerer Unzufriedenheit führen, franchement alle Pläne für die Zukunft ein=für allemal begraben, und begnügt sein mit dem, was das Schicksal von selber giebt. Ja, möchte auch die Welt ein wenig darüber lächeln, ich bin in diesem Falle sogar bereit, mich wieder mit Dir zu vermählen, um Dir dadurch Freude zu machen, und für immer einen Riegel gegen alle Rückfälle meiner Phantasieen vorzuschieben.

Sollte dies ein Opfer von meiner Seite sein, so wäre es doch nur eine gerechte Erwiederung des Deinen, eine Beruhigung des edelsten Theils meines Gewissens — und dabei an sich eben so zweifelhaft, ob wirklich ein Opfer, wie alle Träume, die wir spinnen, ohne doch je des Ausgangs sicher zu sein. Ferner ist doch die bessere Hälfte des thätigen Lebens, und wohl zwei Drittel des ganzen, schon bei mir dahin; ich kann mich daher auch recht gut zur Ruhe setzen, und denken: Deine Rolle ist aus nach außen, arbeite von nun an nach innen. Was man an sich selbst gewinnt, kann gewiß von allem, was in des Menschen Bereich steht, am wenigsten verloren werden.

Wenn ich Dir nun noch zuletzt mit vollständigster Aufrichtigkeit sagen soll, was ich eigentlich hinsichtlich Deines Entschlusses wünsche, so steht die Wage gleich, und wie die Stimmung eben ist, steigt sie bald, bald sinkt sie.

Also entscheide ohne alle Scheu.

Dein ewig treuer Lou.

7.
Pückler an Lucie.

Muskau, den 6. Mai 1832.

Gute Herzensschnucke,

Vor allen Dingen gräme Dich nicht, oder meine Ruhe ist für immer dahin. Kann ich es öfter wiederholen: thue nichts, was Dich unglücklich macht, es wäre auch meines.

Ich selbst leide seit acht Tagen an Zahnschmerz, der noch nicht eine Nacht ausgeblieben ist, und regelmäßig, bald ſtärker, bald ſchwächer, von Mitternacht bis Mittag dauert, ſo daß ich faſt gar nicht ſchlafe.

Es iſt übrigens ein böſes Zeichen für mich, daß Du mich nur immer, lieber Lou, und nie mehr Deinen herz= liebſten oder über alles geliebten Lou nennſt!

Sonntag Abend.

Die Witterung iſt plötzlich mit einem herrlichen Regen ſehr warm, fruchtbar und angenehm geworden. Als ich um= herging, und alles ſichtlich ergrünen und erblühen ſah, konnte ich doch nur an Dich denken, und fühlte, daß ich es mit meiner Unruhe über Dich ſelbſt nicht genießen konnte, ohne den Genuß mit Dir zu theilen, oder wenigſtens zu wiſſen, daß Du wie immer gleichen Antheil daran nähmeſt. Ich war ſchon im Begriff, Dir zu ſchreiben, daß wir an keine weitere und längere Trennung mehr denken ſollten, als doch auch wieder der Gedanke mir ſchwer auf's Herz fiel, daß es doch auch erſchrecklich ſein würde, wenn wir jetzt, um dem momentanen Schmerz zu entgehen, in ein paar Jahren die ganze Sache mit dem Rücken anſehen müßten, ohne die Mittel uns wo anders reichliche Entſchädigung zu ſuchen, nicht mehr freiwillig, ſondern gezwungen. So geht es uns Armen, wie Lord Byron vom Skorpion ſagt, der rings von Flammen umgeben, ſich vergebens da und dorthin windet, bis er zuletzt kein anderes Mittel mehr weiß, und ſich zu= ſammenrollend den tödtlichen Stachel ſich ſelbſt in's Gehirn bohrt.

Glänzendes Elend iſt vielleicht die ſchwerſte Laſt hie= nieden! —

Adieu, meine Schnucke, laß Deine Seele nimmer Deinen Lou verlaſſen, wie er Dich nie verlaſſen, und

der Deinige in jeder Lage und zu jeder Zeit
des Lebens ſein wird.

8.

Pückler an Lucie

Muskau, den 8. Mai 1832.

Meine liebe Schnucke,

Ich muß Dich etwas ausschmälen, daß Du mir den Tod des Kacadou nicht in Berlin mitgetheilt. Ich habe es durch= aus nicht gern, daß mir unangenehme Nachrichten auch nur einen Augenblick vorenthalten werden, obgleich ich weiß, daß es aus Liebe und zarter Rücksicht geschieht. Aber sie ist nur in sehr seltenen Fällen zweckmäßig. Thue es daher nie; denn oft entsteht größeres Uebel dadurch, und die Nachricht kömmt wenigstens nicht zu einer viel ungünstigeren Epoche zum Vorschein. Der jetzige Fall ist eine bloße Kleinigkeit, aber bei allem Uebel, groß und klein, sehe ich ihm lieber so schnell als möglich in's Auge, und bringe es hinter mir, wenn ich kann, oder behalte es im Angesicht.

Uebrigens hat mich bei meinem Verdruß, als ich die Vögel nun herausnehmen lassen wollte, und mein Liebling fehlte, der alte Bläsche gleich entwaffnet und gerührt, indem er mit dem vollkommensten Accent der Wahrheit und in großer Angst in die Worte ausbrach: „Ach, was habe ich wegen des Vogels für Sorgen gehabt, und zehnmal lieber wäre ich selbst gestorben, als daß das arme Thier daran ge= mußt hat."

Ich glaube wahrhaftig, es war sein Ernst, und es er= schreckte und bekümmerte mich, eine solche Abnegation in tiefer Seele — denn wie gering muß doch das Lebensglück eines solchen Menschen stehen, der einen solchen Gedanken nur fassen, und wäre es auch nicht völlig sein Ernst, ihn für glaubwürdig halten kann. Der alte Ratzenfänger ist da= durch für mich mit einer wahrhaften philosophischen At= mosphäre umgeben worden, und ich werde, glaube ich, diesen Eindruck nie verlieren. Das liegt im slavischen Blute, und ich glaube wirklich, könnte ich Wendisch, regierte hier bis zu die Details selbst und wäre so unter diesen Leuten aufgewachsen und immer unter ihnen, sie ließen sich alle für mich todtschlagen, während ich jetzt nur als ein fremder Zwingherr erscheine, und doch machen sie immer noch einen großen Unterschied zwischen mir und meinen Offizianten.

Das Wetter ist wieder schlecht geworden, und der Wind heult gräßlich melancholisch an meinen Fenstern wie ein Unthier, das den Eingang erzwingen will.

9.
Pückler an Lucie.

Muskau, den 12. Mai 1832.

Liebste Herzensschnucke,

Deine Briefe sind alle zusammen erst heute hier angekommen, und haben mir sehr wohlgethan. Sie verbürgen mir, meine Schnucke, daß wir uns immer verstehen werden, daß wir immer zusammen nur eins ausmachen werden, so lange dieses unser irdisches Leben besteht, und vielleicht länger, wenn unsere Fortdauer mit Bewußtsein in Gottes Rathschluß lag.

Wolken ziehen sich an jedem Himmel zusammen, also auch an dem unseren; aber wir können vielfach geprüft, sicher sein, daß auch in jeder Zeit, stürmisch oder hell, die Sonne ehrlicher Liebe und gegenseitiger Ergebenheit fest an diesem Himmel steht. Meine Seele küßt die Deine herzlich und innig, und darauf laß mich noch einiges Einzelne beantworten.

Ich habe nie Andere um Rath wegen **unserer Verhältnisse** gefragt, und meine Aeußerungen deshalb beziehen sich auf die englische Zeit, und die ihr vorherging, wo ich wohl über den Plan meiner Verheirathung mich mit diesem und jenem, dem ich aufrichtige Theilnahme zutraute, besprach, und dann fast immer die Dir mitgetheilte Aeußerung hörte.

Uebrigens gebe ich Dir recht, daß ein neuer Eclat nicht gut thäte, auch nicht in meiner Absicht lag, sondern vielmehr ein solcher Zustand unserer Lebensart, der anzeigte, daß wir bald allein, bald zusammen, wie innige Freunde lebten, ohne doch gerade bestimmt eine und dieselbe Haus=haltung zu führen, wovon ich allerdings noch glaube, daß es dem Bestreben, mich wieder zu verheirathen, Vorschub leisten würde — jedoch weißt Du schon, daß dies nur Betrachtungen des Verstandes sind, untergeordnet jedem Motiv, welches das Herz berührt, und das allein entscheiden soll. Dazu kam noch meine Ueberzeugung, daß wir zusammen lebend, Haus machend, und unsere Würde doch nothgedrungen repräsentiren müssend, unmöglich etwas ersparen können.

Sind wir nun für eine Zeit jeder allein, so haben wir den Vorwand vor der Welt ohne alle Repräsentation zu leben, was sehr viel hilft, so wie zum Beispiel jetzt hier meine Haushaltung gewiß sehr wenig kostet, und es möchte her=kommen, wer da wollte, ich ihnen sagen würde, die Fürstin ist in Berlin, ich bin ganz en garçon, und jeder muß sich à la guerre comme à la guerre bei mir behelfen.

Es ist möglich, daß Sokrates sich über alles das weg=setzen könnte, aber als solcher kann man auch nicht in der Welt leben. Man irrt, gegen Kleinlichkeiten zu deklamiren; alles ist Kleinlichkeit in der Welt, Titel, Orden, Luxus; aber es sind Kleinlichkeiten, die alles regieren, alles repräsentiren und folglich seine fürchterliche, eine unwiderstehliche Mach, ausüben.

Dies meine Ansichten — demohngeachtet sollst Du Muskau nicht verlassen, meine Schnucke, und Deine Anhäng-lichkeit dafür hat mir noch das für mich wohlthätigste Gefühl erweckt. Du sollst aber nicht viel hier sein, und eben so wie ich nur so zu sagen provisorisch. Muskau ist auch wirklich nicht angenehm auf längere Zeit wegen seiner geist=armen Einförmigkeit. In nichts aber soll meiner guten, alten

Schnucke Gewalt angethan werden, pas même une douce violence. Sie hat nichts wie ihren Lou, und soll eben nur nie auch auf das Entfernteste dem Wahne Raum geben, daß sie von diesem je auch nur ein Atom verlieren könnte, wenn sie auch selbst weniger oft mit ihm selbst zusammen wäre für einige Zeit. So lange Trennung wie in England wird doch wohl nie mehr stattfinden, am wenigsten aus denselben Gründen.

Das Wiederheirathen betreffend, wollte ich sagen, daß ich eine andere als eine mehr oder weniger Konvenienz= heirath nicht einzugehen gedenke. Für's erste bin ich, wäre ich auch noch 25 Jahre alt, durchaus nicht (wohl für Häus= lichkeit) aber nicht für eheliches Verhältniß mit einer und der= selben Person geschaffen. Ich kann sie sehr lieb haben, und sie wird mir doch (außer in großen Intervallen) physisch zu= wider. Jetzt natürlich noch viel mehr, also ist nur eine Kon= venienzheirath vernünftig, die mir, bis so weit es im voraus bestimmt ist, selbst freiere Stellung giebt, und freiere Hand läßt, als es jetzt die ewigen Geldverlegenheiten lassen. Eine solche Heirath aber, die einzige, zu der ich mich entschließe, kann Dir, meine alte Schnucke, am wenigsten Abbruch thun, ja, wäre es möglich, müßte sie nur die Innigkeit unseres Verhältnisses steigern. Glaubst Du aber, so etwas sei nicht zu finden, so irrst Du ganz gewiß. Es werden sich viele finden, die für die ihnen gegebene hohe Stellung in der Welt eine paarmal 100,000 Thaler ohne Zinsen für unsere Lebens= zeit hergeben, und mehr bedarf es nicht. Uebrigens werde ich bei jeder Verbindung dieser Art die Zügel sehr straff von Hause aus in die Hand nehmen, und das wird mir sehr leicht, ja ist mir natürlich, wo kein Gefühl im Spiel ist, kein erlangtes Recht in meinem Sinne.

Geht es nicht so, so bleibt es ganz, und wir helfen uns, schlagen uns durch, wie wir können, auf die vorge= schlagene Weise, bis vielleicht unerwartet bessere Zeiten ein=

treten. Stark bleiben wir immer, selbst gegen drohendes Ungemach, weil wir fest vereint sind; nur laß Dich in dieser Hinsicht die Unthätigkeit nicht übermannen, denn der Muth besteht in beidem, im Leiden wie im Handeln, der letzte aber ist weit schwerer.

Von Paris habe ich einen Brief des Buchhändlers Fournier bekommen, der mir schreibt, daß unsere Briefe reißend abgehen, das Publikum und er selbst aber bisher geglaubt, der seltsame Mann Pückler-Muskau sei nur eine Fiktion. Ein Journal habe indessen Details über meine wirkliche Existenz gegeben, doch hinzugesetzt, daß ich voriges Jahr im 55sten verstorben sei.

O Schnucke, da sieht man, wie wenig man 100 Meilen von zu Hause gilt heut zu Tage, wenn man nicht eine historische oder litterarische Rolle spielt.

Schnucke, ich küsse Dich herzlich.

10.
Pückler an Lucie.
Jagdhaus, den 2. November 1832.
Liebste Lucie,

Ich habe Deine beiden Briefe vom 24. Oktober und 30. Dezember zusammen, und so spät erhalten, daß die Pferde erst Sonnabend Vormittag nach Sagan kommen können, weshalb ich also um Nachsicht bitte.

Unglücklicherweise höre ich auch eben, daß Makisch nach Steinen fort ist, und erst morgen wiederkommt; ich schicke also Postpferde mit den Schimmeln, da der hiesige Postillon den Weg besser kennen wird als der Saganer. Deine Briefe waren sehr interessant, und es hätte mich wohl auch gefreut, Karl den Zehnten bei mir zu sehen, wenn alles das nicht mit zu vielen Umständen und unnützen Kosten verbunden wäre.

Ich bin seit bald einer Woche auf dem Jagdhause etablirt, wo ich mich ganz glücklich fühle im Vergleich mit dem großen und traurigen Muskau, wo ich fatal logirt bin et où il cloche partout, während hier alles recht und gut genug ist. Ich brauche auch diese Ruhe und Muße, um endlich mit meinem Gartenwerk zu Stande zu kommen — Du hast ja auch unten neben dem Eßsaal ein hübsches Stübchen, wo Du Dich einrichten kannst, wenn Du Dich behelfen willst.

Nur bitte: laß mich die Anlagen auf dem Jagdhause ganz nach meinem Gusto machen, sie amüsiren mich so sehr! Kospoth und die beiden Clementinen besuchten mich zu meinem Geburtstag auf zwei Tage, wo Kospoth und Bertram auf's Gewissen wegen des Auerhahnbalzes befragt wurden, und einstimmig der Meinung sind, daß der gemachte Schlag durchaus nichts schaden kann, an sich aber, da er in Verbindung mit der ganzen Forstbewirthschaftung des Reviers und des anstoßenden steht, ohne großen pekuniairen Nachtheil nicht gehemmt werden darf. Er kömmt aber dem Jagdhaus nicht näher, sondern geht davon ab.

Daß Du wieder unwohl bist, meine gute Schnucke, bekümmert mich sehr, die herrliche Luft hier und die Nähe Deines Lous werden Dich aber schon wieder kuriren. Willst Du indessen in Muskau bleiben, so richtet sich das auch ein, komme nur zu Anfang wenigstens etwas her als Gast, und vergiß nicht, daß ein Genie wie ich Sklaven haben muß.

Schnuckfy! es hilft nichts, il faut se soumettre.

Um den Berndt nicht noch länger aufzuhalten, schließe ich, nicht aus Herzens-Schwindsucht, wie Du schon unverbindlich und sehr ungerecht zu sagen beliebst.

Dein hierüber sehr erzürnter
Lou.

11.

Pückler an Lucie.

Jagdhaus, den 3. November 1832.

Herzens-Schnucke,

Dein Bote hat die Schimmel aufgefangen à mon grand regret. Wenn Du erst auf die Politik kommst de te faire désirer, so werde ich schön wieder unter den Pantoffel kommen. Uebrigens erwarte ich Dich bald, längstens in acht Tagen. Nach Berlin gehe ich wegen der Chaussee nicht, weil es nichts helfen kann, und zum Verkauf von Muskau ist es ganz gleichgültig, ob die Chaussee über Spremberg geht oder über hier, um so mehr, da der Weg von Spremberg hieher schon so gut als Chaussee ist. Ja, für meine Person ist es mir sogar aus vielen Gründen auf diese Art lieber. Mit der Generallandschaft hat es Zeit, mein Hauptgeschäft in Berlin ist mein Buch, und das ist noch nicht fertig. Wir gehen also später zusammen. Ebers Quartier kannst Du umsonst auf keinen Fall annehmen, ein Besuch wie seiner in Muskau ist etwas anderes als eine Wohnung für Jahre. Da ich vor der Hand doch keinen bleibenden Aufenthalt in Berlin zu machen gedenke, so könntest Du, ohne Dich zu binden, auch vor der Hand Adelheid's Anerbieten vielleicht annehmen. Nous en causerons. Vielleicht bequemt sich auch Ebers.

Die Blätter, auf denen ich Dir schreibe, kann ich Dir nicht schicken. Sie sind eingebunden und durchsichtiges Seidenpapier; ich werde aber stärker aufdrücken.

Meine Geburtstagsbeschäftigungen hast Du drollig errathen. Nur sind die Schimmel nicht lahm, sondern im besten Stande, wie auch die Braunen, obgleich ich mit den anderen nie länger als $3/4$ Stunden auf das Jagdhaus brauche, und mit beiden zusammen Relais gestellt, die $3/4$ Postmeilen von Görlitz in $2\ 3/4$ Stunden weniger 5 Minuten zurückgelegt habe, aber NB. mit der kleinen russischen Droschke, denn der Don Quixote ist schwerfällig geworden.

Gar allerliebst ist Deine Schilderung meines Innern. Wär' es nur immer so! Was in dem Dir überschickten Tagebuche steht, habe ich total vergessen, ich setzte es aber fort. Es ist eine gute Sitte, und ich habe es nun ziemlich weg, wie man es schreiben muß.

Auf einem guten Rath wegen Gesundheit, Luftveränderung u. s. w. werde ich mich besinnen, und ihn Dir in Muskau geben. Armes Hühnchen, bis dahin mußt Du auf dem Strich liegen bleiben, nur mache kein melancholisches Tagebuch, bitte — nur ein graziöses und gefühlvolles, die Essenz Deiner Natur. Die Metallfedern (ganz neuer Art) sind gerade recht dazu angekommen, ich kann sie aber erst mit nächster Post senden. Das Buch über Goethe kommt auch später nach.

Hundert Schönes an die Carolather; Francis bitte ich für mich halb aufzuessen, und die andere Hälfte nicht zu sehr auszuschöpfen, denn gewiß kömmt er wieder als Ortolan zurück, wie die unglücklichen Leichen, die Du mir retour gesendet.

Statt des Zigarrenbüschchens, das ich nicht brauchen kann da es zu kurz und für die Zigarrentaille zu eng ist, hätte ich lieber für meine 4 Thaler Zahntinktur erhalten. Indessen ist es artig gemeint, und folglich allen Dankes werth.

Nächstes Jahr im Sommer, wenn Gott Gedeihen giebt, wird das Jagdhaus und seine Umgebung mit geringen Kosten ein reizender Aufenthalt, und völlig im Stande sein. Nous faisons merveille, Hamann et moi. Rother wird es freilich noch delabrirt finden, aber doch vastly improved gegen voriges Jahr, und meiner Schmucke Beifall hoffe ich auch zu erwerben, wiewohl das immer etwas problematisch ist.

Nun lebe wohl, es ist 1 Uhr und ich muß zu Bett. Simpson's Sohn schnarcht schon daneben.

Dein treuester Lou.

12.
Pückler an Lucie.

Jagdhaus, den 6. November 1832.

Schnucke,

Ich muß mit einer kleinen Strafpredigt beginnen. Du weißt, daß ich die beiden Stuben nach der Kirche hin im Amthause dringend nothwendig für Pflanzen brauche, die wir sonst wegwerfen müssen. Demohngeachtet hast Du sie der Wegner'n wieder einräumen lassen.

Das Casino für die Offizianten kömmt nicht zu Stande, weil niemand es besuchen will. Dagegen ist eine Art Restauration für Creti und Pleti organisirt, was ganz unanständig für ein Lokal wie dieses ist, und wegen Rentkammer u. s. w. sogar bedenklich. Erlaube also doch, daß sie wieder auf's Bad marschirt, und gieb Hahn deshalb die nöthige Ordre.

Die englische Feder, mit der es sich süperbe schreibt, erfolgt hier endlich, und zugleich eine gute Nachricht. Simpson ist nicht gefressen, sondern frißt noch selber, und ist gefunden. Wo? höchst merkwürdig! auf dem Kirchhofe zu Kottbus, halb todt an einem Grabe liegend. Jungen fanden sie dort, und schleppten sie in die Stadt, wo ein guter samaritanischer Kaufmann sie in seine Obhut nahm, und durch Speise und Trank ihre Lebensgeister wieder erfrischt. Ich werde sie morgen selbst abholen.

Ich hoffe auf Francis stumme Theilnahme, und auf Deine laute.

Ich lebe fortwährend hier wie in Abrahams Schooß, und begreife nicht, daß ich früher das Agrément dieses Aufenthalts nicht entdeckt habe. Ich würde mit Vergnügen den ganzen Winter hier zubringen, und Muskau wird mich, so oft ich allein bin, gewiß nicht mehr viel zu sehen bekommen, denn hier kann ich mir alles Unangenehme vom Leibe halten, meine Stube aber ist die Quintessenz einer anmuthigen Wohnung, was hauptsächlich durch das Leuchtekamin hervorgebracht wird, weil dies 1½ Fuß über der Erde steht, und fortwährend dadurch eine ganz malerische, lustige Beleuchtung hervorbringt, dazu habe ich drei Schreibtische, einen für die Kopirmaschine, einen für Schriftstellerei, den dritten für Alltägliches und Tagebuch. Toilette, Bett, alles zum Greifen. C'est délicieux, et vous voyez que j'ai au fond les gouts les plus simples, si la vanité ne s'en mêle pas.

Uebrigens wird im nächsten Sommer auch das Jagdhaus für nothgedrungene Fremde sehr präsentabel sein, und sehr komfortable dazu. Deine Meinung, daß es nicht gut läge, theile ich nicht im Geringsten, und ich glaube, Du wirst, wenn die Anlagen sich erst developpiren, mir Recht geben.

Gute Schnucke, Simpson, Francis und Dein Lind werden morgen sehr hübsch zusammen spielen, bitte, ziehe keine strenge Miene, und nimm ihnen ihre Spielsachen nicht weg, car nous avons tous peur de la Maman, quoique nous l'aimions beaucoup.

Abieu, gestrenge Schnucke.

Dein Lou.

P. S. Ich werde nächstens auch ein Jagdliebhaber werden. Schon gestern habe ich mit vielem Vergnügen eine Auerhenne — gegessen.

13.

Pückler an Lucie.

Jagdhaus, den 8. November 1832,
spät Abends.

Du, meine Schnucke, mußt immer mein erstes Bedürfniß bleiben — denn für eine treue, geprüfte Freundesseele ändert man sich nicht mehr, wenn man 47 Jahr alt ist. Aber

meine Anlagen, mein Schaffen und Wirken halte mir auch
werth! Bedenke, was ohne diese mein Leben gewesen wäre
und zurückließe. Ein Nichts — während ich jetzt schon, und
noch mehr bei weiterer Vollendung in späterer Zeit, mit dem
Beruhigenden Gedanken sterben kann, nicht wie ein Kohl=
strunk vegetirt zu haben, sondern zurückzulassen, was meinen
Namen Jahrhunderte lang vielleicht mit Ehre und Liebe
nennen lassen wird. Das gleicht gar viele Irrthümer aus;
denn die erste aller Pflichten ist Thätigkeit, nach Gottes
Ebenbilde etwas zu wollen, etwas zu schaffen.

Der Maßstab ist verschieden vertheilt, aber die Verpflich=
tung bleibt dieselbe. Der Weiber Vorwurf ist ein anderer,
ihre Thätigkeit ist nur darauf angewiesen, sich der männ=
lichen anzuschließen, und ihren mannigfachen Theil an der=
selben zu nehmen. Das thue, meine Schnucke, wie Du es
bisher gethan, dann bleiben wir auch jenseits zusammen, wie
dies auch beschaffen sein mag.

Nach Muskau gehe ich nun nicht mehr zurück, als ab
und zu auf einen Tag. Glücklich bin ich schon durch meinen
hiesigen Aufenthalt mehreren Besuchen entgangen, unter anderen
dem der Generalin *, the blue stocking.

14.
Pückler an Lucie.

Jagdhaus, den 10. November 1832.

Du hast wohl Unrecht, liebe Schnucke, meine Worte so
auf die Goldwage zu legen, und wenn Dich meine Heiterkeit
ärgerte, so ist es Dir gut gelungen, sie in Betrübniß umzu=
wandeln. Mein Scherz mit den Hunden war sehr albern
vielleicht, und ohne viel Sinn, aber drum eben war es nichts
als eine Narrethei, und eine kleine harmlose Neckerei dabei.
Bös habe ich nichts gemeint, aber allerdings aimious nicht

aimons geschrieben, und zwar deshalb, weil, so viel ich mich aus der Schule zu erinnern glaube, das französische quoique (beiläufig gesagt, nicht das melodischste der französischen Sprache) den Conjunktiv regiert, und daher die Phrase: „obgleich wir Dich lieben" übersetzt werden muß: quoique nous t'aimions beaucoup etc. Vielleicht irre ich mich auch hierin, wie in der Beurtheilung Deiner Gesinnungen gegen mich, die doch durch den leichtesten Widerspruch seltsam, wenn auch nur, wie ich hoffe, momentan, umgewandelt werden können; wie ich in der letzten Zeit durch Deine eigenen Aeußerungen noch mehr als sonst erfahren.

So viel weiß ich, um auf meinen so übel genommenen Spaß zurückzukommen, wenn Du Francis verloren und wiedergefunden hättest, so hätte ich Dir, mit dieser Nachricht, aus Freude darüber Deinetwegen, auch die bittersten Sarkasmen nicht übel nehmen können. Ach, die menschlichen Seelen sind zu verschieden, und im Grunde versteht keiner recht den Anderen, und wenn es geschieht, nur auf kurze Zeit!

Meine Heiterkeit hat sich in eine bodenlose Melancholie verwandelt, was physisch ist, denn es war schon so, ehe Dein Brief ankam, und plötzlich seit gestern, aber freilich war dies auch die übelste Stimmung, um ihn zu erhalten.

Zur Lectüre habe ich noch immer Byron's Leben, das mich unendlich interessirt, aber doppelt trübsinnig macht. Dazu ist alles mit Schnee bedeckt, (der traurigste Anblick für mich), und ein fürchterliches Schlackenwetter tost und pfeift vor der Thür. Nimm dazu, außer Deinem Briefe, drei oder vier niederschlagende Nachrichten, und Du wirst Dich hinsichtlich meiner „Zufriedenheit bei meinem neuen Aufenthalt" gänzlich beruhigen können.

Dein Stübchen war hier sehr schön in Ordnung gebracht, und mit zwölf der schönsten von mir selbst aufgefundenen neuen Moossorten geschmückt worden. Da ich das Alleinsein nun anfange überdrüssig zu werden, wünschte ich, Du wärest hier — Schnucke, doch nicht so, wie Du in dem häßlichen Briefe erscheinst, den dieser gute und edle beantwortet.

Was hat Dir die arme Kopirmaschine gethan, daß Du ihr bei jeder Gelegenheit etwas abgiebst? Es ist ja die herrlichste Erfindung, und nicht der mindeste Nachtheil, daß von meinen Briefen an Dich auch noch eine Kopie zurückbleibe, ja bei Kommissionen und Geschäftssachen zum Nachsehen höchst vortheilhaft. Dabei weder Sand noch Tinte, ein großes agrément beim Schreiben. Nicht so schwarz, meinst Du, wie Tinte. Ach, das ist wahr, auch meine Stimmung ist weit schwärzer als diese Züge, wirklich so sehr so, daß, wenn sie oft so wäre, ich diese Erde, auf der mich dann alles anekelt, bald freiwillig verlassen würde.

Lebe wohl — schwarz oder rosenroth, immer

Dein Lou.

P. S. Ich glaube, am letzten Ende kannst Du mich besser entbehren, als ich Dich. — Ich möcht's aber doch einmal versuchen.

15.
Pückler an Lucie.

Jagdhaus, den 13. November 1832.

Gute Schnucke, ich muß gestehen, daß mir etwas bange nach Dir zu thun anfängt, (obgleich ich eigentlich Ursache habe, auf Dich ungehalten zu sein,) und da Du nun nicht so schnell nach Berlin gehst, so könntest Du mich wohl vorher noch ein paar Tage in meiner Einsamkeit besuchen. Ueberlege Dir das.

Ich las heute etwas, das mir sehr rührend schien. Der berühmte Zimmermann war ein sehr vortrefflicher, aber äußerst hypochondrischer, sensitiver Mensch, und daher voller Launen und Einbildungen, so daß schwer mit ihm umzugehen war. Er hatte aber eine sehr liebende und sanfte

Frau, die seine häufigen Verstimmungen, und daraus entstehenden Differenzen immer wieder in wohlthuende Akkorde aufzulösen wußte. Diese Frau erkrankte und starb während seiner Abwesenheit. Bis an seinen Tod beschäftigte sie sich nur mit ihm, und ihre letzten Worte waren: „Ach, mein armer, armer Freund, wer wird Dich nun verstehen!"

Merke Dir das, Schnucke.

Dein Lou.

16.
Pückler an Lucie.

Jagdhaus, den 14. November 1832.

Gute, alte Schnucke,

Verstehst Du mich? Nein. Verstehe ich mich? Ja, aber nicht immer gleich.

Deine drei Hunde (ne vous y perdez pas) spielen täglich, zweie aber nur lustig, der dritte traurig. Komm her, und erheitere mich. Warum schreibst Du nicht einmal? Du bist doch nicht krank?

Zu thun habe ich die Hülle und Fülle, mit Stöcken und Griffel. — Etwas Neues wirst Du schon sehen, wenn Du herkommst, wiewohl das meiste noch nur in meinem Kopfe. Der Himmel gebe nur, daß Dir was fertig ist, gefällt. So viel ist gewiß, daß mir dieser Aufenthalt im Vergleich mit Muskau, wo man weder in der Stadt noch auf dem Lande ist, unschätzbare Vorzüge zu besitzen scheint. Vielleicht ist es das Callenbergische Blut, das in mir spukt. Statt des Hauses, was ich mir an der schönen Aussicht bauen wollte, (die Du etwas verändert finden wirst), kommt ein Moossalon mit einem Kamin, und wird der Schnuckensaal getauft.

Hoffentlich erhalte ich morgen einen Brief von Dir, und einen liebenswürdigen. Dann mehr. Gute Nacht für heute.

Den 15.

Es ist nichts gekommen, und ich fahre nach Muskau, um mich dort zu erkundigen, und zugleich zu revidiren, was man im Park macht. Lebe wohl, gute Schnucke, und schreibe endlich.

Dein treuer Lou.

17.
Pückler an Lucie.

Muskau, den 7. Dezember 1830.

Beste Schnucke,

Ich bin nun ganz zum Schreiber geworden. Du würdest lachen, wenn Du mich zwischen den vier Tischen, zwei zum Stehen, zwei zum Sitzen, Nr. 1 für die Kopirmaschine, Nr. 2 für gewöhnliche Geschäftssachen, Nr 3 für's Tagebuch, und Nr. 4 für Schriftstellerei ab und zu laufen sähest, um bald da, bald dort meine Gedanken niederzuschreiben. Es geht aber auch recht gut vom Flecke, ehe ich aber nicht fertig bin, kann ich ohne die höchste Noth Muskau nicht verlassen. In acht bis zehn Tagen wird es allem Anschein nach so weit sein. Wenn nur dann auch der Wagen vollendet ist, ich hoffe es.

Die Orlanda furiosa*) ist wieder in Berlin angekommen, und hat unseren, wie ich hoffte, eingeschlafenen Briefwechsel wieder angeknüpft.

Mit der Gesundheit geht es la la. Ich schreibe alle Nächte von 11 bis 4, auch 5 Uhr. Punkt 5 wird gegessen, und bis 11 am Tisch gesessen. Im Park bin ich früh nur zwei Stunden, und um abermals Punkt 9 Uhr wird der Thee hereingebracht und getrunken, so daß ich nur wenig schlafe, und wie Kospoth mir beim Dessert oft die Augen

---

*) Bettina von Arnim.

zufallen. Mit der Zigarre, (deren ich 10 täglich rauche), werde ich aber immer wieder munter.

Voilà toutes mes nouvelles. Das Alte ist, daß ich ewig bin

Dein treuer Lou.

18.
Pückler an Lucie.
Muskau, den 19. Dezember 1832.

Schnucke,

Auch ich werde mehr als Sokratische Geduld üben, um die Legion ungerechter Vorwürfe meiner Xantippe mit der Ruhe des Weisen zu erwiedern. Am empfindlichsten ist mir der wegen der Brevität meiner Briefe. Glücklicherweise ist meine ehrliche Kopirmaschine da, um zu beweisen, daß auf eins Deiner Worte drei von mir kommen, weshalb es auch mehr als billig ist, daß ich stets das letzte behalte.

— Allotria treibe ich gar nicht, denn es wäre unmöglich gewesen, wenn ich mein Buch herausgeben will, eher hier fortzukommen, da ich nicht nur den Text, sondern auch die Pläne besorgen muß, nämlich wie es werden soll, und wie es bei meinem Antritt der Herrschaft war, was ungeheure Schwierigkeiten macht, die ich allein, und nur an Ort und Stelle beseitigen kann. Es wäre zur vollständigen Erreichung dieses Zweckes sehr wünschenswerth, daß ich noch sechs Wochen länger hier verweilen dürfte, und die Erscheinung dieses Buches wird zu anderen Zwecken von großer Wichtigkeit sein, denn wie das andere meine Persönlichkeit in der Welt erst begründet, so wird dieses dasselbe für meinen Besitz thun. Ich bin nicht ganz so leichtsinnig, und denke oft weiter, als Du mir zutraust.

Das Ende Deines Briefs, gute Alte, macht alle ungerechten Vorwürfe des Anfangs wieder gut. Ach ja wohl, meine liebe Schnucke, niemand liebt mich wie Du, und auch niemand wird je Deinem Platz in meinem Herzen nur entfernt nahe zu kommen vermögen. So vereint müssen wir am Ende doch auch noch durch dick und dünn, im Tempe der Ruhe und Behaglichkeit anlangen, wenn es gleich immer ganz anders geht, als man erwartet, wenigstens auf anderen Wegen, die einen das Schicksal führt. Nur nicht ängstlich, nur nicht melancholisch. Das Uebrige findet sich.

Leb' wohl.

Dein Lou.

Vermischter Briefwechsel.

1828.

1.
Pückler an General von Witzleben.
Brighton, den 28. Januar 1828.

Verehrtester Herr General,

Euer Hochwohlgeboren haben mir mannigfache Freundschaft erwiesen und Ihre Protektion geschenkt, selbst wenn nach des seligen Kanzlers Tode alles sich beeiferte, mich dieses Unglück doppelt fühlen zu lassen — ich kann nicht anders, als Ihnen dafür auf immer verpflichtet bleiben — es ermuthigt mich aber auch, Ihr Vorwort von neuem in der wahren Bedrängniß, in welcher ich mich befinde, anzusprechen. Die beiliegende Kopie eines Schreibens an Seine Majestät, das ich Euer Wohlgeboren inständigst und gehorsamst bitte, wo möglich abzugeben und zu unterstützen, sagt Ihnen alles. Meine ganze Zukunft — ob sie hell oder dunkel sei — kann von seiner Aufnahme abhängen. Mehr brauche ich wohl nicht zu sagen, um wenigstens Euer Hochwohlgeboren freundliche Theilnahme erwarten zu dürfen.

Dieselben einstigen Feinde des Kanzlers, die ihren Haß gegen ihn zum Theil auf mich übertragen, dieselben, die eine hämische Anzeige meiner Erhebung in den Fürstenstand publizirten, welche in die englischen Zeitungen setzen ließen, daß ich mit der schwarzen Wittwe Christoph's verlobt sei — haben auch die in meinem Schreiben an seine Majestät er=

wähnten Gerüchte ausgebreitet, und sind mächtig genug, um ihnen Eingang zu verschaffen, wenn nicht ein öffentlicher Beweis von höchster Stelle ihnen den lügenhaften Mund schließt.

Vertrauensvoll lege ich daher in Euer Hochwohlgeboren Hände meine Bitte, überzeugt, daß Ihre Güte mir die kleine Störung Ihrer vielfachen Geschäfte nicht verargen wird.

Ich erlaube mir noch Sie mit meiner gehorsamsten Empfehlung an Ihre Frau Gemahlin zu behelligen, und schließe mit der aufrichtigsten Versicherung herzlicher Verehrung, mit der ich stets sein werde

Euer Hochwohlgeboren
ganz gehorsamster und dankbarer Diener
H. F. v. Pückler-Muskau.

2.
Pückler an König Friedrich Wilhelm den Dritten.
Brighton, den 29. Januar 1828.

Aller Durchlauchtigster König,
Aller Großmächtigster König und Herr,

Euer Majestät bitte ich unterthänigst mir zu verzeihen, wenn ich mich in einem der wichtigsten Momente meines Lebens, und gewissermaßen in der Noth — vertrauensvoll an Allerhöchstdenselben wende. Euer Majestät werden zwar von allen Ihren Unterthanen als ein Vater betrachtet und verehrt, aber Ihrem hohen Adel muß doch das Vorrecht bleiben, Euer Majestät sich noch näher zu fühlen, Allerhöchstdieselben stolz für ihren ersten Familienchef anzusehen, und daher auch in Privatsachen von Wichtigkeit Euer Majestät Befehle oder Genehmigung einholen, oder auch wo nöthig, um Hülfe bitten zu dürfen.

Euer Majestät wissen, daß ich hauptsächlich, um eine vortheilhafte und reiche Parthie zu finden — deren letzterer ich ganz nothwendig bedarf, um die Standesherrschaft Muskau zu einem Majorate für meinen künftigen Erben machen zu können, so wie auch in der That mich selbst in diesen schweren Zeiten zu erhalten — noch in England bin.

Dieser Zweck wäre auch längst erreicht, wenn nicht heimliche Feinde, die mir schon manches Leid angethan, auch hier verschiedene Gerüchte verbreitet hätten, unter denen zwei mir auf das Ermüdendste überall in den Weg treten. Nur in England, wo die Mehrzahl so ganz ununterrichtet über den Kontinent ist, und so lächerliche und unbegreifliche Vorurtheile über diesen unterhält, ist so etwas möglich, aber die Folge davon habe ich nur zu schwer empfunden. Die eine dieser Verläumdungen ist, daß ich meine vorige Frau auf das grausamste behandelt und zur Scheidung gezwungen haben soll, die zweite, daß Eure Majestät hierüber höchst indignirt gewesen, und daß ich dadurch bei meinem sich doch im Gegentheil immer so gnädig gegen mich bewiesenen Herrn und König in die vollkommenste Ungnade gefallen sei. Vergebens haben meine Freunde hier die Unwahrheit beider Behauptungen darzulegen gesucht, London ist so groß, die Gesellschaft so zahlreich, daß mit der Widerlegung nur theilweise durchzudringen war, obgleich der preußische Gesandte sich selbst darum bemühte — kurz — ein Jahr Aufenthalt hier hat mich überzeugt, daß ich bei diesem Zweifel des Publikums an mir nicht zum Zwecke kommen kann. Euer Majestät nur allein könnten durch eine öffentliche Gnade, die keinem Zweifel unterliegt, das letztere Gerücht und hiermit folglich auch das erste völlig entkräften, und indem Allerhöchst dieselben dadurch einen Ihrer ersten Vasallen für die Zukunft sichern, ja vielleicht vor der bedenklichsten Lage bewahren würden, wäre Eure Majestät zugleich dadurch die Veranlassung, daß ein großes baares Vermögen in höchst Ihre Staaten überginge, das gewiß niemand mehr zum Nutzen des Landes anwenden kann wie ich, der seit fünfzehn Jahren bewiesen hat, wie aller Eifer, alle Anstrengungen und fast alle Ausgaben, deren er fähig war, nur den Zweck hatten, die möglichste Kultur und Veredlung seines an sich ungünstigen Landstrichs zu bewirken und diesen Zweck auch, ohngeachtet seiner beschränkten Mittel, verhältnißmäßig in einem hohen Grade erreicht hat. Wie traurig, wenn die drückend unglücklichen Zeiten für fast alle, besonders nicht schuldenfreien Gutsbesitzer alle diese Mühe vergeblich machten, und mich in dieselben Verhältnisse brächte, denen bereits der Fürst Lynar, Graf Malzahn, Hohenthal und Andere unterlegen sind — und ich kann Euer Majestät nicht bergen, daß meine Ressourcen fast erschöpft sind.

Ich hörte einst, daß Euer Majestät erhabener Vorfahr, Friedrich der Große, dem Grafen Reuß, der Lieutenant bei der Garde war, auf einmal große Ehrenbezeigungen von Orden und Avancement zukommen ließ, um ihn in den Stand zu setzen, eine sehr reiche Holländerin zu heirathen, von deren Geld nachher das Reußische Palais in Berlin gebaut wurde, und deren Vermögen im Lande blieb. — Der Fall ist jetzt ähnlich — und wenn die Londoner Blätter den Artikel enthalten könnten, daß Eure Majestät mich aus Allerhöchst Eigenem Antriebe zum General ernannt, oder mir den rothen Adlerorden erster Klasse verliehen — so würde dies auf die hiesige Gesellschaft elektrisch wirken, und mir mit Leichtigkeit den Weg zu der Parthie bahnen, die ich im Auge habe, und die für den Maßstab des Kontinents ein ungeheures Vermögen besitzt, deren Angehörige aber ohne ein solches Zeichen Eurer Majestät Gnade, welches **sans réplique** ist, zu eingenommen sind, um die Verbindung zuzulassen, gerade darauf aber, daß ich bei Euer Majestät wohlgelitten sei, auch den allerhöchsten Werth legen würden, sich dann ferner gleichfalls überzeugen müßten, daß ich nicht der Blaubart sein könne, für den man mich hier ausgegeben.

Verzeihen Eure Majestät nochmals die Freimüthigkeit, mit der ich ehrfurchtsvoll und doch vertrauend mich an Eure Majestät gewandt, und beglücken Allerhöchstdieselben einen treuen Diener mit einer Gnade, deren wohlthätige Folgen für ihn unter den jetzigen Umständen kaum zu berechnen sind. Ich ersterbe in tiefster Ehrfurcht

Euer Königliche Majestät

alleruntertänigst treugehorsamster

Hermann Fürst von Pückler=Muskau.

3.

Pückler an seine Schwester Blanca, Gräfin von Tauffkirchen=Guttenberg.

Brighton, den 5. Februar 1828.

Liebste Blanca,

Ich muß wirklich die berlue gehabt haben, daß mir, seit ich England kenne, es nicht früher ein= und aufgefallen ist, wie nützlich Du und Dein Mann gerade mir, hier zur Erreichung meines, oder ich kann wohl sagen, unseres Familienzwecks sein müßten. Du paßt für England, als wenn Du dafür gemacht wärst, und ebenso Dein Mann nach allem was ich von ihm höre. Auch Max würde hier gut reussiren, unsere gute Mutter aber gar nicht, und ich passe eben so wenig, was mich jedoch nicht hindert, eine reiche Frau zu bekommen, aber ich habe einen solchen Stolz und eine solche Scheu vor einem Korbe, daß ich durchaus eine ganz vertraute weibliche Person brauche, um zu einem Re= sultat zu gelangen. Denke Dir, aber ganz unter uns gesagt, daß ich schon einmal mit einer schönen vollkommen in Rich= tigkeit war, der Vater noch verliebter in mich als die Tochter, sie, die einzige, bekam 100,000 £St. gleich mit, und hatte fünfmal so viel beim Tode ihres Vaters zu hoffen. Der

Vater kam zu mir (alles wurde sehr geheim betrieben,) um definitive Arrangements zu besprechen — und da erst — nach sechswöchentlicher Bekanntschaft, entdeckten sich zwei Dinge, die alles unmöglich machten, Nr. 1, daß meine geschiedene Frau noch lebe, eine tödtliche Sürprise für die Gegenparthei, welche geglaubt hatte, meine Frau sei gestorben, Nr. 2, daß meine Zukünftige (eine Irländerin) katholisch sei — folglich keinen geschiedenen Mann, dessen Frau noch lebe, heirathen könne. — Ist so etwas nicht gemacht, um alle seine Philosophie auf der Stelle zu verlieren? Ein anderesmal war ich in ein allerliebstes Mädchen wahrhaft verliebt, und sie hätte mich gar zu gern genommen. Es hieß, sie sei reich, als ich aber genaue Erkundigungen einzog, hatte sie nicht mehr als 10,000 LSt., ich mußte sie also fahren lassen, denn unter 50,000 mag ich meine Freiheit nicht weggeben, et avec moins je ne saurai payer les hypothèques de Muskau.

Es sind aber noch eine Menge da, die alles vereinigen, ich brauche aber eine Adjutantin, und Bänkchen allein ist dazu wie ausgesucht. Was ich Deinem Mann wegen Whist geschrieben, ist auch mein vollkommenster Ernst. In zwei Clubs, deren Mitglied ich bin, und wo ich Max einführen kann, sind eine Menge steinreicher junger Engländer, die erbärmlich Whist spielen, dennoch um 100 LSt. den Robber spielen, wenn man will, und Ecarté die Parthie um eben so viel und mehr. Man kann niedrig anfangen, und so wie man en veine ist, so hoch steigen, als man Lust hat. Eine solche Gelegenheit, Geld zu gewinnen, findet man nirgends, und man hat noch den Vortheil, daß die, welche es verlieren, sich gar nichts daraus machen. In den Clubs sind drei oder vier alte Kerls, die nicht einen Heller im Vermögen haben, und sich ihre 4—5000 LSt. regelmäßig alle Jahre im Whist erspielen — und was ist in Spekulationen mit Rothschild zu machen. Ich bin sehr gut Freund mit ihm, und seiner

ganzen Familie, und kann Deinen Max, besonders wenn er
Krebit auf ihn mitbringt, wie den Sohn im Hause dort
machen. Et bien entendu, si nous réussissons, je paye
votre séjour.
Je n'ai jamais fait à personne une offre plus avantageuse. Ainsi n'hésitez point, et partez le plus tôt possible. Si vous m'avertissez à temps, vous trouverez à Londres tout arrangé et vous serez dans quelques heures comme chez vous. Mais les 12,000 écus pour moi sont indispensables, denn meine Extrafonds sind vor der Hand erschöpft.

Schicke mir doch ein gezeichnetes Portrait von Dir, wo möglich, das ähnlich ist, und antworte mir überhaupt bald. Meinen herzlichen Gruß an Deinen Gemahl.

Dein treuer Bruder Hermann.

4.
Pückler an die Fürstin Esterhazy.
Albemarlestreet, ce 15. Mars 1828.
Princesse,

Comme vous avez paru prendre quelqu'intérêt, Madame, à ce que j'avais l'honneur de vous raconter hier, concernant ma désastreuse aventure avec Lady Londonderry, et l'étrange interprétation qu'on s'est empressé de donner à l'événemeut le plus simple et le plus innocent, je prends la liberté de vous adresser ces lignes, Madame, pour vous mettre entièrement au fait de ce qui s'est passé véritablement entre Lady Londonderry et moi — et j'ose en même temps vous prier, Princesse, de contribuer dans la société à ma justification, ne m'ayant que trop aperçu que les ridicules calomnies dont j'ai été le sujet, m'ont fait plus de tort que je le croyais possible.

Voilà donc une courte relation des faits.

Je commence par avouer que trouvant Lady Londonderry assez jolie, et en quelque sorte originale, et en effet invitant plûtôt que repoussant un premier degré de „flirtation," je lui fis un peu la cour, comme on l'appelle, mais d'un ton de plaisanterie, et d'une manière si peu sentimentale qu'elle ne s'en offensa pas le moins du monde, me répondant sur le même ton, et de la meilleure grâce possible.

Un jour la trouvant seule, elle me montra tous les colifichets dont elle a une si grande collection, et entre autres une quantité de cachets avec des inscriptions plus ou moins poétiques. Il y en avait une de Lord Byron „Love would find its way, where wolves would fear to stray" et une autre en italien „Rammentati di me nei tuoi giorni felici." Je dis là-dessus qu'elles étaeint toutes les deux bien jolies, et qu'on ne pouvait rien trouver de mieux pour cacheter des billets-doux. Ensuite Lady Londonderry s'extasia sur Lord Byron, son poéte favori, et comme je badinais sur le mot de „stray," dont je disais ne pas comprendre le sens littéral, elle me l'expliqua en riant, quand une autre visite survenant, je la quittais.

Un ou deux yours après je reçus, étant encore au lit, un petit billet bien parfumé, et cacheté du motto des „giorni felici." Je n'ai point gardé ce billet, y mettant trop peu d'importance, mais il contenait quelques mots fort obligeants avec une invitation pour assister à un petit diner d'amis. Par un hazard fort heureux j'ai conservé une copie de ma réponse, parceque l'ayant touché avec de l'encre, je fus obligé de l'écrire une seconde fois. Je transcris ici mot par mot le fameux Corpus delicti,

Dont on a fait plus tard une déclaration d'amour en règle, tombant des nues, et ayant pour but d'enlever d'emblée la Marquise de Londonderry avec tous ses coalpits à Mr. le Marquis. J'en appelle maintenant à votre jugement, Madame, et à votre justice, pour décider, si, après ce qui s'était passé, ce billet contient rien de si éffarouchant pour une femme de trente ans, qui connaît le monde. On peut dire qu'il est mal écrit, que les plaisanteries sont fades, enfin tout ce qu'on voudra, mais il est un peu trop fort d'en vouloir faire une attaque sérieuse contre une vertu, qui se déclare elle-même une des plus austères de l'Angleterre. C'est prendre, comme dit le proverbe, une vessie pour une lanterne, et quant à moi, je peux dire plûtôt que j'ai pris une chandelle pour une bougie.

Copie de ma réponse à Lady Londonderry.

Madame la Marquise,

„Je fus éveillé le plus agréablement du monde par „votre aimable invitation. Le doux parfum du billet „m'en fit presque deviner l'auteur dès que je le reçus, „et aux traits fins de l'adresse, je soupçonnai déjà que „la plus belle des mains les avaient tracée. Je serai „donc trop heureux sans doute de me rendre dimanche „à vos ordres. Ils me promettent le plaisir de vous „voir, et à ce prix je les suivrais même s'ils m'invitaient „to find my way where wolves would fear to stray."
„— Ce seraient alors „i miei giorni felici!" Mais vrai-„ment, je réponds comme un fou à une invitation pour „diner. Pardonnez-moi, Madame, et soyez assez indul-„gente et bonne, que vous êtes belle et séduisante. Je „vous en supplie dans l'attitude du génie que vous „voyez sur mon cachet. Agréez, Madame, l'expression „de mon profond respect etc."

Il faut que j'observe encore en forme d'explication, que pour continuer la plaisanterie des cachets, j'avais cacheté mon billet d'un petit génie suppliant, croisant ses mains sur sa poitrine, à quoi je fais allusion dans la lettre.

Si d'après ce que vous venez de lire, vous ne me trouvez pas trop coupable, Princesse, je me flatte qu'en bonne compatriote vous ne dédaignerez pas de protéger l'innocence, car il est dur d'être reçu si froidement par les dames les plus aimables, de voir Lady Gresley lever son beau nez en l'air et répondre à mon humble révérence par le salut le plus glacial, ou de me voir seul exclus des sourires gracieux et de la naive gaîté de Mad. la Comtesse de St. Antonio, mais que dis-je, je n'ose même plus approcher des chiens de Lady Londonderry mère, de peur d'en être mordu, et je ne peux plus douter que Lord Castlereagh fait plus de grimaces en valsant qu'à l'ordinaire, quand le hazard m'approche de lui. Tout cela est désespérant, et le crime, il me semble, hors de proportion avec la punition.

Ce n'est que de votre générosité, Princesse, que je puis espérer quelques secours contre des ennemis si acharnés, et j'espère aussi qu'en faveur de ma triste position, vous me pardonnerez tout l'ennui que je viens de vous causer.

J'ai l'honneur d'être avec le plus profond respect, Madame

de Votre Altesse
le très-humble et très-obéissant serviteur
H. Prince de Pückler-Muskau.

6.
Pückler an Lady Darnley.

Bangor, the 27. july 1828.

Dear Lady Darnley,

I certainly gave you credit for every possible good quality, but I did not know that the gift of prophecy too was included.

Unfortunately you are as true as Cassandra, and the wet summer you announce, so dreadful, that after having ascended Snowdon in storm and rain, without seeing more from his apex as I do in my bedchamber, I am now stationed almost a week long at the Peurhyn arms, waiting anxiously, but in vain for a single ray of your sun, which undoubtedly is the greatest prûde in England, et c'est beaucoup dire.

But my anger must not make me forget to thank you, dearest Lady Darnley, for your kind letter and inclosed recommandation to Lord Anglesea. Determined to see something of Wales, some clear view from one of the tops of the forked mountains, I won't leave this country before the weather mends — but as soon as I have reached Ireland, I shall certainly not forget Lord and Lady Meath and the lovely Theodosia of whom I am very fond. By the by, would you not, dear Lady Darnley, favour me with a little billet doux for Lady Theodosia? I should wish very much to be invited to Kilkenny for a week or so, and if you mention this sub rosa, Lady Theodosia would be perhaps good natured enough to arrange it. Am I not very impertinent to give you so much trouble? I depend on your kindness. Still, if I dared, I would scold you. It is not at all friendly, that you have entirely omitted to tell me how the famous niche succeeded we were just creating with so much eagerness and genius when

I left you and delightful Cobhamhall. I must confess that since I helped cutting the Niche aud proposed a new drim in the woods, I imagine myself to have a share in the glory of your improvements, and if after that, my drive, (for I hope, you will call it so), should be executed, I shall really think me immortalised along with yourself, like the little fly, sitting on the wing of an eagle, and rising with him to the sun.

I must conclude with this very poetical image for I fear the horrible rain, which is pondering against my window, will not inspire me with any better to day, but if you are not to much annoyed by the length of this letter, I shall take the liberty of writing to you again from the rock of Merlin or the castle of Llevellyn the great. En attendant, believe me, dear Lady Darnley,

very faithfully yours
H. Pückler.

7.
Pückler an seine Mutter.

Dublin, den 30. August 1828.

Liebste Mutter,

Ich habe Dir nie eine Unwahrheit gesagt, gute Mutter, und begreife nicht, woher Dein ewiges Mißtrauen kömmt. On est bien malheureux croyez-moi, quand on veut être trop fin, et suppose être les autres de même.

Sei nicht immer so argwöhnisch, es ist der unrichtige Weg mit mir. Nimm darin ein Beispiel an meiner lieben Lucie, die mir durch Sonnenschein und Ungewitter wie einem Felsen vertraut, und nicht mit einem Gedanken habe ich noch je dieses völlige Vertrauen zu Schanden werden lassen, noch ist dies je möglich. Vor allen Dingen liegt Verstellung am wenigsten in meinem Karakter, und wird mir selbst, wo sie nöthig wäre, auf die Länge unmöglich — ohne eine große Beweglichkeit und folglich wirkliche Veränderlichkeit und Inkonsequenz in manchen Dingen. Dies scheint den Menschen, die mich nicht kennen, Verstellung, sie supponiren Gott weiß was für geheime Pläne, die kein Mensch errathen noch begreifen kann, während ich so unbefangen wie ein Kind und oft eben so leichtsinnig, il faut l'avouer, le jour la journée lebe, und wirklich das auch immer denke was ich sage. Aber was ich sage, wird selten recht verstanden, das ist gewiß, et j'ignore à qui en est la faute. Jedenfalls aber solltest Du, gute Matscha, die mich verfertigt hat, ihr eigenes sonderbares Opus besser kennen. Wo zwei solche heterogene Elemente als Callenbergisches und Pücklerisches Blut zusammenkommen, mußte ein verzweifeltes Ferment entstehen, und ich glaube, es wird nie wieder zu der Ruhe des Weins noch Essigs kommen, sondern immer ein unbestimmter Most bleiben. Dies Gleichniß bringt mich auf natürlichem Wege zu Deiner Traubenkur, und daß ich von Dir geerbt habe malade imaginaire zu sein, und jeden Monat eine verschiedene Kur anzufangen. Mit wahrem Schrecken habe ich in Deinem Briefe gelesen, daß Du Anfang Oktober Allaix schon verlassen willst. Wie ist es möglich, wenn man den Winter in diesem schönen Lande zubringen kann, mit guten Comforts im eigenen Hause, daß man daran denken kann, alle Beschwerden, Entbehrungen und neue Rheumatismen dans les glaçons du nord aufzusuchen. Du bist die wandernde Christin, gute Matscha, there is no doubt. Wisse also, daß mein steter Plan war, wenn die Geschäfte mich zu einem Abstecher nach Muskau zwängen, zwar dorthinzueilen, im Oktober aber, und zwar spätestens zu meinem Geburtstage, in Allaix zu sein, meine beiden englischen Pferde nebst dem kleinen zweirädrigen Wagen schon vorher hinzuschicken, meine Winterquartiere bei Dir aufzuschlagen (und zwar en payant

wie ehemals beim Staatskanzler), und im Frühjahr die neue
Campagne zur Eroberung einer Frau mit meiner Matscha
gemeinschaftlich zu unternehmen. Alles dies, dachte ich,
sollte Dich angenehm überraschen, car je vous jure, ma
société vaut quelque chose, wenn ich mich jemand widme,
et vous ne la connaissez presque pas, pauvre Matcha,
— und nun wirfst ein Wort, wenn es unabänderlich ist,
alle meine Pläne über den Haufen.

Ich würde Dich zerstreuen, gute Matscha, und Dir in
Deinen Häuslichkeiten nützlich sein, enfin, bis die junge Frau
gefunden ist, würde ich mich mit Dir verheirathen, und Dir
vielleicht lieber werden, als Du glaubst, da Deine anderen
Kinder alle das Hauptinteresse eigener Familie haben, ich
aber nur zwei Mütter, wovon die Eine mich zwar weit mehr
liebt als die Andere, diese aber mir das Leben gegeben hat,
ohne das ich gar nicht da wäre, et c'est quelque chose.
Wenn es also möglich, et le coeur vous en dit, so arran=
gire Deine Pläne anders, und ich engagire mich fest für das
Gesagte. Antworte mir auch bald, damit ich mich darnach
einrichte.

Der Grund, warum ich Deinem Rath, in England zu
bleiben, nicht folgen kann, ist, weil ich die unvermeiblichen
hiesigen Depensen nicht mehr bestreiten kann, und nach vielem
Schwanken endlich fest entschlossen bin, nur eine große Parthie
oder gar keine zu machen. Ich habe dergleichen mehrere vor
mir, und Irland, sehe ich, nicht England, ist das wahre Land
dazu. Sobald wieder einige neue Kräfte gesammelt sind,
müssen wir daher auch hier wieder die Campagne eröffnen.
Jetzt aber muß ich sie abbrechen. Dein Raisonnement über
Pückler's Benehmen ist merkwürdig. Indessen der Himmel
wird mich vielleicht nicht verlassen, und die, welche ohne Mit=
leid mich quälen, es vielleicht in späteren Zeiten bitter bereuen
lassen.

In unserer Familie hast Du großmüthig gegen Deine Kinder gehandelt, und es ist mehr, als Du glaubst, zu Deinem eigenen Vortheil ausgeschlagen, ich selbst habe großmüthig gegen meine Schwestern gehandelt, sie schlecht gegen mich, und mein Vater erbärmlich für uns Alle. M e i n e Kinder sollen entweder nie existiren, oder ihren Vater segnen, dessen bin ich gewiß. Ich habe ein zu klares Beispiel, wie die Väter n i c h t handeln sollen, und der Himmel verzeihe mir's, aber bei diesem Kapitel läuft mir jedesmal die Galle über. Was für ein Verdienst hat der Aktus, der ein Kind erzeugt, wenn man nachher alles zu seinem Guten unterläßt, und positiv Dinge zu seinem Verderben thut? Doch genug hievon, die Menschen sind, wie sie Gott werden läßt, und Mancher hat auch über mich bitter zu klagen, wenn gleich Keiner, der mich wahrhaft lieb gehabt hat, und mein H e r z war von Kindheit an offen für Liebe für den, der sich Mühe darum gab. Ich liebe den guten Tamm noch zärtlich, wie er in seiner blau und braungestreiften seidenen Weste vor mir steht, und ebenso meinen Großvater Callenberg, ja, auch den alten Pückler halte ich in Ehren, die ersten beiden liebten mich, und der Letzte hat mir nie absichtlich zu schaden noch ein Bein zu stellen gesucht. Meine alte Matscha ist mir ein bischen fremd geblieben, obgleich ich in früherer Zeit gar manche sehnsüchtige Thräne um ihretwillen vergossen habe — aber stets hat sie gut gegen mich gehandelt, und ein redliches Mutterherz gezeigt. Glaube, gute Matscha, die Dankbarkeit dafür ruht fest in meiner Seele und wird nie verlöschen, wenn sie sich auch nicht so oft in Worten ausdrückt, als die Callenberg's gern haben.

Wird diese Matscha mir nun ihre unruhigen Reise= projekte aufopfern? Wird sie nicht wieder glauben, alles Ge= sagte sei nur eine Finte zu einem unbekannten geheimen Zweck? En tout cas, j'attends le résultat avec impatience.

Wirklich, Herzens-Matscha, es wäre doch gut, wenn wir uns endlich ein bischen kennen lernten! Wir hatten bisher zufällig keine rechte Gelegenheit dazu, denn von meinem siebenten Jahre an sind wir getrennt, und dann glaube ich nie mehr als vierzehn Tage zusammen, und auch dann weder allein noch in gemeinschaftlichen Verhältnissen, sondern ohne Berührungspunkte fast wie Fremde. Jetzt bietet sich eine wahre Gelegenheit dar, wir sind Beide schon weit über des Lebens Mitte hinaus, laß sie uns nicht versäumen, damit wir im Himmel nicht genöthigt sind, uns mit der Lorgnette zu fixiren und auszurufen: Pardon, n'ai-je pas eu l'honneur de vous connaître la-bas, ne seriez-vous pas par hazard mon fils, ma mère?

Mais trêve de plaisanterie, la chose est sérieuse et me tient à coeur. Adieu Matcha, cette fois-ci vous trouverez ma lettre assez longue. Répondez-moi de suite. Ich komme nach Allaix als Dein Sohn, folglich fürchte nicht, daß ich den Difficile oder Egoisten in irgend etwas zeigen werde.

C'est vous qui serez le soleil comme de raison, et moi le plus soumis de vos planètes, et si vous le voulez, je serai votre Intendant, maître d'hôtel, cocher et même votre femme de chambre.

8.

O'Connell an Pückler.

Darrinane Abbey,
27. Sept. 1828.

Mr. O'Connell had the honour of receiving the letter of Prince Pückler-Muskau, which has however been unfortunately delayed in its delivery by an accident, which his mesenger met with. His horse it seems fell under him, and dislocated his shoulder.

Mr. O'Connell will feel highly honoured, to make acquaintance with Prince Pückler-Muskau, and will be very much delighted at his accepting the humble hospitality of his mountain hut amidst these wilds, where the stranger can expect to meet little more than the disposition to show him attention — that disposition the Prince will find in the most cordial form, and as soldier and a traveller he will — it is hoped — have the kindness to make excuses for the rest.

9.
Letizia Bonaparte Wyse an Pückler.

Vendredi à 6 heures
44 Davies Street. Berkeley Square.

Mon prince,

Comme vous n'êtes pas passé chez moi selon votre intention d'hier, et que vous ne m'avez point envoyé le billet, que vous m'avez promis, je présume que vous avez oublié mon adresse.

Si vous avez la complaisance de passer chez moi, ou ce soir (car je ne sortirai qu'à onze heures) ou demain à midi, j'aurais quelques informations à vous demander, touchant ce déjeuner, dont une étrangère ne peut être informée. — En vous anticipant mes remerciments, croyez, mon Prince, aux sentiments de haute estime, avec lesquels

j'ai l'honneur d'être
Letizia B. Wyse.

10.

Pückler an Graf Joseph Max von Tauffkirchen-Guttenburg.

Dublin, den 3. November 1828.

Bester Schwager,

Erst heute erhielt ich drei oder vier verspätete Briefe meiner guten Lucie mit der Nachricht Ihrer Anwesenheit in Muskau, einer animirten Schilderung Ihrer Liebenswürdigkeit und freundschaftlichen Gesinnungen für uns, wie gleichfalls den Wechseln auf 500 L St., die Sie mir vorzuschießen die Güte gehabt haben. Indem ich Ihnen herzlich für diese Gefälligkeit danke, freue ich mich besonders, daß durch Ihre Gegenwart in Muskau und die Bekanntschaft mit meiner treuesten Freundin, unsere künftige nähere Verbindung vorbereitet worden ist, und wir uns schon jetzt auf die Schilderungen einer kompetenten Richterin etwas näher kennen gelernt haben. Ich behaupte, Ihnen kein übles Kompliment zu machen, wenn ich sage, daß die Fürstin ungemein sich von Ihnen angezogen fühlte, und ich mache mir selbst ein großes, wenn ich hinzufüge, daß sie zwischen uns Beiden viel Aehnlichkeit findet, jedoch mit dem Unterschied, daß sie Ihnen überdies gerade die Eigenschaften zuschreibt, welche mir fehlen, und einen solchen Freund an meiner Seite zu sehen wünscht, wo, wie sie sich ausdrückt, uns alles gelingen müßte. Es ist sonderbar, daß ich selbst diese Idee schon vorher gehegt, bloß durch Max's Aeußerungen darauf gebracht, und aus diesem Lichte allein müssen Sie, lieber Schwager, meine Briefe an Bianca beurtheilen. Aufrichtigkeit und Wahrheit ist mein Element, ich sage vielleicht manchmal mehr als nöthig ist, ich sage aber nie etwas, das ich nicht auch denke, und Rückhalt double entendre ist weder mit Freunden noch Feinden meine Art. Ich weiß nicht, ob ich mir zuviel einbilde, aber ich hoffe, daß der geliebte Gatte meiner geliebten Bianca, und der Freund meines herzensguten Max auch der meinige werden muß, wenn wir erst einmal Brot und Salz miteinander gegessen haben. Es ist meine Absicht, daß dies bald in München geschehen soll, da meine Gegenwart in der Heimath nöthig scheint, und ich nach einer aus manchen Ursachen nicht gelungenen Campagne einen kleinen Abschnitt zu machen wünsche, ehe ich eine neue beginne. Zu dieser habe ich indessen bereits einen strategischen Grund gelegt, worüber ich mir vorbehalte, mündlich weitläufiger Auskunft zu geben. So viel bin ich fest überzeugt, wenn Sie mir mit Rath und That und Ihrer Gegenwart behülflich sein wollen, so ist der Erfolg gewiß, doch, wie gesagt, hierüber mündlich mehr. Die Pekuliaritäten meines Karakters, die ich nicht ändern kann, die unüberwindliche Scheu, Annäherungen zu wagen, wo ich nicht so zu sagen des Erfolges gewiß bin, die Abneigung, Fremden Vertrauen zu schenken, vielleicht ein wenig zu viel Stolz und Hochmuth auf einer Seite, und zu viel Timidität auf der anderen, machen mir die Hülfe eines Dritten in der Person eines zuverlässigen und intelligenten Freundes fast unumgänglich nöthig. Uebrigens (denn ich spreche mit Ihnen ganz ohne Rückhalt) sind meine Forderungen allerdings nicht gering. Ich hatte hundert Gelegenheiten entweder mittelmäßige Parthieen zu machen, oder bloß Reiche aber Reizlose zu heirathen. Dies ist nichts für mich — nur einmal fand ich alles vereinigt, Vater und Tochter günstig, aber ein unübersteigliches religiöses Hinderniß. Ein Mädchen mit für Deutschland unermeßlichem Vermögen, gut, liebenswürdig, sanft und nicht ungefällig in ihrem Aeußeren ist mir seitdem vorgekommen — auf diese richten sich meine neuen Pläne, es ist aber nicht möglich, sie ohne Vorbereitungen, und ohne ganz Herr meiner Zeit zu sein, auszuführen. Daher ist der vorhin erwähnte Abschnitt nöthig, und vor allem der Alliirte, den ich in Ihnen, lieber Schwager, zu finden hoffe.

Bis dahin also vor der Hand Abieu. Ich lege die unterschriebene Schuldverschreibung bei, und bin mit dankbarer Freundschaft und herzlicher Anhänglichkeit

Ihr aufrichtig ergebener

H. Pückler.

Antwort auf Bianca's liebe Verse:

Bist Du endlich heimgekehret
In das Land, das Deine Blüthe sah —
Alles fandst Du dort vermehret,
Nur der Bruder war nicht da —
Centnerschwer drückt dies ihn nieder
Ach! Säh er die Liebste wieder.

11.
Pückler an Baron von Bülow.

Dublin, den 3. November 1828.

Ihren gütigen, freundlichen Brief, bester Baron, erhielt ich erst heute. Sie haben den Datum vergessen, aber ich vermuthe dennoch, daß er ziemlich alt ist, weil Sie meiner in Liemerik erwähnen. Hätte ich ahnden können, daß ein Mann, mit Geschäften überhäuft wie Sie, ein Diplomt, den nur die Schicksale Europa's interessiren, ein großer Minister, der mit webt am Gewande der Zeit — den geringsten Antheil an den Reiseaventüren eines so unbedeutenden Sterblichen nehmen könnte, als ich Aermster bin, so hätte ich mit Freuden ausführlicher geschrieben. Mais même aprésent je ne regarde votre condescendance que comme une façon de parler, und begnüge mich daher mit dem Geständniß, daß ich meine alten Projekte längst aufgegeben habe, und Irland ohne einen anderen Zweck als den eines neugierigen Reisenden durchzog — nicht ohne reichliche Ausbeute für meine Journale. Dies ist ein wahrhaft interessantes Land, in dem „pittoresk und romantisch" nicht wie in England leere Worte sind; ein originelles, geistreiches und herzliches Volk, von dem man mit Recht sagen kann, daß seine Fehler Fremden, und seine Tugenden ihm angehören; ein Land der Ruinen und der Mährchen, wo die Feen noch leben; ein Land, wo die Menschen noch nicht ganz durch Dampfmaschinen ersetzt werden, und Gastfreiheit sich noch nicht in Ostentation verkehrt hat — mit einem Wort, wo noch die Natur und nicht die Mechanik herrscht.

In welchem Bade waren Sie? Ich hoffe jedenfalls, daß es Ihnen gut bekommen ist, daß Sie folglich guter Laune sind, und daher nicht zürnen werden, wenn ich abermals ein billet doux für die Fürstin Pückler beilege, und gütigst zu besorgen bitte.

Da ich mich hier sehr verspätet habe, gebe ich Southampton auf, und ersuche Sie, bester Baron, Briefe für mich poste restante nach Bath gefälligst zu senden.

Mit der aufrichtigsten Verehrung und Ergebenheit

Ihr gehorsamster H. Pückler.

12.
Pückler an seine Schwester Clementine.

Dublin, den 3. November 1828.

Dein lieber Brief, Herzenstine, den ich erst heute erhielt, hat mich bewegt — gerührt, geschmeichelt auch. — Du erwähnst unserer Jugend — des achtzehnjährigen Jünglings! Das sind für mich schmerzlich=süße Erinnerungen —

„Wie groß, wie schön war da die Welt gestaltet!
Wie wenig, ach! hat sich entfaltet". —

Der Beifall, den Du meinen Briefen schenkst, macht mir diese Ergießungen in den Busen der treuesten Freundin doppelt werth, denn ich gestehe, daß ich diese Briefe liebe als einen Theil, vielleicht den besten, meiner selbst. Aber täusche Dich nicht — ich ziehe die Heimath tausendmal allen diesen fremden Schönheiten vor, und nur Nothwendigkeit entfernt mich von jener. Die poetischen Schilderungen sind nur ein Trost, den ich mir selbst einrede, eine Gabe, die ich der Phantasie abfordere, und indem ich der geliebten Seele, die zu Hause weilt, den Genuß male, den ich hätte haben können, empfinde ich ihn erst selbst.

Mein Schaffen in Muskau ist das einzige Streben meines Lebens, das ich mit vollem Gemüth umfaßt habe. Es ist aber nur eine Skizze, weit, unendlich weit zurück hinter dem Kunstwerk, das in meinem Geist vollendet steht.

Damit werde ich mich wohl begnügen müssen — und dies ist nichts Neues — allen weitstrebenden Gemüthern ist es so gegangen, von Napoleon herab bis zu dem kleinsten Pygmäen, der sich nicht mit der Gegenwart begnügen konnte.

Du, Tine, hast Deine Bestimmung, die der Hausmutter, besser erfüllt, und Deine Schöpfungen stehen alle vollendet als ein blühendes Ganze da — und Kospoth behauptet, Du ruhtest noch nicht auf Deinen Lorbeeren aus. — Ich umarme Alle herzlich, Schöpferin, Schöpfer und Schöpfungen.

Dein treuer Bruder Hermann.

13.
Pückler an Lady Morgan.
Dublin, 4. Novembre 1828.

Dear Lady Morgan,

Il est certainement difficile d'oublier Lady Morgan — cependant je l'avoue à ma honte, les nièces m'ont fait hier oublier la tante. Si c'est une séduction — it is certainly a most powerful one, and therefore I hope you will graciously pardon me. Je joins à mon billet le p.rtrait que j'aurai dû vous envoyer hier - quoique je ne puis guère m'imaginer que vous soyez fort empressée de l'avoir. J'ai déjà écrit à Berlin qu'on vous y verra l'hiver prochain, et qu'on y prépare tout pour votre entrée triomphale. Ne craignez pas dans l'Athène moderne l'influence des Barbares du Danube, tous les savants, tous les beaux-esprits et tous les gents d'esprit feront Phalanx autour de vous, et bientôt seront obligé de se dire, que si votre réputation est grande, votre commerce personnel a encore plus d'attraits.

Vous ne vous doutez certainement pas que je suis un peu de vos collégues, c'est-à-dire Auteur comme vous, quoique à la distance respectueuse qui me convient. J'userai de mon privilège en tout cas pour vous chanter, aussitôt que je reviendrai dans mon pays. En attendant il faut vous contenter de l'assurance d'une grande vénération pour vos talents et d'un attachement sincère pour votre aimable personne.

H. Pückler.

14.
Lady Morgan an Pückler.

Lundi.

Je reçois le beau portrait de Mr. le Prince comme j'ai reçu l'original, avec plaisir et reconnaissance.

Je suis si souffrante, que je garde mon lit. Afin de me guérir pour ce soir quand j'espère remercier le Prince de vive voix de son beau cadeau. — En attendant, voilà mon pauvre petit bout d'artiste, qui se jette à vos pieds — espérant de faire encore un meilleur portrait que celui même qui fera le frais de mon portefeuille — il aura l'honneur de vous présenter ce tout petit billet et d'arranger une Séance avec la bonne permission de Mr. le Prince. Je suis etc.

Sydney Morgan.

15.
Lady Morgan an Pückler.

(1828.)

Je supplie le plus aimable des German Princes de présenter le ci enclus à la petite Sydney de la part de la petite Maman.

Nous autres mari et femme dinons en ville aujourd'hui — mais ferons l'impossible de nous présenter chez la sainte famille au courant de la soirée quoique ma prière soit dit en passant.

Sydney Morgan.

16.
Pückler an Lady Morgan.

Fryday evening.
Dear Lady Morgan,

Will you join us tomorrow and go to the play with us? I mean with your sister Lady Clarke, her daughter and myself. If you don't find it to vulgar to grace Ducrow's horseperformances with your fashionable presence, pray do come. You know, nous autres Allemands, we are a simple people, not overaffraid de nous compromettre, living occasionally as well with Nobodies as Esclusifs, always preferring the most divertissants. Ducrow's horses are almost as well trained as London Misses and Dandys and at all events more amusing.

If you condescend to go, allow me to call on you at 7 o'clock precisely, and to bring you to the Royal manège, my carriage containing three people comfortably.

17.
Laby Morgan an Pückler.
Saturday Morning.
Dear Prince,

I am prevented from joining the charming party, you propose not by my fashionability, but by a heavy cold, which I have renewed by dining in the country, the other day — and for which the theatre would be the worst place in the world. In short I am fit for nothing, but the coin du feu, where I am now seated writing nonsense for your future amusement — I wished you had dropt in last night — I almost expected you would — you would have met some one you would have been pleased to see.

Sans adieu —

Sydney Morgan.

18.
Pückler an Laby Clarke.
Dublin, 5. November 1828.

Lady Morgan a peur de Mrs. Kehse, c'est une faiblesse bien anglaise! pas irlandaise, j'espère. Si cette pauvre Kehse était une duchesse, ou se trouverait honoré de l'invitation, si c'était quelque fashionable aventurière, on irait encore avec plaisir — mais comme ce n'est qu'une bonne et honnête femme, très décemment élevé, but mixing with people of an inferior sphere — she is considered a „Pariah,“ et gare à qui la touche! Oh monde, oh monde!

Je ne sais si après tout cela j'ose vous supposer assez de force d'esprit, Madame, pour surmonter de si grands obstacles. En tout cas je vous envois l'invitation, et vous ferez ce que vous jugez à propos.

Il n'y aura que huit personnes, besides yourself, and as they say, the four best female singers in Dublin. C'est une façon de parler sans doute, car rien ne peut surpasser „les Rossignols". Cependant sans les égaler, si elles approchent seulement, elle peuvent encore donner beaucoup de plaisir. J'espère que la Magnétisée a bien dormie, et que mon compagnon d'armes le petit Hussard s'est bien conduit ce matin, de manière que la Grand' Maman lui permettra de nous accompagner ce soir, si toutefois la partie a lieu.

I am, dear Lady Clarke,
yours very truly H. Pückler.

19.
Pückler an Lady Clarke.
7. November 1828.
Friday evening.

My dearest Lady Clarke, you are very cruel to exclude me to night from your company! As to the play, voilà le boxticket, vous inviterez Lady Morgan ou qui vous jugerez à propos pour nous accompagner, il y a huit ou dix places, je crois. Mais l'arrêt de ce soir est-il irrévocable? Pour dieu, ayez pitié d'un pauvre foreigner, qui ne sait que devenir. Souvenez-vous aussi qu'il est le frère adoptif des „little chirpers," et que par conséquent il n'est que juste qu'il les aide à soigner leur Maman. I am a very good nurse, depend upon. Now, be good natured, and allow me to come. I'll only stay till ten.

Don't write yourself, because you are unwell, but employ your secretaries. Two words Sidney may write, two Josy, and the Grand Maman four. She must have the preference being an Authoress. The words I sollicit and expect are as follows.

Ebben' venite — caro fratello — tre grazie ti aspettano.

I am not of your opinion, that pleasure deferred is pleasure encreased, not at all — we have so little real pleasure in this world, that we should never defer it — if we car help it.

H. P. M.

20.
Lady Morgan an Pückler.

Beau Prince,

Comment va la santé aujourd'hui? — If you are strolling about town, call on me. — Will you take tea with me to morrow evening at 8 o'clock, and meet la belle Countesse de Bentinc, et les petites nièces, et la grande et la petite maman. By the bye, if you, have not seen any of our Native Irish bogwood Manufactures, call et Smiths in Exchequor street (out of Grafton street), and tell him to shew you some of his Bog pins etc. — nobody leaves Ireland without a bog wood relic. — I send you the address, and wish you would patronise the manufacturer, as he is an honest industrious man yours. Sans adieu.

Sydney Morgan.

21.
Pückler an Lady Clarke.

8. November (1828).

Dear Grand Maman,

The drawing you sent me was a sad consolation for being deprived so long of seeing the charming Originals — but still it was a consolation — and instead of going to Lady Morgan or any where else, I passed my evening in looking upon. This sounds rather sentimental, but hélas! it is true. I do not doubt in the least that Josy made the drawing in her sleep, for awake she would never do any thing to oblige me, and even in her sleep she torments me in refusing justice to herself, perverting always the most bewitching little wild Irish girl in an unmeaning carricature.

I followed your orders, most respected Grand Maman, immediatly, and wrote the same evening a note to Lady Morgan proposing her to join our party to day. She will come if possible, and if a cold she got permits. I am to call on her this morning, aud arrange every thing.

I hope the great tyrant Lady Clarke is recovered from her feigned indisposition.

Cette lettre étant à sa fin, je prie Dieu qu'il vous ait dans sa sainte et bonne garde, ainsi que tous vos enfants et petits enfants, existing et à venir.

I hope, Jane, my sweet Philosopher, will take care for me of the drawing, I am so fond of.

22.
Pückler an Lady Morgan.
Dublin, 17. November 1828.

I am delighted with the Philosophy of Morels. — Indeed, if till now I only honoured Sir Charles as a man of most gentlemanlike and agreeable manners, I now respect him as a man of deep thought, as one of these independent and contemplative beeings who „can shake off the tyranny of old ways," and who along with this, have the courage too, to speak the truth to the face of the world. His relations with society certainly have obliged him d'entourer cette vérité d'un peu de gaze, just as we would do with a beautiful statue to preserve it from flies — but through the veil still the Deity is discovered in all her immortal charms. I have not for a long time met with a more profound and a more interesting book, the preface setting up in the same time a pattern how polemic discussions ought to be pursued, displaying as much wit, as dignity and overpowering reason. Some vanity may partake of my admiration, for I cannot but feel proud and gratified to find so many reasonings and sentiments quite congenial to my own, and though better expressed, equal to my own abstractions, and my own contemplating of nature and for immitable laws. Something too it put me in mind of a dear friend of mine, a distinguished author in Germany, who very often in his comical and abrupt way used to say: Soul! what is soul? nonsense — matter is the thing – and if there is a God reigning over us, he must have a body as well as ourselves. Let me here recall to you Schelling's words, to which you did not do sufficient justice I think. He says, speaking of the abstract Idea of the Divinity: God is not yet, but he 'will be — as the most precious parts of a tree are not his roots but his fruits. What can be the meaning of this as: God, being only the human Ideal of perfection, is not yet as much matured, but will only become so at the last stage of human existence, when the highest degree of human perfectibility will be attained. As for my own theory of the mistery of existence, I could express it in a few words in my own language: Einheit und ewiger Wechsel. Unity as cause and never ceasing variety as effect constitute the eternal world. You may call first God, the second life. Therefore we, as well as every thing existing, are certainly immortal, but still never the same. Does not in fact our own short life already demonstrate us a posteriori (to use Kant's phraseology) the truth of this assertion? Is not the man of 80 much more different of himself when he was a child, as this same child was then from all the other children of his age? We really die different times during this existence, though imperceptibly — and what a faith requires it therefore to believe that after the total distruction of every thing that constituted our human being, we shall still contain the same in Eternity! for what religion calls „our souls in heaven" is nothing else but mankind travesti as angels with the addition of whings aud an ideal dolce far niente.

Mais trèves de métaphysique — Sir Charles powerful work has like an Enchanter aroused the German in me — but my french education tells me, I hope not too late, qu'il ne faut pas approfondir les choses en bonne compagnie, mais seulement les effleurer. Je m'arrête donc pour finir avec une vérité incontestable, l'assurance de ma plus haute considération et de mon plus sincère attachement.

P. P. M.

P. S. La philosophie m'a presque fait oublier de répondre à votre aimable invitation. Je m'y rendrai avec le plus grand plaisir.

(Don't laugh at my horrid English, and be indulgent to a foreigner.)

23.
Pückler's Antwort auf eine anonyme Drohung in Dublin.

Having received an anonymous letter full of threats, and impudent, though rather ridiculously styled abuse, I think it, for some particular reasons, advisable to answer this curious production by the means of a public paper.

The anonymous writer advises me „to beware of „insulting cowardly those, whom I thought perhaps I „would insult with impunity, there beeing yet in this coun „try persons able and willing to revenge them, persons „having minds and souls".

I am not aware of having ever been in the habit of insulting any one, without previous agression from his part, and would still less begin to do so in this hospitable country, where I have met every where, from high and low, with more kindness than I could ever expect, and which certainly I shall always remember with the highest sense of gratitude. I suppose therefore that the anonymous writer must have laboured under some essential mistake — however I remember that in one instance I was obliged to correct the erroneous notices of two Ladies, which, though done with the most perfect politeness, may not have been altogether agreeable to them.

If the anonymous writer should after all turn out to be the Champion of these Ladies, and besides a Gentleman, though this supposition is scarcely credible after the contents of his letter — I should be very much obliged to him to make me at once acquainted with his name. He would then speedily be convinced that, whoever be may he, neither his soul, nor his mind, nor his body are likely to appear very terrifying to me, having in all probability met worse than him in this life.

P. P.-M.

24.
Pückler an Graf Wilhelm Redern.

Dublin, den 28. November 1828.

Theuerster Graf,

Durch eine mir eben so unbegreifliche als unangenehme Konfussion habe ich Ihren höchst freundschaftlichen und wichtigen Brief erst heute! drei Monate nach seiner Absendung erhalten. Nehmen Sie für's erste meinen herzlichen Dank für Ihre Theilnahme, und seien Sie überzeugt, daß keine Gefälligkeit und keine Freundlichkeit bei mir verloren geht.

Ich will Sie mit keinen unnützen Details ennuyiren, und sage daher blos, daß ich, wenn nicht hier gewisse Aussichten die ich habe, bei näherer Untersuchung ein schleuniges Resultat versprechen — ich sofort Ihrem Rathe folgen werde.

Die Fürstin Pückler ist mit mir Eins in allem — und jeden Augenblick bereit einen anderen Aufenthaltsort als Muskau zu wählen, wenn es erforderlich ist, als sie jetzt auf meine Bitte zur Dirigirung meiner Affairen dageblieben ist.

Dem Herrn Raabe die genaueste Auskunft und die genügendste über meine Affairen zu geben, ist leicht, und wird nur wenige Tage bedürfen schriftlich zu dokumentiren und zu prüfen. Eine Ansicht an Ort und Stelle wird noch vortheilhafter für mich sein.

Also so weit wäre alles gut — es drängt mich aber grade jetzt ein Umstand, der mir in der That gefährlich werden kann. Mein eigener Schwager Graf Pückler hat mir 35000 Rthlr. gekündigt, die zu Weihnachten zahlbar sind, und die man bis jetzt nicht hat negoziren können, weil in meiner

Gegend niemand ein solches Kapital zu verborgen hat, und in Berlin aus vielen Ursachen, die ich Ihnen mündlich mitgetheilt, der Kredit der Gutsbesitzer in der preußischen Lausitz schlecht ist, und namentlich den Form=Advokaten der Umstand, daß Muskau im Erbrecht mit meinen Schwestern nur zu einem Werth von 500,000 Rthlr. angeschlagen ist, und sich dennoch 400,000 Rthlr. Schulden darauf eingetragen befinden, nicht einleuchten will. Der Grund von diesem geringen Anschlag, der zu sächsischer Zeit stattfand, war um der hohen Grundtaxe zu entgehen, und eben so allgemein üblich, als von einem höchst väterlichen Gouvernement geduldet. Hätte man das Preußisch Werden voraus sehen können, so würde man den Werth eher höher als die Realität angenommen haben, und wäre nur eine Million angenommen worden, so war dies hinreichend allen auf Muskau haftenden Hypotheken jetzt pupillarische Sicherheit zu geben.

Eine neue Taxation der Herrschaft wäre ein Mittel gewesen, diesem Mißverhältniß abzuhelfen, da wir aber jährlich, wie die Juden den Messias, mit Bestimmtheit die Einführung des schlesischen Pfandbrief=Systems erwarteten — so blieb es immer beim Alten, und nun ist es zu spät.

Meinen Schwager kann nichts bewegen seine Kündigung zurückzunehmen, da er mir wegen gewisser, hier zu weitläufig zu erwähnender Familienverhältnisse, feindlich gesinnt ist, und für die Zurücknahme seiner Kündigung nicht weniger verlangt, als die Ueberlieferung Muskau's an seinen Sohn nach meinem Tode ohne Kinder, und im Fall ich selbst einen Sohn habe, eine Entschädigung von 35,000 Rthlr. — eine so empörende Proposition, daß ich eher alles zu erleiden entschlossen bin, als sie einzugehen.

Ich bin aber ohne Zweifel in einer unangenehmen Lage, und der Eclat, den der Verlauf der Sache mit sich führen wird, muß mir in dem Projekt, für das Sie sich so gütig interessirt haben, natürlich höchst schädlich sein.

Hier ist nun die Frage: Können Sie mit Ihrem Vermögen und Ihrem Kredit mir vielleicht helfen? Glauben Sie mir, wenn ich nicht die mathematische Gewißheit hätte, daß kein Kapital sicherer stehen kann (obgleich es nicht zu jeder Zeit zu realisiren ist, so lange sich die jetzigen Umstände nicht ändern) ich würde Ihnen die Proposition nie machen. Sie haben, glaube ich, Gelder zu 4 Prozent ausstehen, die ganz gewiß nicht sicherer placirt sind, denn Pückler's Kapital steht nach 300,000 und wird mit 5 Prozent verzinst. Wäre die plötzliche Versilberung Ihrer eigenen Kapitalien nicht möglich, so wäre es Ihrem Kredit, vielleicht nur Ihrer Bürgschaft für mich, gewiß leicht möglich, das Geld irgendwo zu erhalten, und mit Vergnügen würde ich dem, der es hergiebt, ein paar hundert Louisd'or und mehr extra, geben, da dergleichen Leute nicht mit Unrecht bei außerordentlichen Gelegenheiten einen außerordentlichen Profit erwarten.

Es ist sonderbar, daß ich meinen Vater oft erzählen hörte, daß ihm, als er ein junger Mann, Muskau eben durch die Heirath mit meiner Mutter erhalten, grade auf dieselbe Weise, und aus feindlichen Absichten, 100,000 Rthlr., das Heirathsgut der Tanten meiner Mutter, gekündigt wurden. Es war ihm unmöglich die Summe in der nöthigen Frist zu negoziren, und seine Verlegenheit nicht gering. Während dem fiel ihm ein Bekannter ein, der ihm oft Freundschaft bewiesen, und reich war, der alte Fürst Sacken. Er ging zu ihm, setzte mit wenig Worten seine Lage auseinander, und zahlte den anderen Tag die desapointirten Verwandten aus, deren Wunsch ihn zu ruiniren, wie durch einen Deus ex machina, vereitelt wurde. Die Dankbarkeit meines Vaters für diesen ausgezeichneten Dienst hat nie aufgehört, und das Geld wurde bald darauf zurückgezahlt. Gewiß, mein theurer Graf, meine Dankbarkeit würde nicht minder beständig sein, und die Rückzahlung des Geldes, wenn verlangt, nicht länger ausbleiben!

Daß übrigens eine Schuldenmasse von 400,000 Rthlr., für Muskau und Branitz nicht übermäßig sein kann, beweist wohl schon die Erfahrung, daß ich im Jahr 1808 sie mit noch ohngefähr 25,000 Rthlr. mehr Schulden übernahm, die Kriegs= jahre und schlechten folgenden Zeiten überstanden, alle Branchen in den besten Stand gesetzt, alle Gebäude fast erneut, das große Alaunwerk verdoppelt, und dabei auf einem großen Fuß in Muskau gelebt, und 200,000 Rthlr. für Verschöne= rungen und die Anlage des Bades ausgegeben habe, ohne einen Pfennig neue Schulden zu machen. Zu allem diesen haben äußere Mittel nur beigetragen, 100,000 Rthlr. meine Frau, und 40,000 Rthlr., die Entschädigung des Staats, welche letztere kaum gerechnet werden kann, da ich de facto durch das Preußisch Werben jährlich 5000 Rthlr. reine Revenüen ver= loren.

Verzeihen Sie, mein verehrtester Freund, die Anfrage. Ich werde nicht mehr daran denken, wenn Sie sie abweisen, wenn Sie aber denken, daß Sie, ohne sich zu schaden, mir einen außerordentlichen Dienst erweisen können, so thun Sie es, und Sie werden es nie bereuen.

Im Fall Sie meine Bitte berücksichtigen können und Information wünschen, wenden Sie sich an die Fürstin Pückler und Gh. R. Gräbell, da die Korrespondenz mit mir zu langwierig sein müßte. Beide wissen alles, was meine Um= stände betrifft eben so gut als ich.

At all events bleiben Sie mein Freund, und rechnen Sie stets auf meine völlige Ergebenheit.

H. Pückler.'

1829.

1.
Pückler an seine Mutter, Gräfin Clementine von Seydewitz.

Muskau, den 21. Februar 1829.

Liebste beste Matscha,

Zu dringende Geschäfte zwangen mich nach Muskau, um über München, noch weniger über Alais gehen zu können, mais l'été prochain vous pouvez compter sur moi.

Diesen Brief muß ich Dir in's feindliche Lager adressiren, laß Dich (und Du hast zu viel Verstand und Einsicht, um Dich von so albernen Verdrehungen, als sie von dort ausgehen, bethören zu lassen) auf keine Kontroversen daselbst ein, liebe Agnes, die Kinder und auch Fritzens Eigenschaften, die liebenswürdig sind, aber ohne dem abwesenden Hermann etwas zu vergeben, der arme Hermann Dein Sohn und künftiger Aide-de-camp.

Den heiligen Christ, den Du von mir erwartest, wird Dir wohl der ewige Jude erst bringen, denn ich bin zu arm dazu, aber mein Scherflein werde ich am 5. Juni auf den Altar legen.

Daß meine arme Matscha wieder so krank war, hat mich innig betrübt, und diesmal hätte ich gewünscht, ein schlechterer Prophet zu sein. Daß ich aber, als Ei klüger sein wollte als die Henne ist ein nicht verdienter Vorwurf, obgleich ich beinah ein Recht dazu hätte, da ich bekanntlich älter bin als Du. Meinen Liebling Max, dem ich wirklich ungemein zugethan bin, weil er einmal selbst aimable ist und dann, obgleich ich nie für ihn irgend bedeutendes thun konnte, dennoch mir stets goldtreu geblieben — Max also hoffe ich bald hierzusehen, si le coeur lui en dit. In Kurzem muß ich übrigens selbst nach Berlin, wo ich Dir meine alte Gestalt wieder einmal vorzeigen werde.

Die zweite Mutter empfiehlt sich der Ersteren eben so herzlich als unterthänigst. Sie hat meine Affairen wie ein Staatskanzler geführt, und ist, und kann nie anders sein, immer die Alte — in ihren Gesinnungen für mich nämlich — denn sonst fängt sie leider auch an Deinem Beispiele zu folgen, und jünger auszusehen als ich.

Du wirst nun schon wissen, liebe Matscha, daß Adelheid diesmal nicht niederkömmt, und Bianca's großer Sprößling daher ungefährdeter Carolath'scher Stammhalter verbleibt.

Fernere Neuigkeiten weiß ich nicht zu melden, wir leben in Muskau höchst einsam, höchst eingeschränkt, aber auch höchst friedlich und angenehm, ohngeachtet der Schneedecken, die Park und Bad bedecken. Luciens Unterhaltung, Geschäfte und meine Bibliothek bringen demohngeachtet Abwechselung und Agrément in meine Tage. Eine Sache, die mich bekümmert, ist Clementinens traurige Lage, durch das unselige Reichwalde herbeigeführt, der ich abzuhelfen außer Stande bin. Es ist thöricht über Geschehenes zu jammern, aber dennoch kann man sich kaum der Bemerkung erwehren, daß die Thorheit, Kinder zu gleichen Theilen erben zu lassen, hier wieder recht deutlich ihren Nachtheil zeigt. Wäre dieses System nicht durch mehrere Generationen in Muskau befolgt worden, und ich jetzt als Besitzer davon, gleich den englischen Familien=Chefs, ein von Gläubigern unabhängiger Mann, so könnte und müßte ich helfen.

Tausend Mittel ständen mir zu Gebot, durch mein Vermögen und meinen daraus entstehenden Einfluß und Ansehen die ganze Familie in meinem Glanze leuchten zu lassen. Wie es jetzt ist, sind wir Alle unbedeutende, geplagte und arme Individuen.

Die Art, wie nun vollends mein Vater mit großer Mühe das Vermögen und die Lage der Familie verdorben hat, ist wahrhaft jammervoll! Clementine und ich aber durch die Umstände das Hauptopfer davon.

Der junge Fritz hat sich am besten aus der Affaire gezogen, und das kann mir um Agnes willen nur lieb sein. Auch ihm gönne ich es, wenn er nur das Meinige auch unangetastet lassen wollte. Mais me voilà au bout de mon papier.

Ich umarme Dich also von Herzen.

Dein theurer Sohn Hermann.

2.

Pückler an seine Schwester, Gräf. Agnes v. Pückler.

Muskau, den 22. Februar 1829.

Beste Agnes!

Unglückliche Umstände haben uns einander ein wenig entfremdet, doch würdest Du mir sehr Unrecht thun einen Augenblick zu glauben, daß ich Dich deshalb weniger liebte, selbst das bestimmteste Eingehen in Deines Mannes Handlungen, wenn sie auch mir nachtheilig wären, könnte ich nur billigen, da meiner Ansicht nach eine Frau mit ihrem Mann eins sein soll. Dies ist unbedingt ihre erste Pflicht, und ich würde dasselbe von der meinigen erwarten und verlangen. Also ist nichts geschehen, was unser brüderschwesterliches Verhältniß im Geringsten stören könnte. Ich freue mich herzlich, Dich nach so langer Abwesenheit wiederzusehen.

Besonders begierig bin ich auf Louis, der so viel versprach, und den ich nicht ungern noch ein wenig länger in Frankreich gewußt hätte, denn für die Welt wird man in früher Jugend dort besser gebildet. Habe die Güte beiliegenden Brief der Mutter zu geben, die wahrscheinlich jetzt bei Dir eingetroffen ist, oder wenigstens bald kommen muß. An Fritz habe ich bereits selbst einen langen Brief geschrieben,

und über mich werde ich Dir, gute Agnes, bald mündliche
Auskunft geben also, à revoir à Potsdam.

Dein treuer Bruder Hermann.

P. S. Ich hatte ein Pferd, nicht größer als ein Hund,
für Louis gekauft, das mit zwei mir gehörigen von Irland
abgehen sollte — meine Abreise wurde aber so plötzlich nöthig
daß ich der zu großen Kosten und Weitläufigkeiten wegen
sämmtliche Thiere verkaufen mußte.

Wie ich jetzt höre, wäre auch Louis schon dem Diminutiv=
Pferdchen ganz entwachsen, und er wird wohl, da er von
militairischem Blute ist, schon ein großes brauchen.

3.

Pückler an seine Schwester Gräfin Clementine
von Rospoth.

Muskau, den 24. Februar 1829.

Beste Tine,

Ich hoffe mit Deinen Kindern geht es besser, und
H. von Meyer beruhigte mich wenigstens, daß keine Gefahr sei.
Was mich aber, ich gestehe es, noch mehr bekümmert, ist die
Lektüre eines Hefts Akten, die mir Gräbell gestern mitgetheilt.
Sieh was ich darüber der Mutter geschrieben, es spricht
meine Gedanken dabei am besten aus:

„Eine Sache, die mich bekümmert, ist Clementinens trau=
rige Lage, durch das unselige Reichwalde herbeigeführt, der
ich abzuhelfen außer Stande bin. Es ist thöricht über Ge=
schehenes zu jammern, aber dennoch kann man sich kaum der
Bemerkung erwehren, daß die Thorheit, Kinder zu gleichen
Theilen erben zu lassen, hier wieder recht deutlich ihren Nach=
theil zeigt. Wäre dieses System nicht durch mehrere Gene=
rationen in Muskau befolgt worden, und ich jetzt als Besitzer
davon, gleich den englischen Familienchefs, ein von Gläubigern

und Lasten nicht erdrückter Mann, so könnte und müßte ich helfen. Tausend Mittel ständen mir zu Gebot durch mein Vermögen und meinen daraus entstehenden Einfluß und Ansehen die ganze Familie in meinem Glanze leuchten zu lassen. Wie es jetzt ist, sind wir Alle unbedeutende, geplagte und arme Individuen

Die Art, wie nun vollends mein Vater mit großer Mühe das Vermögen und die Lage der Familie verdorben hat, ist wahrhaft jammervoll! Clementine und ich aber durch die Umstände das Hauptopfer davon."

Glaube mir heilig, Clementine, wäre ich von Anbeginn an wirklich Herr von Muskau gewesen, Ihr hättet alle mehr von mir erhalten, als ich Euch nach dem Testament des Vaters zu meinem halben Verderben schulde, nachdem ich Muskau mit unverhältnißmäßigen Lasten hatte übernehmen müssen.

Du siehst gewiß selbst ein, daß ich in der jetzigen Sache gar nichts thun kann, sondern mich Tauffkirchen anschließen muß, begreife aber in der That nicht einmal, wie Du konntest gerichtlich das Dokument quaestionis beizubringen versprechen, ohne es zu besitzen, dann aber wie Erdmann es Dir verweigern mag, da Er gar nichts bei der Deponirung riskiren kann. Es ist ein reiner Eigensinn von ihm, der die unangenehmsten Folgen haben muß.

Auf jeden Fall laß diese fatale Geschichte keinen Einfluß auf unser voriges Verhältniß haben. Was möglich ist, ohne mich und die denen ich selbst Verbindlichkeiten schulde, wie Du weißt, in Gefahr zu bringen, werde ich immer für Dich thun, aber in Geschäften giebt es Gränzen, die man ohne Unsinn nicht überschreiten darf. Ich hoffe indeß, Erdmann wird Vernunft annehmen, Du mußt aber alles anwenden, um seinen Entschluß zu beschleunigen, denn meine eigene Autorität hat nicht das mindeste Gewicht, Grävell zu verhindern an Tauffkirchen zu schreiben.

Clementine, und ich alles haben wir dem Herrn Papa zu verdanken, der in Haß und Liebe gleich derbe Schläge aus=theilte. Tant il est vrai que la faiblesse et le manque de jugement font plus de mal que la méchanceté même. Daß ich bitterer darüber bin wie Du, ist mir auch nicht zu verdenken, denn für's Erste sollte ich nur mit Absicht geopfert werden, Du wirst es aus Ungeschick des Wohlthäters, zweitens hast Du nur échantillons von der Misere aus=zustehen, die mein Leben vergällt hat, seit ich Muskau besitze. Doch genug von diesen Odiosis.

Ueber Dich habe ich mich in nichts zu beklagen, und das vergesse ich nie.

Dein treuer Bruder Hermann.

4.

Gräfin Clementine von Kospoth an Pückler.

Burau, den 1. März 1829.

Lieber Herrmann,

Ueber unser eigentliches Geschäft sehr odiosen Inhalts habe ich an Dr. Grävell geantwortet, und erwiedere Dir nur, daß es mich freut in Deinem Briefe liebreiche Gesinnungen für mich zu erkennen, die schon an sich eine wohlthätige Kraft besitzen, wenn sie auch der Mittel, sich in äußerer Wirksamkeit zu offenbaren, mangeln. Bei Sorgen, die unmittelbar an's Herz greifen, wie ich sie soeben erst empfand, und jetzt Gott sei Dank! durch die besten Hoffnungen zur Genesung meiner Stella, wieder Lebensmuth und Heiterkeit mir zurückkehren fühle, verliert der Stachel der äußeren Lebenssorgen viel von seiner Schärfe und das Vertrauen zu der Hand, die unsere Schicksale lenkt, nimmt in eben dem Grade auch in Beziehung auf das äußere Gewirr und Gedränge der Verhältnisse, zu.

So erwarte ich den Ausgang des gegenwärtigen, so verwickelt scheinenden Geschäfts mit mehr Gleichmuth, als ich früher vielleicht gehabt haben würde, verspreche Dir aber alles aufzubieten, um jede einmal übernommene Verbindlichkeit zu erfüllen. Nur bitte ich um Geduld, bis der Erfolg meiner Bemühungen sich wirklich gezeigt haben wird.

Laß uns nun aber auch über unseren seligen Vater nicht zu streng urtheilen. Die Mißgriffe, wodurch er uns viel Noth bereitete, sind offenbar, doch sollten wir seine Irrthümer nicht so strenge richten, während wir und kein Sterblicher, selbst Dein Held Napoleon nicht, auf das eigene Wirken und Schaffen zurückblicken konnte, ohne Mißgriffe, die in ihren Folgen unabsehbar sind, bereuen zu müssen? Wenn der Flug des Sperlings verheerende Lawinen veranlaßt, wie sollten unsere Unternehmungen und Handlungen, die so bald sie geschehen, uns mit allen ihren Folgen nicht mehr angehören, in dieser furchtbaren Begleitung uns richtend zurückfallen? Vergiß die Zeit, wo unser Vater mit Unwillen gegen Dich erfüllt war, und sieh ihn zuletzt, wo seine Liebe sich auch Dir wieder zuwandte, denn sie war nicht erloschen, nur für eine Zeit zurückgedrängt. Sein Testament zeigt unverkennbar diese Rückkehr der väterlichen Gefühle für Dich, was es auch übrigens für Mißgriffe enthalten mag.

Vergieb mir, lieber Herrmann, die Offenheit dieser Zeilen, aus denen Dir hoffentlich auch unverkennbar die herzliche Schwesterliebe entgegenleuchten wird, mit der ich in jedem Verhältnisse bleibe

Deine treue Schwester

Clementine.

Mein Mann grüßt Dich herzlich, und bittet um Erlaubniß, Dich morgen über 8 Tage in Muskau zu besuchen.

5.

**Pückler an seine Schwester Gräfin Clementine
von Rospoth.**

Muskau, den 2. März 1829.

Liebe Tiene,

Vor allem meinen herzlichen Glückwunsch, daß Stella, der ich die Hand küsse, wieder besser ist. Wohl hast Du Recht, daß der Stachel gewöhnlicher Verlegenheiten des täglichen Lebens sich abstumpft, wo die steinernen Gefühle des Herzens in Anspruch genommen werden, und oft gebraucht die wohlthätige Natur diesen Wechsel als Trost.

Was meine Aeußerungen über die Vergangenheit betrifft, die Du zu entkräften suchst, kann ich Dir nie beistimmen. Ich habe mich längst an völlige Unpartheilichkeit gewöhnt, und sehe mein Treiben und das Anderer, wie ein Dritter, nachher mit ruhigem Auge an — aber eben so w a h r bin ich auch, und dies ganz ohne Ansehen der Person. R i c h t e n lasse ich mir jedoch nicht einkommen, und selbst S c h u l d geben vermag ich niemanden — denn was ist u n s e r e S c h u l d? Die Natur giebt die Maße her, Zeit und Umstände, deren halbe Kinder wir sind, das Gepräge, der Geist durchdringt es, und die daraus entstehende gränzenlose Mannichfaltigkeit, dieser endlose Wechsel der Erscheinungen sind was da ist und wird — nämlich das Leben Gottes, und die Ewigkeit! Also nur von Schuld in Bezug auf unsere kleinen irdischen Verhältnisse kann die Rede sein, die man eben so aussprechen mag, wie man einer Parthie Schach, die zwei Freunde spielen, zusehend, ihrem unrichtigen Spiel Schuld und Fehler beimißt, ohne ihnen deshalb zu nahe zu treten.

Gegen Mißgriffe bin ich freilich am aller ärgerlichsten, weil ich mir selbst deren mehr als die meisten übrigen Menschen zuzuschreiben habe — aber bei unserem Vater war die Sache anders. Aufrichtig gesagt, sein ganzes Leben war ein fortlaufender Mißgriff, eine traurige, gehaltlose Existenz, die sich ohne durch eine Idee erwärmt zu werden, in der niederen Sphäre beschränkten Eigennutzes schwerfällig durchwürgte — und hieraus entstand dann freilich, irdisch gesprochen, unsägliches Uebel. Wir Alle blieben zuvörderst **ohne Erziehung**. Durch die unglückliche Ehe der Eltern, (stets meiner Ueberzeugung nach, die Schuld des Mannes, hier aber ganz offenbar) kamen wir auch um das Familienleben, ein früh gesammelter Schatz, der bis zum Grabe ausdauert, Freuden würzt und Unglück tröstet. Durch kleinlichen Geiz kamen wir endlich um die Solidität unseres Vermögens, das **nicht** des Vaters Vermögen war, der wohl viel hier genommen, aber nie etwas hergebracht hat, — **und somit stehen wir Kinder gleich** — ich aber habe dann noch eine ganz andere Rechnung, und warum soll ich nicht sagen, was wahr ist?

Nie will ich mir selbst einen besseren Sohn wünschen, als das Kind Hermann war, das, aus Feuer, Liebe und Geist zusammengesetzt, in der leitenden Hand eines edlen und würdigen Mannes, die Knospe alles Kräftigen, Guten und Schönen zur vollen Blüthe und Frucht hätte entfalten können. Wie diese Knospe geknickt, das Feuer verlöscht, die Liebe erkältet, und der Geist erdrückt worden ist — von diesem Bilde will ich mich lieber abwenden — aber selbst von der Zeit, in welcher diese Operation vor sich ging, kann ich wiederum sagen: ich wünsche keinen Sohn, der mich mehr ehrt, mir mehr Respekt bezeugt, und bereitwilliger ist, mich zu lieben, als ich es gegen meinen Vater gewesen bis an seinen Tod, wo ich freilich weit entfernt war, sein Betragen gegen mich völlig beurtheilen zu können. Dies hat erst die Folge erlaubt, und mir das unumstößliche Resultat gegeben, daß ich nur Einem mich verderben wollenden Feinde im Leben begegnet bin, und dieser Eine war Er! Seine Aenderung des Testaments, deren Du erwähnst, war eine Schwachheit wie alles

Uebrige, durch eine Person herbeigeführt, deren Rechtlichkeit vor dem ersten erschrak — für mich aber kann ich mit vollem Recht davon sagen, que le remède était de beaucoup pire que le mal. Das erste Testament war unhaltbar, das zweite, obgleich ebenso ungültig, glaubte ich ertragen zu können, und erkannte es daher aus lang gewohnter Ehrfurcht für den Vater an. Aber welche Kommentare habe ich zu allem diesen nachher gefunden, welche fortgesetzte, heimliche, im Dunkel gehende Feindseligkeit von seiner Seite, und das alles, weil er eigentlich mein Vermögen nur verwaltete, es ganz für sich benutzte; und das Gefühl dieses Unrechtes ihm meine Person ebenso furchtbar als unangenehm machte. Wie unschuldig war ich darin, und wie herzlich gönnte ich ihm alles! Auch kann ich mir durchaus nichts gegen ihn vorwerfen, als die 10,000 Thaler Schulden, die ich in Dresden und Leipzig gemacht, und die er durch eine Menge Mißgriffe zum Theil selbst veranlaßte. Um sie endlich zu bezahlen, nachdem er erst meine Reputation damit künstlich zu Grunde gerichtet hatte, nahm er ein Kapital auf, welches ich unter den 70,000 Thalern seiner Obligations=Schulden die er mir (außer den konsentirten Callenbergischen Schulden, welche er um keinen Pfennig verminderte) vermacht hat, mit schmerzlicher Satisfaktion wiederfand!

So stehen die Sachen, und ich besitze zu viel Gerechtigkeitsliebe auch gegen mich selbst, um hier den devoten Pinsel zu spielen, oder das Lastthier, das sich geduldig so viel aufbürden läßt, bis es unter dem Gelächter herzloser Umstehenden niedersinkt.

Der Vater ist todt, aber wenn er morgen lebend vor mich träte, und die Wahrheit von mir verlangte, ich würde ihm diesen Brief mit eben der Ruhe entgegenhalten, wie ich ihn Dir überschicke — und es war überdies nöthig, mich einmal gründlich über dieses Kapitel mit Dir auszusprechen, die ein Urtheil hat, mais cela suffit — und in Zukunft gelte es auch unter uns: De mortuis nil nisi bene.

P. S. Lucie, die an allen Leidenden stets regen Antheil nimmt, hat sich auch über Stella mehr als ich beunruhigt, der immer **guter Hoffnung** ist, seit seine Philosophie reifte. Sie grüßt Dich herzlich, und wir werden uns beide sehr freuen Deinen Mann hier zu sehen. Odiosa betreffend, wirst Du immer in Gut und Uebel einen Bruder in mir finden. Thue aber das Mögliche, denn Du hast es nicht allein mit mir zu thun.

6.
Pückler an den Regierungsrath Gräbell.

Muskau, den 7. Juli 1829.

Vielen Dank für den Paulus, den ich mit der Andacht eines Corinthers lesen werde. Uebrigens brauche ich nicht erst hierdurch mit Christus versöhnt zu werden, dessen erhabene Stelle in der Geschichte mir nicht entgangen ist. Betrachtet man ihn als einen Gott, so mußte er freilich auch von menschlicher Sünde frei sein, sieht man ihn aber als einen ausgezeichneten Menschen an, so muß man wohl auch annehmen, daß er seine Irrthümer und Sünden gehabt haben wird, denn das Wesen des Menschen besteht darin, einem Ideal nachzustreben, das er nicht erreichen kann. Er ist der wahre Tantalus. Was ist übrigens Sünde? Schwäche, nichts weiter — sie mag nun asthenischer oder sthenischer Natur sein — Unzulänglichkeit einzelner und des Komplexes aller unserer Eigenschaften. Um in dieser Hinsicht vollkommen zu werden, muß man wohl erst gen Himmel gefahren sein.

Unangenehm fiel mir auf der ersten Seite des Buchs das Privilegium gegen den Nachdruck, und die von Paulus unterzeichnete Aufforderung an die Gerichte deshalb auf.

Solch ein Buch sollte irdisches Interesse nicht an der Stirn tragen, und für solche Forschungen der Nachdruck als größeres Verbreitungsmittel nur erwünscht sein. Heiligkeit und Geldinteresse können sich in meiner Phantasie nicht einen, ein bezahlter Lehrer des Wortes Gottes widersteht mir, und mir graut jedesmal, wenn ich für Abendmahl oder Taufe acht Groschen in Papier gewickelt auf dem Altar liegen sehe.

Ich glaube sogar, daß dieses Gefühl christlich ist. Wie vieles könnte darin schöner und besser werden, wenn man sich wirklich für das Christenthum, das heißt für die Bildung der Menschheit, interessirte.

Die Rechnung meinerseits, (nämlich der leiblichen Schulden), erwartet Sie bei mir. Adieu.

H. Pückler.

7.

Pückler an Gräfin Ida von Holk,
spätere Gräfin von Almaforte.

Muskau Castle, den Tag nach der Abreise. (Ende 1829.)

Wohlfeilste und lieblichste der Verwandten — eine der wahren Nieessen, welche nur von Luft und Seele leben.

Ihr König, schöne Gräfin Ida, antwortete, auf dem Wiener Kongreß, einem Diplomaten, der schmeichelnd äußerte: que S. M. avait gagné tous les coeur — „oui Mousieur, mais pas une âme!" Sie haben besser aufgeräumt, und unsere Herzen wie unsere Seelen mitgenommen. Kaum ist uns noch ein bischen davon, zwischen der Tante und mir, zum gegenseitigen Gebrauch übrig geblieben, und das Kreuz, welches die Tante heute schickt, ist daher das Symbol dessen, was wir jetzt negativ tragen — nämlich an Entbehrung!!

Auch der Alaundirektor und Vortänzer sendet pflicht=schuldigst seine Kryftalle, der Schacht wird aber nicht Ida getauft, et pour cause. Ich lasse blos denjenigen, in welchen wir einfuhren, J .. nennen, sans avoir mis le point dessus.

Ich spaße, und doch bin ich wirklich traurig! — Hélas! Adieu.

Hermann Pückler.

P. S. Viel Grüße an die schöne Jlla, und den bleistiftig schalkhaften Jlle und Jllo. Vergessen Sie auch nicht mich der polnischen Generalin zu Füßen zu legen, sowie dem holden Fräulein Schmidt. Und so beschütze sie denn die heidnische Göttin Venus Anadyomene, und behüte Sie vor der leichtfertigen Range, ihrem Sohne, dem Götzen Amor. Amen.

1830.

1.
Pückler an seine Mutter.

Muskau, den 16. Februar 1830.

Liebste Mutter!

Wenn Jeremias mehr klagt als seine Vorgänger, so hat er auch mehr Ursache dazu — et voilà. Der gute Max ist wieder bei seiner Peppy, und bald werden wir uns bereiten, Dich in Alais zu überfallen, gute Matscha, auf welches, und einen sehr guten französischen Koch daselbst, ich mich sehr freue.

En attendant sitze ich wieder hier, und schreibe allerlei, lese noch mehr, und jammere, diesmal aber hauptsächlich über den schlechten Winter! Auf unserer Herreise wurden wir, Lucie und ich, dreimal umgeworfen, einmal in's Wasser. Unter solchen Umständen ist Reisen eben nicht angenehm.

Tausend Grüße an Bianca. Apropos — auf die Fürstin M . . . kann ich nie reflektiren, da ich sie nie bekommen würde. Pour cela il faudrait au moins pouvoir rattraper 20 ans, ce qui malheureusement n'est pas faisable.

Auch wünsche ich, wenn ich wieder das Opfer meiner Freiheit bringen soll, keineswegs eine vornehme Weltdame zu heirathen.

Deine Blinde werde ich ewig regrettiren! C'était justement ce que il me fallait.

Etwas Aehnliches suche also für Deinen sehr anspruchlosen Joseph. Il faut trois choses, pas de l'argent, de l'argent et de l'argent, mais unefois seulement de l'argent, après cela un bon coeur, et finalement un extérieur agréable.

Ohne das geht's halt nit, die Blindheit, ohne dabei die Person zu verstellen, wäre aber ein Extra=Luxus, eine reizende Zugabe gewesen. Taub wäre fatal, aber blind ist himmlisch! Auch Bänkchen wird das hoffentlich einsehen.

Lucie empfiehlt sich Dir und ihr vielmals, auch sie ist eine Art Blinde, wenigstens für meine Fehler.

Es ist mit allem diesem, daß ich die Ehre habe zu sein
cara Matscha
Dein Joseph

Den abgedroschenen Spaß vom schwarzen Herzen hast Du falsch verstanden und angewandt, denn im Sinne des Pastors ist das schwarze Herz das Beste, und dies war das Deine, mütterliche, immer für mich.

Auch Bianca's lieblichem Herzchen sende ich einen zärtlichen Kuß.
Herrmann.

2.

Pückler an Graf Max von Seydewitz.

Muskau, den 16. Februar 1830.

Verehrter Max,

Seltsam sind die Wege des Schicksals, aber noch seltsamer die von Carolath nach Muskau! Zweimal drehte unser Schlitten seine Rückseite gen Himmel, gleich einem neumodischen Frömmler. Er entleerte sich dabei unserer einmal im Schnee, das andremal in's Wasser, und zwar auf der Seite der armen Lucie, die schon vorher von schrecklicher Angst geplagt, jetzt auf meine besorgte Frage erwiederte, sie liege gut. So wahr ist es, daß das herannahende Uebel schwerer zu ertragen ist, als das bereits eingetretene.

In Sorau stärkte uns ungarischer Wein, nicht wie in Carolath aus Spitzgläsern am Sonntage, sondern aus Biergläsern wochentags getrunken, ein gutes Diner, ein leibliches Bett, und gemächliche Ruhe bis 12 Uhr am anderen Morgen. Du wärest gewiß auch dort geblieben, hättest Du das gewußt. — —

3.

Gräfin von Kielmannsegge an Pückler.

Pöring, den 10. März 1830.

Ce matin, mon cher cousin, j'ai retrouvé des lettres qu' anciennement vous m'avez écrites; et cela m'a décidé à vous dire que je vis encore, et où je vis, et de vous engager de m'apprendre ces deux grandes vérités à votre tour. Ce n'est point que l'idée ne me soit venu souvent, sans vos lettres, mais la renommé m'avait appris que vous allier vous marier à une Princesse créole, noire et les pistolets chargés en ceinture; j'avais peur de la belle, et n'ai point douté de la nouvelle, puisque je vous ai très-certainement vu résolu de vous jeter du pont de Drèsde dans l'Elbe avec cheval et bagage. L'un vaut l'autre. Après cela on m'a dit que je devais porter mon imagination du noir au blanc, et que des Anglaises la plus Vénus vous tenait dans ses filets. Pour celle-là, quoi qu'il en soit, elle ne m'en impose point. Au contraire, si elle fait votre bonheur, je l'en remercie. J'ai vendu les biens que j'avais sur la lisière de Prusse et Saxe, pour en acheter au coeur de la Bavière. J'y suis et j'y reste pour y créer cet intermédiaire entre la bosse et les rochers du Danube, qui en fera l'élégance. Les beautés de la nature y sont. Vous avez une soeur en Bavière, et par épisode une mère — chemin faisant en les allant voir, vous trouveriez une cousine et même deux, qui est ma fille. A l'heure qu'il est, elle vous plairait mieux que moi. Mais vous aussi, mon pauvre cousin, je pense que vous devez commencer à vieillotter. Et je m'amuserais beaucoup de vous voir à l'entrée d'un état, dans lequel je me trouve toute englobé, sans m'en affliger. Je ne désire que ce que j'ai. Et mes regrets portent bien davantage sur des malheurs que j'ai vu passer que sur des bonheurs évanouies.

J'ai commencé par la plaisanterie et me voilà à la réflection. Mon amitié, vous le savez, mon cher cousin, est du ressort de cette dernière, soutenue par l'habitude et par l'inclination naturelle; ce qui encore fait une assez jolie composition, pour vous être consacrée.

Comtesse Kielmannsegge-Schönberg.

4.

Pückler an einen Verwandten.

Muskau, den 16. April 1830.

Mein verehrtester Vetter!

Mit Vergnügen habe ich ein Schreiben von Ihnen, lieber Graf, an Fritz Pückler, das er mir mitgetheilt, so wie Ihre Korrespondenz mit meinem Bevollmächtigten, dem Herrn Regierungsrath Grävell, gelesen.

Sie sprechen sich darin so klar, sachgemäß und wohlwollend aus, daß meine etwas schwankend gewordene Hoffnung: mit meiner Familie in das freundschaftlichste Verhältniß, und in eine innige Vereinigung zu unserem gemeinschaftlichen Interesse zu treten — war von jeher mein sehnlichster Wunsch — vielleicht doch noch realisirt werden könnte.

Ich versichere Ihnen auf mein Pücklerisches abliges Wort, daß dies kein Phrase, sondern meine aufrichtigste Herzensmeinung ist, da es der Hauptzweck meines Lebens geworden ist, für unsere Familie ein Etablissement zu gründen, welches ihr den verlorenen Glanz, Reichthum und Einfluß künftig wiedergeben soll, den sie durch Versplitterung ihres Eigenthums verloren hat.

Sehr viel für diesen Zweck kann ich allein thun, weit mehr aber, wenn wir Alle fest zusammenhalten, und uns darin den alten französischen Adel zum Muster nehmen, der dem Familieninteresse stets jede persönliche Zwistigkeit augenblicklich hintansetzte, und gemeinschaftlich Alle für Einen und Einer für' Alle wirkte, wo es sich um dieses handelte, es mochte nun in Beziehung mit dem Thron und dem Regenten, oder mit seines Gleichen, oder auch mit anderen untergeordneten Verhältnissen stehen. Durch Festhaltung dieses Grundsatzes gewann Jeder, und bis zu der allgemeinen Katastrophe, die Einzelne nicht mehr aufhalten konnten, erhielt sich der große Einfluß der Familien ungeschwächt, und verbreitet noch jetzt einen Nimbus um ihre Namen.

Daß ich in dieser Gesinnung ganz von meinen schlesischen Vettern verkannt worden bin, und noch werde, springt in die Augen, und hat wahrscheinlich seinen Hauptgrund in der Albernheit meines Sachwalters in Frankfurt, von Ihnen den Beweis Ihrer Identität als meine Vettern gefordert zu haben. Ich kann hierauf nur entgegnen, daß ich diese Prozeßsachen so sehr als Odiosa betrachtete, daß ich bis diese Stunde noch gar keine Akten darüber gelesen habe, wovon ich mich umsomehr dispensiren konnte, da ich nicht Jurist bin, und also in diesen bädalischen Gefilden nichts angeben und nichts verbessern konnte. Ja ohne Fritz Pückler, der mir den Unwillen meiner lieben Vettern deshalb mitgetheilt, wußte ich bis diese Stunde noch von der ganzen Sache nichts.

Sie können, verehrter Vetter, mir dieses buchstäblich glauben, denn meine ganze Politik besteht blos in größter Offenheit und Gradheit, mit der man auch meiner Erfahrung nach, zuletzt am weitesten kömmt.

Da Sie ein sehr merkwürdiger Mann sind, wie Ihr allgemeiner Ruf und Ihre Briefe mir beweisen, so würde es mich sehr freuen, wenn Sie selbst als Kommissarius der Familie hierher kämen, unsere Differenzen auszugleichen, und bei der Gelegenheit Muskau mit Ihrem Besuch beehrten, wo wir mündlich vieles besprechen, und ich mit Vergnügen Ihnen jede Mittheilung machen würde, die sich auf unsere Familienverhältnisse bezieht, namentlich die Zukunft betreffend, die ich für dieselbe zu gründen wünsche.

Interessant möchte es auch bei dieser Gelegenheit für Sie sein, den Herrn Regierungsrath Grävell persönlich kennen zu lernen, der alle seine Kenntnisse und sein Talent anwendet, mit mir gemeinschaftlich diesem Zweck zuzuarbeiten.

Genehmigen Sie die Versicherung der ausgezeichneten Hochachtung mit der ich bin

Euer Liebden

ganz gehorsamster Vetter   H. Pückler.

5.

Pückler an Gräfin Nathalie Kielmannsegge.

Den 16. Juli.

Au ciel, où il n'y a point de date.

Hélas, vous ne m'aviez donc pas compris! L'original est mort à soixante ans juste, il a quitté ce monde, et c'est de l'autre qu'il a aujourd'hui l'honneur de vous envoyer ses voeux posthumes.

Comme il s'y moque un peu de nos saintes superstitions, et de la société de Berlin, il vous demande discrétion parfaite sur son nom, car les dévots sont une engeance qu'on craint même dans l'autre monde.

Pardon si l'on vous ruine en frais de port pour des objets qu'ils n'en valent pas la peine. C'est en partie votre faute, denn: alte Liebe rostet nicht.

Der Selige.

6.

Gräfin von Kielmannsegge an Pückler.

Pöring, den 20. August 1830.

Non et décidément non vous n'êtes pas mort, au contraire, vous êtes plus disposé à être immortel. Vos oeuvres posthumes vous font connaître aux contemporains, auxquels il faut se peindre; ils vous décriment tout parfaitement à vos ami qui vous connaissent et vous devinent. Et dans ces phalanges j'ai droit d'ancienneté.

— Nicht „dem Seligen", dessen Seligsprechung im Himmel ich unbezweifelt nach der chronologischen Ordnung der Dinge werde bereiten helfen — nein, für diesmal dem redlichen sich und mir treu gebliebenen Freunde muß ich mich in jener Sprache aussprechen, in der ich seine Geistesblüthen empfinde, genieße und würdige. — Sie haben auf mich eine

erheiternde, wahrhaft erquickende Wirkung gehabt; denn sie
umfassen alles, was im Gebiet des tiefen Denkens, des zarten
Empfindens, des geschmackvollsten allseitigen Erkennens aller
Wissenschaft und Lehre, der elegantesten, lebendigsten Dar-
stellungsgabe wohl vorkommen mag. Als ich die letzte Seite
vollendet hatte, da dachte ich von dem Verfasser vornehm
weil edel, originell weil aufrichtig, hat er durch Prüfung
aller Dinge eine reine Freude an rein kindlichen Gegenständen
beibehalten und dies in einem so hohen Grade, daß diese
Eigenthümlichkeit wohl ein besonderes, vom Schöpfer ertheiltes
Glück genannt werden dürfte. Oft werde ich diese Lektüre
wiederholen: zuerst um des Totaleindrucks und Genusses
willen, den sie allgemein erregen muß. Es kann nicht
anders sein. Dann auch aus Persönlichkeit. Ohngefähr in
gleichen Grundsätzen erzogen, aus gleichen Ansichten jenen
beengenden, abgeschmackten Heucheleien entschwebt, nur als
flüchtige Erscheinung uns im Laufe des Lebens begegnend,
ist dennoch die Entwickelung des Urtheils und der Meinungen
der reiferen Jahre ganz die nämliche; die Empfindungen und
Seelenresultate so übereinstimmend, daß — sollte ich auch
das größte Unkompliment für mich niederschreiben — ich
nur einen Unterschied erkenne: den des männlichen Talentes
und des weiblichen Verschließens des inneren Lebens. Danken
Sie dem Schöpfer, der Sie so reich begabte, — Ihnen danke
ich, daß Sie mich so reich beschenkten. Aber eines sagen Sie
mir: warum und woher die Wahl der beiden Kupfer?
Warum und woher einige einzelne Stellen? — O Faust!!
Noch wandelst Du auf Erden. — —

7.

Pückler an den Minister von Witzleben.

Es' betrübt mich im höchsten Grade Sr. Maj. Mißfallen durch eine Aeußerung erregt zu haben, die, ich gewiß unterlassen hätte, wenn ich dies hätte vermuthen können. Ich bemerke auch, daß sie nur auf eine zweite Aufforderung des Herrn O. v. Zimmermann stattfand, nachdem E. H. uns bereits zugesichert, daß ich von jener Bestimmung dispensirt sein sollte.

Mein Leben, meine Persönlichkeit und mein Vermögen werde ich jederzeit, wenn es gebraucht werden kann, Sr. Majestät freiwillig weihen — aber ich gestehe es, die Zumuthung, einem Depot in Görlitz vorzustehen, schien mir eben so sehr meiner Stellung, als meinen Kräften und meinem guten Willen unangemessen; und da sie von einem Mann ausging, der seit vielen Jahren fortwährend sich bemüht hat, die mit der Institution der Landwehr verbundenen Kosten so schonungslos und schwer als möglich auf die Beamten und die Bewohner der Standesherrschaft Muskau drücken zu lassen, worüber im ganzen Kreise nur eine Stimme ist! so werden, wie ich hoffe, Se. Maj. mir um so leichter Allerhöchst Ihre gnädige Verzeihung angedeihen lassen, wenn ich in der erhaltenen Aufforderung nichts anderes als eine ähnliche Chicane sah; um so mehr, da sie ohngeachtet Ew. Erlaucht gütige Versicherung sie zu beseitigen, wiederholt wurden.

Von Ew. Erlaucht rechtlichem und biederen Karakter, darf ich hoffen, daß Sie die Gewogenheit haben werden, diese Auseinandersetzung Sr. Maj. mit meiner unterthänigsten Bitte um Verzeihung günstig und gütig vorzutragen. Sollten aber Se. Maj. den begangenen Fehler zu groß finden, so bin ich bereit, mich selbst dafür durch die allerunterthänigste Bitte um meinen Abschied zu bestrafen, mit dem einzigen Vorbehalt, wenn der Krieg ausbricht, diesem als Freiwilliger ohne allen militairischen Rang mit beiwohnen zu dürfen.

8.
Pückler an General von Witzleben.

Berlin, den 20. August 1830.

Hochgeehrtester Herr General,

Nur wenn Euer Hochwohlgeboren nicht gegen mein hier in Abschrift beiliegendes Gesuch an Se. Majestät sind, darf ich wohl wagen, einen günstigen Erfolg davon zu hoffen, und lege es daher mit Resignation in Ihre Hände, freilich mit dem Wunsche, daß meine Gründe Euer Hochwohlgeboren nicht unpassend erscheinen, und Ihr freundliches Vorwort erlangen möchten.

Sollten Zeiten kommen, wo ich mir Auszeichnungen zu verdienen im Stande wäre, so rechnen Sie darauf, Herr General, daß ich da, wo es gilt zu brauchen bin, und wahrhaftig niemand mit mehr Enthusiasmus einem Könige, wie dem unseren mit Leib und Leben dienen würde.

Ueber meine Verehrung und dankbare Anhänglichkeit für Euer Hochwohlgeboren selbst, setze ich nichts hinzu, da ich mich hierüber ausgesprochen, und den Schein einer captatio benevolentiae vermeiden will. Das Beste, was ich mir in dieser Hinsicht immer wünschen könnte, wäre von Ihnen mehr gekannt zu sein, und nicht so fern von Ihnen zu stehen, als es Ihre hohe Stellung und meine unbedeutende bisher geboten haben.

Doch verzeihen Euer Hochwohlgeboren diese mir so ganz persönliche Digression, und nehmen Sie überhaupt mit gütiger Nachsicht dieses Schreiben auf.

Euer Hochwohlgeboren gehorsamster

H. Pückler.

9.
Pückler an den König Friedrich Wilhelm den Dritten.

Eure Majestät haben bisher immer eine hohe Gnade gehabt, mich mit meinem Freunde und Stiefschwiegersohne dem Fürsten Carolath in gleichem Grade avanciren zu lassen. Durch neuere militairische Verdienste konnten wir beide freilich keinen Anspruch darauf machen, nur unsere gleichen Standesverhältnisse, unsere Stellung in der Provinz, vor allem aber die innigste Anhänglichkeit für Euer Majestät geheiligte und geliebte Person, in der ich mir bewußt bin niemand nachzustehen, können mich hoffen lassen keine Fehl= bitte zu thun, wenn ich Euer Majestät allerunterthänigst das Gesuch ausspreche, auch mich gnädigst zum Generalmajor à la suite zu ernennen, woraus niemand Anderem weder gegenwärtig noch in Zukunft ein Nachtheil erwachsen kann, und woraus mir, meiner Familie und unserer Provinz, die so allgemein dankbar und theilnehmend die Auszeichnungen aufgenommen hat, womit Eure Majestät mich früher beglückt haben, die Gewißheit würde, daß ich Euer Majestät Gnade nicht verlustig gegangen bin.

Mit der tiefsten Ehrfurcht ersterbe ich

E. P. M.

10.
Pückler an Lüdemann.

Die gütige Nachsicht, mit der Euer Hochwohlgeboren über die „Briefe eines Verstorbenen" geurtheilt, veranlaßt den dankbaren Seligen, dessen Person Sie nicht errathen haben, Ihnen zwei Rezensionen dieses Buches zuzuschicken, von denen die erste ein Freund geschrieben, die zweite aber höchst un= erwartet, durchaus nicht sollizitirt, und ohne daß der Rezen=

sent nur eine Ahnung des wahren Autors hätte haben können, erschienen ist.

Nicht weniger geschmeichelt, als durch Goethe's Kritik, findet sich Schreiber dieses durch Ihre Absicht, eine leichte Fiktion aus dem Buche seines verstorbenen Freundes zur Tragödie zu erheben, und ist der Stoff nur einigermaßen dem Talent des Bearbeiters angemessen, so zweifelt er nicht an dem besten Erfolg.

Anonymus.

11.
Pückler an Sabine Heinefetter.
Berlin, den 22. August 1830.

Unerträgliche Geschäftsabhaltungen haben mich heute gehindert, Ihrer liebenswürdigen Erlaubniß zu folgen, und Philomele im Bauer zu belauschen.

En attendant bitte ich beiliegende Frucht, die eben von dem Orte anlangt, wohin ich Sie gestern einlud, und den Sie sich von Herrn von Arnim haben beschreiben lassen — gütig aufzunehmen. Sie steht freilich der Baumkuchengalanterie gar sehr im Volumen nach, wird aber auch nur von Dilettantenhänden dargebracht, während die anderen, so zu sagen, un gâteau d'autorité genannt werden kann.

Vielleicht versuche ich noch mein Heil, nämlich Sie zu Haus zu finden, im Laufe des Tages, oder morgen früh, und empfehle mich bis dahin Ihrem gütigen Andenken bestens.

H. Pückler.

12.
Helmine von Blücher an Pückler.
Carolath, den 29. August 1830.

Lieber Stiefpapa,

Das allerliebste kleine Halstuch hat mir sehr viel Freude gemacht, und ich beeile mich sogleich Dir, meinen herzlichsten

Dank dafür zu sagen. Es wurde von Allen sehr schön gefunden, denn ich schmückte mich den verflossenen Sonntag, wo mich Adelheid von Bautzen holen ließ, und ich es wenige Stunden zuvor erhalten hatte, zur großen Abendgesellschaft damit. Dein gutes stiefväterliches Herz, was sich darin so unverkennbar ausspricht, rührt mich wahrhaft. Du hast neben der prachtvollen Gabe an Mlle. H. auch des armen Stieftöchterchens nicht vergessen. Ich armes, verlassenes Kind, bin ohnehin so stiefmütterlich vom harten Schicksal behandelt und versorgt worden — vielleicht ergeht es mir jenseits des Grabes besser, als es mir bisher in dieser argen Welt ergangen ist; dies will ich wenigstens von der Gerechtigkeit des Himmels hoffen. Weißt Du wohl, daß ich mir oftmals wie ein armes, heimathloses, fremdes Kind vorkomme, und ich gar schmerzlich empfinde, wie ich eigentlich so recht niemand angehöre. — O, das ist ein gar trauriges Gefühl und Bewußtsein — und die Thränen treten mir gleich in die Augen, wenn meine Gedanken diese Richtung nehmen. Denkt denn nicht Jeder nur an sich — die ich so gern als meine Verwandten betrachte, und bleibe ich nicht ganz verweist und alleine zurück von Euch Allen, Ihr edlen Seelen! — und keinen kümmert's ob ich froh oder traurig, glücklich oder unglücklich bin. Doch wenn Du Dir einen Augenblick die arme, einsame Helmina vorstellen kannst, wie öde und freudenleer ihr Dasein doch ist — so wird selbst Dein egoistisches, selbstisches Herz einige Theilnahme für mich empfinden. Wenn wahre Freundschaft in Deiner Seele für mich wäre, so hättest Du es gewiß dahin bringen können, mit leichter Mühe, daß man mich auch mit nach England genommen hätte, denn wer vermöchte es wohl, Deiner Beredtsamkeit zu widerstehen. —

Wie ich höre, so amüsirst Du Dich ganz vortrefflich in Berlin, wozu ich Glück wünsche, und hast ebenfalls sehr angenehme Reiseprojekte — erstlich ein Rendezvous in Meiningen mit der Mama und Adelheid, wohin ich auch gern mitginge,

um den sehr hübschen jungen Herzog einmal wiederzusehen. Dann gehst Du nach Algier, Mama mit nach London, und den Winter bringt Ihr Alle in Paris zu. Sehr schöne Pläne! — Der Himmel lege nur der Ausführung kein Hinderniß in den Weg, dies wünsche von ganzem Herzen. Nun adieu, liebes Stiefväterchen, vergiß Dein Stieftöchterchen nicht ganz, und schreibe ihr manchmal, um sie in ihrer großen Einsamkeit ein bischen aufzuheitern. Ewig verbleibe ich Deine wahre Freundin
Helmina.
Adelheid trägt mir viele Grüße an Dich auf.

13.
Pückler an Gräfin von Kielmannsegge.
Berlin, den 5. September 1830.

Ihr Brief, meine theuerste Freundin, hat mich sehr angenehm überrascht. Es wäre nur eine Phrase, wenn ich sagen wollte: Ihr unverdientes Lob beschämt mich — nein, es erfreut und erhebt mich, denn wohl erkenne ich von jeher in Ihnen die verwandte, und oft gleich mir verkannte Seele, und habe alle Ursache auf diese Verwandtschaft stolz zu sein. Nicht besser kann man ausdrücken, was das Gros der Menschen ist, als Sie von ihnen sagen, daß man die meisten oft lästig, weil unbenutzbar, unverstanden, weil unempfunden, und doch immer wieder von ihnen heimgesucht ist, wenn man sie nicht mag. Gar reizend beschreiben Sie die sich selbst gewählte Natur um Sie her, und Ihr thätiges Walten darin. Vous me faites venir de plus en plus l'eau à la bouche, ma chère Cousine, und die erste Ausflucht, die ich (jetzt von ennuyanten Geschäften zurückgehalten) machen werde, ist gewiß nach Pöring, wo ich mich im voraus für die Dauer meines Daseins als ersten Gärtner verdinge. Schicken Sie mir doch en attendant den Plan und Ansicht des byzantinischen

Schlosses — in solchen Dingen kann ich guten, auf vielfache Erfahrung gegründeten Rath ertheilen. Schon wundere ich mich, daß das alte 4 Stock hohe, gewölbte Schloß nicht mit dazu verbraucht wird, denn dem erwähnten Style sind große Massen, und Mannigfaltigkeit der Außenlinien sehr zuträglich.

Schön sind alle die Erinnerungen von Römern, Götz und Bayer=Herzögen an den Platz gebannt — so etwas ist immer unbezahlbar, eine Glorie um das Ganze, wie um die Landschaft der Abend=Sonne=Glanz. Auch für die römischen Wolfshunde und ausländischen Papageien in der Gegenwart, bin ich sehr empfänglich (mehr als für das päpstliche Merinos) und was die noch vermißte Ordre et netteté im Gute betrifft, so bin ich überzeugt, daß Ihrem Geist und Ihrer Thätigkeit bald gelingen wird, das „Unterste zu Oberst" zu kehren. Ihre gütige und schmeichelhafte Bitte betreffend, erwiedere ich, daß ich gar wenig von vielem aufgeschrieben, was doch den interessantesten Stoff dazu hergegeben hätte. Wie schade, daß wir in jenen Zeiten nicht korrespondirten, denn der vollkommene abandon meines Briefwechsels mit Lucie hat mich erst darauf gebracht, mit einiger Suite und Absicht zu schreiben. Indessen wird sich mündlich noch manches Interessante absprechen lassen, vorausgesetzt, daß ich nicht zu blöde dazu bin, und Sie mir nicht zu sehr imponiren.

Wissen Sie wohl noch, car je dois vous l'avoir conté au moins autant de fois que Werther ses amours avec Lolotte à son fidèle Fritz, daß ich schon im siebenten Jahr mich in Herrnhut sterblich in Sie verliebte, als wir noch beide in religiös=sinnlichen Entzündungen schwärmten.

Sie zerflossen in Thränen, schön wie eine zerknirschte Heilige, und ich in Liebe, süßer noch als zu Jesus. Als Sie herausgingen, noch immer weinend, drängte ich mich an Ihr schwarzseidenes Gewand, und, elektrisch getroffen, fühlte ich zum erstenmal, was Wollust sei. — Alles ist mir noch heute so gegenwärtig, als wäre es gestern geschehen, und ich be=

wundre manchmal, wie ich schon als Kind alt war, und als Alter noch Kind geblieben bin. Vous voyez donc, ma chère cousine, que vous et votre taffetas jouait un grand rôle dans la vie de mon enfance, et le souvenir m'a toujours été, bien doux dans quelque époque de la vie qui s'est présenté.

Die abscheulichen Kupfer zu meinen Briefen sind eine geschmackvolle Gentillesse des Verlegers. Mein Trost ist, daß Manche ihre Gräulichkeit für einen Witz ansehen werden, denn über und unter alle Erwartungen gehen die Auslegungen des Publikums. Der Stelle aber: „O Faust! noch wandelst Du auf Erden", erinnere ich mich, so aus dem Zusammenhange hingestellt nicht.

Wahrscheinlich soll es heißen, daß jene Stimmung, an der Faust untergeht, unsterblich bleiben muß mit dem Menschengeschlecht, auf Erden ihre vollständige Lösung nicht finden kann. Uebrigens bitte ich sehr um etwas Kritik, die mir die Rezensenten ohnedies nicht schenken werden, von so lieben Händen würde aber selbst der interessanteste Tadel nie verletzen, sondern nur willkommen sein und dankbar angenommen werden.

Adieu, und einen nur verspäteten Kuß auf den heißen Mund der weinenden Herrnhuterin.

N'oubliez pas de me garder le secret pour le livre, c'est moi qui vous enverra les autres tômes, qui ne pai raîtront qu'au printemps prochain.

14.
Pückler an Schinkel.
Berlin, den 7. September 1830.

Mein verehrtester Freund!

Ich bin blos Ihretwegen, das heißt, um Ihnen eine Menge Dinge vorzutragen, nach Berlin gereist. Denken Sie also wie betrübt ich war, Sie, der Berlin sonst so selten verläßt, nicht zu finden.

Da Sie indeß durch Dresden gehen, so wäre es nur ein Umweg von 10 Meilen, und Sie verbänden mich mehr, als ich sagen kann, wenn Sie die Freundschaft für mich hätten, Ihren weiteren Weg über Muskau zu nehmen.

In dieser Hoffnung reise ich den 10ten dieses Monats von hier ab, und erwarte Sie in Muskau bis ich Nachricht von Ihnen erhalte.

Vielleicht würde auch Ihre Frau Gemahlin, der ich mich herzlich empfehle, nicht ohne Interesse die Anordnungen in Muskau sehen, die noch immer einem schönen Ganzen entgegenschreiten, dem die Krone (der Schloßbau nach Ihren Plänen) aufgesetzt werden soll.

Könnten Sie noch Ihren Freund Tieck bewegen, sich auch anzuschließen, ich brauche wohl nicht zu sagen, wie willkommen ein vornehmer Geist wie der seinige bei uns wäre, und er selbst ruhte sich vielleicht angenehm einige Tage in unserer anspruchslosen ländlichen Einsamkeit aus.

Sie aber, mein theuerster, hochgeehrtester Freund, dürfen mir auf keinen Fall faux bond machen, und ist es möglich, so avertiren Sie mich von Ihrer Ankunft durch einen Boten, wozu die Dresdner Portechaisen sich vortrefflich eignen.

Ich lebe hier in Abwesenheit des Meisters in und unter seinen wundervollen Werken, bin auch sogar mit Hülfe des Dr. Waagen in's Heiligthum gedrungen, wo ich gar viele Freude an den herrlichen Plänen zu Friedrichs des Großen Denkmal gehabt, aber auch immer bedauern muß, daß das rücksichtslose Schicksal Ihnen nicht noch einen anderen Platz anwies, wo unerschöpfliches Geld und schrankenlose Freiheit den Flügeln des Genius noch mehrere Ellen ansetzen.

Daß man Ihre himmlische Zeichnung wegen der Nacktheiten verwirft, karakterisirt unsere Zeit!

Also täuschen Sie meine religiöse Hoffnung auf Ihr Kommen nicht, werden Sie kein Messias der Juden, sondern opfern Sie sich herzhaft einige Tage für's allgemeine Beste, und lassen Sie mich bald Ihnen in Muskau mündlich sagen, wie sehr ich Sie verehre und liebe.

Ihr
H. Pückler.

15.
Schinkel an Pückler.

Euer Durchlaucht

kann ich nicht genug danken für den großen Genuß, den wir durch diese Briefe gehabt haben; die schöne Harmonie in natürlicher Grazie eines freundlichen Humors und so viel Empfindung und Auffassungssinn konnten nur den angenehmsten Eindruck zurücklassen. Leider sind wir noch nicht ganz zu Ende, denn mit Fleiß wollten wir nicht übereilen, was so viel Genuß gewährt. Sollten Ew. Durchlaucht einmal wieder gewähren können, so bitten wir sehr um Rückgabe auf einige Tage.

In tiefster Ergebenheit

Euer Durchlaucht
gehorsamster
Schinkel.

16.
Pückler an Sabina Heinefetter.

Berlin, Montag früh.

Meine schöne Freundin,

Die schwarzen orientalischen Augen der Semiramis, das heroische, vortreffliche Spiel und der herrliche Gesang, die sie begleiteten, haben mich gestern so entzückt, daß ich kaum Worte finden kann, es Ihnen genügend auszudrücken; hätten

mich vollends einige der in sanftem Feuer strahlenden Sieger=
blicke getroffen, die ich in die Logen neben mir bringen sah
— wo rechts von mir der kriegerische Würtemberger und
links der künftige Prinzipal saßen — so weiß ich gar nicht
was aus mir geworden wäre!

Aber Spaß bei Seite, Sie haben wirklich jedem geschmack=
vollen Kenner der Musik einen großen Genuß bereitet, und
ohne alle Schmeichelei gesprochen, in dieser Rolle die Pasta
und die Sonntag übertroffen, was nicht wenig sagen will.

Ich lege also aus Dankbarkeit meiner reizenden Semi=
ramis ein kleines Geschenk zu Füßen, das ich freundlich an=
zunehmen bitte.

Ueber einiges, was Sie betrifft, möchte ich aber mit
Ihnen sprechen, und auch unsere Parthie nach Tivoli bereden.
Dürfte ich dazu wohl heute Abend nach dem Theater kommen,
und sind Sie mir gewogen genug, weiter niemand Einlaß
zu gestatten? denn ich bin eine Art Menschenfeind, und
mag nur vier Augen sehen — das heißt meine in den Ihren
spiegeln, mais honny soit qui mal y pense.

Antworten Sie mir, süße und holde Sabine, nur mit
ein paar Worten: si oder no.

Könnten Sie heute zufällig nicht, so wäre es vielleicht
morgen, und wir ließen Tivoli bis Mittwoch, enfin tout
comme il vous plaira, car je crains bien que vous finirez
par faire de moi
un Esclave.

17.
Sabina Heinefetter an Pückler.
Berlin, den 28. September 1830.

Mein verehrter Herr,

Gern hätte ich hoher Herr gesagt, aber nachdem ich den
Anfang Ihres Briefes gelesen — bereut' ich es, Sie so

genannt zu haben. Wenn Sie wüßten, was in mir vorging, als ich die ersten Zeilen gelesen, Sie hätten sie nicht geschrieben! — Wie konnten Sie es thun, ja, Ihr böser, abscheulicher Sinn, der jedes redliche und reine Gefühl verbannt, hat es Ihnen eingegeben. — Was soll ich aber von einer solchen Freundschaft und Zuneigung halten, deren einziges Bestreben ist, wie mir aus allem hervorgeht, nichts als Sinnlichkeit. Mein Herz möchte brechen, daß ich zu dem Manne, den ich so gern achtete und liebte, diese Sprache führen muß. Und doch gebietet es mir die Pflicht, die ich mir und meiner Ehre schuldig bin, Sie auf's neue zu bitten, um alles in der Welt, halten Sie meine Worte nicht für Spaß, und noch mehr, halten Sie mich nicht für eine gewöhnliche Theaterdame — die der Eigennutz bewegt, sich allen Niederträchtigkeiten hinzugeben, die das Wort Liebe und Freundschaft im rechten Sinne nie gekannt. — Doch es ist lächerlich von meiner Seite, zu glauben, daß ein so vornehmer Herr ein anderes Gefühl zu mir haben soll, als gerade herausgesagt, ein sehr gewöhnliches — wozu eine jede gut genug ist. — Sie werden zwar denken, Gott, die alberne Närrin wird doch nicht glauben, daß ich lange den schmachtenden Liebhaber spielen wolle! Könnte ich glauben, daß Sie mir allein deswegen die große Aufmerksamkeit und Auszeichnung bezeigten, so werde ich mich suchen davon zu entwöhnen. Ich sehe jetzt aus allem, daß wir beide mit unseren jetzigen Gesinnungen nicht zusammen passen. — Ich bin viel zu wenig Weltdame — um ein solches Verhältniß im rechten Lichte anzusehen. — Zu einer solchen Liebe und Freundschaft ist eine galante Dame weit besser an ihrem Platze. — Ich bin es mir und Ihnen schuldig, ganz aufrichtig mich auszusprechen. Glauben Sie denn, Sie wären der Erste, der mir solche glänzende und freundschaftliche Anerbieten macht? — Wenn mein Herz auch thöricht genug war, zuweilen nicht gleichgültig für solche

Männer zu sein, so machte mich doch immer noch zu guter Stunde die Vernunft aufmerksam, zu welchem niedrigen Zweck die Liebe und Freundschaft dieser vornehmen, vom Glücke und der Welt verwöhnten Menschen führt. — Verzeihen Sie mir meine Freiheit, und entschuldigen, daß ich Sie mit diesem langweiligen Zeuge belästige. Doch mußte diese Erklärung geschehen, ich komme sonst zu tief bei Ihnen in die Schuld der Erkenntlichkeit. Es ist mir leid, daß Sie gerade an ein Mädchen diesmal kamen, die Ihre Großmuth in dieser Hinsicht nicht zu schätzen weiß. — Ich reise in acht Tagen von hier für immer weg. Da ich mich vorbereiten muß, Ihre unter anderen Gesinnungen beseligende Nähe zu missen, so wäre es doch besser für mich, wenn ich Sie nicht mehr sähe. Sie werden lachen und denken: dummes Zeug, wenn sie mir gut wäre, müßte sie nicht so viel Umstände machen, und in dies schöne und reizende Anerbieten einwilligen, welches ich ihr machte. — Ich kann und werde es aber nie. — Und somit sage ich Ihnen für immer Lebewohl. Eines würde mich trostlos machen, wenn ich wüßte, daß mir Ihr Haß nachfolgte. — Dafür halte ich Sie doch zu edel. Ihnen wird es ein Leichtes sein, die alberne Sabina zu vergessen — und ich muß suchen einen Mann zu vergessen, der nie auf eine rechtliche Art mein sein kann. — Ich schließe in der Hoffnung, daß Sie, wenn Sie ruhig über die Sache nachdenken, mir doch nicht ganz böse sind. Zum Abschied sage ich aus dem Grund meines Herzens Lebewohl.

Sabine H.

Mutter, Schwester, Alle den ergebensten Dank für Ihre große Güte.

18.

Sabina Heinefetter an Pückler.

Berlin, den 10. Oktober 1830.

Mein theurer Freund,

So viel Kummer mir Ihr vorletzter Brief machte, so glücklich machte mich der letzte. Denn zu meiner großen Freude und Beruhigung sehe ich daraus, daß ich mich nicht getäuscht, indem ich dachte, wenn Sie meine Art richtig betrachten und darüber nachdenken, mir nicht gram sein können. — Glauben Sie mir, mein theurer Freund, es zerriß mir beinah das Herz, gezwungen zu sein, durch Ihre Schuld, diese harte, kalte Sprache gegen Sie zu führen. — Auch ist es keineswegs Herzlosigkeit, was mich bewog, so zu handeln, sondern die Pflicht einer jeden Frau gebietet ihr, wenn sie Anspruch auf Achtung machen will, so zu handeln gegen einen Mann, den sie erst einige Tage kennt, und der ihr solche Anträge macht. Doch genug, Sie haben es eingesehen, daß es mich beleidigen müßte. Und das ist mir genug. — Indem ist es soweit gekommen, daß man einer Theaterdame weder glaubt, daß sie aus Liebe jemand ergeben sein könnte, noch weniger, daß sie aus Ehrgefühl spröde ist. — Man mag es auch selten genug finden, denn sie schlagen Alle denselben Weg ein. Ich gehe aber meinen eigenen Weg, viel zu stolz, um mich des Eigennutzes halber im geringsten zu vergeben — viel zu vorsichtig, um mich einem Manne hinzugeben, dem ich nicht zuvor getraut. Denn der Gedanke könnte mich zur Verzweiflung bringen, einem Manne anheimzufallen, der nicht mein im strengsten Sinne des Worts sein könnte und bliebe. — Hielte mich dieser Mann, so wäre er, glaub' ich glücklich — hielte er mich aber nicht, und es ist bloß augenblickliches Behagen, was er an mir findet, dann würde ich und er weit besser thun, ein Gefühl zu verbannen, was mir Schmerz bereiten wird. Glauben Sie mir, mein theurer Freund, es ist bei Gott nicht kalte Herzlosigkeit, die mich veranlaßt, so zu sprechen, nein, es ist nur Selbst= beherrschung, die mir nicht leicht wird. Es wäre mir sehr lieb, wenn ich Sie, ehe ich aus Dentschland gehe, noch einmal sprechen könnte. Den 12., nächsten Dienstag, reise ich von hier weg, gehe nach Dresden; vielleicht treffen wir Sie noch dort; Ihren Aufenthalt dort weiß ich nicht, und wo ich wohnen werde, ist mir auch noch unbekannt. Doch dies ist ja alles unbestimmt, folglich muß man das dem Zufall über= lassen. Gott, wie will ich froh sein, das kalte Nordvolk zu verlassen, das auch jetzt nicht mehr das geringste in sich schließt, was mir leid thun könnte — höchstens die Pferde meines verehrten Freundes; die guten Thiere haben mir manche angenehme Stunde gemacht, besonders der Braune, welcher mich jetzt bald kennt, von dem mir es leid thut, mich zu trennen. Gefahren sind wir nicht, denn der Wagen ist nicht fertig geworden, doch ist der alte treue Berndt immer mitgeritten; alle Tage kam er und fragte; die letzten zehn Tage habe ich nicht mehr geritten, weil ich nichts mehr sehen wollte, was mich an den für mich verlorenen Freund erinnern konnte. — Ich schützte Beschäftigung und Unwohl= sein vor, belebt aber von der Hoffnung, daß Sie bald zurück= kommen. — Jetzt zum Schluß den innigsten Dank für die interessanten Knöpfchen, aber noch mehr für die doppeltfach interessanten Bücher; ach, wie haben sie mich schon entzückt — obgleich ich den Verfasser nicht nennen darf — so erlaube ich mir doch die Bemerkung, daß es ein sehr geistvoller und abentheuerlicher Mann sein muß. Mündlich hoffe ich mich besser darüber auszusprechen. So leben Sie wohl, mein theurer Freund; denken Sie zuweilen an Ihr Käthchen, in deren Herz die hohe, edle Gestalt das schönste Bild eines männlichen Karakters für immer seinen Wohnsitz genommen.

Mit der innigsten Freundschaft bleibt Ihnen Ihr Käth= chen ergeben.

19.
Pückler an Graf *

Muskau, den 21. Oktober 1830.

Angenehmer und freundlicher Freund!

Sehr erfreut wie immer, hat mich auch diesmal Ihr gütiger und launiger Brief. Es ist Schade, daß Sie so faul im Briefstellen sind, denn niemand schreibt ungezwungener und anmuthiger. Niemand auch hat bessere Kinder, und ich gratulire zum dermalen Letzten von Herzen, bitte auch der liebenswürdigen Wöchnerin meinen unterthänigsten Glückwunsch zu Füßen zu legen, wie den vortrefflichen Großmüttern, denen ich beiden so viel Dank schuldig bin, weil sie meinen zwei verehrten Freunden das Leben gegeben.

Leider stehe ich im Vatersegen sehr weit hinter Ihnen zurück, und habe ihn höchstens seitwärts kennen gelernt, muß aber vor allem die Vaterschaft eines, allerdings höchst natür= lichen, Kindes ablehnen, welche Sie mir zu imputiren scheinen. Doch habe ich soeben dieses wunderliche Machwerk, welches mir von Berlin aus mitgetheilt wurde, gelesen. Gewiß ist es, daß der Verfasser Originalbriefe von mir, die leider Vielen vorgelesen wurden, benutzt hat, um sein Incognito besser zu verbergen, worüber ich sehr entrüstet bin. Wenn ich mich mancher unserer Unterhaltungen in England erinnere, so könnte ich beinahe Sie, mein verehrter Freund, eben so gut in Verdacht haben, der Autor des in Frage stehenden Buches zu sein, als mich selbst — wenn nicht unsere beider= seitige erprobte Rechtgläubigkeit uns, in den Augen eines Jeden, der uns kennt, sogleich freisprechen müßte. Gegen Berlin und seine liebenswürdige Gesellschaft ist der Verfasser jener Briefe höchst ungerecht, und daß er sogar den wohl= thuenden Generalkommissionen einen Seitenhieb ertheilt, wahr= haft unverantwortlich. Gefreut hat es mich aber wiederum, daß auch er dem Manne, welchen ich unbedingt in unserem Staat am meisten verehre, bei passender Gelegenheit, in der Note

S. 34, I. Thl. den Ausdruck seiner Huldigung darbringt, obgleich es sonst in diesem Artikel ziemlich satyrisch hergeht, was ich zu billigen weit entfernt bin. Ich habe sogar die Absicht, meine Muße zu einer derben und geharnischten Kritik gegen das Buch zu benutzen, und dieselbe bereits angefangen. Wollen Sie sich, caro amico, auch verdient machen, und mir einige recht scharfe Data dazu liefern, so wird Alles mit bestem Danke angenommen werden. Einstweilen trösten Sie alle Frommen Ihrer Bekanntschaft damit.

Ihre nahe Abreise betrübt mich, und ich werde alles anwenden, Sie vorher noch zu sehen. Meine Absicht war, mit Lucie nach Berlin zu gehen. Einige häusliche Geschäfte hielten mich ein paar Tage länger zurück, und nun kamen die bedenklichen Unruhen in der Oberlausitz und eine große Gährung unter den hiesigen Bauern und Stadtbewohnern, die so lange von Justiz und Regierung in diesem Sinne bearbeitet worden sind, noch dazu, sodaß ich es (obgleich Pferde, Sachen, et qui pis est auch der Koch mit der Fürstin Pückler abgezogen waren) für eine Art Pflicht hielt, noch zu verweilen. Jetzt gestaltet sich jedoch alles ruhiger, Dank der nicht genug zu preisenden Weisheit unseres Königs und seiner Rathgeber, die ohngeachtet der unverständigen Anregung junger und alter Thoren, so richtig gefühlt haben, auf welchem Pulverfaß wir sitzen, von dem jedes Fünkchen behutsam entfernt werden muß. Der erste Schuß aus einer preußischen Kanone (ich nehme die Vermählungsschüsse aus), würde das Signal zu einem Weltbrande gewesen sein.

Doch will ich Unberufener, mich nicht in die langweilige Politik verlieren, und erinnere mich a tempo Voltaire's goldener Regel. Nur damit hoffe ich nicht zu ennuyiren, daß ich Ihnen immer und immer wiederhole, wie sehr ich Sie schätze und liebe

Ihr treuergebener
H. Pückler.

20.
Pückler an Fürstin Adelheid von Carolath.

Muskau, den 26. Oktober 1830.

Liebe Adelheid!

Ich danke Dir sehr für Dein gütiges Andenken in Mitte so großer Welt, die Du nun eigentlich zum erstenmal gesehen hast, da Berlin-Krähwinkel dazu nicht zu rechnen ist. Dein Triumpf darin freut mich, nach der Richtung, die mein künftiger Lebenslauf genommen, ebenso sehr, als wäre es mein eigener, und wie herzlich ich dem guten Heinrich alles Wohlthuende wünsche, weißt Du ohnedies.

Ich hoffe aber, daß Du über Deine grandeurs auch meine kleinen Kommissionen nicht vergessen und die Auslagen gemacht hast, die es nicht der Mühe werth war hinzuschicken, und die Dir hier, so wie Du Dein Haus betrittst, ausgezahlt werden. In diesem Haus hat sich übrigens Lucie mit Küche und Keller eingerichtet, et je vous conseille d'y diner chez elle.

Während Du nun in England triumphirst, hat ein obskurer Mensch hier auch einen seltsamen Triumph erlebt. Er ist der Verfasser eines Buchs: „Briefe eines Verstorbenen" betitelt, das zwar ein unverdientes, aber nichtsdestoweniger bedeutendes Aufsehen macht. Fünf oder sechs lobende Rezensionen sind, ganz kurz nach seiner Publikation, schon erschienen, unter denen eine durchaus rühmende von Goethe obenansteht, die mit den Worten anfängt: Ein für Deutschlands Litteratur bedeutendes Werk ... und es später als ein Muster prosaischen Vortrages empfiehlt. Ich muß gestehen, wäre ich der Verfasser, dies könnte mich eitel machen.

Wo aber dieses Buch besonders drastisch, förmlich wie eine kolossale Laxanz gewirkt hat, das ist in der Stadt Berlin. Avez-vous lu les lettres d'un mort? scherzt man bei Hof, in der adlichen, banquierschen und litterarischen Gesellschaft et la moitié voudrait prendre le mort aux dents. Der

Verfasser hat, um die Personen ungezwungen aufführen zu können, ihnen allen komische Namen gegeben, worunter wir Beide: (denen aber nichts zu Leide gethan ist:) auch stehen, ich als wohlkonditionirter Starost Bückling und Du als Gräfin Kackerlak. Da ich nun aber einem Bückelhering nicht allzusehr gleiche, und Du durchaus nichts von einem Albinos oder Kackerlak hast, so können wir uns über diese Namen=verdrehung schon trösten, die wie Du aus dem Text ersehen wirst, noch dabei das Gute hat, daß uns niemand glauben wird: Du habest um dies Buch und seine Abfassung etwas gewußt, oder daran Theil genommen, wie man sonst wohl vermuthen könnte. Vielleicht war das auch die Absicht des Verfassers, welches ich Heinrich, der manchmal ombrageux pour rien ist, mitzutheilen bitte.

Uebrigens scheint mir, daß in den bis jetzt erschienenen zwei Theilen nur ein echantillon, nur ein kleiner coup de patte gegeben ist, und nach Umständen noch eine weit stärkere Ladung nachkommen könnte.

Was nun Deine dabei zu beobachtende Politik betrifft, so rathe ich Dir in der Welt, wenn Du wieder hier bist, über das Buch zu lachen, es lustig, aber doch zu stark zu finden, Dich ein wenig, aber nicht zu sehr, pikirt über den albernen Namen, den man Dir gegeben, zu stellen, und über den Autor zu sagen: Du wüßtest nicht, was Du dazu sagen solltest, manches ließe Dich allerdings glauben, es sei der, dem man es zuschreibe, vieles ließe Dich aber wieder daran zweifeln. Il faut du manège dans le monde, et personne ne l'entend mieux que vous — ein Wink ist für Dich hinlänglich, und meine Winke sind Dir noch nie schädlich gewesen, und Du kannst mir immer als sicheren Freund ver=trauen, wenn Du mir nur ein wenig gut bist, und offen und ehrlich mit mir zu Werke gehst.

Nun noch tausend Schönes an den lieben Günstling einer großen Königin, auf die wir Deutsche alle Ursache haben stolz zu sein, und deren Gnade erworben zu haben, Du zu dem höchsten Glück rechnen kannst, daß Dir ici-bas zu Theil werden konnte.

Wie freue ich mich darauf, nun mit Dir als Kennerin von England schwatzen zu können. Du wirst nun meine Parkomanie noch weit besser verstehen, und was ich bei so beschränkten Mitteln, ungünstigem Klima und Boden hier gethan, richtiger würdigen können.

Muschwitz viel Freundschaftliches, hoffentlich hat er eine Jagd mitgeritten, Kirchthurmjagd, da die anderen noch nicht begonnen, um den Engländern zu zeigen, daß die Deutschen auch reiten können.

Dein gehorsamer
Stief.

21.
Graf Friedrich von Pückler an Pückler.

Potsdam, den 30. Oktober 1830.

Verehrtester Schwager!

Seit längerer Zeit von Grävell nach Berlin beschieden, wählte ich den 30. Oktober, in der Hoffnung Dich zu finden, und Dir meinen Glückwunsch persönlich abzustatten. Ich höre, Du weilst noch in Muskau, beschäftigt durch neue Anpflanzungen und Schöpfungen den dort so dankbaren Boden zu verherrlichen, und eile diese aufrichtig gemeinten Gratulationszeilen dahin zu senden. Zweimal war ich bei Grävell, ein wenig ungläubig gelang es beidemal seiner siegenden Beredtsamkeit, meine Zweifel zu besiegen. Freilich sind sie dennoch wieder erwacht, ich denke sie aber durch das Gewicht des Vertrauens darniederzudrücken.

Sonst seh' ich in der Residenz nur den Buchführer Schlesinger der mich glückwünschend harranguirte, wegen des ungeheuren Beifalls, den ein Dir zugeschriebenes Werk, wenn ich recht gehört, soll es heißen, Gedanken eines Sterbenden, in der glänzenden und gelehrten Welt, findet. Das Buch, im „Freimüthigen" sehr vortheilhaft rezensirt, soll bereits reißend vergriffen und gar nicht mehr zu haben sein.

Neues giebt es gar nichts, wegen der überhandnehmenden wenigen Uebereinstimmung zwischen Vater und Sohn, läßt die Theilnahme, die alle gutdenkenden dem Holländischen Königshause zollten, sehr nach. Die Berichte über die Stimmung der Rheinprovinzen sind außerordentlich. General Jagow, der mit dem 14ten Armeekorps dahinmarschirt, meldet daß sein ganzes Korps überall mit offenen Armen aufgenommen, und nirgend Zahlung vom Einzelnen begehrt werde. Bereits habe er es für Pflicht gehalten diesem Wohlwollen ein Ziel zu setzen, damit einestheils der Soldat nicht verwöhnt, und anderentheils seinem gastfreien Wirth nicht zur Last werde.

Die letzte Ordonanz der débris des alten Minister des Inneren, der von seiner Gattin in der Kunstausstellung in einer Muschel en coquille servirt zu sehen ist, hat einen lächerlichen Irrthum veranlaßt.

Die Königliche Verordnung, daß die dreifarbige Cocarde getragen werden könne, läßt diese Perle bureaucratisch an die Ober-Präsidenten, und diese an die Unterbehörden und Schulzen dergestallt zirkuliren, bis Haveländsche Bauern in der Absicht empfangene Befehle gehorsam zu befolgen, damit geschmückt auf dem Markt in Spandau erscheinen.

Vom neuen Hofe habe ich noch wenig gehört. Der Glücklichste ist Sylvius, denn in der Königsloge strahlt er vor Freude.

Max reist wahrscheinlich nach Frankreich, wenigstens habe ich ihm unser Reiseverzeichniß senden müssen.

Indem Agnes glückwünschend herzlich grüßen läßt, unterzeichne ich mich von Hochachtung durchdrungen als
   Dein Freund und Schwager
     Pückler.

22.

Helmina von Blücher an Pückler.

Berlin, den 30. Oktober 1830.

Lieber Hermann,

Am Abend Deines Geburtstags beginne ich Dir diese Zeilen zu schreiben, und wünsche, daß Du denselben recht vergnügt und im besten Wohlsein verlebt haben mögest.

Der Himmel verleihe Dir ein hohes Alter, bei steter Gesundheit und Glück und Segen aller Art, dies erflehe ich mit liebendem Herzen für Dich, von dem Geber alles Guten, und mögest auch Du mir stets freundlich gesinnt bleiben, so wird mir Dein Andenken auch immer werth und theuer sein. Den besten Beweis Deiner Freundschaft finde ich darin, daß Du jetzt, wie ich durch Mama höre, so gütig und liebevoll für mein armes liebes Kind, sein sollst — wofür ich Dir nicht genügend meinen herzlichsten Dank aussprechen kann.

Sehr dankbar bin ich der guten Schnucke, daß sie mich mit hierhernahm, denn die gute Seele wollte mir durch meinen Aufenthalt hier nur Freude bereiten — aber leider ist der Moment nicht recht geeignet dazu, um sich hier amüsiren zu können. — — Die größte und einzige Unterhaltung, die wir bis jetzt genossen haben, ist, daß wir häufig in's Theater gehen, dann und wann einmal in kleinen Damengesellschaften uns zeigen, wo nicht ein einziger Herr hinkommt, und wo wir sämmtlich bestimmt mehrere Jahrhunderte ausmachen, denn es sind die jüngsten Damen Berlins, die sich bei der Ministerin von Lottum versammeln.

Bei Frau von Varnhagen amüsire ich mich noch am besten, weil ich dort doch einige junge Leute zu Gesicht bekommen habe; Du mußt deshalb nicht glauben, daß ich leichtsinnig denke — aber ich bekenne es aufrichtig, ich bin viel lieber in interessanter Männergesellschaft, als in lauter Damenumgebung.

Deshalb komme doch ja bald hierher, so lange ich mich noch hier befinde, denn Du bist doch der Interessanteste, den ich kenne.

Adieu. Adieu! Helmina.

Habe die Güte, und lies das Briefchen meinem Töchterchen vor.

23.
Graf Max von Seydewitz an Pückler.

Pulswerda, den 30. Oktober 1830.

Lieber Hermann,

Eine heftige Migraine, die vor einer Stunde mir erst erlaubte das Bett zu verlassen, hätte mich fast um die Freude gebracht, Dir am heutigen Tage einige herzliche Worte zu sagen. Der Himmel lasse es Dir endlich ganz so wohl gehen, als es Dir Deine Schnucke und kaum weniger Dein Bruder wünschen, und uns immer die Alten bleiben.

Kürzlich war ich einige Tage in Geschäften in Dresden, wo ich sehr angenehm überrascht wurde, als ich unter mehreren neuesten Schriften von einem Buchhändler auch die Briefe des, Gott lob, sehr lebendigen Verstorbenen zur Ansicht erhielt. Meine Frau, die nichts davon wußte — errieth Dich augenblicklich, bei Vorlesung des ersten Briefes. Daß diese Briefe ihr Publikum allgemein ansprechen müssen, liegt am Tage, wer Dich aber kennt und liebt, dem gewähren sie ganz ungemeines Interesse, denn sie sind ganz Du selbst; Deine ganze Individualität, in ihren feinsten Nüancen, wie ich sie aufzufassen vermochte, finde ich in ihnen wieder, genug, Du stehst vor mir, wenn ich den Verstorbenen in der Hand halte, und deshalb halte ich diese Briefe doppelt werth. — Einen Gefallen würdest Du mir thun, wenn Du recht bald mir die Anzeige von Varnhagen von Ense und den Aufsatz von Goethe über Deine Briefe mittheilen wolltest. In Dresden hörte ich davon, konnte sie mir aber nicht verschaffen. Vergiß es nicht. —

Mit meiner Reise nach Frankreich sieht es schlecht aus, das heißt, ich werde sie nicht mehr lange verschieben können, die Mutter kommandirt mich mit Briefen, daß ich fort soll, da sie jetzt allein und Agnes nicht kommen kann. Obgleich diese Reise und damit verknüpfte längere Abwesenheit mir höchst fatal ist, denn einmal bringt mir letzteres bei der eigenen Administration meines Gutes einen Nachtheil, und dann ist mir wirklich schmerzlich, meine arme Peppy hier in der Einsamkeit verschneit zu wissen, und mich von meinen Kindern zu trennen, deren Erziehung in ihrem jetzigen zarten Alter, mich so angenehm und beglückend beschäftigt — mit einem Wort, meine Häuslichkeit, wenn es ihr auch nicht an einigen Schattenseiten gebricht, ist mir zur andern Natur geworden, und ungern misse ich sie; es hilft doch kein Widerstreben, die Matscha versteht weder Spaß noch Ernst, wenn sie sich einmal etwas in den Kopf gesetzt hat.

Vorläufig habe ich eine gute Ausrede, nicht abzureisen, da mir Mühle kein Geld schickt, trotz aller Anweisungen.

Auch die 179 Thaler, wovon Dir 100 gebührten, die Du mir gütigst länger kreditirt, habe ich noch nicht erhalten. — Adieu, lieber Herrmann, man ruft mich zum Souper, zu welchem, wie Du aus Erfahrung weißt, es nach einer überstandenen Migraine doppelt drängt; am heutigen Tage kommt nun noch der Wunsch hinzu, endlich auf Dein Wohlsein ein Glas Bordeaux zu leeren. Recht bald bittet um Uebersendung des Gebetenen nebst einigen Zeilen Deiner Hand.

Dein treuer Bruder Max.

Der lieben, guten Lucie die herzlichsten Grüße.

Heute muß ich durchaus mit eigener Hand, Dir alles Gute wünschend, meinen herzlichsten Gruß beifügen. Viel herzliches und freundliches an Lucie von Deiner treuen Freundin und Schwägerin Peppy.

24.
Gräfin von Kielmannsegge an Pückler.
Pöring, am 31. Oktober 1830.

In einigen Tagen, lieber Freund und Vetter, erhalten Sie für Ihren Lebens-Atlas eine Zeichnung, mein Schreibe-Kabinet in Pöring darstellend, damit doch auch ich in der Sammlung lebe.

Die gütig gewünschte Zeichnung des zu erbauenden neuen Schlosses wird erscheinen, wenn der Bau beginnt. Dieses Jahr haben wir einige damit verbundene Oekonomie-Gebäude zuerst aufführen müssen, eine Rang-Ordnung des Aesthetischen, die dem Mogul-Crösus von Muskau freilich unbegreiflich sein wird; der bornirten Muhme aber nothwendig ist. Da ich einmal in Epitheten befangen, will ich nur erläutern, daß in meinem letzten Briefe der Ausruf: „o Faust!" nicht aus Ihrem Buche genommen, sondern meine aus einigen Stellen desselben hervorgegangene Bemerkung über Sie selbst war. Denn neben dem Herrlichsten kommt manchmal der Vetter von 1800 hervorgekukt, so wie auch in Ihrem Schreiben vom 5. September sammt Siegeldevise. Mais passons — Sie sind nicht blöde, ich kann nicht imponiren — Sie sind ältlich, und ich alt. Danken wir Gott, daß die Gemüther jugendlich geblieben; ist es möglich, so sei es bis an's Lebensende also; mit den Guten, Ehrlichen haben wir uns oft gefreut, mit den Schlechten hat es uns Kraft gegeben, sie nach Belieben mit uns spielen zu lassen, bis gleich Kindern und Schwachen sie müde oder mit eigener Bosheit versöhnt waren, à force de continuer le jeu. — Ja, wohl ist es ewig schade, daß Ihre Feder nicht schon in Ihrer Garde-Offizier-Periode die Tagesereignisse ausmalte. Es würde Ihnen sogar mit jener Szene gelungen sein, als der bleiche, schwarz cravattirte in Reiter-Stiefeln befangene Kaiser, der Sie den Rau-Grafen nannte, zürnte, daß Sie mir bei seinem Diner den alten Kachel-Ofen mit Trompetenschall

auf die Straße setzen ließen. — Und so weiter, die Herrn=
huther Erinnerungen erinnern an eine verkrüppelte Zeit, der
verkrüppelte Geister entwachsen sollten. — Der Totaleindruck
aber, mein guter Vetter, den ich von Ihrer steten Freund=
schaft habe, ist stärker als der Ausdruck, also unantastbar.
Er stellte sich mir gleich dem Anblick vor, den ich genoß, als
ich das erstemal den Vesuv bestieg: ein sich mit den Nebel=
wolken verbindendes Nebelmeer bedeckte zu meinen Füßen die
Erde. Allmählich erhoben und gestalteten sich empor aus
diesem Chaos Sommergebilde, nämlich die Stadt, das Meer,
die Inseln, endlich die Orte. So auch mein Leben, in dem
Sie als wohlthuendes leuchtendes Gebilde hervorragen. Möge
es Ihnen dafür immer wohlgehen. — Ich freue mich, Sie
einst wiederzusehen, sei es hier oder wo anders; obgleich
einige Erfahrungen mich belehrt haben, daß es mit dem
Wiedersehen eine bedenkliche Sache ist. Zum Beispiel, stellen
Sie sich vor, was mir einmal geschieht. Eine Jugend=
freundin, älter wie ich, stets vom eheherrlichen Despotismus
gehalten, reist einige Jahre lang mit ihrer Familie. Wir
schreiben uns 16 Seiten lange Briefe, die ihrigen wurden
32 Seiten lang, aus fadem Geschwätz und Auseinander=
setzungen von Themata's, die die Gute wohl selbst nicht ver=
stand. Sie ward Wittwe. Das alles hätte ich erwägen
sollen. Dies fiel mir aber nicht bei. Die Frau kommt
zurück, ich reise Tag und Nacht des Wiedersehens halber;
denken Sie sich, was stürzt mir entgegen! Die lange,
alternde, ehemals anspruchslose Gestalt, nun alt, schiefen Ge=
sichtes, roth aufgelegt wie eine Marquise des vorigen Jahr=
hunderts, falsche Zähne, nach Goethe's Farbenlehre gekleidet,
der Strom der Rede eine Krestomathie, gemischt aus Jean
Paul, Heinerodt, Paulus und Oken, das heftigste Bemühen,
in vier Stunden durch dies alles mich zu gleicher Höhe hin=
aufzuschrauben, mein Gott! ich aber stürzte immer wieder
in meine Geistestiefe hinab; mir ward so, daß ich unter

einem Vorwande einige Momente das Zimmer verlassen mußte; sie aber sah mir's an, und sagte mit dem Ekel des Bedauerns: „Vous n'y entendez rien, mon esprit commence, où finit le vôtre". — Ich lachte und erwiederte etwas Beißendes, und so beschloß sich unser vertrauteres Verhältniß. — Obgleich nun dieser Fall mit keinem Anderen zu vergleichen ist, noch war, so mahnt er mich doch immer bei dem Worte „Wiedersehen" wie der knarrende Wetterhahn auf dem Dache.

Ihr herrliches Buch ist — anonym — von geistvollen Männern gelesen worden, welche bekennen, daß ihren Empfindungen, Gedanken und Meinungen ein neues regelndes Licht durch dieses Buch zu Theil geworden ist. Sie, lieber Vetter, verlangen eine Kritik, dieser Männer Leben und Handeln mag in der Folge diese Kritik ausweisen. Ich ergötze mich nun einmal an dieser Geistesblüthe, bis die fehlenden Bände folgen. Ich wenigstens habe noch nicht Ihrem Style etwas abgelernt, wie das unterstrichene Wort ausweist.

Mit herzlichster Ergebenheit

die Ihrige.

P. S. Lesen Sie doch in Lamartine's: „harmonies poétiques et religieuses" die „hymne à la douleur". Ich meine kaum etwas Gehaltvolleres in französischer Verspoesie zu kennen. — Im Ganzen gefallen mir diese Harmonies nur theilweise. Schwülstig großen Theils, und ermüdend für Gedanken, die man bequemer haben kann. Mitunter aber manches mir sehr wohl Zusagende.

25.
Graf Friedrich Pückler an Pückler.

Potsdam, den 5. November 1830.

Verehrtester Schwager!

Mein indeß angekommener, vom 30. Oktober datirter Brief, wird den Beweis geliefert haben, daß wir gerade an diesem Tage recht lebhaft Deiner gedachten.

Deine Bemerkung über das in Rede stehende Buch, hat mich umsomehr in Verwunderung gesetzt, da ich, mich lebhaft der angenehmen Vorlesung in Pulswerda erinnernd, Deine schriftstellerischen Arbeiten schätzen lernte, und daher gegen den Schlesinger auch gar nicht protestirt. Mich würde aber dies Gerücht der Autorschaft um so weniger erzürnen, da das Buch so vielen Beifall findet, und es eher für eine Schmeichelei genommen werden kann, und eine Anerkennung Deines Verstandes, wenn das Publikum in Dir den Verfasser sieht und glaubt.

Enthält das Buch Gesinnungen, die mit den Deinigen nicht übereinstimmen, oder Urtheile, die Du nicht als von Dir ausgegangen cirkuliren lassen willst, so giebt es ja Mittel genug, diese Irrung aufzuklären. Die Frau Fürstin und Du selbst kannst ja die Höheren, und eine öffentliche Erklärung das Publikum, belehren und enttäuschen.

Dies sind allgemeine Ansichten, die sich mir, oberflächlich unterrichtet, aufdrängen, und ich bin auch deshalb auf Deine Ankunft doppelt gespannt, vermuthe aber, daß diese herrliche Witterung die Trennung von Muskau erschweren dürfte.

Nach den neuesten Nachrichten marschiren 12,000 Preußen und ebensoviel Hannoveraner, um das Großherzogthum Luxenburg zu besetzen.

Unser Name wird dort noch so respektirt, daß 30 Uhlanen, eine Million Gulden (Bundesgeld) von Trier, durch das insurgirte Terrain unangefochten nach Luxemburg gebracht haben.

Ueber die Stimmung am Rhein laufen fortwährend die günstigsten Nachrichten ein, so hat das 28. Landwehr-Regiment gebeten, mitzumarschiren, weil das Regiment mit gleicher Nummer, nämlich das 28. Linien-Regiment, die Ordre zum Marsch erhalten.

Wie die Verhältnisse sich gestalten werden, dies scheint allein von Frankreich abzuhängen, denn wenn auch hier viele Exaltirte um Krieg schnaufen, so dürfte der König nie angriffsweise verfahren, umsomehr, da eine russische Cholera als morbursche Hülfe gefahrvoll ist.

Indem ich hoffe, Dein Zutrauen, welches mich sehr ehrt, immer zu verdienen, nenne ich mich hochachtungsvoll
Deinen
Freund und Schwager
Pückler.

26.
Doktor Nürnberger an Pückler.
Landsberg, den 7. November 1830.

Durchlauchtigster Fürst,
Gnädigster Herr,

Ew. Durchlaucht haben mir ein zu angenehmes Geschenk gemacht, als daß ich Ihnen nicht auf das innigste und verbindlichste danken sollte. Das Werk, welches ich jetzt durch Ihre Huld besitze, war mir zwar schon von Berlin aus durch den wackeren Geh. Regierungsrath Nolte empfohlen; allein ich lese es jetzt mit verdoppeltem Interesse. Möchte ich mir die Frische, die es durchweht, aneignen können! Möchte ich so glücklich sein, dem trefflichen Verfasser, den meine aufgeregte Einbildungskraft nicht mehr an den finstern Ufern des Acheron, sondern in den blühenden Gehegen des schönsten deutschen Parks sucht, persönlich meine Verehrung bezeigen zu dürfen! — Dr. Nürnberger.

27.
Graf Friedrich von Pückler an Pückler.

Potsdam, den 20. November 1830.

Verehrter Schwager,

Louis überbringt das gütigst geliehene Buch, welches uns ungemein interessirt, wiewohl Agnes nur bis zum zweiten Theil vorgerückt ist, und dankend bittet, ihr denselben ein andermal wiederum zukommen zu lassen. Die Geschichte des Piper hatte Aehnlichkeit mit einer in Pulswerda vorgetragenen, auch mehrere Urtheile riefen bekannte Anklänge zurück, und bewähren eine schmeichelhafte Uebereinstimmung mit dem berühmten Verfasser. Daß die spitzige Feder unter anderem so unbarmherzig mit den armen Kammerherren umgeht, und gleichsam im eigenen Fleische wüthet, that mir einigermaßen leid. Wenn auch manche Menschen sich getroffen fühlen müssen, die so passend gewählte Erzählung, wie der Verfasser den Namen Henriette durch mitleidige Kugeln bildet, dürfte alle brausenden Fragen zurückdrängen, und wenn sich jemand meldet, so ist es der Nordlands-Recke und fromme Säufer Fouqué, den Frauenbefehle, und Kümmel leicht in die Schranken rufen dürfte. Doch da in der Zeit des Verfalles der Ritterzeit die Kugel als ein hinterlistiges und unwürdiges Tödtungsmittel betrachtet wurde, so wird er sich mit einem ungeheuren Flamberger stellen.

Vom großen in den Zeitungen angekündigten Balle ermüdet, werden diese Zeilen gewiß noch einen guten Morgen sagen können von Deinem

Freund und Schwager

Pückler.

28.

Pückler an Gräfin Julie von Goltz.

Berlin, le 23. Nov. 1830.

Je ne sais pas positivement, de quels portraits vous parlez, Madame la Comtesse, mais si j'avais jamais à faire le vôtre, je dirais, après avoir longuement et dûment loué votre esprit et votre amabilité, que cette même supériorité d'esprit vous rend plus que toute autre capable d'entendre la plaisanterie, qualité que vous avez dernièrement tant aprouvée dans les Français, et pour laquelle nos Allemands ne sout pas fameux. A Berlin surtout je m'aperçois qu'on prend volontiers les choses un peu trop au pied de la lettre. Vous, chère Comtesse, en avez toujours faite une exception remarquable, et dès que j'ai appris qu'on m'attribuait certain livre que j'ai depuis parcouru (et que je suis bien aise de ne pas être obligé de lire depuis le commencement jusqu' à la fin) j'ai prédit que vous n'y répondiez que par une plaisanterie fine comme vous venez de faire, quoique dans une supposition erronée. Au reste, je ne trouve pas qu'on dise du mal de vous dans cet ouvrage, si toutefois c'est de vous qu'on veut parler.

On prétend que la Baronne est une femme de beaucoup d'esprit qui sait prendre le premier rang qui lui convient sous tant de titres de gré ou de force partout où elle se trouve. Eh bien, Madame, cela prouve du caractère, et on n'offense personne, ce me semble, en lui attribuant ces deux qualités précieuses.

Je vous repète, chère Comtesse, que je suis bien loin d'avoir écrit le livre en question, mais si je l'avais écrit, je ne croirais pas avoir mérité par là, de perdre rien des bonnes grâces dont vous m'avez honoré jusqu' à présent, et que personne, j'en suis sûr, ne sait mieux apprécier.

Je n'ai donc besoin d'aucun aide pour reconnaître en vous, Madame, tout ce que vous avez de distingué, de bon et d'aimable, mais je serais charmé si vous daigniez accepter pour vos yeux malades la lorgnette de Fraunhofer, qu'on ne peut se procurer ici, et qui en faisant voir les objets avec plus de clarté, sans les agrandir au delà de leur juste valeur, vous conservera la vue aussi bonne que je vous l'ai toujours connu.

Je vous baise les mains, chère Comtesse, avec respect et l'attachement le plus sincère.

Hermann Pückler.

Veuillez me faire savoir par le porteur de la présente si vous me permettez de vous offrir nos hommages ce soir?

29.
Minister Rother an Pückler.

Berlin, den 30. November 1830.

Ew. Durchlaucht

würden mir einen großen Gefallen erweisen, wenn Sie mir die „Briefe eines Verstorbenen" auf einige Tage verschaffen wollten. Es sind selbige wirklich vergriffen, und ich habe das Buch, ohnerachtet meiner vielen Bemühungen, bis jetzt noch nicht erhalten können.

Ich empfehle mich gehorsamst

Rother.

1831.

1.
Leopold Schefer an Pückler.

Muskau, den 2. Januar 1831.

Durchlauchtiger Fürst,

Gnädigster Fürst und Standesherr,

Vielleicht haben Sie den Gedanken ergriffen, in die warmen, offenen Herzen der Engländer ein deutsches Wort zu reden, und bei Ihrem bewunderungswürdigen Fleiß und Ihrer Ausdauer gelingt es Ihnen gewiß leicht, und in der Begeisterung glücklich! Ich kann daher unmöglich unterlassen, ein Werk zu nennen, welches Ihnen gewiß erwünscht kommt, und obgleich eben erst aus der Presse, gewiß schon in einer guten Berliner Buchhandlung zu haben ist:

Gedruckt Leipzig bei Brockhaus, ganz neu: Die Englische Reform, von Theodor Mügge.

Bei Herrn G. D. Koßmann habe ich mich wegen des Muskauer Konsuls oder Rathsherrn legitimirt, und ohne daß ich nützen würde, in diesem Jahre für mich bedeutenden offenbaren Schaden haben, was Ihr gnädiger Wille gewiß nicht ist.

Die Besetzung drängt, und wenn Sie gnädigst erlauben, es zu sagen, so ist wirklich der beste Bürgermeister

Der, welcher es effectiv ist,

sich wirklich ganz der Sache unterzieht,

Alles dabei Nöthige kennt,

das Amt mit dem wenigen Salair einnimmt, was ohne
    Zulage von Seiten der Herrschaft oder der Stadt jetzt
    gewährt wird;

Der, welcher auf Mehreres sogar noch Verzicht leisten will,
    damit die Kasse zum Pflastern vor den Thoren,

alles von Ihnen gewünschte, sogleich gepflastert werden
kann, und zwar zuverlässig gewiß, und gut;
ferner der, welcher aus einem Ihrer Güter durch Schaaf=
sterben sein ganzes Vermögen verloren hat, und
dieses kleine — Ihnen nichts kostende Emolument
wohl verdient —
mit einem Wort — ein pünktlicher, redlicher Mann —
der Ihnen wohlbekannte Heinze.

Daß er die Kämmerei, die eine bloße Armenkrämerei
ist, dabei behält, damit er nicht als Konsul verhungert, kann
und wird die Regierung gewiß zugestehen, weil der Käm=
merer nichts ausgeben noch in Rechnung stellen darf, als
was die Stadtverordneten attestirt haben, und wissen und
vertreten.

Uebrigens könnten Ew. Durchlaucht dem Heinze das
Konsulat nur bis zu Einführung der schon angemeldeten
Städteordnung stellen.

Kaufmann Schmidt will Rathsherr oder Rathmann sein;
und da Bernhard Salmann auch Kaufmann ist, also zu
Meßzeiten und Jahrmarktszeit beide beschäftigt oder nicht zu
haben wären, so würde neben Kaufmann Schmidt der beste
zweite Rathmann der junge Miethge, (der Schornsteinfeger=
meister) sein, als ein solider, verständiger und als Bürger
wohlhabender Mann, und jetzt schon Braukassenvorsteher.

Nehmen Sie meine unterthänigsten Vorschläge nicht un=
gnädig an, da ich zu meiner Entschuldigung darauf geleitet
worden bin. Ein Schaden oder eine Reue kann dabei gar
nicht stattfinden.

Die Stellen aus den englischen Journalen übersetze ich
jetzt dem deutschen Publikum. Eine Abschrift meiner Anzeige
der Bände III und IV werden Sie, von Heinze's Hand ge=
schrieben, also bald erhalten. Ich höre, Herr Kreisphysikus
Dr. Sick hat von Ihnen Band III vielleicht auch Band IV.
— Wenn das ist, bitte ich unterthänig, demselben oder mir

eine Zeile Anweisung zu senden, daß ich das Werk auf acht Tage erhalte. Außerdem giebt er es vielleicht nicht aus den Händen. An Hallenstein habe ich nach Stuttgart geschrieben.

Mich unterthänigst empfehlend, verharre ich mit größtem Respekt und Ehrerbietung

  Ew. Durchlaucht
    unterthänigster
      Leopold Schefer.

2.
Pückler an den Minister Graf von Lottum.
Berlin, den 9. Januar 1831.

Euer Exzellenz

übersende ich hiebei das angezeigte Manuskript, und füge zu seinem besseren Verständniß, gleichsam als kurze Einleitung, nur noch Folgendes hinzu.

Die Gesetze der Natur und die Erfahrung der Geschichte lehren uns unwidersprechlich: daß das Altwerdende absterben muß, und das jugendliche Neue an Wachsthum und Ausbildung nicht anders als durch gewaltsame Vernichtung gehindert werden kann. Dasselbe physische Gesetz gilt aber auch im Moralischen und im Reiche der Ideen.

Freiheit und Gleichheit ist die junge Pflanze, welche wachsend emporschießt — zu vertilgen ist sie nicht mehr, weil sie bereits zu viel Raum einnimmt, und in Amerika den vortheilhaftesten Boden zu einem schon in aller Fülle blühenden Exemplare gefunden hat.

Europa's Boden ist ihr dagegen durchaus ungünstig, und eine schnelle Entwickelung derselben würde diesen hier, um bei dem Gleichniß stehen zu bleiben, auf Jahrhunderte vielleicht aussaugen und vielleicht unfruchtbar machen.

Der künftige Vorwurf der Könige und Staaten wird also sein: mit möglichster Schonung des Zeitgeistes, den Uebergang so sanft und zögernd verlaufen zu lassen, als möglich.

Dazu aber ist der Weg einer konstitutionellen Monarchie der einzige, und wiederum dieser nur zu betreten, wenn man vorher aus den vorhandenen Elementen eine starke und gewichtige Aristokratie geschaffen hat.

Ohne beides wird sich das absolute Königthum nicht mehr lange halten können, und wie nöthig dazu besonders das starke aristokratische Prinzip ist, welches wir leider in Preußen so mühsam und künstlich untergraben, und welches wieder zu heben wir noch immer nicht die geringste ernstliche Anstalt machen, beweist am besten Frankreich, das mit so großen und schnellen Schritten dem Unding einer republikanischen Monarchie entgegengeht, weil es die Bourbons versäumten, sich eine mächtige Aristokratie zu schaffen. Dazu hätten sie ihre Milliarde verwenden sollen, die, einzeln an Unbedeutende ausgesäet, ihren Untergang nur beschleunigt hat.

Wie in Frankreich das demokratische Element immer mehr, unter dem Thronbilde eines Königs herannahend, die Oberhand gewinnt, zeigt schlagend die Rede des Ministers des Innern in der heutigen Staatszeitung, wo dieser sagt: „hiernach wird man das Wahlsystem nicht ferner als aristokratisch bezeichnen können, wenn anders man nicht entschieden geneigt ist, sich ferner eines Wortes zu bedienen, das aus unserer Sprache ausgemerzt ist".

Mit der Ausmerzung dieses Wortes ist aber auch, wie jetzt die Sachen in der Welt stehen, das Wort König nur ein leerer Schall.

Soll der Thron in seiner Integrität noch länger bestehen, und der Inhaber desselben nicht bloß ein Präsident mit dem Titel König sein — so muß er auf die eherne Basis einer machtvollen Aristokratie gestellt werden.

Dies ist es, was ich in dem vorliegenden Aufsatze etwas umständlicher auszuführen gesucht habe, mit besonderem Bezuge auf unsere Lokalitäten. Zugleich fügte ich Andeutungen hinzu, auf welchem Wege ich glaube, daß dies noch sehr wohl bei uns zu erlangen sei.

Mein Wunsch ist nur, dadurch eine Anregung zu geben, im Uebrigen sage ich aus vollem Herzen und besonders, indem ich mich an Euer Exzellenz damit adressire: Salvo meliore.

Mit höchster Verehrung Euer Exzellenz
gehorsamst ergebener
H. Pückler-Muskau.

3.
Pückler an den Minister von Lottum.

Berlin, den 12. Januar 1831.

Euer Excellenz

bitte ich noch gehorsamst um Erlaubniß, einige Worte meinem übergebenen Aufsatz nachsenden zu dürfen.

Ich äußerte gestern, daß ich wünschte, denselben auch dem Fürsten Wittgenstein mitgetheilt zu sehen — indessen bitte ich, doch dies nur dann zu thun, wenn Euer Excellenz den Aufsatz gelesen, und mir, wie Hochdieselben mir Hoffnung machten, nachher eine mündliche Erläuterung gestattet haben.

Möchten Euer Excellenz immer die Gnade haben, ihm einige Aufmerksamkeit zu schenken, und nicht bloß nach dem Maßstabe des geringen Talents des Verfassers zu beurtheilen, denn er ist der Ausdruck der Gesinnungen sehr Vieler. Nach vorläufiger Erkundigung und Rücksprache kann ich annehmen, daß die meisten großen Gutsbesitzer mit ihm übereinstimmen werden, und in den verschiedensten Klassen, unter Hofleuten, Staatsbeamten, Gutsherren und Bürgern finden die darin ausgesprochenen Hauptansichten Anklang. Eigentlich sind nur die Jakobiner und die Ultra = Adligen (beide die gefährlichsten Klassen für den Staat) entschiedene Gegner derselben, und nur die Aengstlichen erschrecken vor den Neuerungen.

Mit Euer Exzellenz darf ich wohl ganz aufrichtig sprechen. Wie ich den Fürsten Wittgenstein kenne, möchte vieles in jenem Aufsatze auch ihn effarouchiren, oder nicht seiner Meinung angemessen sein. Euer Exzellenz beurtheile ich, wenn ich so frei sein darf, es zu sagen, ganz anders. Sie sind zwar unser Fabius cunctator, aber mit Weisheit und Energie, und wären Sie das, was uns am meisten fehlt, und von Allen am meisten gewünscht wird, nämlich Staats = Kanzler, ein fester Centralpunkt für die Regierung des Landes, mit unumschränkter Autorität, wie einst mein Schwiegervater, der zuletzt einen so unglücklichen Weg nahm, so bin ich überzeugt, daß wir bald großen Uebeln abgeholfen sehen, und der Willkür jener fünesten Büreaukratie nicht länger unterworfen sein würden. Ueber Konstitution und ständische Verfassung weichen zwar meine individuellen Ansichten, wie ich vermuthe, etwas von denen Euer Excellenz ab, Sie sind aber auf Ihrem hohen Standpunkte human und unpartheiisch genug, um mit Milde auch andere Meinungen als die Ihrigen zu gestatten, und werden mich deshalb nicht verkennen, um so weniger, da gerade ich persönlich Euer Exzellenz für alle Zeiten zu der innigsten Dankbarkeit verpflichtet bin, und aus Erfahrung weiß, daß keine Rücksichten Euer Exzellenz abhalten, und nichts auch Ihnen zu gering scheint, wenn es sich um Recht und Billigkeit handelt.

Nur über zwei Hauptpunkte wünschte ich zu wissen, ob Euer Exzellenz mit mir einverstanden sind,

1) daß wir über kurz oder lang die konstitutionelle Bahn betreten müssen.

2) daß dies ganz unthunlich und nichtig sein würde, ohne vorher eine starke Aristokratie gegründet zu haben. Ich

beschwöre endlich Euer Exzellenz, keine Anmaßung in allem diesem von meiner Seite zu sehen. Wahrlich, nur der reinste und eifrigste Patriotismus einerseits, auf der anderen aber auch meine eigene Stellung als einer der größten Grundbesitzer im Lande, und folglich mein eigenes lebendigstes und sehr erlaubtes Interesse haben mich bewogen, mich mit Dingen zu beschäftigen, die ich sonst, und selbst als ich weit mehr Gelegenheit als jetzt dazu hatte, ganz fern von mir hielt. Wäre ich nur so glücklich, einigermaßen des Vertrauens Euer Exzellenz gewürdigt zu werden, und dadurch Gelegenheit zu haben, mich Ihnen auf das innigste und treueste anschließen zu können. Ich meine damit keine Anstellung, sondern nur immer im Stande zu sein (im Fall uns Standesherren überhaupt einiger Antheil an den Landesangelegenheiten eingeräumt werden sollte) blos solche Schritte zu thun, welche den Wünschen und Befehlen Euer Exzellenz analog wären.

Dies ist ganz aus meinem Herzen geschrieben, und ich hoffe, Euer Exzellenz werden es auch herzlich aufnehmen.

Mit höchster Verehrung und Dankbarkeit

Euer Exzellenz

gehorsamst ergebener

H. Pückler-Muskau.

4.

Pückler an den Minister Wilhelm von Humboldt.
Berlin, den 25. Januar 1831.

Hoch- und Wohlgeborener Herr,

Hochzuverehrender Herr Geheimer Staats-Minister,

Es ist nicht ohne Zagen, daß ich es wage, einem Manne, der in jeder geistigen Hinsicht so hoch über mir steht, und auf welchen, als durch die vielseitigste Welterfahrung und Bildung, ein langes, glorreiches Staatsleben, und eine im

schönsten Sinne des Worts ächt liberale Gesinnung aus=
gezeichnet, die Blicke so Vieler sich gerade in der jetzigen Zeit
hoffnungsvoll richten — es ist nicht ohne Zagen, sage ich,
daß ich es wage, einen solchen Mann zu bitten, den bei=
folgenden ersten politischen Versuch meiner Feder einiger freund=
lichen Aufmerksamkeit, und wo möglich den Verfasser desselben
einiger Belehrung zu würdigen.

Ich würde mich wegen dieses Gesuchs fast selbst für
arrogant halten müssen, wenn nicht der Moment von der
Art wäre, daß Leute, welche sich durch Geburt und Besitz in
einer Lage wie die meinige befinden, fast gezwungen sind,
auch ihre Meinung über Gegenstände jetzt zu äußern, die
ihre ganze politische Existenz in sich begreifen, und die, so
oder so behandelt, ihnen alles sichern oder alles rauben können.
Sind sie nun obenein der Meinung, daß die Konsolidirung
ihres Standes auch dem Wohle und der Erhaltung des
ganzen frischen Staatslebens höchst nützlich, ja nothwendig
ist, so dürfen sie um so mehr auf Verzeihung hoffen, wenn
ihr Eifer auch unberufen sich äußert, und ihr bisher so wenig
geübter Blick in vielen Dingen noch trübe bleibt.

Euer Exzellenz werden sogleich sehen, daß mein Aufsatz
keineswegs in das Detail dessen zu gehen beabsichtigt, was
einem weisen Gouvernement allein gründlich für die Aus=
führung zu erörtern zusteht, ich habe nur gewisse Grund=
sätze einleuchtend machen, und die Möglichkeit ihrer An=
wendung ohngefähr angeben wollen.

Endlich gebe ich auch gern zu, daß die immer dringlicher
werdende hohe Wichtigkeit der äußeren Verhältnisse die inneren
für den Augenblick in Schatten stellt. Indessen wird die
Direktion, welche wir in den ersten zu nehmen scheinen, und
die Gesinnung, welche diese voraussetzt, auch auf die letztere
sehr wesentlich rückwirken. Nach innen und außen kann
Preußen die Billigung der allgemeinen Meinung
weniger als irgend ein anderer europäischer Staat entbehren,

und es ist mein heißester Wunsch, als Patriot und treuer Unterthan meines Königs, daß das Gegentheil nicht über uns in einer Zeit der Krisis hereinbreche, wo die Folgen höchst verhängnißvoll sein könnten — denn Preußen steht, meiner Ansicht nach, wie auf dem mittleren Rande eines steilen Berges, eben so nahe dem Ruhmestempel auf der Höhe, als dem Abgrund in der Tiefe.

Alles wird daher darauf ankommen, ach welcher Seite es seine Richtung nimmt, denn irgendwohin sich bewegen wird es wohl müssen.

Mit der tiefsten Ehrerbietung unterzeichne ich mich
Euer Exzellenz
gehorsamst ergebener
H. von Pückler-Muskau.

5.
W. C. Müller in Bremen an Pückler.

Bremen, den 25. Januar 1831.
Den 11. Februar

Durchlauchtigster Fürst,

Eben endige ich den zweiten Theil Ihrer Briefe eines Verstorbenen, welche mir den höchsten Genuß gewährt. Daß Ew. Durchlaucht der geistreiche Verfasser sind, ist mir aus allen Merkmalen klar; es bezeugen dieses nicht blos manche Einzelheiten, sondern die Umstände Ihrer Aufnahme in England und Irland von den vornehmsten Leuten, Ihre geniale Weise, sich in alle Formen zu schicken, und sie witzig darzustellen, und die Zeichen Ihres Vaterlandes ꝛc. Ich und meine Tochter erkannten bald den sonderlichen Fremden, der meinem Sohn zuerst auf der Brücke in Luzern erschien, der unbekannterweise mit ihm philosophirte über die höchsten Angelegenheiten der Menschheit, ihm einen Spazierweg über den Gotthard vorschlug, und ihn in Mailand für einen Prinzen anzeigte. — Er nannte Sie damals Graf Pückler. Da Ew. Durchlaucht uns von da an wie ein Meteor aus der Ferne, von Zeit zu Zeit glänzend wieder erschienen sind, so ist Ihre Lebensgeschichte uns immer merkwürdig geblieben.

Ew. Durchlaucht werden sich erinnern, daß Sie in jenem Begleiter zu Fuß keinen unbedeutenden jungen Arzt erkannt haben — 1808 im Sommer. — Vielleicht ist Ihnen sein Schicksal nicht gleichgültig. Aus der Schweiz ging er nach München, wo er durch Ritter als korrespondirendes Mitglied der Akademie empfohlen wurde. Nachdem er noch einige Universitäten besucht, kam er 1809 im Herbst zu uns zurück, begann die medizinische Praxis, wurde Arzt im französischen Hospital, worin das folgende Jahr das Faulfieber wüthete. — Er glaubte gesichert zu sein, wurde aber doch endlich angesteckt, und starb im Frühling 1811. Wir, ich und meine einzige Tochter, verloren durch dieses Unglück den geschickten, allgemein gebildeten und beliebten Hausgenossen. Er hatte in den zwei Jahren seines bürgerlichen Lebens schon manches Gute veranlaßt, eine medizinische Lesegesellschaft errichtet, dem Magnetismus eine naturgemäßere Richtung gegeben, indem er mit dem thierischen Magnetismus Elektrizität und Galvanismus anwandte, einige Nervenkranke glücklich heilte — wovon er in Reil's Archiv Notizen mittheilte (5. Heft), daß ihn R. dabei für seinen besten Schüler erklärte, der die wahrste Ansicht vom Magnetismus habe; indem mein Sohn auf's Ganglien-System zu wirken suchte, und den thierischen Gemeinsinn auf Momente zu wecken bestrebte. Er verpflanzte auch die Berlinische Singakademie nach Bremen. Er war ein höchstgemüthlicher Violinspieler. Mit ihm und meiner Tochter konnte ich (als Violoncellist) die Beethoven'schen Trios ziemlich vollendet darstellen.

Seit seinem Tode bin ich mit meiner Tochter viel gereist — fast jährlich — 1811 nach Berlin zu Schleiermacher und A. von Marwitz einen herzlichen Freund meines Sohnes, durch Sachsen 1812 nach Franken (ich bin aus Sachsen-Meiningen), 1813 war ich bei den Hanseaten in Hamburg, 1814 machten wir ein Rheinreise mit Schleiermacher's Familie — 1815 war ich als Feldprediger und Hospital-Gehülfe mit in Frankreich, wovon ich eine skizzirte Beschreibung unter dem Titel: Paris im Scheitelpunkte oder Reise, Hospital und Schlachtfelder, Bremen 1816, herausgegeben habe; 1817 waren wir in Hamburg, Mecklenburg, Holstein ꝛc., 1818 wieder in Sachsen, Preußen ꝛc., 1819 in der Schweiz, davon Ew. Durchlaucht vielleicht eine Beschreibung unter dem Titel: Flug von der Nordsee zum Montblanc angezeigt gefunden haben, in Altona 1821. Das folgende Jahr 1820 machten wir eine Reise im Einspänner über Dresden, Prag, Wien, Triest — durch Italien bis Pesto, auf der Westseite über Pisa, Parma, Mailand Simplon zurück nach 18 Monaten. 1825 gingen wir (nachdem ich jene gewagte Reise in Briefen an deutsche Freunde aus Italien gesammelt und ausgetheilt 1824 in zwei Bänden herausgegeben) über Osnabrück, Köln, Aachen in die Niederlande; 1827 fuhren wir zum zweitenmal im Einspänner durch Göttingen, Würzburg, Heidelberg ꝛc., Freiburg, Basel auf der französischen Seite über Genf, Chambery, Cenis, Turin durch Italien über Verona, Tirol, München zurück. Am letzten Hauptpunkte überreichte ich Sr. Majestät dem König meine ihm gewidmeten Gesänge der Hellenen und Philhellenen bis 1828. Die letzte größere Reise haben wir auf dieselbe Weise 1829 über Berlin nach Schlesien bis Glatz, einen Theil Böhmens, jenseits der Riesenkoppe über Schmiedeberg, wo wir Fürst Radziwill in Ruhberg in seiner humanen, freundlichen Familie, und die Prinzessin Wilhelm in Fischbach mehrmal mit inniger Freude besucht haben, gemacht. Auf dem Rückwege war's unser fester Vorsatz, Ew. Durchlaucht in Muskau unsere Aufwartung zu machen, erfuhren aber von der Frau Gräfin Pückler (in Reichenbach?), daß wir mit unserem breitspurigen Wagen mit einem Pferd die Wege dahin nicht passiren könnten.

Bei Lesung Ihrer höchstinteressanten Reise haben wir um so mehr den Verlust der Ehre Ew. Durchlaucht uns nähern zu dürfen — beklagt. Denn solchen Geistern, wie im Fürsten Pückler sich offenbart, bekannt zu sein, ist zum vorzüglichen Glück der Erde zu rechnen, in dessen Darstellung seiner Ideen von der Welt, von der Bestimmung des Menschen, von aufgeklärter Religion, von ächter Freiheit 2c. die hellsten Begriffe und der reinste Karakter der Humanität und wahrer Aufklärung sich ausspricht.

Vielleicht haben Ew. Durchlaucht nichts von meinen vielen unbedeutenden, doch immer in die Zeit eingreifenden Schriften gesehen; und da ich doch wünsche, Ihnen nicht ganz unbekannt zu sein, so wage ich, Ihnen die Notiz mitzutheilen, daß jetzt bei Breitkopf & Härtel vollendet ist: **Aesthetisch-historische Einleitungen in die Wissenschaften der Tonkunst in zwei Theilen 1830.** — Der erste enthält einen Versuch einer Aesthetik der Tonkunst, und der zweite einen chronologischen Ueberblick derselben — als Belege jener Fortschreitung der allgemeinen Kunstentwickelung — bis zum Zenith der Tonkunst. Der dritte Theil wird eine Reise von fünf Musikern, als ein humoristisches Epos enthalten unterm Titel: Pentaide 2c.

Schließlich bitten wir um die baldige Erscheinung der ersten Briefe des Verstorbenen. — Mit höchster Ehrerbietung —

Ew. Fürstliche Durchlaucht
unterthäniger Diener, im 80. Lebensjahre
Dr. W. C. Müller,
Professor an der Hauptschule.

6.
Orion Julius an Pückler.

Berlin, den 26. Januar 1831.

Ew. Durchlaucht,

Helfen Sie einem Unglückseligen, sofern es in Ihrer Macht steht. Schicksale, wie sie unter Millionen kaum Einen treffen können, haben mich, nach fünfzehnjährigem Einstürmen auf meine Geduld, in eine Tiefe des Elends und der Hülflosigkeit gestürzt, welche zu schildern mir hier an Raum und Zeit gebrechen möchte, wenn ich auch der Theilnahme gewiß wäre, um die ich zu bitten komme, und auf die ich hoffe und hoffen muß, wenn ich nicht verzweifeln soll.

Ich bin Litterator, auf den Ertrag meiner litterarischen Thätigkeit gewiesen mit meiner Subsistenz, ohne alle weiteren Hülfsmittel. Unfähig aber, mich mit der heutzutage zur Sitte gewordenen gemeinen kritischen Polemik zu befassen, an der zeitgemäßeren Wirksamkeit durch die politische Gestalt der Dinge in Deutschland gehindert, und durch den Mangel alles Eigenthums bei der Begründung eines eigenen litterarischen oder scientifischen Unternehmens, zu dem ich seit geraumer Zeit manches vorbereitet — auf die beklagenswürdigste Weise gehemmt; übrigens noch um den kargen Lohn einer mehrjährigen journalistischen Beschäftigung mit der Redaktion einer hiesigen Zeitschrift im gerichtlichen Streite — und dazu fast nackt, in dieser strengen Jahreszeit ohne eigene Wohnung — weiß ich nicht, wohin ich meine Hände ausstrecken soll, um Beistand zu suchen — und ich muß zu Grunde gehen, wenn Gott nicht das Herz edler Menschen zu meinen Gunsten rührt.

Ew. Durchlaucht sind ein edler, wohlwollender Mann, und haben Welt und Menschen in mancherlei Weise kennen gelernt. Ich stehe an Ihrer Schwelle, und flehe Ihr Wohlwollen an. Prüfen Sie mich, wenn Sie es Noth finden, ob ich Ihre Theilnahme verdiene; aber versagen Sie mir selbe nicht. Bedürfte es Bürgschaft für mich, es wären würdige Männer bereit, solche für mich einzustehen; darunter nenne ich unter Anderen den Direktor der hiesigen Blindenanstalt, Professor Zeune ꝛc. Lassen Sie mich nicht ohne Trost von Ihnen gehen! —

Mit aufrichtigster Verehrung

Orion Julius.

7.
Orion Julius an Pückler.
Berlin, den 31. Januar 1831.

Ew. Durchlaucht,

Indem ich mich gedrungen fühle, Denenselben meinen herzlichsten Dank abzustatten, nicht sowohl allein in Betreff des mir durch Ihren Kammerdiener zugestellten Geschenkes von drei Thalern, wodurch mir eine äußerst willkommene augenblickliche Hülfe geworden, als auch besonders und hauptsächlich um des menschenfreundlichen Wohlwollens willen, womit Sie meine Bitte deshalb persönlich anzuhören die Güte gehabt hatten, ohne Anstoß zu nehmen an meiner wenig empfehlenden äußeren Erscheinung, und der daraus fließenden, im Vereine mit der Erinnerung mancher vom Schicksal und von Menschen erlittenen Demüthigungen mich in meinen eigenen Augen und vor mir selber verlegen machenden schiefen Darstellung meines Wesens, — voll des aufrichtigsten Dankgefühls für diese mir besonders schätzbaren Rücksichtsnahmen, wage ich es, — entledigt aller unzeitigen und linkischen Scheu, — Ihre mir dargethane Humanität in vollem Ernste und Vertrauen in Anspruch zu nehmen, wohlwissend, Ihre reiche Welterfahrung und Menschenkunde werde dieses mein Vertrauen nach seinem ganzen Gehalt zu würdigen wissen.

Meine Lage ist leider in Folge der langjährigen, gehäuften Unglücksfälle so trostlos und furchtbar, daß mir lin-

bernde Hülfsmittel für wenige Tage nichts nützen können.
Bestimmt ausgesprochen, bedarf ich im gegenwärtigen Augen=
blick, um in den Stand gesetzt zu werden, thätig sein zu
können, mindestens einer Summe von zehn bis zwölf Louisb'or,
theils, um Wohnung für die nächsten paar Monate zu be=
zahlen, und zur Bestreitung der laufenden Tagesbedürfnisse
während dieser Zeit, und dann zu den Druckkosten der von
mir beabsichtigten, seit lange vorbereiteten Zeit= oder Flug=
schrift, welche meinem guten Verhoffen nach günstigen Erfolg
für mich haben, und Eingang beim Publikum finden soll.
Da jedoch diese an sich selber zwar nicht große Summe ohne
hinreichende Sicherstellung von niemanden Darlehnweise zu
erhalten — vom Wohlwollen Einzelner aber als Beitrag
oder Hülfe nicht zu verlangen ist — so sehe ich keinen anderen
Weg, als irgend eine Art von Subskription oder Kollekte zu
diesem Behuf, veranstaltet von jemand, der Einfluß genug
hat in einem Kreise, welcher Willen und Mittel genug besitzt,
durch einen solchen Akt des Wohlthuns einen vom Ver=
hängniß eigensinnig verfolgten Mann, der nicht ganz ohne
Talent und Werth ist, nicht im Elend zu Grunde gehen zu
lassen.

Ich lege mein Schicksal in die Hände Ew. Durchlaucht.
Ist es möglich, etwas Wirksames für mich zu thun, ich weiß,
daß dieselben es nicht unterlassen werden. Vielleicht kommt
eine Zeit, wo sie nicht ohne einiges Vergnügen auf das zu=
rückblicken mögen, was Ihr Wohlwollen für einen Hülflosen
wie ich gethan haben, und sonst noch zu thun für gut finden
dürften.

Erlauben Ew. Durchlaucht, daß ich den geneigten Aus=
druck Ihres Willens, entweder in ihrem Hause persönlich ent=
gegen nehmen, oder in meiner gegenwärtigen Wohnung er=
warten darf.

Mit dankbarster Verehrung

Orion Julius.

8.
Orion Julius an Pückler.
Berlin, den 1. Februar 1831.
Ew. Durchlaucht,

Anliegend erlaube ich mir ein Exemplar meiner unlängst erschienenen Tragödie nach dem polnischen: „Fürstin Radziwill", Dero geneigtem Wohlwollen zu übersenden, mit der ergebensten Bitte, das kleine Werkchen Ihrer gütigen Annahme würdigen zu wollen.

Mit schuldiger Verehrung

Orion Julius.

9.
Wilhelm von Willisen an Pückler.
Berlin, den 13. Februar 1831.
1¼ Uhr.
Eben erst zu Hause angekommen.

Der Verehrer der Urküche empfindet einen tiefen Schmerz einer viel geringeren Aussicht wegen es aufgeben zu müssen, die Urküche, von der höchsten Bildung, wie ich sie neulich kennen gelernt, behandelt, also in ihrer höchsten Vollendung kennen zu lernen. Wenn sich das Starke mit dem Zarten anmuthig zu einem Ganzen verbindet, dann ist die Schönheit fertig.

Mit größter Ergebenheit

Willisen.

10.
Pückler an Doktor W. C. Müller in Bremen.
Berlin, den 23. Februar 1831.
Mein werthester Herr Professor,

Sie werden sich vielleicht wundern, wenn ich Ihnen sage, daß Ihr Brief mich bis zu Thränen gerührt hat, — Ihr

Sohn war eine von den kindlich unschuldigen Naturen, deren Andenken sich für einen Gleichgestimmten nie verwischt, und deren Begegnen, sei es auch noch so kurz, ein Lichtpunkt für das ganze Leben bleibt. Friede seiner Asche!

Wohlthätig war mir der Gedanke, daß auch ich ihm nicht gleichgültig geblieben sein kann, da er seinen guten Angehörigen so viel von mir erzählt, und sich deshalb ein liebenswürdiger achtzigjähriger Greis noch heute meiner freundlich erinnert. Oft, ich gestehe es, wunderte ich mich, daß der Freund von der Luzerner Brücke mir nie ein Lebenszeichen gab, und da ich wußte, daß er aus Bremen sei, so hielt ich die mir bekannt gewordenen Gesänge der Hellenen für sein Werk. Wie entfernt war ich von der Ahnung, daß diese jugendliche und kräftige Natur schon unterlegen sei.

Sie, mein verehrtester Herr Professor, müssen auch ein rüstiger Mann sein, so bedeutende Reisen noch in Ihren Jahren zu unternehmen. Sollten Sie je wieder in meine Nähe kommen, begleitet von Ihrer Tochter, der ich mich als den Freund ihres verewigten Bruders, zwar unbekannt, aber nicht weniger herzlich, empfehle, so lassen Sie es mich ja bei Zeiten wissen, damit ich Ihnen über die schlechten Wege helfen kann, die zu unserer Waldeinsamkeit führen. Zweifeln Sie nicht, daß es mir die größte Freude gewähren würde, Sie kennen zu lernen, und nicht allein mir, sondern auch meiner Freundin Julie, der Ihr lieber, bei uns noch lebender Sohn, auch kein Fremder ist.

Genehmigen Sie nochmals meinen Dank für Ihr gütiges Andenken, und empfangen Sie die aufrichtigsten Versicherungen meiner herzlichen Verehrung.

H. Pückler.

11.

Pückler an König Friedrich Wilhelm den Dritten.

Ew. Königl. Majestät bitte ich mir gnädigst zu verzeihen, wenn ich eine unterthänige Bitte direkt Ew. Majestät schriftlich zu Füßen lege, wo ich nicht anders sie an Ew. Majestät zu bringen weiß.

Es ist stets, wenn ich nach Berlin komme, mein erstes Geschäft, mich zum Kommandanten der Stadt zu verfügen, um mich bei Ew. Majestät zu melden. Demohngeachtet bleibe ich dann oft mehrere Wochen lang ohne das geringste Zeichen, daß Ew. Majestät davon unterrichtet worden ist. Dasselbe geschieht mir auch jetzt wieder, und ebenso meinem Bruder, dem Grafen Seydewitz, Rittmeister im bairischen Dienst, der jetzt das Glück hat gleich mir Ew. Majestät Unterthan zu sein.

Ew. Majestät trauen mir gewiß zu, daß ich Allerhöchstderselben Person von ganzer Seele anhänge, und können es mir daher nicht verdenken, wenn es mich schmerzt, bei meinen oft kurzen Anwesenheiten in Berlin kein Mittel zu wissen, wie ich das von mir so hochgeschätzte Glück erreichen soll, Ew. Majestät mich vorstellen zu dürfen, ja, ich muß sogar in der Ungewißheit bleiben, ob Ew. Majestät überhaupt von meiner Meldung unterrichtet worden sind. Auch thut es mir als einem, der unter den ersten Unterthanen Euer Majestät seine Stelle einnimmt, einen wahren Schaden in der öffentlichen Meinung, und läßt voraussetzen, daß Ew. Majestät ungnädig auf mich sind, wenn ich so lange hier verweile, ohne mich vor Allerhöchstderselben Angesicht stellen zu dürfen, während jeder einfache Gutsbesitzer, der sich durch den Herrn Fürsten von Wittgenstein bei Euer Majestät melden läßt, in wenigen Tagen mit einem Zeichen Euer Majestät gnädiger Berücksichtigung begleitet wird.

In patriarchalischen Ansichten von Eltern auferzogen, die dem Königshause Ew. Majestät seit Jahrhunderten mit Blut und Gut ergeben waren, und mir wohl bewußt, daß ich nur der Gelegenheit bedarf, um Euer Majestät zu zeigen, daß ich gewiß nicht aus dieser Art geschlagen bin, ist der Gedanke Euer Majestät vielleicht in einem weniger vortheilhaften Lichte von Uebelwollenden dargestellt zu werden, und deshalb mehr als Andere unberücksichtigt zu bleiben, oder mir vielleicht als Vernachläßigung meiner Pflicht eine Zögerung zugeschrieben zu sehen, an der ich so unschuldig bin, ein höchst peinigender Gedanke, den nur eine gnädige Aeußerung Euer Majestät selbst beruhigen kann.

Indem ich um diese mit innigst gerührten Herzen bitte, wage ich es zugleich bei Euer Majestät für die Zukunft aller= unterthänigst anzufragen, ob es mir in meiner Stellung nicht erlaubt sei, wenn ich nach Berlin komme, mich direkt bei Euer Majestät durch Allerhöchst deren dienstthuenden Adjutanten melden lassen zu dürfen, da es so schmerzhaft ist, wie mir nun bereits mehrere Male geschah, Berlin nach einem Aufenthalt mehrerer Wochen verlassen zu müssen, ohne eine Möglichkeit gefunden zu haben, Euer Majestät meine Ehrfurcht persönlich auszudrücken.

12.
Pückler an Fürst von Wittgenstein.
Berlin, den 9. März 1831.
Euer Durchlaucht

habe ich neulich in einem accès d'humeur ein Billet ge= schrieben, dessen Ton allerdings unpassend war, und da ich dies einsehe, bitte ich deshalb um Verzeihung. — Indessen erlauben mir Euer Durchlaucht doch auch, mit aller Ver= ehrung, die Ihnen gebührt, einige Worte einer bescheidenen Explikation. Ich habe von jeher für Eure Durchlaucht, und

das kann ich bei meiner Ehre versichern, eine große Hoch=
achtung und sogar, obgleich Sie sich mir nie freundschaftlich
erwiesen haben, eine wahre Zuneigung gefühlt. Alle Ver=
suche, mich Ihnen zu nähern, haben Sie mit einer Art
Bitterkeit zurückgewiesen, und als wir einst durch die Um=
stände in eine etwas nähere Beziehung gebracht wurden,
einen ganz falschen Verdacht auf mich geworfen. Zu sagen,
daß dem nicht so sei, wäre vergebens, denn ich weiß es.

Euer Durchlaucht haben mit Recht den Ruf, gerecht,
gut und billig zu sein, und das ist es, was ich an Ihnen
hochehre — aber eben diese Ihre eigene Billigkeit rufe ich
an, ob Sie verneinen können, daß Sie mich bei meinem dies=
maligen Hiersein recht geringschätzend behandelt haben, was
ich von keinem Andern unerwiedert gelassen haben würde.
Indem Sie nun zugleich gegen Alle äußern, „daß ich mir
mit meinem Buche außerordentlichen Schaden gethan", so ist
es natürlich, daß gerade diese Aeußerung in dem Munde
eines so gewichtigen Mannes wie Sie sind, mir diesen Schaden
gerade erst thut — und wodurch habe ich das verdient?
Für's Erste ist es nicht ganz recht, mir ein Buch, zu dessen
Autorschaft ich mich nicht bekenne, so geradezu als das meine
zuzuschreiben, und wenn Euer Durchlaucht behaupten, daß
auf Sie darin angespielt würde, so geschieht dies doch auf
eine so harmlose Weise, daß es Sie unmöglich beleidigen
kann. Wäre ich Ihnen feindlich gesinnt gewesen, und wirklich
der Verfasser jenes Buchs, was hätte mich abhalten können,
ganz anders zu schreiben, denn wer die Satyre zu handhaben
versteht, findet immer verwundbare Flecken. Doch dies sei
ferne von mir.

Ich bin ein ganz unbedeutender Mensch für einen Mann
in Euer Durchlaucht Region. Wäre ich je im Stande, Ihnen
einen Dienst zu erweisen, so würde ich mich wahrhaft glücklich
schätzen, so handeln zu dürfen. Wollen Sie dies nicht glauben,
so thun Sie mir wahrlich das bitterste Unrecht. Aber gereizt,

opponirt Jeder, wo man doch mit geringer Freundlichkeit ihn um den Finger wickeln könnte.

Ich bitte also Euer Durchlaucht nur, mir nicht schaden zu wollen, lieber ein gutes als ein tadelndes Wort bei Gelegenheit über mich auszusprechen, und mir zuzutrauen, daß ich in solchem Falle Ihnen herzlich ergeben sein werde. Gewiß würden Sie dies nie zu bereuen Ursache haben.

Dies ist gemüthlich und wahr geschrieben, antworten Euer Durchlaucht mir nun nur vier ganz unbedeutende Worte, ohne sich hinter banalen Phrasen zu verschanzen, und lassen Sie mich darin nicht die Eisrinde des Welt- und Hoflebens, sondern Ihr gutes, menschliches Herz erblicken.

Mit Hochachtung und Respekt
Euer Durchlaucht
gehorsamer
H. Pückler-Muskau.

P. S. Unwohlsein hat mich noch so lange hier zurückgehalten, und die schlechten Wege.

13.
Fürst von Wittgenstein an Pückler.

Berlin, den 10. März 1831.

Daß mir Euer Durchlaucht unter dem 24. Februar in einem accès d'humeur geschrieben hatten, habe ich nicht bemerkt: es befremdet mich nur, daß Sie mir unter dem 22. Februar den Wunsch ausgedrückt hatten, Sie bei Sr. Majestät zu melden, und alsdann zwei Tage später schreiben, daß Sie nicht geglaubt hätten, daß ich Sie melden würde.

So bald mir jemand den Wunsch ausdrückt, bei Sr. Majestät gemeldet zu werden, so ist dieses meine Pflicht, und Ew. Durchlaucht werden von mir gewiß nicht glauben, daß ich meine Pflichten unberücksichtigt lasse.

Was nun ein gewisses Buch betrifft, so ist es mir unbekannt, ob Ew. Durchlaucht der Verfasser desselben sind oder nicht; ich habe dasselbe nicht gelesen, und nur einzelne Stellen, die die hiesige Gesellschaft betreffen, aus demselben verlesen hören: diese Stellen haben nicht meinen Beifall gehabt; man hat mich versichert, daß das Buch bis auf diese Stellen ganz interessant sein soll: **diese** sind aber fast allgemein gemißbilligt worden.

Daß die Satyre über mich manches schreiben kann, glaube ich gerne, wer giebt hiezu nicht die Veranlassung; und ich will recht gern einräumen, daß ich bei meiner Eigenthümlichkeit hiezu recht viel Stoff gebe. An Ihren gütigen und wohlwollenden Gesinnungen habe ich nie gezweifelt, und auch nie eine Veranlassung gegeben, daß Sie an meiner Ihnen gewidmeten Ergebenheit zweifeln können. Ich weiß mir übrigens nie zu erinnern, daß ich Sie auf eine unverbindliche Weise bei mir empfangen hätte, wie Sie mir vorgeworfen haben. Nur will ich mit Ihnen nicht spielen, weil Sie nicht gut genug spielen, und weil man sonst das Ansehen erhält, daß man Sie ausbeuteln will.

Mit der ausgezeichnetsten Hochachtung habe ich die Ehre zu verharren

Ew. Durchlaucht

gehorsamster Diener

Fürst von Wittgenstein.

14.

Helmine von Blücher an Pückler.

Krossen, den 15. März 1831,
Abends 9 Uhr.

Mir ist so wehmüthig um's Herz, daß ich nur mit Mühe meine Thränen zurückhalte, und nur in diesen Zeilen der beklommenen Brust Luft machen kann, indem ich Dir noch einmal Lebewohl zurufe, lieber Hermann! Schon schläft mein theures Kind neben mir, welches noch zuvor, ehe es einschlief, sehr liebenswürdig und zärtlich für mich war, und sehr nieblich mit gefalteten Händchen seine frommen Gebete hersagte; ich selbst liege auch bereits auf meinem Lager, von wo aus ich Dir diese wenigen Zeilen schreibe, denn ich bin so traurig über den Abschied von Dir, als hätte ich Dich zum letztenmal in meinem Leben gesehen! Denn Du weißt, daß man ein Gut oft erst alsdann recht zu schätzen weiß — wenn es von einem flieht. Doch Du scheidest ziemlich kalt und gleichgültig von mir. Nochmals sage ich Dir innigen Dank für alle mir bezeigte Freundschaft und Güte, und für die große Freude, welche Du, lieber Hermann, meiner geliebten Lucie mit den beiden Püppchen gemacht hast, denn es war nach des lieben Kindes letzte Aeußerung vor dem Einschlafen, daß es ausrief: „Wie glücklich bin ich, daß mir der gute Hermann die hübschen Puppen geschenkt hat, und daß ich wieder bei Dir bin, liebe Mama", setzte das Engelchen noch hinzu. Dies hat mich wahrhaft gerührt, so viel Gefühl in dem kleinen Wesen zu finden.

Wenn Du morgen dies Blättchen empfängst, theurer Freund, bin ich leider schon wieder recht fern von Dir, auf dem Wege nach dem öden, traurigen Beuthen. Ach, wie ungenügsam doch mein Herz ist! — Ich habe jetzt mein über alles theures Kind, und möchte Euch meine geliebten Freunde, doch auch noch um mich versammelt haben — ich komme mir in diesem Augenblick schon ganz verlassen vor, wie werde ich es erst zu Hause empfinden!

Behalte mich immer ein wenig lieb, und reise glücklich.

Deine

Helmine.

15.
An Helmine von Blücher.
Muskau, den 19. März 1831.

Liebe Mine,

Wenn ich kalt von Dir Abschied nahm, so geschah dies nur, weil ich Dich genug kenne, um zu wissen, daß ich ohne dies kein so niedliches Brieflein bekommen hätte, als das, welches meinem Aufenthalt in Croma die angenehmste Würze gab. Der Mama habe ich eine burleske Beschreibung unserer Reise gemacht, über die sie wahrscheinlich lachen wird. Weniger lustig war die einsame Fortsetzung derselben, auf so schrecklichen Wegen, daß ich erst mit einbrechender Nacht Sommerfeld erreichte, wo ich dieselbe Nacht in einem jammervollen Gasthofe bivouakiren mußte.

Hier in Muskau sieht es auch nicht zum einladendsten aus — das Wetter abscheulich, der Garten schmutzig und verwildert, und die Einsamkeit vollkommen. Du weißt, daß nicht einmal eine Köchin hier ist, sondern la vache für mich kocht. Auch hab' ich mich sehr!

Am Tag über schreibe ich an meinem Buche, und des Nachts schlafe ich. Dies sind alle meine bescheidenen Freuden. Oft aber denke ich meiner kleinen Teufelin, und sehne mich von ihr maltraitirt zu werden. Wie viel mehr mag Viereck in Kummer und Sehnsucht zerfließen, der nur unaussprechbare wonnensüße Blicke und zärtliches Liebkosen von der reizend verrätherischen Syrene empfing. — Bald wird er Dir folgen, je vous le prédis.

Laß mich doch in Deiner Antwort lesen, von wem das Gebet geschrieben ist, welches auf der Enveloppe Deines Briefes stand. Es war sehr schön.

Nun, kleiner Teufel (ein Kleiner von den Meinen, wie Mephistopheles sagt), lebe wohl, küsse dein Früchtchen von mir, und wisse, daß ein anderes so eben nach Berlin abgeschickt worden ist.

Satan, Dein Herr behüte und bewahre Dich, geliebte Seelenlose, und schenke Dir viel Geld, welches, glaube ich, hinlänglich wäre, uns Beide glücklich zu machen, da unsere Eitelkeit uns glauben läßt, daß uns sonst nichts fehlt, und unsere Gefühllosigkeit von anderen schwärmerischen Genüssen sich keinen rechten Begriff macht. Quand on a le malheur d'être née diablesse, il est très-difficile de devenir un ange, mais tous les genres sont bons, hors le genre ennuyeux.

Dein treuer Hermann.

16.
Pückler an einen Lehrer.

Muskau, den 22. März 1832.

Bester Herr Direktor,

Obschon ich in der Theorie mit jedem Worte Ihres gütigen Schreibens übereinstimme, so glaube ich doch, daß wir in der Praxis die guten Resultate noch wohlfeiler haben können, da vielfache Lebenserfahrung mich leider gelehrt hat, daß auf Gewohnheit noch sicherer als auf Gesinnung zu rechnen ist. Es mag traurig scheinen, aber es ist wahr.

Also früh angewöhnter Gehorsam und Muth aus Muß, ist mir der nachhaltigste, und legt für jeden Mann neben ebenfalls erzwungenen Fleiß, die beste und sicherste Grundlage zu seinem künftigen praktischen Leben.

Ich bin leider selbst ein Ideologe, und falle leicht in's Ueberschwängliche, weil ich eben ganz anders erzogen wurde, ich wünschte aber durchaus nicht dasselbe an meinem Neffen zu erleben.

Was Sie über den alles befruchtenden Geist des Christenthums sagen, unterschreibe ich auch, nur ist in allen unseren

Kulten eben so wenig von diesem Geist vorhanden, daß ich jedem gratulire, der ganz ohne dieselben erzogen werden kann, doch muß man mit den Wölfen heulen, das weiß ich wohl, und daher kann meine Bitte, nur nicht zu viel Abgeschmacktes dieser Art dem Jungen in den Kopf zu setzen, denn der Pietismus ist mir ein Gräuel, und von allem das erbärmlichste und nichtswürdigste Zeichen der Zeit, während die in's öffentliche Leben getretene Frömmigkeit des Mittelalters etwas sehr Herrliches war. Wir aber stehen an einer neuen Zeit, und sind, wenn wir aufrichtig sein wollen, insgesammt ohne wahre, das ganze Leben durchdringende Religiosität. Es ist auch nicht unsere Schuld, sondern die natürliche Folge des Absterbens aller Dinge, wenn eine neue Geburt daraus entstehen soll. Wir aber sind in der letzten Periode der Verwesung begriffen, und parfümiren uns nur, um etwas weniger übel zu riechen. Ein parfümirter Leichnam ist aber das Allerfürchterlichste!

Ich gebe indessen zu, daß der Junge noch die Auferstehungsperiode miterleben kann, und wünsche daher ihm so wenig als möglich Verdorbenes aus der alten mitgegeben zu sehen.

Haben Sie doch die Güte, mir zu schreiben, wenn die Osterferien angehen, da ich vielleicht für diese Zeit über Louis disponire.

Genehmigen Sie die Versicherung meiner vollkommenen Hochachtung.

H. Pückler-Muskau.

17.
Adelheid Fürstin von Carolath an Pückler.
Carolath, den 23. März 1831.
Lieber Pückler,

Daß Dein Reich, in welchem auch Du nun wieder einheimisch bist, Dir im halben Schnee und Regen-Gewande sehr öde vorkömmt, besonders, da Dir in Deinem großen, leeren Schlosse niemand freundlich entgegenkam, wie Du es sonst gewohnt warst, und durch die liebende Fürsorge der guten Schnucke und den Austausch der Ideen Dich beglückt fühltest, dies ist mir sehr begreiflich — so wie, daß der hier im Preußischen so fatale Geschäftsgang Dich ungeduldig macht, daß bei dem Bewußtsein schöner Besitzungen und der Fähigkeit, das Geld gut anwenden zu können, der Mangel dieses Metalls, uns die schönsten Jahre der Genußfähigkeit verkümmert und unbenutzt vorüber gehen läßt — dies alles ist mir so klar, als daß wir vergeblich uns abquälen, um es abzuändern, denn einmal haben wir keine reichen Vettern in Amerika, die so gefällig sind, zu sterben, und uns zum Universalerben einzusetzen, und dann — — scheint sich alles verschworen zu haben, um einige der ersten Familien, die gut gesinnt, mit Geistesgaben ausgerüstet, und übrigens ganz dazu geeignet wären, ausgezeichnet zu werden, und sich dessen Werth zu zeigen, nicht nur in Allem zurückzusetzen, sondern auch sie gänzlich zu ruiniren — schwache neidische Ultras wollen den Thron umkriechen, und den so gesunden Verstand des Königs mit jenem gefährlichen Rauchwerk umnebeln, welches selbst Hellsehende betäubt! — Mystiker, Heuchler, Frömmler — mit einem Wort — und solche im entgegengesetzen Sinne, Ultras, die unsere Plätze einzunehmen hoffen, wenn es zur Theilung geht, diese reichen sich die Hände, und da die letzteren die Klügeren sind, so brauchen sie die Andern und ihre Anhörer nur als Werkzeuge! — wir werden mit sammt unseren Fürstenthümern untergehen.

Sind wir nicht ohnedies nur fast lächerlich gewordene Titelträger, denen die Mittel fehlen? Ist nicht der Dorfschulz fast mehr als wir? Werden seine Rechte nicht besser vertheidigt als biejenigen, die unsere Väter mit lebenslangem Diensteifer, mit der Aufopferung ihres Lebens selbst erwarben! Sind wir für unsere Untergebenen noch Väter, die

Fürsorge tragen, und für die alle ihr Leben ließen? — Die Lasten sind uns geblieben, die billigen Erleichterungen sind uns geraubt, und welche Männer regieren den Staat? — Nachtmützen! — und wer sind die Repräsentanten der heiligen Person des Königs in seinen schönsten Provinzen? — feile, niederträchtige Hunde! — O, ich bin empört! wenn ich daran nur denke, und wäre ich ein Mann, wäre ich gerade mein Mann, in seiner so einzig, günstigen Lage — ich wäre heute über's Jahr Gouverneur von ganz Schlesien, ich würde stolz sein, eine so schöne Provinz vor nahem Untergange zu retten, und sie dem Könige zu retten; ich sollte Fürst und erster Stand dieser Provinz sein, so geachtet von allen Ständen, vom König geschätzt wie mein Mann es ist und in jetziger Konjunktur! — ganz Schlesien sollte mir zujubeln — ja, wenn Heinrich Ohren haben wollte zu hören! er sollte, er müßte denen in Berlin Gesetze vorschreiben! Er könnte anderen Provinzen zum schönsten Beispiele dienen, seinen Namen von Zeitgenossen gesegnet, von Nachkommen geehrt machen, und das mit so leichter Mühe — denke nur die Lage — er wird als Landtagsmarschall gewünscht, allgemein, nur wenn er hintritt und sagt, es ist mir gar nicht zu nehmen, wird er es werden. Wer könnte nun besser als Vermittler der Stände beim König, Vermittler des Königs bei den Ständen werden; die Oberschlesier, die Reichsten sind alle katholisch, und schon deshalb Oesterreich zugethan, auch hat nicht Einer eine hohe Stelle im Staat oder am Hof, fast Alle wurden vor den Kopf gestoßen; Schlesien, eine Provinz, die in den Kriegsjahren, die höchsten Opfer brachte, wird nun so erbärmlich behandelt, daß alle Stände unzufrieden sind! Die Steuern erdrücken das Land, die ältesten Familien sind verarmt, mußten ihre väterlichen Stammsitze an Juden veräußern, die alten provinziellen Rechte, die der König bei Regierungsantritt beschworen hat, zu halten, sind zernichtet, das Verhältniß zwischen den Herren und

Unterthanen gänzlich, zu unserem größten Nachtheil, gelöst, von Rußland darf alles herein, von uns nichts dort hinein! — bei Unglücksfällen, die wie jene unseligen Ueberschwemmungen, die ganzen Landstriche ruinirten, verlangt der Hund von M..... nur 50,000 R. für die ganze Provinz, wo mein Mann allein 70,000 Thaler einbüßte — aber er will ja Minister werden! mögen da, jetzt schon, Familien zu Grunde gehen — o warum nicht? desto mehr kann so ein Mann nachher noch drücken — und alle diese trostlosen Wahrheiten, wer könnte sie mit mehr Recht, dem Könige, der so gut ist! aufdecken, als mein Mann? die Persönlichkeit unseres Königs ist zwar ein großes Gewicht, in der Wage, allein, er ist ja leider unzugänglich für seine Kinder — — und wer weiß, was eben deshalb seinem Alter noch droht! — Wie wehe sollte es mir thun, aber auch nur für ihn! — wenn ich wahr sagte! — Wie konntest Du glauben, daß, wenn die Spannung, der Gemüther, die jetzt auf fremde Länder und Nationen, voll Theilnahme gerichtet ist, nachläßt die eigene Last nicht wieder, noch unerträglicher, drücken wird? — es muß etwas Entscheidendes geschehen, entweder von Seiten des Königs, oder von Seiten des Volkes — so, in diesem Schlendrian kann und wird es nicht bleiben! — Es wäre ja auch ein Jammer! — So schön mein Carolath ist, und eben weil es sehr schön ist, so schmerzlich ergreift mich oft der Gedanke, wie unsicher der Besitz aller unserer Güter, bei so traurigen Verhältnissen ist — ja, wäre ich nicht niedergeschlagen, oder vielmehr indignirt, über das elende Resultat der Entschädigungen des Wasserunglücks, das meinem Mann ein Heer von Sorgen aufbürdete, ich würde Dir, lieber Pückler, gerne im scherzenden Tone antworten, daß Du mein Carolath zu einem pays de cocagne machst, und von Deinem Muskau, das ich doch auch so sehr liebe, als von einer Sandwüste, gar zu geringschätzend sprichst — in gewisser Art ist doch jede dieser Besitzungen gar herrlich, und was hier die Natur so freundlich spendete, wußte Dein schöpferischer Geist, dort zu schaffen, dies eben muß Dir Dein Muskau gar lieb machen! doch ist es nicht zu läugnen, daß, wenn wir nicht durch solche und ähnliche Gefühle gebunden würden, welche Erinnerungen oder eigene Schöpfungen uns einflößen, so möchte man heut zu Tage lieber beinahe, das= jenige von den Vorfahren ererbte Hab und Gut in Golde haben, um mit seinen liebsten Lieben gegenwärtig gesegnetere Gegenden aufzusuchen — doch wo sind sie? und woher die nöthigen Mittel nehmen! pour vivre comme cela nous conviendrait! ah! que je le désirerai donc bien vivement, de jouir encore des annés, qui se presentent en petit nombre, pour me plaire! Mais il faut savoir se résigner, voilà donc le mot de l'enigme, pour cette vie passagère, grâce a ceux qui le déchiffrent assez tôt pour se former un bonheur toujours enviable, même en exerçant cette résignation — j'ai, au fond, un caractère, qui s'y prête, et pourvu, que quelques peu de rayons luisent sur mon chemin, je suis contente, la gratitude pour la providence exige cependant aussi, que je dise, que j'ai joni de bien du bonheur! et encore, je possède de grands trésors — mes enfants sont de vrais anges, je les adore, et j'en suis adorée! mon mari partage depuis hier, le plaisir d'être entouré, par ces chères petites créatures — j'ai une mère enfin, vous la connaissez, cette mère, et vous savez, comme je l'aime! combien elle le mérite, et j'ai un petit nombre d'amis, qui en valent bien une centaine de ceux, qui se donnent ce nom sacré, sans en avoir les qualités — j'espère, mon cher, que vous me permettez toujours non seulement, de vous compter pour moi, entre ces élus, mais aussi, de vous affirmer, que je serais, de tout temps, pour vous, la même! — Les roses, dont je viens de vous nommer, celles, qui ont le plus de prix pour moi, ne manquent pas, d'etre suivies par des épines, et même il y a des fagots d'épines, qui sont difficile a manier — — j'avoue que je ressemblais a Berlin à cet emblême! cependant, j'étais malade, bien souffrante, impatiente par l'impossibilité, de bouger, pendant que tout ce qui m'entourait, était d'une vivacité d'une mobilité, pour moi, insoutenable, je sortais de mon lit, où j'avais été couchée pendant sept semaines, et soignée, et dorlotée, par tout ce qui m'entourait, à Berlin, je me trouvais déplacée, iuattendue, et .... enfin j'étais un peu fagot d'épines! mais vous étiez tous, ne vous en deplaise) — ou vous me parraissiez — insupportables! un tant soit peu! — vous, mon cher, si préoccupée, maman indisposée, man mari très distrait, et Helmine, plus folle que jamais! l'ensemble composé de personnes très spirituelles, charmantes et bonnes, mais comme ensorcelées — — à peine revenue chez moi, ma santé commença à ce remettre, et mes esprits aussi — je suis toujours très faible, mais la bonne saison va me consoler — je parrie que quand nous nous retrouverons tous, nous nous retrouverons très contents! — Quel sont vos projets pour cet été? il me parait qu'il est assez difficile d'en former avant que le ciel politique nous montre quel temps nous aurons. Je suis bien aise d'être réuni avec mon cher Henry entourée des petites et de quelques personnes dont le commerce m'est agréable plutôt par leurs qualités solides que par les agréables, cependant la complaisance, l'attachement, la vénération même ne saurait manquer du faire de bien à mon coeur qui sait aprécier ces témoignages de reconnaissance assez na_ turelles, qui me sonts voués par quelques personnes qui reçoivent plus ou moins nos bienfaits — àpropos de Grävell, je lui ai répondu, il vous montrera la lettre, qui fut écrite avant que je reçue la vôtre, je crois que

le poste sera trop petit pour un jeune marié! d'ailleurs
il me semble que mon mari a d'autres idées — Adieu,
mon cher ami, je souhaîte que la longueur de cet épître
ne vous impatiente pas trop! Je suis bien heureuse
d'attendre ma chère maman a la mi d'avril, je la porterai
sur les mains — votre maman est malade je ne l'ai pas
vu — tout ce qui m'entoure vous salue les enfans vous
embrassent, et je suis à jamais votre bien sincère amie
Adelaide Carolath Pappenheim.

18.
Helmina von Blücher an Pückler.
Beuthen, den ?6. März 1831.

Bester Hermann,

Dein launiges, hübsches Briefchen habe ich mit vielem
Vergnügen gelesen, und sehr bedauert, daß die Fortsetzung
Deiner Reise nicht angenehmer war, aber gewiß bist Du zu
spät von Krossen ausgefahren. Ich meinestheils fürchtete zu
sehr in der Finsterniß anzukommen, und verließ daher meinen
Gasthof schon um 5 Uhr des Morgens. Von da an war
meine Reise auch ganz gräulich, denn es war der gräßlichste
Miethswagen, den man sich nur denken kann, und dabei das
abscheulichste Regenwetter; ich versichere Dir, es wäre von
dieser Jammerfahrt noch eine viel schrecklichere Littanei zu
berichten, als von meinen Klagen von Berlin bis Krossen,
welche Du so theilnahmlos bequem in Deinem Winkel sitzend,
mitanhören mußtest. Wir dankten Alle Gott, als wir um
5 Uhr in Neusalz anlangten, uns dort im warmen Stübchen
einigermaßen erwärmt hatten, und durch Speise und Trank
gestärkt, setzten wir uns wieder in den fürchterlichen Stoß=
wagen, und kamen gegen 7 Uhr gemartert und zerschlagen
hier in dem öden Beuthen an.

Die ersten Tage konnte ich das Bett nicht verlassen, weil mein Schnupfenfieber durch die abscheuliche Witterung viel schlimmer geworden war. Dann hatte ich nur zu thun, daß wir Alle bald in Ordnung kamen, und jetzt geht alles wie am Schnürchen, obgleich ich für den Augenblick sehr wenig Dienerschaft habe. — Den ganzen Morgen muß Fräulein Mocke in ihrem Zimmerchen bleiben, und dort Lucie den Unterricht ertheilen, damit ich nicht zu sehr genirt bin, den Nachmittag, wenn das Wetter sich nicht zu einer Promenade eignet, bringen wir mit Handarbeiten zu, in der Dämmerungsstunde wird getanzt, leider nur nach dem Gesang, da ich kein Klavier besitze. Dann geht es zum Souper, und nach demselben wird vorgelesen, und dabei genäht und gezeichnet. Du siehst hieraus, wie regelmäßig der Tag eingetheilt ist, und daß uns daher die Zeit nicht lang werden kann. Recht still ist es aber sonst um mich her, und wohl steigt dann und wann ein leiser Wunsch in mir auf, nach interessanterer Unterhaltung, als die alleinige der Mocke. Doch fühle ich mich sonst glücklich in dem Besitz meines Kindes, und mein Leben vergeht Gott sei Dank in großer Ruhe. Wehmüthig denke ich zuweilen an meinen Aufenthalt in Berlin zurück, doch ist es mir fast nur noch wie ein Traum, daß ich dort war, weil mich hier nichts daran erinnert, und ich mit niemand viel davon sprechen kann. Manches erscheint mir jetzt unglaublich und unerhört, was sich dort in der letzten Zeit zugetragen hat, besonders, daß ich ein so lang bewahrtes Geheimniß dem C. mittheilen konnte — ich glaube nicht recht bei Sinnen in der Zeit gewesen zu sein, indem es mir doch sehr gewagt vorkommt.

Ich erhielt auch vor einigen Tagen einen recht lamentablen Brief von meinem armen guten Mann, der nun 30 Meilen weit von hier, nahe bei Kalisch steht, und mit Unwohlsein und mancherlei Noth auch sonst noch zu kämpfen hat — hauptsächlich auch an Geldmangel leidet; ich schickte

Blücher daher sogleich meine ganze kleine Baarschaft, welche ich von Berlin mitnahm, weil er mich gar zu sehr erbarmte. Du siehst daraus, daß ich für meine Person nicht so sehr am Gelde hänge, und es nur insofern liebe, weil man ohne dasselbe nicht leben kann.

Von Mama habe ich noch keine Zeile erhalten. Der Adelheid habe ich schriftlich meine Ankunft gemeldet, und darauf eine laue Einladung erhalten nach Carolath zu kommen. Ich werde auch für's erste nicht hingehen. —

Lebe wohl mit Deinen bescheidenen Freuden, wie Du sie nennst. Ich träume mich hier ganz in meine Unschuldswelt zurück, da ich gegenwärtig keinen bösen Versuchungen in meiner stillen Häuslichkeit ausgesetzt bin, und da ist es mir so wohl um's Herz, wenn ich für Augenblicke alles vergessen kann, was nur irgend mein Bewußtsein zu trüben vermag. —

Vergiß ja nicht, daß Du mir die „Briefe eines Verstorbenen" versprochen hast, und schicke mir, sei so gnädig, dieselben so bald als möglich, da ich nicht viel Vernünftiges zu lesen habe.

Die frommen Sprüche, die ich Dir in Krossen zusandte, sind von Gellert, doch weiß ich selbst nicht, von wem sie abgeschrieben waren, da ich verlegen um Papier, das Blatt in der dort befindlichen Komode vorfand.

Adieu, theurer Luzifer und Rathgeber aller armen Teufelchen; behalte mich nur immer in gutem Andenken, und erfreue mich dann und wann mit einem lieben Briefelein, was ich werde legen auf mein Herzelein, und dabei denken freundlichst Dein, indem ich stets verbleibe mit treuer, aufrichtigen schwesterlichen Gesinnung, Deine ergebene Freundin
Helmina.

Lucie grüßt den lieben Hermann vielmals, und läßt ihn bitten, ihr einen Vogel zu schicken, versteht sich einen lebendigen.

19.
Doktor Nürnberger an Pückler.

Sorau, den 10. Juni 1831.

Durchlauchtigster Fürst!
Gnädigster Herr!

Ich bin am verwichenen Sonntage in Ew. Durchlaucht freundlichem Muskau gewesen, mir mit der Hoffnung schmeichelnd, Ihnen aufwarten zu können, Sie erschienen aber nicht. Jetzt rufen mich meine Verhältnisse schnell auf mein Gütchen in die Neumark zurück, und ich muß also die Ehre und Freude entbehren, Ihnen meinen gewiß herzlichen und innigen Dank für die Mittheilung ihres schönen und gehaltreichen Werkes, mündlich abzustatten. Die Fürstin Durchlaucht, welche ich darum gebeten hatte, wird diesen Dank in meinem Namen abgestattet haben, und ich bin dieser liebreichen und trefflichen Dame dafür verbunden. Gegen einzelne, von Ihnen, mein Fürst! aufgestellte philosophische Behauptungen würde ich vielleicht Einwendungen erhoben haben; die Lebhaftigkeit mündlicher Erörterung würde Materien ein Interesse verliehen haben, die in der Beschränkung brieflicher Form von ihrer Vielseitigkeit verlieren. Vielleicht kommen Ew. Durchlaucht bei Fortsetzung Ihrer Arbeit darauf zurück, und ich, wie so viele andere, Ihre geistreiche Form verehrende Leser, sehen dieser Fortsetzung daher doppelt begierig entgegen.

Mit aufrichtiger Verehrung
Doktor Nürnberger.

20.
Pückler an Graf Sylvius von Pückler.

Görlitz, den 1. August 1831.

Liebster Silvius,

Eben erhalte ich erst Deinen Brief vom 24. Juli hier in Görlitz, wo ich als unglücklicher Kommandeur zweiten Auf-

gebots in schwerem Dienst fungire, Rekruten rüffeln, Ersatz=
mannschaften auswählen und absenden, und den halben Tag
auf dem Bureau zubringen muß.

Wozu heut zu Tage die Freiwilligen und umsonst
Dienenden nicht alles gut sind! Eine Batterie zu nehmen
wäre leichter — hier verdiene ich mir aber ohne Zweifel
Gottes Lohn und eine Bürgerkrone, wenn auch kein irdischer
Vortheil mich belohnt.

Uebrigens kostet mich der Aufenthalt in Görlitz nicht
wenig, und meine eignen, leider nur zu wichtigen Geschäfte
gehen ganz dabei zu Grunde.

Aber es scheint, man konnte meine Talente für Aus=
hebung und Namenunterschreiben dabei nicht entbehren, was
freilich meiner Eitelkeit sehr schmeichelt.

Alle Sonntag erhole ich mich in Muskau. Suche also
doch am nächsten dort einzutreffen. Hätte ich Deinen Brief
früher erhalten, würde ich zu des Königs Geburtstag ein=
geladen haben, den wir immer sehr prachtvoll feiern, und
wo Du im Bade eine Tafel von 200 Gedecken à 12 Gr.
par tête gefunden, und Dich noch in Mitte der holländischen
Herrlichkeiten geglaubt haben würdest.

Dies Glück kann ich Dir nun nicht mehr bereiten, und
Du wirst, glänzender Hofmann, mit dem bescheidenen Hause
und Tische des Einsiedlers Dich begnügen müssen.

Ich freue mich sehr, Dich zu sehen, und empfehle mich
herzlich.

Dein
treuer Freund
H. Pückler.

21.

Schinkel an Pückler.

Berlin, den 13. September 1831.

Durchlauchter Fürst,

Unmöglich kann ich es mir versagen, gleich am ersten Tage nach meiner Ankunft in Berlin, Eurer Durchlaucht meine dankbaren Gesinnungen für die unendlich gütige Aufnahme auszudrücken, welche mir und meiner Familie in Muskau die glücklichsten Tage bereitet hat. Aber auch weiterhinaus sollte mich Ihre Güte begleiten: in einem Schreiben, welches Eure Durchlaucht mit der Ihnen ganz eigenthümlichen Grazie für eine freundliche Begrüßung bei meiner Ankunft in Berlin an mich gelangen ließen, glauben Eure Durchlaucht meinen geringen Bemühungen Dank schuldig zu sein, ich fühle mich aber zu ungleich höherem Danke verpflichtet, wo ich so viel Beweise von Freundschaft, so viel Genuß an wahrhaft genialer und schön empfundener Ausführung in einer reizenden Kunstregion fand, und wo ich gewürdigt wurde, für ein anmuthiges Werk einen geringen Beitrag aus meinem Kunstfache zu liefern, der obenein meine Freude an der Arbeit durch den mir unendlich schätzbaren Beifall Eurer Durchlaucht erhöhte. Wie wäre es unter diesen Umständen möglich, noch einen ganz besonderen Beweis der Anerkenntniß von Eurer Durchlaucht Güte anzunehmen; ich ersuche daher recht inständigst mir diesmal zu so vieler Güte noch die Bitte zu bewilligen, daß Sie meine angenehmen Beschäftigungen in Muskau als Beweis wahrhafter Freundschaft und wahrhafter Verehrung vor ihren schönen Bestrebungen ansehen möchten, und mir erlaubten von der sehr gütig beigefügten Anweisung einmal keinen Gebrauch zu machen. Eure Durchlaucht haben mir die schöne Aussicht eröffnet, im künftigen Jahre mit meiner Familie wieder nach Muskau kommen zu dürfen, ich würde aber nur mit

Unruhe der Erfüllung derselben entgegensehen, wenn ich mich durch eine Belohnung für Arbeiten gedrückt fühlen müßte, die, wenn die Erlaubniß dazu ertheilt wird, ich unwillkürlich zu beginnen nicht unterlassen kann, weil sie sich einem Kunst= werke anschließen, welches meiner Empfindung so ganz zusagt, und mich dadurch unendlich beglückt. Ihrem mir oft ge= schenkten Wohlwollen gebe ich diese mir sehr am Herzen liegende Bitte anheim, und hoffe auf deren gütige Bewilligung.

Von meiner Frau und Familie kann ich nur die herz= lichsten Gesinnungen des Dankes für Eure Durchlaucht und die Frau Fürstin hinzufügen, alle fühlen sich überaus beglückt durch die Rückerinnerung so schön in Muskau verlebter Tage.

Mit unveränderlicher Hochachtung und Ergebenheit werde ich immer bleiben
Eurer Durchlaucht
ganz gehorsamster   Schinkel.

P. S. Die Ausarbeitungen des Herrn Soller nach meinen Entwürfen würden Eure Durchlaucht gefälligst, wenn sie leicht in Bleistift aufgetragen sind, an mich gelangen lassen, damit ich sie vor dem festen Auszeichnen durchsehen und etwa dasjenige ändern kann, was ich der Sache angemessen finde.

22.
Prinz Karl von Preußen an Pückler.
Sanssouci, den 11. Oktober 1831.
Mein lieber Fürst,

Zürnen Sie meiner nicht, wenn ich Sie so lange ohne Antwort ließ; mein Sündenbekenntniß hier aufzuzählen, würde Sie langweilen, aber noch mehr meine Entschuldigungsgründe. Ich brauche es Ihnen wohl nicht erst zu sagen wie leid es mir that, den liebenswürdigen Lord und Planter Muskaus nicht in seinem sweet home zu finden -- hätte ich das ahnen können, so hätte ich ihn gewiß acht Tage zuvor von meinem Plan benachrichtigt; aber von seinen militairischen Pflichten war mir keine Silbe zu Ohren gekommen, und zum anderen wünschte ich weder Ihnen, mein lieber Fürst, noch der Fürstin irgend beschwerlich zu fallen, noch blieb mir Zeit zur Benachrichtigung, indem ich den Tag vor meiner Abreise die Kronprinzlichen Herrschaften den Wunsch ausdrücken hörte, über Muskau zu gehen — was ich mir denn auch ad notam nahm, wiewohl ich mich durch Ueberschreitung meines Urlaubs dem Zorn meines Königlichen Vaters hätte aussetzen können. — Sie sagen in Ihrem Briefe, daß Sie besorgten, es möchte nicht alles am Schnürchen hergegangen sein, da erstens die Hälfte Ihres Haushalts in Görlitz, und zweitens das Herrenauge nicht gegenwärtig gewesen wäre. — Glauben Sie mir, ohne Ihnen gerade eine Schmeichelei sagen zu wollen, auch mit jenen beiden Artikeln wäre es nicht möglich gewesen, Muskau in einem noch glänzenderen Lichte zu zeigen, wiewohl der zweite zur Annehmlichkeit noch mehr beigetragen haben würde. — Besser geführt zu werden, als es mir in jenem Zaubergarten zu Theil wurde, glaube ich kaum annehmen zu können; hie und da wurde ich aufmerksam gemacht, wie es früher dort ausgesehen, wie viel Fuß Erde aufgetragen, wie viel abgenommen, früher sei der Flugsand gewesen, wo jetzt die üppigsten Wiesen stehen, u. s. w. Alles hörte und sah ich mit der größten Aufmerksamkeit, und ein freudiges Gefühl bemächtigte sich meiner, als ich sah, wohin der Mensch es in einer Zeit von fünfzehn bis sechzehn Jahren bringen kann; alle Hoffnung glaube ich also nicht aufgeben zu dürfen, aus meinem lowly thatched cottage auch nach 10 Jahren etwas Präsentables zu machen, und bin auch sofort an's Werk gegangen, mich nach der Pfaueninsel hin auszudehnen, wo ich ein hügeligtes Terrain mit Laubholz und Kiehnen bewachsen, über 200 Morgen groß, in Erbpacht genommen habe, und es jetzt mit Zuziehung von Lenné, nachdem ich aber den ganzen Plan allein entworfen hatte, parkähnlich und fahrbar mache. —

Sollten Ihnen, mein lieber Fürst, nicht in letzter Zeit die Ohren etwas geklungen haben, wenn der Kronprinz und ich des Lobes nicht genug von old Muskau sagen konnten? Der Fürstin mich auf das angelegentlichste empfehlend, und herzlich für die freundliche, unglaublich gute Aufnahme dankend, verbleibe ich wie immer

Ihr sehr geneigter
Karl.

23.
Pückler an Houwald.

In der Oasis Muskau, den 19. Oktober 1831.

Verehrter Dichter!

Mein Gärtner steht, wie ich höre, mit Ihnen in Unterhandlungen wegen einer Blutbuche, und ich wünsche sehr, daß er darin reüssiren möge. Entäußern Sie sich dieses übelklingenden, prosaischen Baumes, Ihnen gebührt in Ihrem Garten nur der Lorbeer, von dem ein schöner Kranz schon lange Ihre Schläfe beschattet.

Mir Aermsten, um dessen Wiege, wie Leben, nur Tannzapfen und Knollen wuchsen, ist die Blutbuche schon eine gewünschte Steigerung, die ich von der Großmuth eines höher gestellten Gönners mit dankbarer Zuversicht erwarte.

Hermann Pückler.

24.
Ernst Houwald an Pückler.

Neuhaus, den 30. Oktober 1831

Mein Fürst!

Die Blutbuche, welche die edelsten Säfte aus der Erde saugt, um sich in die Fürstenfarbe zu kleiden, gehört recht eigentlich dahin, wo sie einen Mann aus ächtem Vollblut entsprossen findet. Deshalb reiße sie sich aus dem Garten des armen Dichters los, und schlage ihre Wurzeln tief und fröhlich in dem Park des geistreichen Fürsten. Diese Deutung gebe ich dem seltenen Baume mit auf den Weg, dies und nichts anderes soll er Ihnen, mein Fürst, sagen, wenn Sie ihm vorübergehen, und Sie dabei freundlich an mich erinnern.

Mit ausgezeichneter, inniger Verehrung

Houwald.

25.

Pückler an Prinz Karl von Preußen.

Schloß Muskau, den 7. November 1831.

Durchlauchtigster Königlicher Prinz,

Gnädigster Herr!

Ein Brief von Euer Königlichen Hoheit ist schon an sich eine Gunst, die mich immer mit großer Freude erfüllt, Sie mögen also, gnädigster Prinz, leicht ermessen, wiel viel mehr mich Hochdero letztes Schreiben beglücken mußte, da es so viel Schmeichelhaftes und Gütiges für mich enthält. Es ist eine wahre Belohnung meines stillen und schwachen Wirkens, daß zwei so erlauchte Kenner mir einigen Beifall zu zollen so gnädig sind.

An Euer Königlichen Hoheit eigenen Schöpfungen nehme ich indessen eben so lebhaften Theil, als an meinen eignen, und freue mich ungemein, daß Höchstdieselben den gewiß die schönsten Folgen versprechenden Entschluß gefaßt haben, Ihre Pläne allein zu machen, und das Ganze aus einer belebenden Idee hervorgehen zu lassen, den Technikern aber nur die Ausführung zu gestatten.

Darf ich dabei als alter Praktiker mir einen unterthänigen Rath erlauben, so bitte ich Euer Hoheit nur um eins: nie bestehen zu lassen, was Ihnen nach der

Ausführung nicht gefällt. Wenn meine Anlagen Euer Hoheit einigermaßen befriedigt haben, so ist es nur der festen Beobachtung dieses Grundsatzes zu danken. Es giebt wenig Stellen darin, die nicht retouchirt wurden, viele die zehnmal umgeworfen und neu gemacht worden sind. Ich bin in dieser Hinsicht unerbittlich, und wäre ohne dies wenigstens noch einmal so weit in meinen Anlagen gediehen — sie würden dann aber auch schwerlich viel Vorzug vor allen übrigen haben. Mit der Zeit schärft sich der Blick, und man ändert seltner, aber Irrthum fällt immer noch vor, und im Anfang ist er nicht zu vermeiden. Uebrigens ist es keine Schmeichelei, wenn ich sage, daß Euer Hoheit schon so viel Geschmack, richtigen Takt und Liebe zur Kunst bekundet haben, daß Sie gewiß seltner irren werden als Andere, geschieht es aber, so gewöhnen Sie bei Zeiten ihre Arbeiter schnell einzureißen, was mißlungen war. Kein Maler kann ein Gemälde enden, ohne hundertmal zu. übermalen, zu bessern, wie sollte es dem erlassen sein, der ein Gemälde, nicht mit docilem Pinsel und Farben, sondern mit dem so oft widerstrebenden Material der Natur selbst herzustellen unter= nimmt.

Die neue Acquisition Eurer Hoheit ist etwas sehr Erfreuliches, und bei der äußerst günstigen Lage Ihrer Be= sitzung, das Ganze jetzt groß genug, um etwas sehr Schönes und Vollendetes zu schaffen, wo schon so viel Schönes bereits durch Eure Hoheit ausgeführt ist. Ich denke in Kurzem als hospitirender Gärtner dort zu erscheinen, und empfehle mich deshalb im voraus zu gnädiger Erlaubniß dazu, füge aber noch den sehnlichsten Wunsch hinzu, auch noch öfter das Glück zu haben Eurer Königlichen Hoheit, und wenn die Hoffnung nicht allzu kühn ist, auch vielleicht Ihrer durchlauchtigsten Frau Gemahlin, in Muskau meine Ehrfurcht bezeigen zu dürfen. Diesen Herbst haben bereits wieder viele fünfzig= jährige Bäume ihren Marsch antreten müssen, um sich Euer

Königlichen Hoheit bei der nächsten Musterung, die Sie zu halten geruhen werden, vorzustellen.

Verzeihen indeß Höchstdieselben, daß ich Ihre Gedult so lange in Anspruch nehme, und sehen Sie es nicht als eine Zudringlichkeit, sondern nur als den Ausdruck des innigsten Gefühls, das ich nicht zurückhalten kann, an, wenn ich unterthänig bitte, bei einer passenden Gelegenheit auch Seiner Königlichen Hoheit dem Kronprinzen meine tiefste Dankbarkeit für seine gnädigen Aeußerungen zu Füßen zu legen, und Höchstselbst mir stets das Wohlwollen zu erhalten, mit dem Sie mich so oft beglücken.

In tiefster Ehrfurcht unterzeichne ich mich als
Euer Königlichen Hoheit
unterthänigster H. Fürst Pückler-Muskau.

26.
Gräfin Julie von Goltz an Pückler.

Voici, M. le Prince, votre lorgnette oublié, dont vous avez tant besoin pour régler vôtre coup-d'oeil dans vos portrait ..... Agréez bien le bonjour.

Julie Goltz.

27.
Pückler an Gräfin Julie von Goltz.

Je ne sais de quels portraits vous parlez, Madame la Comtesse, mais si j'avais jamais à faire le vôtre, je dirais après avoir loué longtemps votre esprit et votre amabilité, que cette même supériorité d'esprit vous rend plus qu'une autre capable d'entendre la plaisanterie, qualité que vous avez dernièrement tant approuvée dans les Français, et pour laquelle nos Allemands ne sont pas fameux. A Berlin surtout je m'aperçois qu'on prend volontiers les choses un peu trop au pied de la lettre.

Vous, chère Comtesse, en avez toujours faite une exception remarquable, et dès que j'ai appris qu'on m'attribuait certain livre que j'ai depuis parcouru (et que je suis bien-aise de ne pas être obligé de lire depuis le commencement jusqu'à la fin) j'ai prédit que vous n'y répondrez que par une plaisanterie fine comme vous venez de faire, quoique dans une supposition erronée. Au reste, je ne trouve pas qu'on dise du mal de vous dans ce livre, si toutefois c'est de vous qu'on veut parler. On prétend que la Baronne est une femme de beaucoup d'esprit, et qui sait prendre le premier rang partout de gré ou de force. Eh bien, Madame, cela prouve du caractère, et on n'offense personne, ce me semble, en lui attribuant ces deux qualités précieuses.

Je vous répète, chère Comtesse, que je suis bien loin d'avoir écrit le livre en question, mais si je l'avais écrit, je ne croirais pas avoir mérité par là de perdre rien des bonnes grâces, dont vous m'avez honorée jusqu'àprésent, et que personne, j'en suis sûr, sait mieux apprécier.

Je n'ai donc besoin d'aucun aide pour reconnaître en vous, Madame, tout ce que vous avez de distingué, de bon et d'aimable, mais je serais charmé si vous daigniez accepter pour vos yeux malades la lorgnette de Frauenhofer, qu'on ne peut se procurer ici, et qui en effet vous fera voir avec plus de clarté, sans grandir les objets, et vous conservera après la vue aussi bonne que vous l'avez toujours eue. Je baise vos mains avec respect et l'attachement le plus sincère.

H. Pückler.

28.
Pückler an Goethe.

(1831).

Hochwohlgeborener Herr,

Hochverehrtester Herr Geheimerath,

Euer Exzellenz haben einem Werkchen, dessen Verfasser (obgleich er seine Anonymität für das größere Publikum nicht aufzugeben gesonnen ist) Ihnen nicht mehr unbekannt sein kann, durch eine ebenso milde als an sich liebliche Kritik einen Succeß geschaffen, welchen des Buches eigener Werth ihm nie hätte einbringen können.

Nicht ohne Zagen wage ich dem hochverehrten Gönner nun hiebei die beendete Arbeit zu überreichen. Einige Freunde haben mir überdies noch die Besorgniß geäußert, daß Euer Exzellenz es vielleicht ungern sehen möchten, sich selbst darin redend aufgeführt zu finden. Mir war dies in meiner, wie soll ich sagen, naiven Verehrung, die ich für Sie hege, gar nicht eingefallen. Ich hatte ganz vergessen, daß es noch Irdisches um Sie her giebt, alltägliche Rücksichten, die doch vielleicht der Besorgniß meiner Sie übrigens persönlich kennenden Freunde einigen Grund geben könnten.

Wäre dies nun wirklich der Fall, so bitte ich Euer Exzellenz herzlich mir zu verzeihen, wenn eine kleine Eitelkeit, die doch auch nur aus meiner unbegränzten Ehrfurcht für Sie entsprungen ist, mich dem Drange folgen ließ, jene Stelle bestehen zu lassen, damit meine Briefe durch einige Züge Ihres hohen Bildes geschmückt blieben — denn so unbedeutend meine eigene Wahrnehmungsfähigkeit dabei auch erscheint, so umgiebt sie doch der Gegenstand mit um so lebhafterem Interesse.

Heißt es endlich, meiner schon begangenen Indiskretion noch eine neue hinzuzufügen, so wage ich es um einige Worte der Güte und Beruhigung von Ihrer Hand über diesen Punkt zu bitten, wahrlich nicht, um mit einem Briefe von Goethe prunken zu können, sondern nur um seines eigenen mir so hohen Werthes willen, und um ihn als eins der theuersten Dokumente meines Lebens heilig und mit allen jenen Gefühlen der Liebe und Verehrung aufzubewahren, mit denen ich ewig sein werde

Euer Exzellenz

gehorsamster und dankbarster

H. Pückler.

29.
Pückler an Graf von Dyhrn.
Schloß Muskau, den 15. November 1831.

Hochgeborener Herr Graf,

Hochzuverehrender Herr General-Landschafts-Direktor!

Für's Erste sage ich Euer Hochgeboren meinen ergebensten Dank für die Beschleunigung der gewünschten Resolution.

Als Antwort auf Dero früheren Brief erlaube ich mir dann noch nachträglich einige wenige Bemerkungen.

Gewiß war es nicht meine Absicht, Euer Hochgeboren durch die freimüthige Aeußerung dessen, was ich für Wahrheit halte, im Geringsten zu nahe zu treten, auch glaube ich wirklich hinzugesetzt zu haben, daß ich meinen Brief keineswegs als ein offizielles Geschäftsschreiben, sondern nur als eine trauliche Mittheilung angesehen wissen wollte. Um so befremdlicher mußte mir daher Euer Hochgeboren Aeußerung sein, ähnliche Briefe künftig dem Departements-Ministerio mittheilen zu wollen.

Mir ist es zwar sehr gleichgültig, ob und wie viel Publizität Hochdieselben meinen Briefen zu geben gedenken, um so mehr, da alles, was sie enthalten, ohnehin zur Sprache kommen muß, da ich mit sehr vielen kompetenten Leuten glaube, daß mir von Seiten der Generallandschaft zu viel geschehen ist, eine solche Absicht aber in der Gestalt einer Drohung mir angezeigt zu sehen, bin ich noch weniger gewohnt, als es Euer Hochgeboren zu sehr versichern eine offne und freie Sprache zu hören.

Das Ende Hochdero Briefes aber, worin Sie von mir bewiesener übergroßer Nachsicht sprechen, muß ich fast für ein Epigramm halten.

Nachdem die Taxe der Herrschaft Muskau auf das genaueste, gewissenhafteste und längste von der Kommission der Fürstenthums-Landschaft angefertigt, und zu größter Sicherheit auch noch einer Ihrer geschicktesten Schlesischen Kommissarien zu Ihrer Leitung beigegeben worden war, setzte die Generallandschaft diese Taxe um 150,000 Reichsthaler herab, ein Ausfall, wie er vielleicht in den Annalen derselben noch nicht vorgekommen ist, und das aus Gründen, bei denen ich mich nicht eher beruhigen werde, als bis ich durch die allerhöchste Instanz abschläglich entschieden worden bin.

Wenn dies die zu große Nachsicht der Generallandschafts-Direktion ist, so muß allerdings Ihre Strenge unerträglich sein. Ja, ich bin überzeugt, daß Euer Hochgeboren selbst privatim nicht viel anders denken, und wenn allgemeine Gründe das Verfahren, wie es ist, vielleicht aus mir unbekannten Ursachen bestimmt haben, doch Sie selbst mir einige Empfindlichkeit darüber als billiger und wohldenkender Mann nicht allzusehr verargen werden.

Ich hoffe daher, daß persönliche Bekanntschaft das Schroffe unserer letzten Korrespondenz mildern werden, und bitte Sie, aufrichtig und grade, wie ich immer bin, dieser kleinen Wolke ungeachtet überzeugt zu sein, daß ich Euer Hochgeboren nach allem was ich von Ihnen gehört, aufrichtig verehre, und schon Ihrem Alter zu viel Respekt schuldig bin, um nicht von Herzen gerne Euer Hochgeboren um Verzeihung zu bitten, daß die Umstände mich gegen Sie zu einigen ungeschminkten Worten nöthigten.

Genehmigen Sie also mit Güte, Herr Graf, die wieder=
holte Versicherung meiner vollkommensten Ergebenheit und
Ehrerbietung.
Hochdero
gehorsamster H. Fürst von Pückler=Muskau.

30.
Regierungsrath Grävell an Pückler.
Muskau, den 21. Dezember 1831.
Mein verehrter Fürst,

Sie sind doch ein empfindlicher Mann — Herr, wollt'
ich sagen. Wo man an nichts denkt, als an Ihre Angelegen=
heiten und deren Beförderung, da finden Sie Spitzen und
Kränkungen, von denen meine Seele fern ist, und zu denen
ich auch keine Veranlassung hatte oder habe. Da ich hier
und in Glogau und in Görlitz für Sie handeln muß, so ist
es natürlich, daß jeder Kontrecoup mir verdrießlich und Ihnen
nachtheilig ist. Ihre Sache, wie die meinige betrachtend,
schreibe ich Ihnen deshalb, dies ja nicht zu thun. Wenn ich
Ihnen Sachen nach Berlin schicke; so muß ich natürlich
voraussetzen, daß solche befördert werden. Damit stehen
gewöhnlich andere Schritte in Verbindung, welche gleichzeitig
geschehen müssen, und welche manquiren, wenn das Erstere
unterbleibt. Dies alles konnten Sie, wenn es zu sagen
erlaubt ist, wohl sich selbst sagen; und ich denke es auf eine
Weise in Erinnerung gebracht zu haben, die mir keinen
Vorwurf zuziehen kann. Mit vornehmen Herren ist indessen
nicht gut Kirschen essen, sagt das Sprichwort; und so sehr
Fürst Pückler mein Freund ist, und so gescheut derselbe ist,
so bleibt das Sprichwort doch ein Ausspruch alter Erfahrung.
Im Uebrigen aber ist ja Ihr Schreiben vom 18ten nur der
Wiederklang Ihrer guten Gesinnung gegen mich, und ich
begreife daher nicht, wie Sie auf den Argwohn kommen

konnten, daß ich darüber so empfindlich sein würde, Ihre Sache im Stiche zu lassen. Nein, auch Sie kennen mich noch nicht; auch Sie schätzen mich viel kleiner, als ich bin — und das ist es, was mir wirklich leid thut. Ich habe keine Ursache, ein Werk aufzugeben, auf dessen Durchführung ich mir wohl viel zu Gute thun kann. Wir wollen darüber, mein Fürst, nicht rechten, ob, wie Sie meinen, am Ende auch ein Anderer sich in die Sache hinein studirt haben würde. Es giebt, außer mir, Leute, welche den ganzen Umfang dieser Sache kennen und verstehen, und welche anderer Meinung sind, obgleich sie eben nicht meine Freunde sind. Doch das kann auf sich beruhen!! Genug, ich werde die Sache beendigen. Aber darauf, Ihnen ausführliche Exposés über meine Motive zu schreiben, kann ich mich nicht einlassen. Ich handle lieber, als daß ich viel schreibe oder rede. Ihre Sache war ein gefährlicher Kranker, — ich der Arzt. In solchem Falle ist es besser, der Arzt verschreibt gute Rezepte, als daß er Vorlesungen über seine Ansichten hält. Will der Kranke jene deshalb nicht einnehmen, habeat sibi!!

Glücklicherweise ist die Krankheit größtentheils gehoben; auch nicht einmal ein Rückfall zu befürchten, sondern nur noch eine Nachkur zu brauchen.

Ich gratulire Ihnen zum glücklichen Ausgange der Sache, der nun nicht mehr zu bezweifeln ist. Das mir mitgetheilte Reskript des Herrn v. K. an das Oberlandesgericht vom 16ten dieses entspricht allen meinen Wünschen, und hat vollkommen den Anmerkungen gefolgt, womit ich den Bericht des Oberlandesgerichts begleitet hatte.

Nicht so hat mir die mitgetheilte mündliche Rede des Herrn v. K. gefallen. Indessen kennen Sie mein Urtheil über diesen Mann; und jene Rede ist nur eine Bestätigung davon. Sie können nicht einmal alle die Hindernisse in ihrer Schwere würdigen, welche das Oberlandesgericht gemacht hatte, und worin es zweimal vom Justizministerium bestärkt wurde. Natürlich ist es den Herren im Justizministerium nichts Angenehmes, sich auf ihrer Höhe angefochten und widerlegt zu sehen. Dann schimpft man auf den, durch den man solchergestalt inkommodirt wird, und sucht sich mit Gemeinplätzen oder mit absprechenden Redensarten zu entschuldigen. Es ist überall in der Welt so, daß das geistige Uebergewicht das drückendste ist; und weil im Justizministerium gerade viele Räthe sich befinden, die dort nicht am rechten Platze sind, bin ich ihnen ein Stein des Anstoßes. Ich weiß das recht gut, kann es aber nicht ändern, und muß thun, was ich vermag, und die Leute thun lassen, was sie zu verantworten vermögen.

Gleichwohl glaube ich, daß in Ansehung Paschkes keine Chikane im Spiele ist. Derselbe hat einen sehr guten mündlichen Examen gemacht. Wahrscheinlich hat v. K. darnach sich erkundigt, und auf die Nachricht die Sache für ganz gut gehalten. Mit seinen schriftlichen Arbeiten in Glogau aber hatte Paschke aus Verliebtheit zu sehr geeilt. Ich selbst habe sie nicht für genügend befunden, und ihm dies auch gesagt. Ebenso lautet die Censur der Examinatoren. Es ist also ganz gerecht, daß er angewiesen worden ist, diese schriftlichen Arbeiten nochmals zu machen.

Nur, daß er durch die Voreiligkeit des Herrn v. K. in die getäuschte Hoffnung gesetzt worden ist, das Mangelhafte seiner Arbeiten sei übersehen worden, thut mir um des guten Jungen willen leid. Ebenso leid thut es mir um Ihretwillen, daß er nicht Mitglied der Komission sein kann. Denn wenn gleich die Sache jetzt in dem Zuge ist, daß sie auch ohne ihn gehen wird, so würde doch sein Fleiß, seine Dienstfertigkeit, und sein Verhältniß zu mir, zur Beförderung derselben gar sehr gereicht haben.

Indessen ist es doch sehr gut gewesen, daß er von Glogau anhero gekommen ist, um mir mündliche Auskunft zu bringen, ohne welche ich nicht im Stande gewesen wäre, meine Bemerkungen zu machen. Er ist nun vorgestern dorthin zurückgekehrt, begleitet von vielen Thränen der Bertha, die heute noch mehr weint, und in der Meinung, schon Assessor zu sein. Allein nichtsdestoweniger wird er ausrichten, was ich ihm aufgetragen habe, und die Sache in guten Gang bringen. Ich schreibe noch heute an ihn.

31.
Leopold Schefer an Pückler.
Muskau, den 23. Dezember 1831.

Durchlauchtigster Fürst,

Gnädigster Fürst und Standesherr,

Durch die übersandten Riesenbogen — wirkliche Triumphbogen — haben Sie mir ein sehr großes Vergnügen gemacht Sie selbst können es nicht inniger dabei empfunden haben. Es ist auch durchaus nicht zu verachten, oder gleichgültig, in einer so hochgebildeten Welt — 1831 Jahr post Christum natum, in dem bedeutendsten Lande einen solchen Erfolg zu haben. Ich sage Erfolg, denn der Ruhm ist doch blos der Klang der Glocke. Indeß hätte sie in Deutschland nicht angeschlagen, so hätte man sie in England nicht gehört. Das sage ich zur Beruhigung über den deutschen Buchhändler. Alle Wendungen sieht man selten voraus. Vom gegenwärtigen Stande meine ich aber so: den Engländern gefällt das Werk — wie ich aus den englischen Zeitungsartikeln abschöpfe — am meisten der Politik wegen. Es nimmt Irland in Schutz; es stellt die Anglikanische Kirche in verdientes Licht; es preist den Zustand der Vornehmen; und so macht es den Engländern ihren Haß und ihre Liebe klarer; und eine auswärtige Stimme, eine dabei uninteressirte, und eines Mannes von Range, bestätigt sie darin ganz zur rechten Zeit. Sie werden Brocken und Stellen daraus selbst im nächsten Parlament citiren hören.

Deswegen meine ich nun:

Schreiben Sie noch den fünften Band! Ich halte das für gut möglich. Nämlich so: vieles haben Sie selbst im Original übergangen. Ich würde rathen, die Originale noch einmal zu mustern, auffallende, doch überflüchtigte Punkte, als pions auszustechen, und sie aus der Erinnerung frisch aufzunehmen, und ihnen Farbe und Breite zu geben, wie sie an sich verdienen, und auch Ihnen hatten, ehe Sie dieselben in ein Wort preßten. Die Lecture einiger neuen Reisebeschreibungen von da, würde Sie zum Widerspruch dieser, und zur Ablösung ihrer eigenen Gedanken reizen; Sie wären in der Stellung einen guten Propheten zu machen, und die Frucht der Zeit mit hineinzuweben. — Oder ein mäßiges, gesondertes Werk, etwa Night and Day, jede Nacht jeder Tag mit lebendigen Bildern dargestellt, wenn nicht mit Personen, doch verständlichen Persönlichkeiten, die am meisten ziehen. Die Offerte von 1000 £St. läßt sich durch eine Wendung leicht realisiren.

Die zweite Uebersetzung wird nun wahrscheinlich alles enthalten, was in der ersten aus Ursachen weggeblieben, Und auf dieses dürften denn wohl einige Repliken kommen von der geharnischten Lady oder sonst. Börne thut Ihnen, wie Sie eigentlich denken und sind, offenbares und großes Unrecht. Ob Sie aber vieles zum wahren Besten geschrieben haben, weiß ich nicht, da mich die politischen Bezüge im Werk, wie im Leben, nicht berühren.

Des ehrenvollen Auftrags werde ich mich nach allen meinen geringen Kräften werth zu bezeigen trachten. Was ich aber (um auch für Deutschland neu zu sein) wirklich bedarf, ist Bd. 3. und 4. Ich will sie darauf ehrlich zurückgeben: denn wenn ich auch den Inhalt fast ganz im Kopfe habe, so giebt es dabei doch Stellen zu Auszügen und Auszüge zu Belegen. Die englischen Journale werde ich bald wieder einsenden.

Ein Paquet: „Night and Day" oder fünfter Band ꝛc. worinnen sich obendrein Allen antworten läßt, würde mich außerordentlich freuen!

Wer gilt muß reden. Dieser Moment kommt Ihnen nicht wieder. Und in England ist freie Presse, in Deutschland freier Druck.

Sehr lieb ist es mir, daß die Fürstin Durchlaucht nun doch im Herzen über die Herausgabe beruhigt, ja erfreut sein wird, wie jetzt gar nicht anders möglich ist. Wenn ich mich unterstehen dürfte, würde ich bitten, mich Hochderselben zu Gnaden und Wohlwollen zu empfehlen.

Um dasselbe bitte ich von Ihnen, und die beste Gesund‍heit und das fröhlichste Neujahr anwünschend, verharre ich mit größtem Respekt

Ew. Durchlaucht

dankbaruntertänigster

Leopold Schefer.

1832.

1.
Goethe an Pückler.

Weimar, den 5. Januar 1832.

Wenn der edle Scheintodte auf seinen zurückgelegten Reisewegen freudig von mir begleitet ward, so muß der in's Leben Zurückkehrende mich gewiß auf Schritten und Tritten theilnehmend an seine Seite ziehen.

Leider begegnete ich auf den ersten Schritten mir selbst, und wie man weiß, hat jedes Doppelsehen, vom Schielen und Schwindel an bis zum double sight, immer etwas Apprehensives, ja Sinneverwirrendes.

Davon mich wieder herzustellen, so eiligst als möglich, halte als Langelebender für Pflicht, um einen freien Dank für die mir übersendeten höchst willkommenen Bände desto heiterer abstatten zu können. Als treusten und bequemsten Reisegefährten indessen hochachtungsvoll sich unterzeichnend allerbestens empfohlen zu sein wünscht

J. W. Goethe.

2.
Pückler an die Generalin von Witzleben.
1832.

Wenn es einem Bewohner hier unbekannter Regionen vergönnt ist, den Geburtstag einer lieben und verehrten Lebenden zu feiern, so bittet er um die Erlaubniß, Ihnen, Frau Generalin, einige Blumengeister überschicken zu dürfen, die wie Euer Excellenz vielleicht mit Verwunderung finden werden, ihren einstigen irdischen Körpern noch immer sehr ähnlich sehen.

Leider ist das Gärtchen, was dem Abgeschiedenen jetzt zu Gebote steht, nur sehr klein und dürftig, daher er mit der freundlichen Bestellung fürlieb zu nehmen bittet, und mit dem herzlichen Wunsch, daß Ihr Leben, wie Sie lieblich selbst den Blumen gleichen, auch dieser Blumen Schmelz und süßen Duft niemals entbehren möge, zur Freude Ihrer theuren Angehörigen und auch des

Verstorbenen.

3.
Pückler an Regierungsrath Grävell.
Berlin, den 23. Januar 1832.

Sie sind in der That ein wunderlicher Mann, bester Regierungsrath! Es ist ja keine Verantwortung, die ich von

Ihnen forderte, sondern nur eine Auskunft über einen Geld=
punkt bei der jetzigen Klemme. Sie sind doch sonst nicht so
geizig mit dem Schreiben, daß es Ihnen unerträglich wäre,
eine Explikation von anderthalb Seiten zu geben, wenn man
Sie darum bittet. Auf der andern Seite ist es aber doch
unerhört, daß Jemand, der ein Geschäft für einen Anderen
zu führen übernimmt, es übel vermerkt, wenn man über dieses
oder jenes eine Erläuterung verlangt.

Giebt mir doch Rother, Stägemann u. s. w., die noch
viel weniger dazu Verbindlichkeit haben, eine solche ohne
Zögern und ohne Empfindlichkeit, wenn ich sie darum angehe.

Auch ist es wirklich seltsam, daß Sie mir mitten im Ge=
schäfte bei jeder Gelegenheit so zu sagen den Stuhl vor die
Thüre setzen, da Sie doch recht wohl wissen, daß, wie ich
schon erwähnt, von Anfang an ich mir hätte helfen müssen,
aber jetzt nicht wohl mit einem Anderen von vorne anfangen
kann. Als ich neulich Stägemann für die Mühen, die er
sich wirklich so vielfach für mich giebt, dankte, lehnte er es
ganz ab, und meinte lachend: Non deficit alter, wäre ich
nicht, wäre es ein Anderer. Ihnen muß geholfen werden,
und es wäre sehr ungerecht, es nicht zu thun. Eben so spricht
Rother, demohngeachtet weiß ich sehr wohl, wie viel Dank
ich ihnen schuldig, und eben so Ihnen, aber Sie, liebster
Regierungsrath, agiren dabei als ein kleiner Tyrann, und
drohen mir, so bald ich nur den Mund aufthue, auf höfliche
Weise mich sitzen zu lassen, was einem doch wirklich sehr hart
ankömmt. Ueberdem werfen Sie mir ja jede einzelne Mühe=
waltung vor, schreiben sogar, Sie müßten selbst über sich
und Ihre Narrheit lachen, für andere Leute bei 10 Grad Kälte
Schulden zu bezahlen ꝛc. So etwas gränzt wirklich an Ge=
ringschätzung, und als Philosophen brauchte ich Ihnen nicht
zu sagen, daß nichts die Dankbarkeit für Dienste mehr ent=
kräftet, als sie einem fortwährend vorwerfen.

Ich verlange ja auch die Führung dieses Geschäfts und Ihre Mühe dabei nicht, ohne Ihnen dafür die wohlverdiente und angemessene Entschädigung zuzusichern, aber haben Sie es einmal übernommen, so muß es mir doch noch frei stehen, wie bei jedem anderen Geschäftsführer, Auskunft zu verlangen. Die, welche ich bis jetzt von Ihnen verlangt habe, hat noch keinen ganzen Bogen Schreiben von Ihrer Seite (außer den monirten und freiwilligen Auslassungen) erfordert, und da ich zum Theil selbst hier in der Sache arbeiten und wirken muß, so ist es um so unerläßlicher, daß Sie mir, ohne diese wunde Empfindlichkeit, freundlich und kurz erklären, was ich zu erfahren brauche, und das allernatürlichste Recht von der Welt zu fordern habe.

Ihre eigenen Freunde sagen von Ihnen: es ist gut, gleich und gleich mit Grävell zu stehen, es ist gleichfalls gut, unter Ihnen stehen, aber über Ihnen zu stehen, ist ein schwieriger Posten.

Nun rangire ich mich zwar geistig sehr gern unter Sie, aber das Verhältniß eines Mandanten zu seinem Mandatarius es sei nun ein freiwilliges oder durch Amt geregeltes, bringt es natürlich mit sich, daß der Mandant die Hauptperson dabei sein muß, im kleinen wie im großen. Ein Premierminister regiert vielleicht fast unumschränkt noch unter dem Machtgeber, muß ihm aber dennoch, wenn er es verlangt, stets Rede und Antwort geben, oder dieser ist ein Pinsel. Ich bediene mich dieses Rechts gewiß nicht muthwillig, aber mich dessen ganz zu begeben, bin ich selbst in der größten Noth nicht fähig, da mir meine geistige Freiheit lieber als alles ist, und ich mich blindlings niemand unterordnen will, eben so wenig, wie ich dasselbe von anderen fordere, es höchstens nur annehme, wo es mir von selbst geboten wird.

Wenn ich Ihre Karakterschilderung einmal zu machen mich unterfangen dürfte, so würde ich Sie einen Despoten nach oben gerichtet, nennen. Nur edle Naturen sind zwar dessen fähig, aber es ist nicht gut wohnen in der Nähe von Jupiters Blitzen.

Also — wenn Sie sich aus ein bischen Freundschaft nicht einmal so wenig in mich fügen wollen, als meine eigene Beruhigung erfordert, so will ich lieber auf alles verzichten, und Sie bitten, so schädlich es mir sein mag, Koßmann oder den Hofrichter, welchen Sie, als meinen ehrlichen Freund vorziehen, recht genau von allem zu instruiren, und Paschke jun. die Sachen in Glogau zu übergeben. Halten Sie diesen nicht für fähig genug, so muß ich mir von Campß oder Stägemann schnell jemanden ausbitten.

Ich unterscheide nämlich in Ihnen ganz bestimmt zwei Personen, meinen Freund Grävell, auf den ich trauen zu können glaube, und meinen Mandatarius, mit dem der Teufel selbst, glaube ich, nicht Ruhe haben würde.

Will der erstere den letzteren ein wenig im Zaume halten, so ist es gut, und ich schicke in dieser Voraussetzung die Vollmacht mit, bleibt es aber beim Alten, so machen Sie es wie Sie es am besten halten, auf die vorgeschlagene Weise ab.

Nun meinen Grund noch zu guter letzt, warum ich wegen des Geldes mich erkundigte. Ihre Anordnung war unnöthig, weil Sie mit mir nicht vorher darüber konferirt hatten, denn Rother liefert alles nöthige Geld nach Glogau, und hat deshalb bereits offiziell an die Kommission geschrieben. Sollte sich nun auch am Ende in meiner Berechnung mit der Seehandlung ein Defizit finden, so bleibt dies vor der Hand als Schuld auf Muskau bei der Seehandlung eben so stehen, wie jetzt der Wechsel von 14,000 Thlr. Nun will ich zwar keineswegs leichtsinnig mit dieser Bereitwilligkeit des Präsidenten irgend einen Mißbrauch treiben, aber ich wünsche auch nicht, daß ohne Noth die Rentkassen, des Nöthigsten in dieser Zeit der überall zurückbleibenden Ausgabe beraubt werden, und zuletzt können auch die Fürstin und ich hier nicht von nichts leben, und thun wir auch vielleicht besser, dieses Geld für die Pfandbriefzinsen aufzuheben, als es jetzt unnütz nach Glogau zu schicken, und ich bitte Sie daher, dies wohl zu beherzigen, und darnach anders einzuleiten, denn das Schicken des Geldes nach Glogau ist nicht mehr nöthig.

Sie sehen also, daß es besser ist, wenn Sie, wie jeder andere Geschäftsmann, sich mit mir in Fällen, die das Hin- und Hergehen eines Briefes erlauben, vorher ein wenig besprechen, da wir in der That gemeinschaftlich für die Sache wirken müssen, und Sie allein sie eben so wenig zu Stande gebracht haben würden, als ich ohne Rechtsbeistand.

Mit den Gerhart's giebt es Schwierigkeiten, weil plötzlich die eine Schwester gestorben ist. An's Waisenhaus habe ich nun auch geschrieben.

Ich kann nicht weiter schreiben, denn ich habe eine abscheuliche Migraine.

Der Himmel behüte Sie.

Ganz der Ihrige

H. Pückler.

4.
Pückler an Gräfin Pauline von Neale.

Berlin, Freitag früh im Januar 1832.

Hier, wertheste Gräfin, und stets großmüthige Freundin, sende ich Ihnen die drei kleinen Aktenstücke meines Prozesses mit Fräulein Bülow.

Es ist wohl möglich, daß meine Feinde sich an dieser Sache enragiren möchten, um aus einer Mücke einen Elephanten zu machen, und mir für Harmlosigkeit und guten Willen so viel Wermuth einzuschenken, als ich zu schlucken Lust haben könnte.

Da Sie indeß die Details der ganzen Historie genau kennen, so wird bei Ihrer hochanerkannten Rechtlichkeit, Klugheit und Welterfahrung Ihr Urtheil und Ihre Entscheidung hinreichen, die Sache in das wahre Licht zu stellen.

Ich wollte übrigens 5 gegen 1 wetten, daß der Brief des Fräulein Bülow nicht von ihr ist, sondern von jemand weit Klügerem, der Unkraut unter den Waizen säen möchte.

Sie thun zugleich der Gesellschaft, ich meine der wirklich gebildeten, einen wahren Vorschub, wenn Sie eine so alberne Prüderie persiffliren, die mit Koketterie anfängt, und mit linkischer Kleinstädterei endigt.

Diese unbesiegbare Beschränktheit ist wirklich seit geraumer Zeit der Fluch unserer guten Stadt Berlin, und nichts stört bekanntlich alle Bewegungen so vollständig, als Dummheit, daher es ihr auch manchmal gelingt, die Klügsten aus dem Konzept zu bringen.

Doch genug, denn wem sage ich alles dies? Jemanden, der es zehnmal besser kennt als ich, und was mehr ist, Jemanden, der durch sein Dortsein einen zehnmal schlimmeren Ort angenehm machen würde.

Um also nicht ungerecht zu sein, freue ich mich der Gegenwart, voraussetzend, daß darin Ihre Huld für mich liege, und empfehle mich Ihrer Beständigkeit.

Noch eins. Theilen Sie doch ja Frau von *, Ihrer halben Zwillingsschwester, meine Bülow'schen Leiden ebenfalls mit, und werben sie für die gute Sache an. Si le coeur lui en dit, antant qu'à moi, je n'ai pas sa défection à craindre.

Votre tout dévoué

H. Pückler.

5.

Jenny von Bülow an Pückler.

Unter den zu vielen Blumen, womit es Euer Durchlaucht gefallen hat, den Gewinnst unserer Spielparthie an mich abzutragen, hat sich ein Ring gefunden, der auf jeden Fall nur aus irgend einem Irrthum, vielleicht nur durch meinen unschuldigen Vornamen veranlaßt, an mich gekommen sein kann, da sonst alles gar nicht paßt. Ich bedaure den Irrthum, und eile, den Ring mit dem Blatte darin Euer Durchlaucht hiermit unverweilt zurückzustellen.

Jenny von Bülow.

6.

Pückler an Jenny von Bülow.

Im Januar 1832.

Der Ring, mein gnädiges Fräulein, der sich in Ihren Blumen gefunden, war nur, als ein ganz harmloser goldner Reif, dazu bestimmt, die Rolle scherzhafter Reime zusammenzuhalten, welche Sie in gleichem Scherz verlangt.

Es thut mir leid, mein Fräulein, wenn Sie in der Abtragung meiner Schulden eben so wohl zu viel Blumen als zu viel Scherz gefunden.

Zum Spaß verstehen, gehört immer eine gütige Auslegung, versagt man diese, so wird auch der leichteste schwer und eckig.

Verzeihen Sie jedenfalls meine ungeschickte Beurtheilung, und bedenken Sie, daß man den Reimschmieden überall etwas mehr Freiheit erlaubt, die man licentia poetica zu nennen pflegt.

Mit höchster Verehrung, mein gnädiges Fräulein,
Ihr

H. Pückler.

7.
Pückler an Fräulein von Brockhausen.

Berlin, den 29. Januar 1832.

Ein Trauerring schmückt düster Deine Hand —
Und ewig willst Du trauern
Um längst verschollnen Schmerz,
Um längst verblichnes Leben —
O thu' es nicht! und nimm von einem andern Todten
Den heitern Ring der Freude
Zum Gegenstück an diese liebe Hand.
Denn wie ein güt'ger Gott
Die Nacht dem Tag verband
So schmelz' auch Du in Deinem innersten Gemüthe
Das Gold des Schmerzes mit dem Gold der Lust.
So nur wird Dir des Lebens Becher munden,
Und Du in Wahrheit erst gesunden.

8.
Fräulein von Brockhausen an Pückler.

Als Talisman soll der so hübsche Ring mit der sinnigen Bedeutung mein steter Begleiter sein in frohen und trüben Tagen; und zugleich als Andenken an die freundliche und zarte Theilnahme des gütigen Gebers, den mir die begleitenden Zeilen verriethen.

9.
Pückler an Grävell.

Berlin, den 4. Februar 1832.

Bester Regierungsrath,

Sie können mir, dessen Aufrichtigkeit gegen Sie meine hohe Achtung am sichersten verbürgt, glauben 1) daß ich Sie damit, daß ich sagte, „Sie können keinen Höheren über sich dulden" gar nicht tadeln wollte. Sie sind meiner

Ueberzeugung nach zum Herrscher wirklich geboren, und solche Naturen können nicht wohl, ohne die günstigsten Umstände, durch Dienen zum Herrschen gelangen. Nur in freien Verfassungen, und zwar solchen, wo das Talent schnell zum für dasselbe gerade passenden Ziele gelangt, spielen sie leicht eine große Rolle.

Uebrigens meine ich den Ausdruck auch nicht à la lettre. Ich will damit blos sagen, das Sie in keinem Verhältniß ausdauern können, wo Ihr eigener Wirkungskreis, den Sie ergriffen, sich öfters nach anderem Willen und Ansichten fügen muß; da werden Sie sogleich schroff und unleidlich nach oben werden, selbst mit der besten persönlichen Gesinnung für den dort Stehenden.

Je höher Sie selbst aber stehen, je milder würden Sie sein, wie jeder, der wahrhaft zum Befehlen von der Natur bestimmt wurde.

Gerade die preußischen Verhältnisse, wo ein Minister zum Beispiel mit dem König fast gar nichts zu thun hat, (Braun hat ihn erst zweimal in Audienz gesprochen) und er mit Geist und Geschick fast unumschränkt dastehen könnte, wäre ganz für Sie geschaffen. Ich kenne niemand, den ich lieber als Minister des Inneren oder der Justiz, als Oberpräsident einer Provinz sehe als Sie, aber ich halte es für fast unmöglich wiederum, daß Sie gerade bei uns, wo Ihnen nur die höchsten Verhältnisse günstig sind, dahin kommen können. Durch Sachsen aber könnte ein Weg hierher gehen, und so hätte ich mir im Grunde Ihre Zukunft gedacht.

Wir beide sind, glaube ich, wenn ich mich nicht selbst aus Eitelkeit überschätze, dazu gemacht Freunde, wenn auch nicht Kameraden (deuten Sie dies Wort ja nicht falsch, es ist weder satyrisch, noch auf Standesunterschied, sondern auf eine sehr verschiedene Seelentheorie gemeint, wenn man sich so ausdrücken kann, (denn dazu gehörten zwar untergeordnete, aber doch ganz wesentliche Aehnlichkeiten, die wir nicht

haben) aber unsere Verhältnisse würden, vielleicht gerade
wegen gleicher Stimmung in der Hauptsache, nie recht un=
getrübt bleiben können, wo einer von dem anderen mehr oder
weniger abhinge. Ich bedarf zu völliger Befriedigung eines
Mannes, der sich mir, nicht nur meinem Geschäft, widmet,
und dazu stehen Sie zu hoch, weil Sie im Gefühl über=
wiegender Kraft nächst der ganzen Nation sich nur sich selbst
widmen können. Ist es nicht zu stolz, wenn ich sage, wir
gleichen zwei Planeten, die ihre Attraktion und Repulsion
haben. Keiner aber möchte die Rolle des Mondes gut
spielen können.

Glauben Sie mir zuletzt noch, daß diese Ansichten zwar
meines eignen Denkens Resultat sind, und weder Aerger,
noch die Fürstin, die im Gegentheil immer über mich im
Verhältniß zu höheren eben solchen Tadel (bei ihr ist es
Tadel) ausspricht, als ich gegen Sie äußere, und Ihnen
persönlich gar nicht verdenke.

Ueberhaupt giebt die Fürstin mir weit öfter Unrecht,
als Sie glauben, ich stehe aber nur halb unter dem Pan=
toffel. Daß wir aber beide in Briefen nach der Stimmung,
in der Sie uns treffen, etwas zu kitzlich sind, gestehe ich
von meiner Seite gern ein, und namentlich hier ist jemand,
dem Suppliziren so schrecklich ist, eine empfindliche Stimmung
nachzusehen.

Meine gedruckten Briefe hätte ich aber einem so geschickten
Advokaten als Sie sind, nicht geben sollen, denn einen so
mit sich selbst und gegen Andere aufrichtigen Menschen wie
ich, schlägt man freilich gar zu leicht mit seinen eigenen Waffen.
Die Instruktion aber, die ich der Fürstin von England gab,
war, wie ich Ihnen aus den Originalbriefen dokumentiren
kann, für ein ganz kleines Licht bestimmt, oder eigentlich nur
im Allgemeinen gegeben, und Herr Sommerlatt die unschul=
dige Ursache dazu. Dennoch bleibe ich dabei, **daß sie**

sehr gut ist, wenn sie auch nicht auf Sie paßt, der im Originale selbst unter dem Originale bleibt.

Bis hierher hatte ich geschrieben, nachdem ich erst zwei Seiten Ihres Briefes gelesen. Nun merke ich im weiteren Verlauf, daß wir uns zum Theil schon in unseren Urtheilen begegnen, und zweifeln Sie wohl, daß die Herzlichkeit dieses Briefes auch bei mir sie im vollen Maaße erweckt? Niemand ist von dieser Seite leichter zu fassen, wenn auch nicht immer, ich will's gestehen, festzuhalten, aber niemand hat eben diese Seite seltener berühren wollen, als Sie; denken Sie darüber nach, und wenn Sie nicht auch manchmal eben so gut wie ich blind über sich selbst sind, so werden Sie mir Recht geben müssen. Wo habe ich auch wohl eigentlich Ihr Vertrauen gehabt; kaum in meinen eigenen Angelegenheiten, die Sie nach Ihrem Willen ziemlich unbesorgt um den meinigen, führten, zwar mit sehr guter Gesinnung für mein Bestes, aber wie ein Vormund für den Mündel, ein Verhältniß, in dem immer etwas Geringschätzendes liegt, und das hat mich gewundert, und zwar nicht aus Eitelkeit, denn ich beschicke mich gern in vielem nichts zu verstehen, wo Sie Meister sind, aber im Ganzen stelle ich mich nicht so niedrig, und Anerkennung durch Worte und That in jeder Hinsicht von jemand, den man selbst hochstellt, wird einem zarten Gemüth zum Bedürfniß, das Gegentheil bei aller Zuneigung zu dem Anderen fast zur Beleidigung. Sie haben sie auch immer in Reden und Ueberreden meiner Empfindlichkeit gesucht, während sie doch tiefer lag, und übrigens man auch des Freundes Schwächen oder empfindliche Seiten eben aus Herzlichkeit schont, wie ich immer, wenn nicht in Antagonismus gebracht, sehr sorgfältig es mit Liebe bei Ihren empfindlichen Seiten gethan.

Kurz, das Resultat ist, daß wir jeder etwas auf seinem Kopf bestehen, und eine etwas holprige Felsenrinde um uns haben; wenn aber der elektrisch=magnetische Funken aus

dem Inneren einmal herausſprüht, er ſich doch zu einer an=
muthigen Flamme vereinigt, die nicht nur ſchlägt, ſondern
auch erwärmt, und deren Dauer wir immer möglichſt erhalten
wollen.

Für jedes ſolches wahres Feuer aus dem Herzen bin
ich ſehr dankbar, immer aber für die Geſinnung mehr
als den materiellen Dienſt, obgleich ich auch dieſem gewiß ſein
Recht widerfahren laſſe.

Es iſt mir alſo ſehr lieb und werth, daß Sie einem
Werke, daß Ihnen ſchon ſo viel ſchuldig iſt, auch die letzte
Hand nicht entziehen wollen, und es wird auch alles gut zu
meinem Nutzen und zu Ihrer Ehre vollendet werden, wenn
Sie ſo herzlich darin fortfahren, und mich auch mitgehen laſſen,
ſo weit meine Beine reichen.

Alſo zum Geſchäft:

Mit der Kabinetsordre ſind Sie nicht ſo ganz unſchuldig,
wertheſter Freund. Ihr Brief, der mit dürren Worten ſagte,
Hauſewitz habe Ihnen gemeldet, die Generallandſchaft habe
erklärt, daß ſie wegen Mangel an Pergament die Pfand=
briefe nicht zum beſtehenden Termin ausfertigen könne,
mußte uns wohl in den größten Allarm ſetzen, und Sie
wiſſen, daß Stägemann, nicht ich, die unverzüglich einzu=
reichende Vorſtellung an den König, nach Leſung Ihres
Briefes, für nöthig hielt.

Ich wenigſtens kann keine Schuld der Uebereilung auf
mich kommen laſſen. Gottlob, die iſt indeſſen hinter uns.
Ihre feinen Arbeiten leſe ich wie immer mit wahrem Ver=
gnügen; ich werde ſie Stägemann ſelbſt bringen, und mög=
lichſt nachhelfen — bekommen Sie nicht recht, ſo verdient
die Sache den Druck, Druck gegen Druck, und der Brief an
Rother iſt ganz in meinem Sinne, denn obgleich ich auch
nicht im geringſten unnütze Ausgaben mache, ſo iſt es doch
unmöglich, durch die Verhältniſſe ohne einen bedeutenden Zu=

schuß hier in Berlin für uns zu leben, unsere Gegenwart
daselbst aber immer noch nöthig.

Viel Schönes an Ihre Familie, der ich mich angelegent=
lichst empfehle.

Ganz der Ihrige

H. Pückler.

10.
Leopold Schefer an Pückler.

Muskau, den 9. Februar 1832.

Durchlauchtigster Fürst,
Gnädigster Standesherr,

Die englischen Zeitungen habe ich die Ehre, beigehend
zu übersenden. Meine Anzeige Ihrer „Briefe", vier Bände,
ist längst zum Druck, und der Redakteur wird die lange
Kritik Ihnen gedruckt in diesen Tagen zufertigen.

Alles Gute sagend, habe ich mich doch selbstständig
gehalten, wie man es Ew. Durchlaucht gegenüber getrost sein
darf, und wie es würdig ist. Nur den Breslauer Ablösern
habe ich eine Florette gesagt, die wahrhaftig nöthig war.
Höchst interessant wäre es, wenn Sie die Fürstin veranlassen
könnten, Memoiren zu schreiben. Welche Sache, welche
Gelegenheit, und welchen Werth würden Sie haben! Sollen
denn nur die Franzosen das Recht haben, die Geschichte
auf das menschliche Herz zu basiren? — Vom Jetzt=Her=
ausgeben würde freilich die Rede nicht sein. Aber eines
solchen Staatskanzlers Tochter aus solcher Zeit, thut meines
Erachtens Sünde, die Welt durch Vorenthaltungen zu be=
rauben. Ich hoffe. Und Sie, Sie setzen es durch!

Indem ich nun, stets aufmerksam, keine Gelegenheit vor=
über gehen lasse, die Ihnen zum wahren Nutzen, zur Ehre,

zu Ruhm, zu Beförderung des geistigen Lebens, wenn auch von fern nur gereicht, so darf ich jetzt darauf aufmerksam machen, daß Ihre Biographie an der Zeit ist. Die nächste Bestimmung derselben ist für die neue Ausgabe des Konversations-Lexicons. Mir fehlen nun manche früheren Data äußerer Umstände, auch die vom Kriege her, und diejenigen während meiner langen Abwesenheit von Muskau. Was Sie nun sagen und bekannt wissen wollen, das bitte ich nun, Sie möchten es selbst aufsetzen. Redigiren will ich das Ganze. Wünschten Sie es aber nicht von mir (da ich auch nicht Mitarbeiter bin) so schlage ich einen zwar noch jungen, aber sich emporarbeitenden Gelehrten in Berlin dazu vor, den Dr. Kühne, der in diesem Fache arbeitet. Keines Falls könnte es schaden, wenn Sie die Gnade hätten, einmal den Genannten und Herrn Moritz Veit zur Tafel zu ziehen — nach Röhde's Sprüchwort: Der Jugend wohnt Begeisterung bei, die immer angenehm ist.

Von dem Herrn Corfitz Ulfeld erlauben Sie mir zu bemerken, daß der Stoff am Schluße ziemlich à la Ugolino ausgeht. Das kann nur 1) durch kurze Erzählung der letzten Begebenheiten vermieden und gebessert werden, oder 2) durch Verlegung der interessantesten Entdeckungen oder Geständnisse in diese Periode, oder 3) durch Anfangen näher am Ende. Ich hätte mit der Heimkehr von Reisen des Corfitz angefangen. Alles spielt sich zwischen den „feindlichen Brüdern"; welche Feindschaft wohl darin begründet war, daß Corfitz vorzüglicher und vorgezogen war, und die schönste Schwester erhielt. Daß übrigens Corfitz Vorgehen offenbar das Streben nach der Krone war, ist deutlich, und ist der Schlüssel zum Ganzen. Noch würden Sie die eigene Lebensbeschreibung der Gräfin Ulfeld brauchen, deren Titel und Verleger in der Vorrede zur Lebensbeschreibung des Grafen U. (in 8°) angegeben ist. Noch rathe ich sehr, außer den zugesandten Büchern, ja noch (der

Uebersicht wegen) den 33. Theil der Fortsetzung der Allge=
meinen Welthistorie (von Gatterer, Halle, Gebauer 1770) zu
benutzen, hauptsächlich von p. 355 bis 368.

Mich zu fernerer Gnade und Wohlwollen empfehlend,
verehre ich mit vollkommensten Respekt

Ew. Durchlaucht
dankbar unterthäniger
Leopold Schefer.

11.
Pückler
an die Generalin Wilhelmine von Zielinski.

Berlin, den 5. April 1832.

Da Sie Ihr Observationszwerg, l'auguste nain, niemals aus seiner Hut läßt*), und [der geschichtliche Ranke**) sich fortwährend um Sie rankt, so mußte ich gestern das Beste, was ich Ihnen zu sagen hatte, in petto behalten.

Schreiben läßt es sich auch nicht, aus verschiedenen Gründen, also lege ich Ihnen nur eine Bitte an's Herz, die Fürstin Pückler recht viel zu kultiviren, und gewiß im Mai nach Muskau zu kommen. Dann ein Mehreres, und pereat allen Nachtwächtern, die zur Unzeit störten***).

Anmerkungen von Pückler.

*) Eine Freundin und Gesellschaftsdame der Generalin von Zielinski, von kleiner Statur, Fräulein Hut aus Frankfurt a. O.

**) Welcher der Generalin von Zielinski verehrungsvoll huldigte.

***) Dieser Pfiff um 12 Uhr war Abends immer das Signal zum Weggehen.

12.
Pückler an Frau von Lämmers.

Muskau, den 6. April 1832.

Beste Freundin,

Da Sie mir so nahe sind, muß ich Ihnen doch ein Lebenszeichen geben, und Sie auch bitten, mich der gefeierten Henriette*) vielmals und auf's herzlichste zu empfehlen. Die lange Abwesenheit hat mich nicht verändert, und von allen englischen Bildern denke ich am liebsten an die deutschen zurück. Wie ich höre, gehen Sie von Berlin nach Petersburg. Gingen Sie auch nach Warschau, so wäre der Umweg über Muskau nicht groß. — Ueberlegen Sie das mit Ihrer schönen Freundin. Diese fände wenigstens zum Spazierenreiten dieselben Pferde noch hier vor, die sie kennt. Basblanc trägt mich fast täglich über Gräben und Zäune mit der Erinnerung an seine frühere Reiterin en croupe. Nun noch eins. Sie werden wahrscheinlich die Fürstin Pückler in Berlin sehen. Sie können denken, daß ihr gewisse Konversationen nicht recht zusprechen dürften, und ich rechne daher auf Ihre mir angebotene Diskretion. Boshafte Menschen haben überhaupt in dieser Sache allerlei Lügen und Albernheiten zu verbreiten gesucht, und mir vielfachen kleinlichen Verdruß verursacht.

Die reizende Henriette aber frage ich, ob sie sich wirklich den Grafen Rossi an das schöne linke Händchen hat antrauen lassen, car les fées ont les droits des Souveraines, et Dieu sait si ce n'est pas leur Reine Titania qui nous apparait sous les formes charmantes de la petite fée Dimanche. Leben Sie wohl.

*) Henriette Sonntag.

13.

Pückler an Gräfin von Ranzau.

Muskau, den 6. April 1832.

Meine liebenswürdige, schmeichelnde, verführerische Cousine,

Ich bin sehr eitel — und Ihr Lob muß dem Eitelsten genügen. Denken Sie also, wie wohl mir der Doppelbrief an Lucie und mich (auch ein in Einheit aufgelöstes Doppelwesen) gethan hat.

Aber zu meiner Ehre muß ich hinzufügen, daß die Aussicht Sie, meine geistige Freundin, von Antlitz zu Antlitz in der Wetterau zu begrüßen, mich noch weit mehr entzückte, als der dem Verstorbenen gesendete Weihrauch.

Gewiß werde ich zum rendez-vous kommen, und alles Callenbergische mitbringen, was ich aufweisen kann. Aber wie wenig ist das! Wie werden Sie sich wundern, den in der Phantasie zu hochgestellten Freund tief unter diesem Bilde zu finden. Die Schüchternheit, von der Sie scherzend sprechen, wird Ihnen in mir wahrhaft entgegenkommen, denn mir gab die Natur wohl ein Callenbergisches Herz, aber weder die Callenbergische Grazie, noch den Verstand à commande, noch jene hohe Weltbildung, die unseren verewigten Hermann auszeichneten. Ist es nicht abscheulich, daß ich dennoch seine Launen geerbt habe, ohne jene Eigenschaften, die beinahe dazu berechtigen, wenigstens sie kompensiren?

Aber nach Ihrem Geiste und Herzen, süße Cousine, die ich mit den Augen der Geisterwelt in ewiger Jugend sehe nach denen sehne ich mich herzlich, denn Sie werden milde und gut und liebend viele Schwäche und Mängel übersehen, und an eigener Vortrefflichkeit auch mich aufrichten, und mit der Fülle eines edlen Gemüths das meinige befruchten.

Auch meine Ketzereien sollen Sie bekehren*), denn —

---

*) Merken Sie wohl auf den zweideutigen Sinn dieser Worte, denn es bleibt ungewiß, wer von uns beiden den Anderen bekehren soll, und ohne Absicht gestaltet sich diese Phrase.

mein Glauben ist eben so groß als meine Zweifel, vom
Effleuriren kann aber bei uns gar nicht die Rede sein, denn
nur einzelne Blumen effleurirt man, wer sich aber in Brahmas
geweihten Strome versenkt, den umfluthen für immer die ge=
heiligten Wellen. —

Hermann Pückler.

14.
Generalin Wilhelmine von Zielinsky an Pückler
Berlin, den 7. April 1832.

Warum sollte ich vor einem so artigen Gruß mich nicht
mit all der Unbefangenheit verneigen, die Fürst Pückler gewiß
einer Dame erhält, wenn Sie ihn freundlich darum bittet?
Mag sie darin eben so wenig irren, als er selbst in
sonderbarem Irrthum ist, wenn er seinen Worten kein
Publikum wünscht: „ein Mund, der horchen hieß die Römer",
sollte so karg nicht sein.

Und nun sage ich Ew. Durchlaucht Dank und Hoffnung
für alles, was das schöne Muskau betrifft. — Der Mai war
längst bestimmt, die crème der Frankfurter society einmal
in den reizenden Park zu führen, und späterhin erlaubt mir
die Fürstin gewiß einmal, mich ihr als noch nachbarliche
Gutsherrin zu präsentiren, und das kleine Drehna in den
Kreis ihrer Güte einzuführen. — Sie aber, Durchlaucht,
wären wohl zu gütig, wenn Sie die Bocksprünge der Fr. v. *.
Urtheile nennen wollten, oder gar ihre Berichtigung und Nul=
lität nöthig fänden. Meine Simplizität ist längst so fein,
über alles dahin Gehörende eine unerschütterliche Meinung
zu haben, und wer unterschiede nicht bald eine sonderbare
Mischung von Selbstbetrug und Klarheit, aus der die dortige
Existenz besteht? Ich fand immer, man lebte dort in
einer Inondation von Worten, Deutungen und Suppositionen,

gleichviel wie scharfsinnig oder geistreich: nicht ein balsamischer Tropfen, der beruhigend in die Elemente unseres Wesens fällt. Ich schweige längst, und sage jetzt schon zu viel davon, — denn I have nothing to say to people, who allow themselves such monstruos liberty in arguing

In wenigen Tagen liegt denn auch diese Welt wieder hinter mir: eine Heimath, erscheine sie Ihnen auch noch so langweilig, hat immer das Gute, daß man durch eine größere Selbstthätigkeit mit ihr verbunden ist: Haus und Hof und Kopf und Hand und Feld und Flur verlangen zu viel Zeit, Bestellung und Sammlung. Epikur läßt seine Götter über den Wolken, ohne Freud, ohne Leid, rein als Kräfte leben: ich finde diese Vorstellungsart so widernatürlich gar nicht. Was soll alle Freud und Schmerz? Wozu all' die bezüglichen tittle-tattle? Ich bin überdies eine große Jüngerin von Chamfort's Meinung qu'il faut diablement aimer quel'qu'un pour le voir.

In Frankfurt werde ich viel Klagen hören, daß Sie es wieder umgegangen. Der Trost, daß wir gemeldet und freundlich angenommen sind, wird mir ein günstiges Willkommen verschaffen, und so darf dieser Name mit demselben Dank von Ihnen scheiden, den Sie ihm hoffentlich wiedersehend vergönnen.

M. von Zielinski.

Frau von Arnim war soeben hier, und hat den Wunsch in mir rege gemacht, daß Fürst Pückler eine bessere Kompetenz über englische Bildergalerieen sein mag, als was er aus der deutschen Schule berichtet.

15.

Pückler an den Minister von Ancillon.

Berlin, den 8. April 1832.

Hochverehrtester Herr Geheimrath,

Da es so oft ungewiß ist, Euer Exzellenz zu Hause anzutreffen, und ich mir auch wirklich ein Gewissen daraus mache, Ihre in so vieler Hinsicht kostbare Zeit durch mein Geplauder zu verderben, so bitte ich um Erlaubniß, Euer Exzellenz vor meiner Abreise noch einige Worte schreiben zu dürfen.

Eure Exzellenz hatten einmal die Gewogenheit, gegen mich zu äußern, daß es Ihnen, bei den Kräften, die Sie gütig in mir voraussetzten, leid thäte, mich im Staatsdienste so ganz unbeschäftigt zu sehen. Ob ich nun gleich eine feste Anstellung eben nicht suche, so kann ich doch nicht läugnen, daß der Gedanke, unter Euer Exzellenz Auspizien einmal wirken zu können, sehr lockend für mich ist.

Ich weiß zwar nur wenig, und es fehlt mir auch in vielen Dingen an Routine. Demohngeachtet besitze ich, für die Dienst- und Geschäftssphäre, wie ich mit Selbstvertrauen sagen kann, einige Eigenschaften, die nicht ganz zu verwerfen sind. Sie heißen: ein ritterliches Pflichtgefühl, Anhänglichkeit und Treue ohne Wandel für die, welche ich liebe und ehre, freudige Hingebung und Gelehrigkeit für den Willen und die Ansichten solcher Männer, die ich höher stelle als mich selbst, Ausdauer und nicht leicht zu beugende Willenskraft in dieser Richtung, und bei einer einmal unternommenen Sache diejenige Ambition, welche, ist es irgend möglich, gewöhnlich das Gelingen verbürgt. Auch darf ich mir wohl einige Gewandtheit im weltlichen Verkehr wie mit der Feder beimessen, und am Ende mich auf Talleyrand's Wort berufen: que savoir est peu, mais savoir faire tout.

Können Euer Exzellenz nun einmal einen solchen Menschen zu einem partiellen Geschäft, zu einer außerordentlichen, geheimen oder öffentlichen Sendung, oder einem besonderen Auftrag irgend einer Art brauchen, so denken Sie meiner, wenn Zeit und Umstände Ihnen passend dafür erscheinen.

Es ist vielleicht nicht überflüssig hier zu erwähnen, daß, als ich noch beim verstorbenen Staatskanzler in hoher Gunst stand, er lange Zeit in mich drang, mich bei seiner Person anstellen zu lassen, was ich damals aus drei Gründen standhaft verweigerte. Der Eine war, daß ich mich selbst noch nicht für reif genug dazu hielt, der Zweite, daß meine eigenen Affairen damals zu verwickelt waren, um sie aus den Augen lassen zu können, der Dritte und hauptsächlichste endlich, daß meine Ansichten und Grundprinzipe mit denen des Staats= kanzlers ganz und gar nicht übereinstimmten, und so gern man auch Belehrung, vielfache Motivirung anzunehmen bereit sein kann in Verfolgung ein und desselben Zweckes, so ist doch dies nicht möglich, wo von Haus aus ganz entgegen= gesetzte Prinzipe stattfinden. Der Staatskanzler war durch und durch Büreaukrat, und hat in einer revolutionairen Zeit, das heißt, wo man das Bestehende umwerfen wollte, auf diesem Wege große Dinge bewirkt, wenn sich auch vielleicht später das System weniger ersprießlich bewies, ich aber bin durch Geburt und Gesinnung vollständiger Aristokrat, und halte unsere Monarchie ohne Feststellung einer solchen kräftigen Aristo= kratie für eminent gefährdet. Diese Linien mußten ewig divergiren. Eine so totale Verschiedenheit der Ansicht, ver= bunden mit einigen häuslichen Gründen, die ich übergehe, entfremdete uns langsam immer mehr, und es mochte wohl sein, daß, um solche gezwungene Lage aufzuheben, in der letzten Zeit die Rede von einem Gesandtschaftsposten in Kopen= hagen, Stockholm oder Dresden für mich war. Etwas der Art wäre dann wohl auch realisirt worden, wenn nicht bald darauf der Tod des Kanzlers allen Verhältnissen eine andere Gestalt gegeben hätte, und, obgleich ich mich in nichts un= berufen gemischt, Manchen geholfen und nicht Einem wissent=

lich geschadet hatte, dennoch auch auf mich selbst eine
sehr empfindliche Rückwirkung hervorrief. Ja Manche, der
Minister Schuckmann zum Beispiel, würden mich wohl gern für
vogelfrei erklärt haben, wenn sie es vermocht hätten, und ich
habe alle Ursache zu glauben, daß mir bei Sr. Königlichen
Hoheit dem Kronprinzen ebenfalls manche schlechte Dienste
in jener Zeit geleistet worden sind, deren Folgen vielleicht
noch fortwirken, obgleich niemand wie ich mit Ehre und Ge=
wissen bezeugen kann, dem Kronprinzen von ganzem Herzen
ergeben sein kann als ich, und ich diesem edlen und geist=
reichen Prinzen, wenn er einst König sein wird, nur stets so
treue Unterthanen und Diener wünsche, als er an mir finden
wird, wenn er meine Dienste je verlangen sollte.

Die wahren Verfolgungen, denen ich in Gemäßheit der
erwähnten Umstände lange von manchen Behörden ausgesetzt
blieb, zwangen mich seitdem, mich blos meinen Gütern und
der Erhaltung meines Eigenthums zu widmen.

Da indeß diesen Uebeln nun endlich so ziemlich abge=
holfen ist, und Thätigkeit zu meinen Hauptbedürfnissen ge=
hört, so hatte ich in neuster Zeit den Plan gefaßt, den
Orient und Aegypten zu bereisen, in der Hoffnung, dabei
wohl auch einige dem Vaterlande nützliche Zwecke für Handel
und Pferdezucht, wie auch für die Kunst zu erreichen. Leider
aber möchten die jetzt eingetretenen Veränderungen in der
politischen Lage der Türkei, und der Krieg, in den sich der
Pascha von Aegypten verwickelt, dieses Projekt für die nächste
Epoche unausführbar machen.

Euer Exzellenz sehen mich daher ganz disponibel, ob=
gleich nur geduldig erwartend, und keineswegs von dem
Wunsche getrieben, mich vorzudrängen, ja, der geringste
Wink ist hinreichend für mich, um an den Inhalt dieses
Briefes nicht weiter zu denken, den ich überhaupt Euer
Exzellenz nur als eine kurze Beichte anzusehen bitte, welche in
der That und ganz eigentlich nur aus der hohen Verehrung

hervorging, die ich für Ihre ausgezeichnete Persönlichkeit hege, Gefühle mit denen ich, fern oder nah Ihnen stehend, nie zu sein aufhören werde

Euer Exzellenz

gehorsamst ergebener Diener

H. Fürst von Pückler-Muskau.

16.
Pückler an Generalin Wilhelmine von Zielinsky.
Muskau, den 4. April 1832.

Kein Publikum? Sie Sophistin! Das süßeste, lieblichste bestehend aus

1) einer hübschen Frau,
2) einer jungen Generalin,
3) einem allerliebsten Blaustrumpf,
4) } einer halben Prüde und einer halben Pedantin,
5) }
6) endlich einer anmuthigen Umgebung dieser Personen durch einige schalkhafte Amoretten, Grazien, Affektationen, Originalität und Nachahmung, Wissen und Naivität, Citationen und Blunders.

Dies ohngefähr ist das zahlreiche Publikum, welches ich mir zu jeder Stunde des Tages und in der Nacht wünschte, und dem ich bereit bin, wenn es auf mich zürnen sollte, jeden Augenblick zehn Friedensküsse auf die frischen Lippen und die weißen Zähnchen zu drücken.

Als ich nach Muskau kam, und in meine Stube trat, waren Sie, holde Minna, mein erster Gedanke; nämlich ich ärgerte mich, daß Sie sie nicht gesehen, weil ihr Arrangement so gelehrt aussieht, und doch so dilettantisch, so viel Ordnung in der Verworrenheit, Kunstsinn und kindische Naivitäten und ein memento mori in der Mitte helenischen Anklangs, und raffinirte Bequemlichkeit neben Studentenwissenschaft, leichtfertige Bilder neben Bibel und Landrecht — ein mixtum compositum nicht übel dem Besitzer selbst entsprechend. Ach, könnte ich Dich, kleine Selbstständige, doch auch mit darin aufstellen. Wir probiren es einmal, n'est-ce-pas?

Ueberhaupt glaube ich, wir paßten gut zusammen, wenn wir alle Prüderie, die Durchlaucht und das bischen Gezierte erst zum Fenster hinausgeworfen haben, und wir ganz ungezwungen wie ein paar Naturmenschen kindlich miteinander in Gottes schöner Welt verkehrten.

Schreiben Sie mir wenigstens so, wozu vor allem vollständige Aufrichtigkeit gehört, und eben so vollständiges Vertrauen, daß ich keiner Indiskretion fähig bin, nöthig bei Ihnen, die sich einbildet, stark zu sein, weil sie wie eine petite mouche das Publikum fürchtet, und sich seinethalben freiwillig in Ketten legt. O komische Menschen!!!

Erhebt sich auch zur Vogelansicht mein Publikum, dann können wir zusammen fliegen.

Einer der in Dich Verliebten.

Ich bitte um Erklärung des Artikels wegen Frau von Arnim. Ich verstehe ihn nicht.

17.
Lenné an Pückler.

Sanssouci, den 2. Mai 1832.

Euer Durchlaucht

haben mich durch Ihren gütigen — leider zu wenig durch die Witterung begünstigten — Besuch, und durch die gnädigen Aeußerungen über die hiesigen Schöpfungen der neueren Zeit wahrhaft beglückt; das Mangelhafte darin wohl erkennend, haben Euer Durchlaucht nicht minder die mancherlei Rücksichten und Schwierigkeiten gewürdigt, welche meine Unternehmungen, theils durch die individuellen Ansichten der hohen mitsprechenden Personen hindernd entgegentraten, theils darin ihren Grund hatten, daß es immer eine gehörige Aufgabe bleibt, das alte bestehende — hier mitunter sehr heterogene — mit den neuen Acquisitionen so zu verbinden, daß daraus dereinst ein Ganzes werde. Indeß, der Grund ist gelegt, das Zutrauen des Königs gewonnen (nachdem auch Euer Durchlaucht mir zur rechten Zeit das Wort gesprochen haben) unsere Prinzen sind für das Schöne der Gartenkunst beseelt; und so hoffe ich allmählich fortschreitend und mich selbst vervollkommnend, ein Werk hier zu gründen, was unserer Zeit nicht ganz unwürdig erkannt werden wird. Sehr dankbar werde ich es anerkennen, wenn Euer Durchlaucht von Zeit zu Zeit mit Ihrem Kennerblick, mit Ihrem geläuterten Sinne und umfassenden Meisterschaft bei Prüfung und Kritik der Kunstwerke, auch mich mit Ihrem Rathe zu unterstützen die Güte haben wollen. Wie wichtig es für den Künstler ist, die erfaßte Idee mit dem Kunstgenossen, besser noch dem umfassenden Kunstkenner zu besprechen, bestreiten, und die Ansichten gegenseitig austauschen zu können, darf ich Euer Durchlaucht nicht versichern. Leider bin ich in dieser Beziehung hier völlig verlassen.

Unendlich freue ich mich darauf, Euer Durchlaucht Schöpfungen kennen zu lernen, die das Entzücken aller Personen sind, welche in der jüngsten Zeit Muskau besucht haben; ich hoffe meine Geschäfte so eintheilen zu können, daß ich am 6 Juni hier abreise, den 7. Mittags in Lübenau zu bringe, welches mir bis jetzt fremd geblieben ist, und am 8. bei Euer Durchlaucht eintreffe.

Mit der Bitte, der Frau Fürstin meine tiefste Devotion ausdrücken zu wollen, verharre ich mit der ausgezeichnetsten Hochachtung und Verehrung

Euer Durchlaucht

treu ergebener Diener

Lenné.

18.

Pückler an den Oberst von Witzleben.

Schloß Muskau, den 26. Mai 1832.

Euer Hochwohlgeboren

sende ich hierbei mit dem größten Danke die gehaltreiche Schrift des Herrn Generals Grollmann zurück, der ich mit größtem Interesse gefolgt bin, und mannichfache Belehrungen aus ihr geschöpft habe. Obgleich mit großer Behutsamkeit und Modestie geschrieben, läßt sie doch Thatsachen wie Karakter ungemein deutlich und schlagend hervortreten. Der aufmerksame Leser wird über Blücher, Wellington und Gneisenau u. s. w. sich das treueste Bild formiren können, und den Gang der Begebenheiten auf das klarste, ohne alle die Unbestimmtheit so vieler anderen militairischen Werke, sich anschaulich zu machen im Stande sein.

Frappirt hat mich bei einem so ausgezeichneten Werk das Endurtheil über Napoleon, dessen Schwäche und Einseitigkeit wirklich auffallend sind. Nicht genug, daß der Verfasser die abgedroschene Ansicht wieder aufwärmt, nach welcher Napoleon wie ein verzweifelter Hasardspieler den Tod hätte mit dem Untergang seiner Größe suchen sollen, macht er es ihm auch zum Vorwurf, nicht als Partheigänger der Armee nach der Loire gefolgt zu sein, um sich für seine Person einige vortheilhafte Bedingungen zu verschaffen, da ein Hauptresultat zu erlangen doch nicht mehr möglich war. Dies heißt, die Weltgeschichte von dem Standpunkte des General Grollmann aus beurtheilen, nicht, wie es der Geschichtschreiber fähig sein soll, aus dem Standpunkte des großen Mannes selbst, den man zu schildern unternimmt. Napoleon's Wahlspruch war von jeher aut Caesar aut nihil, und diesem ist er bis an seinen Tod treu geblieben, daher möchte der Verfasser auch wohl irren, wenn er behauptet, daß Napoleon vom Moment seiner zweiten Abdankung an auch für die Geschichte todt gewesen sei. Sein Aufenthalt in Helena und wie er dort sich gezeigt, erscheint Vielen gerade als das schönste, originellste und seiner gespielten Rolle anpassenste dénouement, die größte Tragödie, die er in der Menschengeschichte aufgeführt hat. Der Gefangene Europas mit Ketten an einen Felsen der Südsee geschmiedet, und allein einem Weltttheil gegenüberstehend, der bis zu seinem Tode vor dem Zerreißen dieser Kette zitterte, hat immer noch ein etwas beneidenswertheres Leben in der Geschichte, als der verdienstvollste Chef des Generalstabs in der preußischen Armee, ja selbst als alle Feldherren, die zum Sturz des Riesen beigetragen haben.

Gern möchte ich mir, wenn ich nicht fürchtete, Sie zu ermüden, Belehrungen über einige militairische Zweifel ausbitten, namentlich das Urtheil des Verfassers über Napoleon's Schlachtstand bei Leipzig betreffend; der General Grollmann meint, Napoleon hätte auf der Römerstraße sich wie ein Keil zwischen Preußen und Engländer eindrängen, und von da die Preußen angreifen sollen. Hätte er aber da nicht mit einer seinem Heere gleich starken Armee vor sich und einer anderen eben so starken im Rücken (deren Nichtbereitsein er doch eben so gut wie die Preußen ignorirte) riskirt, zwischen zwei Feuer zu kommen, und im Fall eines Unglücks sicher vernichtet zu werden? Hätte also der Marschall Ney nur seiner Ordre gemäß gehandelt, und wäre dem zu Folge das Korps von Erlon gegen Ende der Schlacht bei Brie den Preußen in die Flanken oder Rücken gefallen, während Napoleon bei Ligny gegen den linken Flügel der Preußen hin, ihre Schlachtlinie durchbrach, so hätte, scheint mir, Napoleon mit größerer Vorsicht für sich selbst demnach denselben Zweck erreicht, und eben sowohl die Retraite nach Saures als die verhängnißvolle Wiederkunft der Preußen bei Bellealliance unmöglich gemacht: dieses nutzlose Umhermarschiren des Erlon'schen Korps während der Schlacht von

Ligny mochte wohl überhaupt als die wahre Schickung Gottes in diesem Weltkampf anzusehen sein, an dem der Erde Schicksal hing.

Sehr treffend schien mir dagegen die Bemerkung, daß der Mangel Berthier's und seiner genauen Wahrnehmung aller Details einer der großen Nachtheile für Napoleon war. Auch das Genie, und dies manchmal am meisten, braucht geschickte und thätige Werkzeuge, und einmal an solche gewöhnt, mag besonders im späteren Alter der Verlust unersetzlich sein.

Kurzum, und Gott sei ewig Dank dafür, es war einmal da oben geschrieben, daß Napoleon fallen sollte, und es würden daher vielleicht auch weniger große Talente seiner Herr geworden sein — aber dennoch muß sich der Nationalsinn innig darüber freuen, wenn dieses Werk, wie keines, beweist: welche Geschicklichkeit, welchen Muth, Ausdauer und wissenschaftliche Kriegsbehandlung mit ebensoviel Raschheit und Vorsicht gepaart, die Preußen an diesem Streite gezeigt, wie sie ohne allen Zweifel diejenigen sind, denen Europa und namentlich Deutschland die Befreiung vom fremden Joche hauptsächlich zu verdanken hat.

Doch Verzeihung, Verehrtester, Sie so mit vielleicht sehr trivialen Bemerkungen aufgehalten zu haben, und darf ich mir schon eher noch diese und jene Frage erlauben. Sie waren ja selbst ein ruhmvoller Kämpfer in jenen Schlachten, und können eben so wohl als Augenzeuge als gelehrt Reflektirender Auskunft ertheilen.

Erlauben Sie mir schließlich die Gelegenheit zu benutzen, die Versicherung der ausgezeichnetsten Hochachtung auszusprechen, mit der ich die Ehre habe zu sein

Euer Hochwohlgeboren

ergebenster

H. Pückler.

19.

Schinkel an Pückler.

Berlin, den 3. Juni 1832.

Euer Durchlaucht

nehme ich mir die Freiheit gehorsamst anzuzeigen, daß ich meine Reise über Muskau nach Schlesien so eingerichtet habe, daß ich circa den 18. Juni in Kottbus sein werde, wo ich einige kleine Geschäfte abmache, den 25. Juni aber in Görlitz eintreffen muß, wo man mich gleichfalls erwartet; zwischen diesen beiden Terminen schalte ich, mit Euer Durchlaucht Er= laubniß, meinen Aufenthalt in Muskau ein. Meine Fa= milie ist wieder dabei, und rechnet auf die gütige Nachsicht in Muskau.

Mit dem Herrn Landschaftsmaler Schirmer habe ich die Rücksprache genommen, daß er sich zur selben Zeit in Muskau einfinden möchte. Euer Durchlaucht werden mit ihm gewiß übereinkommen, er hat mir nur die Wünsche mitgetheilt, welche in seinen Verhältnissen berücksichtigt werden müssen. Seine ganze Lebensexistenz und die seiner Familie hängt, wie Euer Durchlaucht bereits wissen, von seiner unausgesetzten Thätigkeit ab, er muß daher seine Zeit auf das Genaueste zusammenhalten, und bittet in dieser Beziehung, daß Euer Durchlaucht bis zu seiner Hinkunft die ganze Reihe der Standpunkte im Park, von wo aus die Aufnahmen statt= finden sollen, ausmitteln möchten, damit er ohne große Zeit mit Umhergehen zu verlieren, hintereinander fort Zeichnungen und Skizzen entwerfen könne, und sich alles Material für das gesammte Werk in einem Zeitraum von circa 14 Tagen zu sammeln im Stande wäre. Er kann längere Zeit von Berlin nicht abwesend bleiben. Dann würde er ein komplizirteres Blatt mit Klappe in Muskau selbst fertig machen, um Euer Durchlaucht die Art und Weise der leichten aber effectvollen Behandlung der Blätter zu zeigen, und so die erforderliche

Menge der Zeichnungen in Berlin vollenden. Auf diese Weise wird es allein möglich werden, die Wünsche Eurer Durchlaucht von einem ausgezeichneten Künstler mit verhältnißmäßig geringen Mitteln in Erfüllung gehen zu sehen. Mit den frohesten Aussichten auf den angenehmen Aufenthalt in Muskau empfiehlt sich meine Familie Euer Durchlaucht und der Frau Fürstin auf's angelegentlichste, und meinerseits verharre ich in steter Ergebenheit
           Euer Durchlaucht
               gehorsamster Diener
                   Schinkel.

20.
Pückler an Prinz Karl von Preußen.
Schloß Muskau, den 10. Juni 1832.

Durchlauchtigster Königlicher Prinz,
Gnädigster Herr,

Euer Königlichen Hoheit statte ich meinen unterthänigsten Dank für das gnädige Geschenk des schönen eisernen Korbes ab, den mir der Herr Hofmarschall von Schöning zwar zugesendet, den jedoch die Fürstin Pückler, als ihr von Euer Königlichen Hoheit persönlich zugesichert, alles meines Sträubens ohngeachtet, gewaltsam in Beschlag genommen hat.

Euer Hoheit haben mir sagen lassen: Sie bedauerten, daß das Geschenk nur von Eisen sei. Dies Metall ist aber von allem das Vortrefflichste, das wahre Metall der Hohenzollern, an dessen edler Schwertesspitze sie den schönsten Theil ihrer Monarchie erobert haben, und an welcher am letzten Ende überhaupt die ganze Welt hängt. Ja der Magnet selbst, jene geheimnißvolle Kraft, ist nur polarisirtes Eisen, und enthält doch das höchste im Belebten und Unbelebten — die Anziehungskraft, eine Eigenschaft, von der übrigens niemand ein reicheres Element in sich aufgenommen zu haben scheint, als Eure Königliche Hoheit selbst. Wenigstens habe ich Sie stets in hohem Grade wirksam auf mich gefunden, und sie verschönert fortwährend die hohe Ehrfurcht, mit der ich zeitlebens bin, gnädigster Herr,

Euer Königlichen Hoheit
unterthänigster
H. Pückler-Muskau.

21.
Pückler an Stägemann.

Muskau, den 21. Juni 1832.

Hochgeehrtester Herr Staatsrath,

Erinnern Sie sich einmal, verehrtester Freund, wie wir vor 20 Jahren oft lustige Champagnergäste bei Dallach waren, dann beim Staatskanzler ein ganz Theil Salz und noch weit besseren Champagner, nämlich den vortrefflichen Cremont gar oft zusammen genossen — so geht daraus hervor, daß wir beide als Künstler, Sie als Poet, ich als Gartenmaler, dem zierlich schäumenden Dichterweine zugethan sein müssen.

Nun aber bekommt man ihn leider jetzt fast immer schlecht, und ich selbst war lange mit keinem zufrieden. Endlich ist mir ganz der alte Staatskanzlerwein wieder in die Hände gekommen, ein wirklich vortreffliches Gewächs, bei dem ich gleich an Euer Hochwohlgeboren gedacht, und von dem Sie mir daher auch erlauben müssen, Ihnen einen Korb als Echantillon schicken zu dürfen.

Wie steht es in diesem Jahr mit Ihrer Badereise? Wollen Sie denn nicht einmal Struve'schen Karlsbad in Muskau trinken, und das Moorbad, das stärkende, dazu brauchen? Für Ihre Frau Gemahlin wäre es auch gar gut, wenn sie keine solche Abneigung gegen das Bad hätte.

Frau von Horn ist gewiß sehr bös auf mich, wegen dem Maler, dem ich durch die Lappen gegangen bin — aber da ich versäumt, mich malen zu lassen, als ich jung war, so ist es nicht mehr der Mühe werth, die Ueberbleibsel aufzuwärmen.

Empfehlen Sie mich doch ja allen den liebenswürdigen Damen, die schönen Töchter (Sanftmuth und Wildfang) nicht zu vergessen, auf das angelegentlichste, und bleiben Sie der gütige Freund und Gönner

Ihres treuergebenen

H. Pückler.

22.
Stägemann an Pückler.

Berlin, den 26. Juni 1832.

Ew. Durchlaucht

sage ich zwar für das lyäische Geschenk meinen gehorsamsten und verbindlichsten Dank, kann jedoch in Bezug auf die in Erinnerung gebrachten 20 Jahre den Schmerz nicht unterdrücken, um mit dem frommen Aeneas nicht auszurufen: infandum jubes renovare dolorem!

Ew. Durchlaucht wohlwollende Einladung zur Brunnenkur in Muskau würde ich mit der größten Erkenntlichkeit annehmen, wenn meine Berufsgeschäfte mir erlaubten Berlin zu verlassen. Ich werde mich daher darauf beschränken müssen, statt der hygienischen Quelle den Berliner und anderen diversen Staub zu schöpfen.

Meine Frau, die sich fortwährend in leidendem Zustande befindet, so wie Frau von Horn und ihre Töchter haben mir aufgetragen, Ew. Durchlaucht ihren angelegentlichen Dank für Ihre wohlwollende Erinnerung auszudrücken. Dem bewußten Maler bin auch ich ausgewichen, indeß sind meine Gründe einige Dutzend Jahre triftiger.

Genehmigen Ew. Durchlaucht die aufrichtigste Versicherung der treuesten Verehrung, mit der ich beharre
Ew. Durchlaucht
ganz gehorsamster Diener
Stägemann.

23.
Lenné an Pückler.
Sanssouci, den 3. Juli 1832.
Ew. Durchlaucht

nehme ich mir die Ehre gehorsamst anzuzeigen, daß mein Reiseplan nach Muskau nunmehr in der Weise festgestellt ist, daß ich am 11. oder 12. cr. bei Ew. Durchlaucht eintreffe. Die Herren Hofgärtner Fintelmann und Sello werden Ew. Durchlaucht gütige Einladung benutzen, und gleichzeitig mit mir eintreffen.

Ich freue mich unendlich darauf, Ew. Durchlaucht großartige Schöpfungen unter Ihrer belehrenden Anleitung nun bald zu genießen, und hoffe nicht, daß dort so wie hier, eine verderbliche Dürre den Gärten — namentlich den Rasenplätzen — ihren vorzüglichen Schmuck raubt.

Es ist die ausgezeichnetste Hochachtung, mit welcher ich zu verharren die Ehre habe
Ew. Durchlaucht
tiefgehorsamer Diener
Lenné.

24.
Prinz Karl von Preußen an Pückler.
Glinicke, den 14. Juli 1832.

Mein Hofmarschall hat mich von Ihrem gütigen Vorhaben, mich zu meinem Geburtstage besuchen zu wollen, unterrichtet, und ich kann nicht umhin, Ihnen, mein bester Fürst, dafür meine Erkenntlichkeit zu bezeugen, so wie für Ihren liebenswürdigen, die artigste Galanterie athmenden Brief bei Ueberschickung des eisernen Gartenkorbes.

Jener Brief zeugt von neuem, wie sehr Sie die Feder in der Gewalt haben, [und wie man in wenig Worten Verbindliches und Geistvolles paaren kann.

Mein bester Fürst,
freundlichst
Karl.

P. S. Der Fürstin meinen Respekt. Sollten Sie noch bei der Idee beharren, mir Ihr Werk über Gartenkunst dediziren zu wollen, so würde ich mit wahrer Freude darein willigen, ja, es schmeichelt nicht wenig meiner Eigenliebe, mir ein so gehaltvolles Werk (wofür der Verfasser bürgt) gewidmet zu sehen, über eine Kunst, in der ich seit einigen Jahren pfuschte, und der ich von Herzen zugethan.
K.

25.
Pückler an Stägemann.
Muskau, den 22. Juli 1832.

Werthester Herr Geheimer Staatsrath,

Der Regierungsrath Grävell hat mir referirt, wie gütig Euer Hochwohlgeboren ihn aufgenommen, und daß er mit der festen Ueberzeugung zurückgekommen sei, daß mir der erbetene Schutz gegen die Generallandschaft und resp. gegen den

Minister Schuckmann gewährt werden werde. In der That sind Sie auch, mein werthester Freund, Ihre Gerechtigkeit und Einsicht, der einzige wirksame Schutz, auf den ich hoffe. Behält die Generallandschaft gegen mich Recht, würde ihre Kündigung verbindend, so müßte ich allerdings einen Besitz, der mir bis zur Hälfte verschuldet ist, demnach ohnfehlbar mit dem Rücken ansehen, da eine so große Summe auf der einen Seite nicht zu realisiren ist, auf der anderen bei einer Subhastation eine so große Herrschaft wie Muskau kaum zur Hälfte ihres Werthes verkauft werden würde.

Es ist traurig, ganz schuldlos in solche Alternativen zu kommen!

Wie die nun von Herrn von Schuckmann erlassene Verfügung auf die Generallandschaft befruchtend wirkt, und sich diese nun mit dem engeren Ausschuß noch immer mehr identifizirt, als leider schon der Fall gewesen ist, ergiebt recht schlagend die ergebenst beigelegte Abschrift, welche Eure Hochwohlgeboren wohl auch überzeugen wird, daß einem solchen offenbaren Spiele mit den reglementsmäßigen Formen ein Ende gemacht werden müsse.

Daß aber überall hierbei und von Anfang an der alte Böse hinter den Coulissen gewaltet habe, tritt immer deutlicher hervor, und daß man sich auf ihn in Breslau stütze, ist mir von dort aus sicherster Quelle ganz unumwunden gemeldet worden.

Mögen Sie denn auf ihren altersschwachen Samuel hoffen, ich hoffe auf Sie, und zwar deshalb, weil meine Sache gut und gerecht, die entgegengesetzte eine verächtliche und boshafte Chikane ist, was Jedem, der den Gang des Geschäfts bis hierher verfolgt hat, einleuchtend sein muß.

In der Zufertigung, welche mir anzeigt, daß das Justizministerium-Gutachten erfordert worden sei, habe ich ein gutes weissagendes Zeichen für mich erblickt. Schenken Sie mir ferner Ihren Schutz, und bald hoffe ich dann gänzlich beruhigt zu sein. Im September denke ich selbst nach Berlin zu kommen, bis dahin also empfehle ich mich Ihnen, verehrtester Herr Geheimer Staatsrath, und Ihrer Familie zu gütigem Andenken, und bleibe mit Dankbarkeit und aufrichtiger Anhänglichkeit

Euer Hochwohlgeboren

ganz ergebenster

H. Pückler.

26.
Lenné an Pückler.

Sanssouci, den 24. Juli 1832.

Euer Durchlaucht

haben Herrn Sello und mich bei unserer Anwesenheit in Muskau mit so großer Güte und so vielem Wohlwollen beehrt, daß ich mich außer Stande sehe, Ihnen und der Fürstin meinen Dank dafür so auszusprechen, wie er tiefgefühlt und unvergeßlich in meinem Innern fortleben wird. Wie Euer Durchlaucht auf die Natur um Sie her eingewirkt, wie Sie aus Ihrem Horizont alles verbannt haben, was mißfällig und ärmlich ist, fand ich in den großen und schönen Naturbildern die Sie geschaffen, das Ideal verwirklicht, welches ich mir für Potsdams Umgebung in der Phantasie ausgebildet habe. Mein Zutrauen, daß ich dieses Ziel erreichen werde, ist durch den Besuch von Muskau nicht wenig gehoben, denn Euer Durchlaucht haben mir ein neues Beispiel gezeigt, was Fleiß und Beharrlichkeit vermag, wenn unsere Kunst richtig verstanden und mit Meisterschaft ausgeübt wird.

Mit großer Freude sehe ich dem September entgegen, zu welcher Zeit Euer Durchlaucht mir Hoffnung gegeben haben, Sie und die Fürstin hier zu besitzen; kann ich Ihnen des Vollendeten auch nur wenig vorzeigen, so werden doch hoffentlich die Ideen, welche der Ausschmückung der Insel

Potsdam zum Grunde liegen, Euer Durchlaucht Beifall sich zu erfreuen haben, und durch Ihre belehrende Unterhaltung wird dafür großer Gewinn hervorgehen.

Innig bewegt von der Güte, womit Euer Durchlaucht uns bei der Anwesenheit in Muskau überhäuft haben, sage ich Ihnen und der Fürstin nochmals meinen tiefgefühlten Dank, bitte, mich der Frau von Blücher gehorsamst zu empfehlen, und verharre mit den dankbarsten Empfindungen

Euer Durchlaucht
treugehorsamer Diener
Lenné.

27.
Pückler an Gräfin von Ranzau.
Muskau, den 26. Juli 1833.

Meine theuerste Cousine,

Ihren lieben und werthen Brief vom 10. März erhielt ich erst vor drei Tagen, so lange hat er bei Ihrer Schwester Quarantaine gehalten, und man ist also noch härter mit ihm verfahren, als in Baiern mit den Choleraverdächtigen.

Es hat mich sehr gefreut und gerührt zu vernehmen, daß der Nonsens, den ich in die Welt geschickt, doch einige Samenkörner enthielt, die in einer verwandten Seele wie die Ihrige, eine wehmüthige, süße Stimmung erregen konnten, der ich mich gerade über jenes Callenberg'sche Thema so oft und gern überlasse. Diese Erinnerungen meiner Kindheit sind ein Genuß, die ich um keinen späteren hingeben möchte, und oft wünsche ich mir nur, daß Hermann Callenberg wiederkehren könnte, und weide mich an dem Gedanken, daß er mich, wenn ich ihm sein Eigenthum zurückgebe, enthusiastisch loben würde, es so in Ehren gehalten, so lange verbessert und nach Kräften verschönert zu haben. Dies ist keine Phrase — es ist wahr.

Sonderbar, daß mir in eben dem Grade das Pücklerische Wesen zuwider ist, und selbst mein Vater mir weder ein liebevolles noch angenehmes Andenken zurückläßt. Es ist als gehörte er weniger zu mir, als der Letzte aus Callenbergischem Blute, und meinem Vater ging es ebenso wie mir. Er konnte mich nicht leiden, und verstand mich nie. Wie anders war der Großvater Callenberg! Selbst einer Ohrfeige, die er mir einmal gab, denke ich mit mehr Dankbarkeit, als aller gezwungenen Wohlthaten meines Vaters, die freilich diesen Namen nicht verdienen. Einmal war der gute Großvater — und es ist sonderbar, daß er vor mir steht, als sei er gestern gestorben, obgleich ich nur sieben Jahre bei seinem Tode zählte — so entzückt über meine kindischen Antworten und Bonmots, daß er mir nacheinander alle Thaler schenkte, die er in seiner Börse hatte, dann warf er mich im komischen Zorne zur Thüre hinaus, und rief lachend: „Der Teufel hole den Jungen, ich behalte kein Kreuzerstück mehr übrig, wenn er noch länger hier bleibt!"

Kinder wollen Liebe, und erkennen sie vortrefflich, alles andere danken sie einem nicht. Er aber, der gute Großvater, liebte mich im ganzen Hause am meisten, und ich erwiedere es noch heute, obschon ich mir wenig Rechnung darauf mache, irgend einen Todten je wiederzusehen.

Schreiben Sie mir doch, liebe Cousine, ob Sie immer in Glückstadt sind, ein gutes Versprechen: der Name. Wenn ich bestimmt weiß, wo Sie zu finden, so komme ich wohl einmal mit Ihnen zu plaudern über Altes und Neues, unter anderen auch über meinen Brief, und was Ihnen darin anstößig gewesen. Da wollen wir derb disputiren, und zur Versöhnung erzählen Sie mir dann von Ihrer Mutter, die ich leider nicht gekannt, von der aber meine gute Lucie eine hinreißende Beschreibung macht. Diese Lucie empfiehlt sich

Ihnen jetzt herzlich, dankt oft mit mir für Ihre guten Wünsche, und wir küssen Ihnen beide die 83jährigen Hände, die gewiß noch sehr hübsch sind.

Ihr gehorsamster und ergebenster Vetter

H. Pückler.

P. S. Dieser Brief wird Ihnen vielleicht jung genug erscheinen, ich selbst bin jedoch, Gott sei's geklagt, alt genug, die Callenberg's bleiben aber Kinder bis in's Grab.

28.
Pückler an Ancillon.

Muskau, ce 6 août 1832.

Monsieur,

La lettre dont votre Excellence vient de m'honorer, m'a causé d'autant plus de satisfaction que, vous sachant enfoncé dans le tourbillon des affaires de la plus haute importance et chaque minute de votre temps employé, je me croyais à juste titre oublié, et ne m'attendais guères à une marque si flatteuse de votre bienveillance.

Aussi, au risque de vous faire rire, je vous avouerai tout naivement, que j'en ai été profondément touché — car mon culte est toujours un peu passioné, soit en bien soit en mal, hélas! Pour vous, Monsieur, je peux dire au moins que le respect et l'attachement que je vous porte, sont des sentiments qui me rendent estimable à mes propres yeux, ce qui prouve que même ma vanité est intéressée à vous aimer. Et cela date de bien loin, je vous assure. Votre nom célèbre, vos manières imposantes, le brillant de votre conversation m'ont en effet toujours un peu intimidé quand je me trouvais en votre présence, mais cet embarras n'avait cependant rien de pénible. Le plaisir de l'admiration (et c'en est un grand pour les ames bien nées) me dédommageait amplement de la défaite de mon amour propre.

Voilà l'impression que votre Excellence m'a faite quand son nom ne brillait encore que dans la littérature des deux premières nations de l'Europe. Maintenant que vous vous voyez appelé a une place où vous pourrez mettre vos principes bien plus largement en pratique, on peut croire que vous êtes peut-être un des élus destinés par la providence à fixer le sort de ces mêmes nations pour des siècles à venir. Mr. de Metternich a commencé sa grande carrière avec bien moins d'éclat sous beaucoup de rapports, et un ministre de Prusse aura par dessus cela encore sur lui l'avantage de se trouver à la tête des lumières au lieu des ténèbres. Comme les choses vont, l'Autriche rétrograde et nous avancons — mais avancer seul est vivre.

Tout Prussien qui aime sa patrie doit donc se réjouir de voir ainsi le mérite reconnu en votre personne, et en verité il me semble que nous avions besoin d'une marche un peu plus décisive, d'une raison calme sans doute, mais aussi d'une volonté ferme. Le protocole de Francfort parle — ex ungue leonem. Car avant d'avancer il faut surtout rétablir l'ordre, et rien de plus ridicule que le faux esprit de notre ère où chaque avocat veut regner et chaque cordonnier y prendre part. Les seules bonnes révolutions à mon avis sont celles qui, tout faites, ou plutôt amenées de bien loin, prevenues par les gouvernements mêmes — à l'instar de Fréderic le Grand, par exemple. Vous ne serez donc pas étonné, Monsieur, si, tout légitimment que je pense, je m'applaudis de la petite révolution arrivée chez nous dans le ministère des affaires étrangères.[1]

Un correspondant de Berlin m'écrit que l'ascendant que vous aviez su prendre sur tout le corps diplomatique était une chose merveilleuse. C'est pourtant bien naturel. Ils ne peuvent lutter d'esprit avec vous, et vous leur prouvez, que c'est encore moins possible d'énergie et de caractère. Du vivant du Prince Hardenberg il m'arrivait quelquefois, quand je vous contemplais causant avec lui, de conjecturer: que ces qualités qui vous distinguent si éminemment, jointes à la faveur dont vous jouisser auprès du Prince Royal, pourraient bien un jour vous mettre à sa place. Vous voilà en bon chemin. plutôt encore que je m'y attendais dans ce temps et vu l'état des choses, il me parait presque un devoir pour vous d'y songer. Avec votre Excellence je pense tout haut sans crainte est sans réserve, mais peut on alors en envisageant notre situation, presque pas s'empêcher de se dire que quelque bien gardée que soit une plante en dehors, cela ne suffit pas pour sa prospérité, si un traitement maladroit est cause qu'elle se gâte en dedant, ou pour parler plus clairement, que la Prusse souffre profondément de quelques mauvaises institutions dans son intérieur, que le ministre à la tête de cet intérieur serait une disgrâce pour tout pays, que la bonne volonté de sa doublure ne suffit guères, qu'en général la justice et l'admiration se disputent chez nous à qui fera le plus de mal au peuple, et que par conséquent en Prusse, ce soint moins les libérans et la presse, qui l'ineptie de quelques personnes en particulier, et la hiérarchie bureaucratique au total, qui sont à craindre.

Pardon pourtant si je dépasse le but. Je reviens à votre lettre, où je trouve mon parc et le talent que votre Excellence me supposé pour y planter mes choux. Savez-vous cependant l'idée qu'il me suggère en ce moment? Il est vraiment assez beau, ce parc, et voilà que je pense qu'il ne pourrait y avoir de lieu plus propre aux délassement d'un philosophe et d'un homme d'état. Si donc jamais vous en sentiez le besoin, pour quelques jours seulement, veuillez préférer Muskau, je vous en supplie, à tout autre endroit, et pour vous aplanir les routes, aider un peu le Prince Royal à se souvenir de la chaussée pour laquelle il nous a promit sa protection.

Je finis cette trop longue lettre par vous demander ma grâce.

M. Wagner à Londres désire changer cette capitale contre Naples, et son titre, (des plus minces contre un tant soit peu plus élevé. Il va incessament vous présenter sa petition à cet effet, et m'a prié de l'appuyer auprès de V. E. Je lui ai répondu que je ne pouvait pas me flatter d'avoir la moindre influence sur vos résolutions, mais que je vous connaissais si bon et si bienveillant que pour peu que sa demande fût juste et raisonable, je ne doutais·pas d'un complet succès. En tout cas j'ai voulu m'aquitter de ma commission, à laquelle je prends encore la liberté d'ajouter que M. Wagner, m'ayant rendu plusieurs petits services à Londres, je serai charmé si mon humble prière jointe à la, sienne pourrait, ne fût-ce que le moins du monde, lui être favorable auprès de V. E.

Daignez, Monsieur agréez avec la même bonté l'assurance de mon respectueux dévouement.

H. P.

29.

Ludwig Wichmann an Pückler.

Berlin, den 15. August 1832.

Durchlauchtigster Fürst,
Gnädiger Herr,

Ew. Durchlaucht gnädiges Schreiben nebst schönen Früchten sind mir richtig zugekommen, und bin ich durchdrungen von Hochdero gnädigem Wohlwollen. Wie könnte ein armer Künstler es wagen, einem Fürsten, und insbesondere einem in jeder Hinsicht so ausgezeichneten, zu zürnen: sehr natürlich finde ich es, daß Ew. Durchlaucht sich nicht gern langweilen möchte, am meisten habe ich dabei verloren, indem meiner Sammlung von Büsten dadurch einer der interessantesten Köpfe entgangen ist, doch gebe ich die Hoffnung nicht auf, daß Hochdieselben nochmals den Muth fassen werden, und einige Stunden opfern, es sei nun hier oder in Muskau.

Die Büste der Sonntag, so wie die der Gräfin Alopäus befinden sich noch in meiner Verwahrung, und soll erstere 100 Stück Dukaten kosten, die Büste der Gräfin soll nicht verkauft werden.

Ehrfurchtsvoll verharre als

Ew. Durchlaucht

unterthänigster

Ludwig Wichmann.

30.

Friedrich Förster an Pückler.

Ew. Durchlaucht theile nachfolgenden Auszug aus dem Reiseberichte, welchen ich dem Herrn von Altenstein, Exzellenz, eingereicht habe, zu gefälliger Ansicht mit. Wie gern hätte ich mich länger bei der Schilderung der einzelnen Parthieen verweilt, allein Ministerial-Berichte müssen kurz gefaßt werden sonst kommen sie ohne Weiteres ad acta.

F. F.

Die schönen Umgebungen und geschmackvollen Anlagen eines in seiner Art einzigen Parks, und das heitere Leben in dem geselligen Kreise des gastfreien Fürsten fesselten uns in den ersten Tagen unseres Aufenthaltes zu sehr an die Oberwelt, als daß wir uns sogleich hätten entschließen können, in das Reich der Verstorbenen hinabzusteigen.

Sei es mir daher vergönnt, in meinem Berichte zuvörderst des vielen Schönen zu gedenken, was ich hier über der Erde fand; denn wo läge uns wohl die Aufforderung, uns des Lebens und der Gegenwart zu freuen, näher, als auf dem Wege zu den unterirdischen Wohnungen, wo wir um die verspätete Ankunft niemals besorgt sind.

Wenn es bis jetzt noch oft in Zweifel gezogen wurde, ob die schöne Gartenkunst eine Stelle in der Reihe der bildenden Künste einnehme? so ist für mich diese Streitfrage durch die nähere Bekanntschaft mit dem Park von Muskau auf das Bestimmteste, und zwar bejahend, entschieden worden.

Stiefmütterlich hat die Natur die Gegend von Muskau bedacht; keine Felsenwände und Wasserfälle, kein Laubholz und keine Wiesen, kein Gebirg und kein Thal hat sie zur Anlegung eines Parks zur Verfügung gestellt, der ebene Sandboden trägt nur Kienbäume und Haidekorn, nur an einigen Stellen hat die Neisse sich einen tieferen Thalweg gebildet, und durch eingesunkene Sandebenen sind einige Thäler entstanden. Es gehörte nicht allein Muth und Geld, sondern auch ein künstlerischer Schöpfungsgeist dazu, mit solchen Mitteln die Anlage eines Parks zu unternehmen, und diese so auszuführen, wie wir es hier finden. Die Natur hat sich aber auch dankbar gegen den erwiesen, der sich ihrer in ihrer Dürftigkeit so freigebig und mit so vieler Liebe annahm. Das Nadelholz ist verschwunden, die Hügel sind mit Laubholz bedeckt, aus dem sich der Ahorn, die Ulme, die Eiche mit beherrschenden Gipfeln hervorheben; in gefälligen Windungen durchströmt der Fluß einen grünen Wiesengrund, durch Abzugsgraben sind Wasserfälle, kleine Seen, Springbrunnen gebildet, und in die Gegend eine Mannigfaltigkeit der Aussichten gebracht, daß man auf den Spaziergängen durch den Park durch eine Bildergallerie der schönsten Claude Lorrain's, Poussin's und Ruysdal's zu gehen meint. Sehr oft war ich versucht, zu glauben, der Fürst habe, wie man zur geselligen Unterhaltung lebende historische Bilder nach berühmten Gemälden stellt, hier lebende Landschaften nach bekannten Meisterwerken angeordnet, und in gewisser Rücksicht ist dies auch der Fall. Der Fürst verfährt bei seinen Anlagen ebenso, wie ein geistreicher, poetischer Landschaftmaler, wie unser Schinkel bei seinen Kompositionen verfährt; wie dieser auf der Leinwand, so verfügt er in der Landschaft über Seen, Flüße, Wasserfälle, Rasenplätze, Baumgruppen, Brücken und Mühlen, die er zu seinen landschaftlichen Parthieen nach Belieben verwendet.

Da er die Kunst versteht, die ältesten Bäume, ohne ihre Krone zu beschneiden, zu verpflanzen, so hält es nicht schwer, störende Lücken auszufüllen, und da er weder Waldung noch Obstpflanzung zu schonen pflegt, wo er eine freie Aussicht gewinnen will, so wird ihm freilich manches zu erreichen möglich, was einem Anderen verwehrt sein würde Einen nicht geringen Vorschub bei seinen Anlagen leistet ihm eine genaue Kenntniß der Forst-, Feld- und Garten-Botanik; das Laubholz wechselt nach Form und Farbe verschieden in den mannigfaltigsten Schattirungen, blühende Sträucher stehen dazwischen, und jeden Monat regiert eine eigenthümliche Flora, so daß die Anpflanzungen immer bunt und belebt erscheinen.

Auch pflegt der Fürst nicht nur mit dem Gärtner, sondern mehr noch mit dem Landschaftmaler zu Rathe zu gehen, zumal wenn es anf das Retouchiren der einzelnen Parthieen ankömmt. Findet sich hierbei nun, daß ein einzelner Baum oder auch eine größere Baumgruppe von der Natur verwahrlost, oder zu freigebig bedacht wurde, so wird nach einem Entwurf auf dem Papiere mit Beil und Säge, oder auch nach Umständen mit der Scheere nachgeholfen, eine Arbeit, die freilich in jedem Jahre wiederholt werden muß.

Mit wie schönen Aussichten aber auch die Landschaft, der heitere Himmel und die grüne Erde uns auf der Oberwelt festhielten, so verschoben wir es doch nicht länger, den Gang zu unternehmen, der uns in das trübere Reich der Unterwelt führen sollte. Die Begräbnißplätze der Ober- und Niederlausitz aus vorchristlicher und — wie wir vermuthen dürfen — vordeutscher — Zeit sind schon seit vielen Jahren ein Gegenstand ernster Nachforschungen gewesen. Denn da die Lausitzer, eifersüchtig auf ihre ursprüngliche Verfassung, sich gern von den Landeshoheiten, denen sie durch Kauf, Tausch, Erbschaft, oder Eroberung zufielen, absondern, so erhielt sich bei ihnen ein ganz besonderer Eifer für ihre vaterländische Geschichte. Daran knüpfte sich nun auch das Interesse, welches man dort der Alterthumskunde und den Alterthümern zuwendete. In Beziehung auf das in Berlin begründete Museum vaterländischer Alterthümer schien es mir von Wichtigkeit, mir eine nähere Kenntniß von den Begräbnißplätzen zu verschaffen, welche sich in der Umgegend von Muskau befinden. Nach den von mehreren Seiten eingezogenen Erkundigungen durfte ich vermuthen, daß die Begräbnißplätze bei dem Dorfe Zilmsdorf bei weitem die wichtigsten in dem dortigen Kreise sein mußten, weshalb ich meinen Ausflug dorthin nahm.

31.
Houwald an Pückler.
Lübben, den 4. September 1832.

Die Nachricht hat sich auch bis zu mir verbreitet, daß Euer Durchlaucht im Parke umgeworfen, gefährlich verwundet sein sollen, und jetzt das Zimmer hüten müssen. — In einem solchen Zustande ist einem jede Unterhaltung, selbst der unbedeutendste Besuch, oft nicht unwillkommen, und ich habe daher die Hoffnung geschöpft, daß Sie in dieser Geduld erzwingenden Lage auch Geduld haben werden, die Zeilen eines Jugendbekannten zu lesen, der Ihnen zugleich hiermit eine Schuld abtragen will.

Ich war vor einiger Zeit durch mancherlei Leiden gar tief gebeugt; der Körper wird älter, als Hülle unbequemer, oft durch Kränklichkeit gestört, und der Geist wird einsamer und ärmer, jemehr diejenigen ihn verlassen, die mit ihm einst erwachten, und den Morgen seiner Zeit mit ihm verlebten. — Mein Bruder in Straupitz war gestorben. —

Um meinen Schmerz vor den Meinigen zu verbergen, zog ich mich mehr als sonst in mein Zimmer zurück, und nahm die Briefe eines Verstorbenen zur Hand, die mir ein Freund mitgetheilt hatte. — Ich las und las, und folgte mit höchstem Interesse dem geistreichen Mann in die gesell= schaftlichen Zirkel, wie in die freie Natur. An der meister= haften Darstellung beider, an den sinnigen Bemerkungen und tiefen Einblicken in die Natur des Menschen und der Erde, an den Funken von Witz und ächtem Humor, und endlich an dem Glanz von Poesie, der dem Ganzen ein reizendes Licht giebt, ergötzte, erlabte ich mich wahrhaft, und wie mich dieses Buch erfreute, und durch seine lebendigen Farben meinen Blick wieder an die Erde fesselte, fand ich Erheiterung und Beruhigung, und ich sendete die mir liebgewordenen 4 Theile, die, weil sie theuer sind, ich mir nicht selbst kaufen konnte, nur ungern dem Freunde zurück.

Nehmen Euer Durchlaucht dieses Bekenntniß als meinen Dank freundlich auf. Ich stelle die Briefe eines Verstorbenen sehr hoch; sie zeigen, wie man im größten Trouble des Lebens sich dennoch jedes Genusses bewußt bleiben, und ihn dadurch erhöhen kann, und wie man aus einem Leben, worin mancher Andere sich verlieren würde, geistigen Reichthum zu schöpfen vermag.

Aber oft hat mich doch auch wieder ein sehr wehmüthiges Gefühl ergriffen, wenn ich Ihnen lebendig auf Ihren Reisen gefolgt bin, und besonders die so schwierigen und doch meisterhaft gelungenen Naturschilderungen bewunderte. Ich dachte mir, wenn ich vielleicht einst auf einem anderen Sterne stände, und sähe dann die alte Erde dort aufgehen wie unseren Mond, vielleicht mit einem ganz anderen Gesichte wie dieser, und es fragte mich dann ein Fremder, der meine frühere Bekanntschaft mit der Erde erfahren, nach den dunklen und hellen Flecken auf der glänzenden Scheibe, und nach den Wanderungen, die ich dort gemacht? ach, dann würde ich ja kaum ihm das Fleckchen zeigen können, an das ich gefesselt war, und ich würde ihm dann sagen müssen: „Jener Planet dort unten ist mir großentheils so fremd wie Dir; ich lebte in einem kleinen, sandigen Thale, das ich fast nur mit den Flügeln des Geistes überschritt, und habe die Erde in ihrer schönsten Gestalt leider nur in meinen Träumen gesehen!" — Glücklich ist der und beneidenswerth, dem es anders gelang, denn auch die Phantasie wird endlich alt und arm, wenn sie nicht wirkliche Lebensbilder zu ihrem Fußgestelle hat. — Meine Lebensbilder sind meine zehn Kinder, und dies sind allerdings die einzigen Reichthümer, die ich vor Ihnen voraus habe. —

Ein Krankenbesuch darf nicht zu lang sein, drum nehme ich still meinen Hut, um mich bescheiden wieder zu entfernen. Meinen Dank habe ich Ihnen dargebracht, erlauben Sie noch, daß ich die Bitte hinzufüge, mir ein freundliches Wohlwollen im Herzen aufzubewahren, und mir die Versicherung meiner ausgezeichnetsten Verehrung und Ergebenheit zu erlauben.

Houwald.

32.
Pückler an Houwald.
Muskau, den 12. September 1832.

Und hätte ich wirklich auf dem Tode gelegen, so freundlicher Besuch, so liebe Worte vom liebenswürdigsten der Dichter hätten den halb Verstorbenen beleben, ein Lächeln der Freude und des Dankes über sein blasses Antlitz hinschweben lassen müssen! Solche gütige Theilnahme in trüber Gegenwart, aus dem frohen Andenken vergangener, besserer Zeiten auftauchend, thut dem Herzen wohl, und die Eitelkeit so reiche Nahrung ihr hier von höchster Autorität geboten wird, darf dabei gern und schweigend in den Hintergrund treten. Diese Stellung wäre immer gut, paßt aber jetzt doppelt für einen noch sehr schwachen Kopf und ein sehr volles Herz.

Lassen Sie mich aber schnell zu Ihnen selbst übergehen, mein verehrter Freund und Gönner, und Ihnen und uns Glück wünschen, daß Sie nicht sahen und doch glaubten und wußten, daß die Phantasie allein Ihnen wahrer und schöner die Wirklichkeit ersetzte. Wer weiß, ob wir dem melancholischen, sandigen Thale nicht den uns so tief bewegenden Dichter Houwald verdanken, der uns im Gewirre der Welt und genußreichen Länder vielleicht verloren gegangen wäre. — Der Reisende sieht und lernt höchstens; er blättert in einem Bilderbuch. Das Genie aber schafft aus innerem Wissen seine eigene Welt, es erfindet und malt die herrlichen Bilder selbst, an denen Tausende und Abertausende sich erfreuen, und daran die Welt und sich erst tiefer zu erkennen fähig werden; mit Schiller rufe ich Ihnen daher zu: „Beneide die Beglückten nicht, da Du der Glückliche bist."

Die zehn Kinder sind auch eine hohe Zugabe, und es ist schön, in jeder Hinsicht so fruchtbar zu sein. Doch Kranke dürfen nicht zu viel reden. Der Besuch war kurz, viel zu kurz für mein Verlangen, der Gegenbesuch muß seine Dauer nicht übersteigen, und erst auf fernere Kunde warten, bis er weiß, daß er nicht überlästig wird.

Käme doch diese frohe Kunde mündlich, welche Freude wäre es für den Genesenen dem theuren, allgesegneten Schulkameraden nun auch einmal seine Poesie zu zeigen, die auch von einer freundlichen, befruchtenden Sonne beglänzt auf grünen Matten schimmernd, und in weiten Laubgewölben dem Himmel sich zu nahen sucht.

Auf Wiedersehen dort im traulichen Gespräch am Fuß der Houwaldsbuche.

H. Pückler.

33.
Graf Herrmann von Pückler an Pückler.

Glienike, den 11. Oktober 1832.

Lieber Vetter,

Ein Auftrag meiner Gebieterin verschafft mir das Vergnügen, mich Deinem Andenken und Wohlwollen empfehlen zu können.

Die Prinzessin Karl bittet Dich auf das freundlichste, Du möchtest dem Ueberbringer dieser Zeilen (dem Gärtner des Belvedère bei Weimar) gütigst erlauben Deinen Park zu studieren. Er stürmt durch die Gärten Potsdams, um Muskau, das Ziel seiner Wünsche, zu erreichen.

Lenné und Sello können nicht genug Rühmens von Muskau machen, und Lenné soll, wie sein Reisebegleiter sagt, dort manches gelernt haben.

Der Prinz Karl ist in Doberan, und die bezaubernde Fürstliche Strohwittwe lebt in stiller Abgeschiedenheit in Glienike.

Deine Schwester Agnes geht den 20. d. M. nach München, und von da mit ihrer Mutter nach Frankreich. — Das 3te Armee-Korps rückt den 25. d. M. in's Lager bei Teltow, und den 7. September beginnen die großen Feldmanöver in Gemeinschaft mit dem Garde-Korps, und dauern bis zum 23. September. Unbezeifelt kömmst Du zu dieser Zeit nach Berlin, und wenn Du dann in's Lager mußt, um bei irgend einem seltsamen Prinzen zu speisen, so verschmähe, um Dich anzuziehen, nicht das Zelt

Deines

ergebensten Dieners

Herrmann Pückler.

34.

Graf Friedrich Pückler an Pückler.

Potsdam, den 14. Oktober 1832.

Lieber Schwager!

Eigentlich neues kann ich Dir eigentlich nicht schreiben, weil schlechterdings nichts vorfällt, nud eile ich Dich vorerst zu benachrichtigen, daß die Cholera in Berlin wiederum sehr zugenommen, indem täglich 20 Menschen befallen werden, und sie schlimmer und rascher tödtend wie voriges Jahr auftritt. Besonders widmet sie sich, was voriges Jahr nicht geschah, dem Militair. Hier munkelt man auch von zwei Fällen. Wegen Deiner Berliner Reise glaube ich Dich benachrichtigen zu müssen. Der kleine Bordeaux und Karl der Zehnte haben alles bezaubert. Ersterer müde, Nachts um 12 Uhr in Spandau angekommen, gar nicht theilnehmend. Den

anderen Morgen aber, als die Behörden ihm wieder auf=
warteten, frug er den Kommandanten gleich, ob nicht gestern
Soldaten vor der Thür gestanden, und auf die Bejahung,
ob er nicht eine Kompagnie exerciren und die Festung sehen
könnte, wo er dann erzählte, er habe in Paris auch schon
eine kleine Festung gebaut, und auf dem Wege in kindlicher
Fröhlichkeit einige Aepfelkörbe umwarf. Von dem Komman=
danten Oberst Pfuel erbat er sich zum Andenken eine Feder
aus dem Federbusch, und als dieser um ein Gegenandenken
bat, brachte er ihm eine Locke, und sagte nun deutsch:
„Weiter habe ich jetzt nichts." Der König, der der Kron=
prinzessin die Hand geküßt, hat allen Damen, besonders der
Großherzogin von Mecklenburg, die in Paris war, viel Ver=
bindliches gesagt, und sich ganz unumwunden über die nächste
Vergangenheit ausgesprochen, gestanden, daß er viele Fehler
gemacht, deren größter der gewesen, daß er dem letzten Aufruhr
nicht gleich mit mehr Gewalt entgegengetreten sei. Doch habe
er die Ueberzeugung, daß bei allen diesem verschiedenartigen
Gährungsstoff es einem anderen auch nicht viel besser ge=
gangen sein würde, und daß Ludwig Philipp sich auch nicht
halten wird, denn wer gegen diese nicht zu duldende Preß=
freiheit auftrete, der steche in ein Wespennest. — Die auf
heute bestimmte Ankunft des Königs soll verschoben sein.
In Liegnitz hat ja Gottlob die Cholera aufgehört, vom
leichtsinnigen Louis weiß ich aber seit langer Zeit nichts.

Da könntest Du mich vielleicht in einer Zeile beruhigen,
und mich auch wissen lassen, ob die Fürstin oder Du im
Anfang dieses Winters eine Zeit und welche in Muskau ist,
weil ich meine Reichwalder Reise darnach einrichten würde.
Da, wegen Reichwalde habe ich ein Gesuch an Dich, das Gut
ist verpachtet, die Hauptsache bleibt nur noch richtige Kontrolle
und Verwaltung des Forstes, da bitte ich Dich um die
Erlaubniß, Deinen Oberförster gegen eine honoratio damit

zu beauftragen, und lege einen offenen Brief bei, den ich Dich bitte, im Falle der Gewährung, ihm zu übersenden.

Von Deinen Geschäften kann es ihn nicht abhalten, denn wenn er die angränzenden Forsten bereitet, so kostet es ihm manchmal nur ein paar Pferdetritte mehr.

In Eile unterzeichne ich mich als

Dein
Freund und Schwager
Pückler.

35.
Pückler an Hofrath Friedrich Förster.
Jagdhaus, den 3. November 1832.

Sie werden mich, verehrter Herr Hofrath, für einen Nachlässigen und Undankbaren halten, daß ich Ihren freundlichen letzten Brief noch nicht beantwortet, aber ich glaubte immer von Woche zu Woche die Antwort mündlich zu überbringen, konnte mich aber von allen meinen Steckenpferden hier nicht losreißen. Ehe der Winter sie nicht zur Ruhe bringt, werde ich wohl kaum aufhören, sie zu tummeln. Dahin gehört denn auch die Instandsetzung des Jagdhauses, das Sie in so desolater Verfassung gesehen, und das Sie hoffentlich im nächsten Jahr kaum wiedererkennen sollen, sowohl die Gebäude, als die Umgebung betreffend. Ich würde nicht so viel davon reden, wenn ich nicht wüßte, daß Sie zu den Unserigen gehören, und an meinen kleinen Schöpfungen dichterischen Antheil nehmen. Apropos von Dichtern, wegen Gustav Adolph haben Sie mir nach nicht geantwortet. Wer weiß, ob wir nicht bald wieder eine ähnliche Zeit erleben! Verwirrt genug sieht es dazu in der Welt aus. Eine Dynastie in Kourierstiefeln ging uns neulich bereits nahe vorbei. Nächstes Jahr hoffe ich den Sultan hier zu bewirthen, der nichts besser thun kann, als bei unserem Lieg-

nitzer Präsidenten die Regierungskunst zu studiren, und sich als
Zugabe von ihm noch zum Christenthum bekehren zu lassen.
Hätte er statt des Turbans dieses Gerechten Schlafmütze
getragen, die Janitscharen bestünden alle noch, und kein
Menschenkind gewiß verlangte nach seinem Kopfe, den er jetzt
leicht verlieren kann. Wie denkt man denn bei Ihnen über
diese Dinge, ist Ancillon gut türkisch gesinnt, und was meint
der große Kurfürst?

— Es ist aber drei Uhr, ich muß zu Bett. Adieu,
liebster Hofrath, und bleiben Sie mir gewogen.

Ihr aufrichtig ergebener
H. Pückler.

36.
Leopold Schefer an Pückler.

Muskau, den 4. November 1832.

Ew. Durchlaucht

beehre ich mich unterthänigst zu melden, daß ich, wie ich sie
erhalte, die „Pinsel zu Heine's Reisebildern" übersenden
werde.

In der Urania steht Ibus von Toskana und die
Ahnenprobe von Tieck. Unter den vier Novellen, die von
mir in der Penelope stehen, ist eine eine ächte Novelle in
dem wahren Styl.

Da mich — wie man sagt — und wie ich empfinde —
der liebe Gott mit einer kleinen Tochter erfreut hat, so muß
ich schon Haushofmeister in dieser Zeit vorstellen. Auch bin
ich so von fernher zu der schon laufenden Arbeit mit anderer
neuer benöthigen gedrängt, daß ich die Nächte schon zu Hülfe
nehmen muß. Erlauben Sie mir daher gnädigst, Ihnen von
Herzen zu Ihrem Geburtstag nur im Geiste Glück zu
wünschen, und alles auszuführen, was Sie für sich, die

Provinz und ein Jahrhundert auf dem Herzen haben. Ich sage nur dazu: die Beschränkung macht den Meister. Durch reifes Alter stellen sich die wahren Gedanken und Pläne deutlich heraus, und Erfahrung und Praktik vergönnen über Erwartung leicht, angenehm und schön, die erwünschtesten Resultate.

Der ich mit vollkommensten Respekt verharre

Ew. Durchlaucht
unterthänigster
Leopold Schefer.

37.
Pückler an Frau von Kottwitz.

Maison de chasse, 8. Novembre 1832.

Patience, ma chère Louise! Dans son temps je reviendrai à mon joli mouton blond, mais pour le moment j'ai un accès de paresse et de tristesse, qui me rend peu communicatif.

Ce que je dis des bétises, que tu m'as écrit? Que je n'en crois pas un mot. Allons, ne me fais pas des farces et des intrigues comme à ta belle-mère, quand tu as fait le revenant pour la chasser de chez toi. Je veux bien entrer dans des intrigues avec toi dirigées contre d'autres, mais contre moi-même je n'entends pas plaisanterie, et j'y coupe toujours court. J'ai les meilleures disposition pour rester ton ami et franchement, mais il faut sincérité et confiance parfaite de ton côté. C'est aussi pour toi la voie la plus aisée et la plus sûre, car il est bien difficile de me tromper, et personne n'y a encore rien gagné, je t'assure. Je suis doux comme un agneau pour mes amis et heureux de les obliger, mais assez mauvais pour ceux qui veulent se frotter à moi, ou auxquels je ne me fie pas.

Ainsi sois raisonnable, ma chère Louise, et laisse là tes petites ruses de femme, qui ne sont pas de saison avec un vieux renard comme moi.

J'ai donner ordre à Rehder, de remettre à ton jardinier tout ce qu'il voudra.

A Berlin nous nous reverrons, et je m'en réjouis beaucoup. Nons y trouverons peut-être l'occasion de mettre les affaires de ton frère en train. A propos, je voudrais te faire un petit cadeau. Dis-moi naturellement ce que tu désires. Veux tu un shawl turc, ou autre chose? Parle franchement, c'est un plaisir, que tu me procures. Ecris moi aussi encore une fois avant que tu pars, avec la poste tout simplement, et prends soin de ta santé et de ta beauté.

Mad. Austin me charge de mille compliments pour vous et vous envoie un canif, que je fais remettre à votre jardinier. Elle vous écrira avec les épingles.

Adieu, je l'embrasse de tout mon coeur.

Ton fidèle ami.

Tu n'as rien à craindre de mes indiscrétions, prends seulement garde aux tiennes.

38.
Pückler an die Generalin Wilhelmine v. Zielinski.

Jagdhaus, den 8. November 1832.

Sie sind eine grausame, abscheuliche Frau! Der rosenrothe Teufel in eigner Person, dessen Visitenkarte ich in meinen vier Pfählen nicht aufbewahren will. Erst lassen Sie einen ganzen, langen, enblosen Sommer auf sich warten, dann kommen Sie im tobten, entblätterten Herbst, und statt im immergrünen Walde, in trauter Einsamkeit mit Ihrem lieben Bilde den Sehnsuchtsvollen, gleich der Erscheinung einer wohlthätigen Fee zu beglücken — schicken Sie mir eine rosenrothe Karte! Ah, c'en est trop! Lord Byron hat Recht, wenn er behauptet, daß die gelehrten Weiber kein Gefühl haben, wie er an seiner Frau erfuhr. Wissen Sie noch, wie ich einmal von den zwölf Geboten sprach, und Sie mich eiligst belehrten, daß es nur zehne gäbe? Jetzt könnte ich Ihnen beweisen, daß Sie gegen mich zwei verletzt haben, an die der liebe Gott selbst noch nicht gedacht hatte. Fy, for shame, solches Raffinement hätte ich Ihnen doch nicht zugetraut, und nimmer hätte ich geglaubt, daß Ihr Hofmeister Ranke Ihre Moralität so vernachläßigt hätte!

Ich spreche kein Wort mehr, und wundern Sie sich nicht, wenn vor Agitation meine Linien schief geworden, und meine Tinte verblaßt ist.

Ich fühle mich in der Stimmung des Ritters Toggenburg, und wenn ich mich nicht als Leiche unterschreibe, so geschieht es doch wenigstens als

der Unglücklichste Ihrer Verehrer.

39.
Generalin Wilhelmine von Zielinski an Pückler.

Frankfurt a. O., den 15. November 1832.

In der That, es ist wahr: use every man after his merit, and who shall escape whipping! — Wird da ein armes Kind gescholten, von dem ich doch wahrlich verrathen könnte, daß es in der lugubren Drehmer Haide zu Pferd und zu Fuß stundenlang umhergestreift, keinen anderen Begleiter als einen Jagdhund, kein anderes Wort auf ihren Lippen, als etwa die heimliche Interjektion: dummes Jagdschloß! — Ich war dabei noch ganz artig! schritt Vormittags

mit blauen stockings tief in Poesie und Studio — wie
Fürst Pückler es nennt — hinein. Nachmittags mit Ka=
maschen in Wald und Flur und ferne Mühlen, und saß
Abends mit den Anderen wie in einem Scott'schen Rahmen,
um die mächtige Kaminflamme, in großem, niedrigen Zimmer
mit Balken und einem Erker, klopfte Mohn und Bohnen,
und nähte selbstgezogene Leinwand; — wie gesagt, ganz artig.
Wenn ich mich aber besinne, wie man in Stettin jede Ver=
wunderung über einen Landaufenthalt im Spätherbst mit der
Frage zu berichtigen suchte: liegt Drehma nicht bei Muskau?
wenn ich in Berlin nichts hörte, als: „Wie, zu Ihrem Bruder?
Fürst Pückler kommt ja gerade jetzt nach Berlin" — wenn ich
zurückkehre nach zehnwöchentlicher Abwesenheit, den Schreib=
tisch mit Briefen und Packeten bedeckt finde, und immer lesen
muß: „Warum schreibst Du gar nicht, es werden doch Posten
um diesen berühmten Park liegen?" — „Warum mußte sich
Ihr Bruder auch in dieser gefährlichen Nähe ankaufen." —
Ranke werde ich antworten, seine Gelehrtheit möchte sich
mehr um Moskau als Muskau bekümmern, und Frl. Schaw
fragt mit todtkranker Hand: „Werden Sie einem Sterbenden
auch recht viel vom Verstorbenen mittheilen, für dessen Lie=
benswürdigkeit ich so sehr sensible bin?" — Himmel! Sind
nicht alle diese Fragezeichen eben so viel neckende Geister,
die ein Schnippchen schlagen, und nun noch zuletzt — ge=
scholten! Nein, nun ist das Maß voll, und ich bekenne
erschöpft nach all diesen Leiden, daß ich es vollkommen
unglücklich, unvernünftig und unverzeihlich finde, acht Wochen
in Berlin, drei Wochen auf dem Lande mit dem Fürsten
Pückler zu gränzen, fast ohne ihn gesehen zu haben.

Da steht es, und mir bleibt nur noch Folgendes zu
berichten: wenige Tage nach meiner Ankunft meldete ich mich
bei Uhden's, um der Fürstin Pückler meine Aufwartung zu
machen Nach den Nachrichten, die mir über Jagdschloß und
Carolath zukamen, aß und trank, das heißt dejeunirte ich

nicht, und fuhr erst in den letzten Tagen vor das noch ungaſtliche Schloß. Haben Ihre Leute den ſonderbaren Befehl, Damen „in Proſa" Ihnen zu melden, während man die Karte für den Schreibtiſch der Fürſtin beſtimmt? Sie haben dort den Fehler gut zu machen, da mein Name vielmehr geſonnen iſt in dieſem Briefe ſo mit durchzuſchlüpfen, als ernſthaft und gedruckt zu erſcheinen. Mit Ihrem Park habe ich Liebesblicke gewechſelt: Sie dürfen mir nicht ſagen, daß es ein kalter Novembertag war, die Bäume ohne Laub, die Gazons ohne Glanz; — hätte ich nicht ein überſehendes Auge, wie wollte ich etwas von Schönheit wiſſen, da ich kaum über die Oberufer hinausgeſchaut. Es iſt ein Himmel nach dem ſandigen Fegefeuer. Wonach aber ſehnt ſich eine gute Chriſtin im Himmel nur, als nach dem Schöpfer. —

Und nun, Fürſt Pückler? — iſt's nicht, als liefe ich noch in den Wäldern umher, und beſinne mich nicht, daß ich bis auf die dritte Seite Ihnen noch keinen artigen Knix gemacht, with smiles that might as well be tears? Ich hatte doch viel Zierliches Ihnen zierlich zu überreichen. Sagen Sie ihm, ſagte mir eine geiſtreiche Frau, daß ich entzückt von ihm bin; daß ich künftigen Sommer bei Ihnen vorfahre, Sie mit nach Muskau nehme, um dieſe reizende Lippe ſelbſt einmal zu vernehmen. Wohin ich trat, hörte ich dieſes Liedchen von Marleborough, et comme l'enthusiasme est une maladie qui se gagne — ich meine, ſo fand ich ſogar meinen Frommen saintement fou de vous. Mir ſelbſt wird ein kleiner Heiligenſchein, daß dieſer Stern — Sie kennen den ſchönen Aberglauben, daß Abgeſchiedene Sterne werden — über meinem Haupt geleuchtet.

Während er ſchweigend auf jene Waldeinſamkeit ſchaut, thäte ich wohl beſſer nicht ſo viel zu plappern. Aber indem ich Ihnen die Hand zum Abſchied reiche, fragen die Augen ganz freundlich: wir wollen nur vom Wiederſehen wiſſen.

Niemals hörte der Himmel von mir ein Wettergebet, doch möchte ich diesmal etwas Eis und mäßiges Schneetreiben erflehen, um den Spreewald unzugänglich zu machen. — Frankfurt? — es ist ein dürftiges Oertchen! Gestehe ich doch selbst, daß kein einziger Mensch zu meiner Thür hinaus ist, von dem ich einen Augenblick nachher weiß, daß er da war; betrage ich mich nicht menschenfeindlich, um zuletzt nicht ein Menschenfeind zu werden; — liegt es nicht einzig und allein in Gewohnheit, Hergebrachtheit, Muthlosigkeit, in dem Schicksale, daß ich wie alle Menschen Verstand und Vernunft nur als Schaugerichte brauche, daß ich mich nicht längst wie Lili's Bär aufgerichtet habe: es soll anders werden. — Ja, und dennoch, liebenswürdiger Feind, in diesem Frankfurt, von dem ich so demüthige Bekenntnisse thue, hier begrüßte ich Sie für mein Leben gern einmal. Ist keine Hoffnung, daß dieser tönende Name im Lauf des Winters einmal dem einsamen Wohnzimmer angesagt wird?

Ich will jetzt etwas slowly — einen Brief weiterschreiben, bei welchem mich der Ihrige vorhin böfewichtig unterbrach. Eine Generalin Zastrow, geb. Pourtales, eine sehr angenehme Französin, will mit mir den Winter in Berlin zubringen. Ich antwortete nein. Ich that es gern — werde aber jetzt etwas Mühe haben, die zweite Hälfte meines Briefes der ersten entsprechend anzupassen. Ja, die letzte Seite. Etwas beschämt sehen meine niedergeschlagenen Augen, wie gewaltig weiß calzirt ich vor Ihnen erschienen bin. Weder im Pückler'schen gelehrten, noch Byron'schen anklagenden Sinn werden diese beiden noble poets mich für einen Blaustrumpf erklären.

Endlich zur Thür hinaus! —

Ich werfe sie zu, daß das ganze fatale Waldschloß dröhnt — ganz leise aber zeichne ich

M. v. Z.

40.

Pückler an Louis Pückler.

Jagdhaus, den 17. November 1832.

Du bist ein Konfusionarius, lieber Lou, und schreibst mir nicht einmal, zu welchem Feste Du Ferien haben wirst. Laß mich das sogleich wissen, damit ich meine Einrichtung darnach treffen kann, denn ich wünsche Dich während derselben zu sehen, wenn es irgend thunlich ist.

Zur Avancirung in eine höhere Klasse gratulire ich. Eile nun mit verdoppeltem Eifer der nächsten zu; denn Du hast allerdings, Deinem Alter nach, etwas einzuholen.

Wenn die Tante noch ein bischen kalt gegen Dich ist, mein guter, lieber Lou, bist Du selbst Schuld daran. Du mußt sanfter, schmiegsamer, artiger und zuvorkommender in Deinem Benehmen sein, und nicht zu früh den jungen, unabhängigen Mann vorstellen wollen. So lieb ich Dich habe, so wirst Du doch recht gut gemerkt haben, daß auch mir Dein Wesen gar nicht gefiel. Die praschige, decidirte Weise, mit der man überhaupt in der Welt nur schlecht fortkommt, steht so jungen Leuten äußerst schlecht an. Ich habe es leider im Anfang nicht besser gemacht, mich aber bald corrigirt, weil ich Verstand genug hatte, es einzusehen, und wußte mich doch weit einschmeichelnder zu benehmen und mein Betragen nach dem Geschmack derer einzurichten, denen zu gefallen ich den Wunsch und das Interesse hatte. Die Natur hat Dir reichlich alles Erforderliche gegeben, um liebenswürdig zu sein. Vergrabe diese Pfunde ja nicht; es ist keins, was so reiche Zinsen trägt und dem Besitzer das Leben angenehmer zu machen im Stande ist. Höchste Berücksichtigung derjenigen, die Autorität über uns haben, und gewinnende Höflichkeit gegen jederman gehören aber vorzüglich dazu.

Laß nun, lieber Freund, dies bei Dir nicht, wie man sagt, zu einem Ohre herein und zum anderen hinausgehen. Wäre ich nicht Dein Onkel und Erzieher, sondern Dein

Schulkamerad, würde ich Dir doch genau dasselbe sagen; und Du kannst mir auf mein Wort glauben, daß ich in allem, was ich thue und Dir einzuprägen suche, nur Dein eigenes Wohl im Auge habe, wiewohl meine Ansichten in vielen Dingen ganz von denen Anderer verschieden sein mögen. Du bist aber einmal darauf vom Schicksal angewiesen, mir unbedingt zu folgen, und kannst auch ganz zufrieden sein, wenn Du nur mir nachahmst (so weit ich es zu jeder Zeit für Dein eben stattfindendes Alter für passend halte) um dieselbe Rolle wie ich durch Dick und Dünn in der Welt zu spielen. Ueberflügelst Du mich noch an Geist, Geschick und und Herzensgüte, so ist es desto besser. Dein Vater kommt heute her; ich zeige ihm aber diesen Brief eben so wenig wie den Deinen, und es war die Hauptbedingung, unter der ich die künftige Sorge für Dich unternahm, daß kein Dritter, er sei, wer er wolle, sich darein mischen dürfe, außer wo ich es selbst verlangte, oder eine Meinung einzuholen für gut fände. Du hast also in allen Dingen nur mich als Deinen Vater, Bruder und guten Kameraden anzusehen. Erwiedere nur meine herzliche Neigung zu Dir mit gleicher, schenk' mir das unbedingteste Vertrauen, und sei stets auf das strengste wahrhaft gegen mich, und Du wirst es nie zu bereuen Ursache haben.

Das ist ein langer Brief, nicht wahr, länger als die die Deinen, Faulpelz, indeß in dieser Hinsicht will ich Dich nicht geniren; es ist nichts fataler, als lange Briefe zu schreiben, wenn man nicht weiß, was man sagen soll. Später wird es vielleicht einmal anders werden, und Du mir mehr schreiben als ich Dir.

Lebe wohl fleißig und vergnügt.

Dein treuer Onkel Hermann.

41.
Pückler an seine Mutter.

Jagdhaus, den 22. November 1832.

Liebste Matscha!

Wirklich, Du hast Courage! Cholera, Revolution vor der Thür — nichts erschreckt Dich. Nun wohlan, ich werde folgen, und ehe Du Dir es versiehst, wird eine Peitsche vor dem Hofe Deines palais enchanté klatschen, und Dein Erstgeborener in Deinen Armen sein. Grüße im voraus das schöne Mädchen und Deinen Koch von mir, und halte mir einen Esel parat, um die Gegend zu bereiten, und ein Diner bei dem Pastor einzunehmen, qui fait servir à ses convives de si bonnes bécasses.

Seit vier Wochen bewohne ich Hermannsruh, das ich wieder wohnbar mache, und hatte neulich ganz die alten Zeiten wiederhergestellt, indem ich Mühle, Larius, Hilfe und den alten Pubra herauskommen ließ. Du kannst Dir denken, daß von niemand als von dem unvergeßlichen Hermann und von Dir die Rede war. Dennoch ist der Winter ein garstiges Ding in der Heimath. Wir hatten schon Schnee, und froren erbärmlich. Wie freue ich mich, bei Dir mich recht durchzuwärmen; es müßte denn wieder wie vor drei Jahren auf diesen Brief die Antwort kommen, ich möchte lieber zu Hause bleiben. Hier geht es noch immer schlecht. Prozesse bis über die Ohren, und wenig Hülfe von oben. Man muß sich fortwährend seiner Haut wehren, so gut man kann. Vergiß nur nicht, mir eine reiche Frau auszusuchen, wenn sie auch nicht blind sein sollte. Il ne faut pas demander tout à la fois.

Die larmoyante Agnes bitte ich zu grüßen; ihr Sohn, der mehr nach dem Onkel schlägt (obgleich auch dieser leider hundertmal mehr Ursache zum Larmoyiren hat, als die glückliche Agnes), nimmt täglich zu an Größe, Weisheit und

Verstand. Die Cholera in Liegnitz hat er glücklich überstanden.

Wir sind bis jetzt noch mit diesem fléau verschont, in Berlin und Potsdam ist sie aber schon seit lange wieder stark im Schwunge.

Lucie ist wohl, und empfiehlt sich Dir, gute Matscha, angelegentlichst. Sie war lange in Carolath, und geht morgen nach Berlin, trotz der Choléra, weil sie eben so viel Muth hat als Du. Ich sehe sie aber doch mit Zagen gehen, obgleich ich an Prädestinationen stark glaube, was mich über alles ruhiger macht, als ich sonst manchmal sein würde. Für dieses Dogma und die Weiber bin ich türkisch gesinnt, fürchte aber nur, daß die letzteren bald von mir sagen werden: „Armer Türke!"

Voilà votre avantage, mesdames — pareille chose ne saurait vous arriver. Vous restez sous un certain rapport à 80, comme à vingt. C'est une des injustices de la nature pour l'un et l'autre sexe.

Adieu, liebste Matscha, schreibe mir, wie es in Frankreich aussieht, und schenke mir etwas huile vierge, que je préfère au vin de votre cru, qui ressemble trop à l'encre.

Dein treuer Joseph.

Fürst Hermann zu Pückler-Muskau

Briefwechsel und Tagebücher

Fürst Hermann von Pückler-Muskau (1785-1871) - Dandy, Landschaftsarchitekt und Schriftsteller – hinterließ ein umfangreiches literarisches Werk, welches zuerst durch Pücklers Lektor und engen Freund Karl August Varnhagen von Ense und später durch dessen Nichte Ludmilla Assing-Grimelli verwaltet wurde. Aus den Texten, die der Fürst ihr hinterließ, editierte Assing-Grimelli eine neunbändige Ausgabe seiner Briefwechsel und Tagebücher, welche sie zwischen 1873 und 1876 veröffentlichte. Noch heute bilden diese Texte eine wichtige Grundlage für die Pückler-Forschung.

www.elv-verlag.de

Briefwechsel und Tagebücher - Band 1

Der erste Band enthält die Korrspondenz mit Sophie Han, Bettina von Armin, Gräfin Ida Hahn-Hahn und Eugenie John sowie eine Auswahl von Liebesbriefen aus Pücklers Jugendzeit.

Nachdruck der Originalausgabe von 1873.

1. Aufl. 2011, 484 Seiten, Deutsch, Paperback, 29,90 €

ISBN/EAN: 9783862672622

Briefwechsel und Tagebücher – Band 3

Im dritten Band ist der Briefwechsel mit Karl August und Rahel Varnhagen von Ense enthalten. Daneben gibt es noch einige Briefe, die Rahel und Pücklers Frau Lucie austauschten.

Nachdruck der Originalausgabe von 1874.

1. Aufl. 2011, 484 Seiten, Deutsch, Paperback, 29,90 €

ISBN/EAN: 9783862672639

Briefwechsel und Tagebücher - Band 4

Der vierte Band enthält die Briefe des Fürsten an Ludmilla Assing-Grimelli. Außerdem noch einige Briefe an Pücklers Braut Lucie sowie eine Sammlung von Briefen aus seiner Jugendzeit.

Nachdruck der Originalausgabe von 1874.

1. Aufl. 2011, 456 Seiten, Deutsch, Paperback, 29,90 €

ISBN/EAN: 9783862672646

Briefwechsel und Tagebücher - Band 5

Der fünfte Band enthält die Korrespondenz mit Alexander von Humboldt, Lady Hester Stanhope und Heinrich Heine. Außerdem einen Teil des Briefwechsels mit Pücklers Frau Lucie und eine Sammlung von Briefen aus der Jugendzeit des Fürsten.

Nachdruck der Originalausgabe von 1874.

1. Aufl. 2011, 484 Seiten, Deutsch, Paperback, 29,90 €

ISBN/EAN: 9783862672653

Briefwechsel und Tagebücher - Band 6

Der sechste Band enthält die Korrespondenz mit seinem Neffen Fürst von Schoenaich-Carolath, Heinrich Laube, Herzogin Dorothea von Sagan und Edwina Viereck. Außerdem einen Teil des Briefwechsel mit Pücklers Frau Lucie und eine Sammlung von Briefen aus der Jugendzeit des Fürsten.

Nachdruck der Originalausgabe von 1874.

1. Aufl. 2011, 508 Seiten, Deutsch, Paperback, 29,90 €

ISBN/EAN: 9783862672660

Briefwechsel und Tagebücher - Band 7

Im siebten Band sind Briefe des Fürsten an seine Frau Lucie, die Kindfrau Machbuba und den Feldmarschall Mehemed Ali enthalten. Außerdem der Briefwechsel mit dem Staatskanzler Fürst von Hardenberg und dessen Frau Charlotte sowie mit Friederike von Kimsey und Eugenie von Krafft. Ergänzt werden diese durch eine Auswahl von Briefen, die Heiratspläne des Fürsten in England betreffend.

Nachdruck der Originalausgabe von 1875.

1. Aufl. 2011, 484 Seiten, Deutsch, Paperback, 29,90 €

ISBN/EAN: 9783862672677

Briefwechsel und Tagebücher - Band 8

Der achte Band beinhaltet den Briefwechsel mit Apollonius von Maltitz, Fürstin Melanie von Metternich, König Friedrich Wilhelm IV. und Gräfin Bertha Merveldt. Enthalten ist weiterhin ein Teil der Korrespondenz mit Pücklers Frau Lucie sowie einige Briefe des Fürsten an die Kaiserin Augusta und eine Sammlung verschiedener Briefe aus den Jahren 1833/1834.

Nachdruck der Originalausgabe von 1875.

1. Aufl. 2011, 464 Seiten, Deutsch, Paperback, 29,90 €

ISBN/EAN: 9783862672684